民事裁判结果监督标准实证研究

MINSHI CAIPAN JIEGUO
JIANDU BIAOZHUN SHIZHENG YANJIU

滕艳军 著

中国检察出版社

图书在版编目（CIP）数据

民事裁判结果监督标准实证研究 / 滕艳军著. —北京：中国检察出版社，2018.10

ISBN 978-7-5102-2175-0

Ⅰ.①民… Ⅱ.①滕… Ⅲ.①民事诉讼-审判-司法监督-研究-中国 Ⅳ.①D925.118.24

中国版本图书馆 CIP 数据核字（2018）第 214981 号

民事裁判结果监督标准实证研究

滕艳军 著

出版发行：	中国检察出版社
社　　址：	北京市石景山区香山南路 109 号 （100144）
网　　址：	中国检察出版社（www.zgjccbs.com）
编辑电话：	（010）86423703
发行电话：	（010）86423726　86423727　86423728
	（010）86423730　68650016
经　　销：	新华书店
印　　刷：	北京中石油彩色印刷有限责任公司
开　　本：	710 mm×960 mm　16 开
印　　张：	27
字　　数：	454 千字
版　　次：	2018 年 10 月第一版　2018 年 10 月第一次印刷
书　　号：	ISBN 978-7-5102-2175-0
定　　价：	80.00 元

检察版图书，版权所有，侵权必究
如遇图书印装质量问题本社负责调换

做实做优做强民事诉讼监督工作（代序）

民事诉讼监督是民行检察工作的传统业务。根据相关统计数据，2013年至2017年，全国检察机关对认为确有错误的民事行政生效裁判、调解书提出抗诉2万余件，人民法院已改判、调解、发回重审、和解撤诉1.2万件，采纳率约为60%；提出再审检察建议2.4万件，人民法院已采纳1.6万件，采纳率约为66.67%。① 在"刑事检察与民事检察、行政检察、公益诉讼检察工作发展不平衡"的背景下，民事诉讼监督呈现出监督质量不高、监督效果不显、监督刚性不强、监督权威未能有效树立的势弱特点。如何通过具体案件的办理，做实做优做强民事诉讼监督工作，是当前检察机关亟待解决的一个问题。

一、更新监督理念

张军检察长就新时代检察工作创新发展提出了一系列新理念，民事诉讼监督应当遵循这些新理念，探寻提质增效的新思路、新方法。

（一）以办案为中心，在办案中监督、在监督中办案

2017年全国检察机关受理生效裁判结果监督、审判人员违法行为监督、执行监督等各类民事行政诉讼监督案件10万余件。2018年上半年，案件受理数量同比呈上升趋势。办案是当前民事诉讼监督第一位的工作任务，应当以"以办案为中心"的监督理

---

① 相关数据来源于最高人民检察院2018年3月9日在第十三届全国人民代表大会第一次会议上所作的工作报告。

念来促进和支持依法、正确、优质、高效办案。民事诉讼监督的本质和核心是对公权力的监督,应当把对人民法院民事审判权和执行权行使活动的监督落实在具体的案件办理过程中。

(二)诉讼监督与审判执行形成良性互动,实现民事诉讼监督双赢多赢共赢

民事诉讼监督旨在"启动法定的纠错程序,提醒、促进被监督者重新审视并自我纠错"。诉讼监督与审判执行并不矛盾,正如张军检察长所强调的,不同执法司法机关应当树立、养成共同的执法司法理念,防止一个案件在不同的阶段或因不同的人去执行而导致各取所需、各有所重,影响执法司法效果。

(三)通过精准抗诉,达到抗诉一案、警示一片、教育社会面的目的

应当加强类案监督、办理影响力案件和典型性案件,增强抗诉的精准度和权威性,实现办案政治效果、社会效果和法律效果的有机统一,努力达到"让人民群众在每一个司法案件中都感受到公平正义"的司法目标,切忌因办案理念存在偏差而陷入机械司法的误区。

二、提升监督能力

2013年最高人民检察院出台的《关于深入推进民事行政检察工作科学发展的意见》,就民事行政检察工作明确提出了敢于监督、善于监督的基本要求。对于敢于监督,要求检察人员忠实履行法律监督职责,依法监督纠正裁判不公、审判人员违法、违法执行、滥用职权等问题,切实维护司法公正。对于善于监督,要求检察人员从民事、行政和检察监督的特点出发,运用恰当的监督方式和方法,正确把握检察监督介入的时机、方式和程度,努力增强监督效果。但目前民事诉讼监督案件的办理,仍然存在着不敢监督、不善监督的问题。这两个问题都与监督能力不足密切相关。民事诉讼监督工作要实现创新发展,必须"重自强",着重提升以下

几个方面的监督能力。

（一）监督线索发现能力

2013年至2017年，最高人民法院受理案件82383件，审结79692件；地方各级人民法院受理案件8896.7万件，审结、执结8598.4万件。① 上述案件大部分为民事（包括商事）案件。同期，全国检察机关对认为确有错误的民事行政生效裁判、调解书提出抗诉2万余件，提出再审检察建议2.4万件，对审判程序中的违法情形提出检察建议8.3万件，对民事执行活动提出检察建议12.4万件。监督案件数量与审判执行案件数量对比的严重失衡，说明目前检察机关在民事诉讼监督线索发现方面，尚存在能力不足的问题，今后可以在当事人依申请监督的基础上，逐步扩大检察机关依职权监督的案件范围，不断探索涉及损害国家利益和社会公共利益，审判执行人员贪污受贿、徇私舞弊、枉法裁判以及虚假诉讼等方面案件线索发现的机制和途径。

（二）监督案件审查能力

案件审查是民事诉讼监督案件办理的关键环节。民事诉讼监督主要在于审查审判执行活动及其结果的违法性，其判断的主要依据为《民事诉讼法》第200条关于再审事由的13项规定。从省级院的提请抗诉案件来看，涉及最多的监督事由主要是原裁判认定的基本事实缺乏证据证明和原裁判适用法律确有错误，以该两项监督事由进行监督的案件约占省级院提请抗诉案件数量的70%以上。

如何认定原裁判认定的基本事实缺乏证据证明？首先必须指出，对原裁判的结果有实质影响，用以确定当事人主体资格、案件性质、具体权利义务和民事责任等主要内容所依据的事实，才可以认定为基本事实。在监督过程中，主要应就案件基本事实进行审查并结合相关证据来判断该基本事实是否"缺乏证据证明"，进

---

① 相关数据来源于最高人民法院2018年3月9日在第十三届全国人民代表大会第一次会议上所作的工作报告。

而作出抗诉与否的决定。从监督实践来看，只要能够证明终审判决在认定案件基本事实时存在以下违法性，即可据以提出抗诉。一是终审判决在认定案件基本事实方面存在明显的计算错误，例如计算方式错误、计算依据错误、计算项目重复或漏项等，进而导致终审判决在当事人具体权利义务的分配上存在明显不公；二是终审判决在认定案件基本事实方面存在矛盾，即对相互矛盾的涉案证据均予以确认或采信，导致对案件基本事实认定混乱且实体判决结果缺乏合理依据；三是终审判决对案件基本事实能够查清而未予查清，片面地依据一方当事人提交的并不充分或有瑕疵的证据作出判决，导致实体判决不公；四是终审判决所采信的证据足以使人产生合理怀疑，但终审判决对此未予调查核实或在调查后仍片面采信，导致终审判决缺乏公信力；五是终审判决对证据的采信明显不符合高度盖然性的证明标准，所采信的主要证据证明力明显不足或足以被其他证据所否定。

如何认定原裁判适用法律确有错误？《人民检察院民事诉讼监督规则（试行）》对原裁判适用法律确有错误的情形进行了重点列举与兜底规定。在监督实践中，随着审判人员整体素质的提升，诸如适用的法律已经失效或者尚未实施、违反法律溯及力规定等"技术类"错误的比例逐渐减少。原裁判适用法律确有错误的情况一般集中在法律关系的认定和法律责任的确定等方面，应加大这两方面的审查力度。具体而言，一是适用的法律与案件性质明显不符。这种情况主要是指原裁判确定了错误的案由，进而导致适用了与案件性质不相符的法律条文；二是认定法律关系主体错误。这种情况主要是指原裁判将与案件无关的人错误认定为法律关系的主体，或者对真正的法律关系主体未予认定；三是认定法律关系性质错误。这种情况主要是指原裁判误将当事人之间存在的 A 法律关系性质认定为 B 法律关系；四是认定法律行为效力错误。这种情况主要是指对法律行为是否成立、是否生效、是否变更、是否解除以及是否应当承担法律责任等问题的认定，因违反有关法律规定而出现错误；五是确定民事责任明显违背当事人有效约定或法律规定。这种情况主要是指在当事人之间有合法约定或者法律有明确规定的情况下，原裁判未依照当事人的约定或者法律规定确定义务人应承担的法律责任，而导致裁判结果出现错误；六是举证责任分配失当导致裁判结果存在错误。这种情况多见于案件事实难以查清的案件中，出现这种情况的主要原因是审判人员对举证责任分配规则把握不清或为了达到一定的非法目的而刻意为之。

（三）检察法律文书说理能力

检察中心工作是办案，释法说理是办案工作的有机组成部分。通过释法说理不断提升检察法律文书的品质，是落实张军检察长"为人民群众提供更优质的法治产品、检察产品"要求的重要方式，也有利于强化对检察权行使的监督，提升司法公信力。在检察业务中，民事诉讼监督与民生最为相关，其监督结果最能直接反映人民群众对法治、公平、正义等方面的新期待新需求是否得到满足。为此，在办理民事诉讼监督案件时，应重点对以下类型案件的处理决定进行释法说理。一是当事人对检察环节司法办案的公正性存在质疑，可能引发涉检网络舆情的案件；二是涉及群体性利益、可能引发上访或者群体性事件的案件；三是当事人对适用法律存在误解，释法说理有利于明确法律含义、阐明适用法律理由的案件；四是涉及重大国家利益和社会公共利益的案件；五是涉及老年人、妇女、未成年人、残疾人等特殊群体的案件。

毋庸讳言，现阶段在民事诉讼监督案件中作出的抗诉文书和不支持监督文书还存在不够规范和说理不深不透的问题。在精准抗诉理念的指引下，抗诉文书的说理尤为重要，应当围绕案件事实、证据、程序和法律适用依法进行说理，根据案件的性质特点、复杂程度、社会关注度有针对性地进行说理，综合考虑说理对象的实际需求、文化程度、心理特征等讲求说理的方式方法，做到法理情相结合，实现三个效果的有机统一。另外，对作出不支持监督申请、终结审查等终局性处理的案件，亦应加大释法说理的力度，获取当事人对处理决定的认同，有效化解社会矛盾。

三、统一监督标准

据不完全统计，近年来省级院提请最高人民检察院抗诉的民事行政案件的支持率相对较低。原因何在？如果排除提抗质量的因素，首要原因应是上下级检察机关对抗诉标准的把握不一致。《最高人民检察院关于深入推进民事行政检察工作科学发展的意见》对民事行政诉讼监督标准有一个概括性的表述："办理抗诉案件，应当从证据采信、事实认定和法律适用等方面严格把握抗诉标准，同时应当综合考虑裁判的社会效果和作出时的司法政策、社会背景。"在民事诉讼监督标准的把握方面，应当坚持法定性标准与必要性标准相结合。法定性标准是就民事诉讼监督的依据而言的，主要是指检察机关应当依据《民事诉讼法》第 200 条的相关规定来审查民事裁判结果的违法性。必要性标准是就民事诉讼监督的效果而言的，主要是指检察机关在坚持法定性标准的同时，应当结合监督的社会效果、裁判作出时的司法政策和社会背景等因素对监督的必要性进行审查，在对相关因素综合考量后再作出是否予以监督的决定。

对必要性标准的把握是民事诉讼监督实践中的难点，具体可以从以下几方面来把握。一是对于终审判决在认定事实或适用法律方面存在一定错误，但实体判决结果正确或者相对公正的，一般不宜提出抗诉。这一点主要是从实体正义的角度来考虑的。二是对于终审判决存在程序瑕疵，但未影响实体判决结果的，一般不宜提出抗诉；对于终审判决存在重大程序错误，可能影响实体判决结果的，一般应予提出抗诉。这一点主要是从程序正义的角度来考虑的。在对民事裁判结果进行监督时，应当侧重于进行实体审查。在实体判决结果存在问题的情况下，审理程序中存在的问题可以作为抗诉的补强理由。三是在办案的法律效果与社会效果相冲突的情况下，适当偏重办案的社会效果。适当偏重办案的社会效果，应当通过目标分析的方式，以能否实现监督的目的来判断，其着眼点不应仅限于个案公正，而应立足于整体法律价值的实现。四是在依法监督的同时，要适当兼顾判决作出时的司法政策以及相关司法政策出台的社会背景，切忌机械适用法律而无视监督的社会效果。五是在依法监督的同时，适当尊重法官的自由裁量权。自由裁量权是法官在案件审理过程中，在正确认定事实和适用法律的基础上，基于案件的基本情况，根据公正、衡平的法律精神和法律原则，对案件事实或者适用法律问题酌情作出裁判，或者是在多种合法的法律解决方案之间进行合理选择。对此应当把握的原则是：对于法官毫无根据地行使自由裁量权，导致责任比例严重失当的案件，应当予以抗诉；对于法官行使自由裁量权有一定的合理依据，但在比例分配方面稍有不当的案件，一般不宜提出抗诉。对此，还要结合其他抗诉事由一并进行审查。在多数情况下，可以把法官行使自由裁量权失当作为提出抗诉的补强理由来使用。六是应适当考虑案件中存在的问题是否必须通过抗诉途径来解决，以及能否通过抗诉途径来解决。如果案件中存在的问题通过其他方式解决效果更好，则应通过其他方式来解决，这是抗诉手段的替代性问题。

四、规范监督程序

规范合理的监督程序，是提升办案质效的有力保障。在办理民事诉讼监督案件的过程中，要树立严格的程序意识，从立案、分案、审查、讨论、报批、决定、出庭等各个环节不断规范办案程序。在司法责任制改革过程中，最高人民检察院民事行政检察厅制定了《民事行政检察厅贯彻落实司法责任制改革实施细则（试行）》，对双重审查、多组讨论、联席会议、审批权限等程序性事项作出了详细的规定，对各级检察机关办理诉讼监督案件具有示范意义。在规范监督程序方面，以下几个问题尚需深化研究。

（一）民事诉讼监督案件繁简分流

目前在监督实践中案件办理超期问题仍然存在，这固然是因为少数承办人怠于履职尽责，但"案多人少"的客观实情是为主因。为此，应当继续完善案件繁简分流的机制和措施，特别是在简化复查案件的受理和办理程序上下功夫。从高检院机关内部的案件受理情况来看，民事复查案件数量已超过省级院提请抗诉案件数量，而民事复查案件的支持率粗略估计应在5%以内，庞大的案件数量与微弱的监督效果形成了显明的对比。办理复查案件意在加强上级院对下级院的监督制约，而不是对审判执行公权力进行监督制约，这与精准监督的理念并不契合，应严控其受理条件、简化办理程序并赋予办案检察官较高的办案权限。

（二）民事诉讼监督案件听证

《人民检察院民事诉讼监督规则（试行）》中设立了案件听证程序，其主要目的是通过当面听取申请人和其他当事人的意见，保证检察机关正确认定案件事实，提高对人民法院审判执行活动是否违法的判断准确率。目前存在的突出问题是听证程序在监督实践中利用率较低，制度价值不显。在民事诉讼监督案件办理时，虽然应当以书面审查为主，但对于一些事实较为复杂的案件，实有必要听取当事人陈述和答辩，并对调查取证的情况发表意见。今后应适当增加使用听证程序的案件比例，通过监督过程中当事人的对抗性互动，提升案件事实判断和案件实体处理的精准性。

（三）民事诉讼监督案件出席再审法庭

根据《人民检察院民事诉讼监督规则（试行）》的规定，检察人员出席再审法庭的任务，一是宣读抗诉书，二是对依职权调查的证据予以出示和说明，三是对人民法院再审庭审活动实行法律监督。与出席刑事抗诉案件法庭需参与证据质证、法庭辩论不同，检察人员出席民事再审法庭的任务相对简单和容易，且因恪守公权力监督的本质属性而无须对当事人之间的民事纠纷深度参与。在监督实践中，这种"旁观者"的身份已经导致出席民事再审法庭形式化和制度空转。另外，随着人民法院庭审录音录像、庭审直播等做法的推开，庭审活动进一步公开化，检察人员出庭监督庭审活动的必要性亦大打折扣。如果把民事诉讼监督的价值定位为启动再审纠错程序,那么在将民事抗诉书发送到人民法院的时刻,再审程序即已进入启动程序。在这种情况下,有必要对民事诉讼监督案件出席再审法庭的价值定位及制度存废再做思考。

(四)民事诉讼监督案件办理借用"外脑"

张军检察长提出,检察机关办理抗诉案件要特别注意发挥社会力量——专家学者、专职律师、有法律背景的人大代表政协委员的作用,充分用好"外脑"。2018年7月29日,最高人民检察院民事行政诉讼监督案件专家委员会成立,并召开了第一次专家论证会。借用"外脑",提请专家就重大疑难复杂案件、有重大社会影响的案件、新类型案件、具有类案指导意义的案件进行咨询论证,应当成为民事行政诉讼监督案件办案程序中的重要一环。下一步应就专家不同意见的采纳问题、专家论证意见的使用问题、专家论证程序的规范问题及参与论证专家的选择问题进一步作出规范。另外,要切实处理好检察人员"重自强"与检察办案借用"外脑"的关系问题,既要通过借用"外脑"促进提高检察官办案能力,又要防止片面依赖"外脑"而导致检察官怠于提升业务素质。

五、优化监督方式

优化监督方式是指检察机关在办理民事诉讼监督案件时应当区分抗诉、再审检察建议和检察建议等监督方式的适用情形,在综合考量的基础上选取最为适当的监督方式,以实现最优的监督效果。如何区分抗诉、再审检察建议和检察建议等监督方式的适用情形?从《人民检察院民事诉讼监督规则(试行)》第83条至第87条的规定来看,再审检察建议在适用范围上排除了实体法上的"适用法律确有错误"和"审判人员审理该案件时有贪污受贿、徇私舞弊、枉法裁判行为"两种情形,在程序上排除了"判决、裁定是经同级人民法院再审后作出"和"判决、裁定是经同级人民法院审判委员会讨论作出"两种情形,但是在多数情况下,再审检察建议与提请抗诉的适用范围是重合的，因而在监督实践中有必要对其作出适当区分。

具体而言：第一，对涉及适用法律错误类与审判人员违法类监督事由的案件，根据相关规定应当提请上一级人民检察院抗诉。第二，对涉及事实认定错误类和程序违法类监督事由的案件，原则上以向同级人民法院提出再审检察建议为宜，但是以下两种情况除外：一是案件比较重大或者裁判确实明显不公、发生了重大错误的情形，一般应当提请上一级人民检察院抗诉。二是原裁判是经同级人民法院再审后作出的，或者原裁判是经同级人民法院审判委员会讨论作出的，应当提请上一级人民检察院抗诉。第三，对于不宜提出抗诉或再审检察建议的瑕疵案件以及不适用再审程序的案件，可以通过检察建议的方式进行监督。另外，在监督实践中，对于裁判结果虽有错误，但错误部分的数额较小，对当事人的实体权益无重大影响的，或裁判结果虽有瑕疵但并未达到抗诉标准或者抗诉预期效果不甚明显的案件，可积极促成当事人和解，以矫正裁判结果中存在的错误或瑕疵。

在优化监督方式方面，张军检察长提出了"增强检察建议刚性"的要求。具体到民事诉讼监督领域中，应当是指把裁判结果监督再审检察建议、审判人员违法行为监督检察建议、执行监督检察建议做成刚性、做到刚性。具体可从以下几方面进行规范。一是提升检察建议质量。建立检察建议质效评估机制，确保检察建议内容精准、依据充分、切实可行；严格执行检察建议报上一级检察院备案制度和不当检察建议撤销制度，加强对检察建议的备案审查和质量评查。二是强化后续监督。建立检察建议跟踪制度，及时掌握法院对每一个检察建议的采纳、落实情况以及未被采纳的原因，定期进行总结分析；严格执行检察建议跟进制度，对法院未在规定的期限内作出处理并书面回复的，或者对检察建议的处理结果错误的，依法提请上级检察院抗诉或以其他适当方式监督。三是建立倒逼机制。建立检察建议在媒体公告、宣告制度和检察建议落实情况向党委、人大年度报告制度或集中通报制度，形成一定的舆论压力，倒逼法院接受和自觉履行检察建议。四是加强类案监督。对民事诉讼中同类问题适用法律不一致的，在多起案件中适用法律存在同类错误的，以及办案程序违法或不当需要改正等情形，及时做好总结和归纳，适时提出类案检察建议。也可采取向法院发出年度民事诉讼监督情况通报，或者公开发表年度民事诉讼监督白皮书等形式，增强类案监督的实效。[①]

六、重视调查核实

目前，民事诉讼监督以书面审查为主的原则，导致检察人员办理案件的司法亲历性不足，进而导致在疑难复杂案件的事实认定及事实不清时必要的自由心证等方面无所适从。增强民事诉讼监督案件办理的司法亲历性，是民事诉讼监督提质增效的客观需要，其最为有效的方式即为调查核实。调查核实属于监督手段的范畴，《人民检察院民事诉讼监督规则（试行）》第五章第三节从需调查核实的情形、调查核实措施、调查核实程序及拒绝调查的法律责任等方面，对调查核实作出了详细规定，但受传统办案思维和方式所限，调查核实在民事行政诉讼监督实践中并未受到足够重视。对此，一方面应加大调查核实在民事诉讼监督中的适用力度和适用范围，增强监督实效；另一方面应对调查核实的适用进行规范，做到合法合理适用。在监督实践中，应当着重注意以下几点：

（一）检察机关行使调查核实权应当与其公权力监督属性相适应

检察机关行使调查核实权不应当超越监督职能，为一方当事人收集证据甚至成为一方当事人的"代理人"，导致民事行政诉讼结构失衡。换言之，调查核实的事项应当严格限制在与判断民事行政诉讼过程和结果是否符合法律规定有关。另外，虽然《人民

[①] 参见最高人民检察院民事行政检察厅2018年7月31日下发的《关于加大民事行政诉讼监督案件办理力度，切实提高抗诉和检察建议精准度与权威性的通知》。

检察院民事诉讼监督规则（试行）》第 65 条规定了"仅通过阅卷及审查现有材料难以认定"的限定条件，但在监督过程中应当赋予检察人员必要的自由裁量权，以判断案件是否符合上述限定条件，即如果检察人员在审查案件时认为需要采取相应调查核实措施，一般应予允许。

（二）检察机关采取的调查核实措施应当适当

一是要使询问当事人或者案外人成为办案常态，必要时辅之以听证程序。询问当事人是最为简便的调查措施，对于增强检察办案的司法亲历性，增进对案件事实的了解至关重要。二是要根据办案的切实需要，调取相关证据或咨询专业人员、相关部门、行业协会的意见。三是要严控鉴定、评估、审计、勘验的适用情形，对于在诉讼过程中已经进行过鉴定、评估、审计、勘验的，一般不再重复委托。对于终审判决所采信的鉴定意见、评估意见、审计意见等证据，如果有证据能够证明存在相关人员不具有资格、作出程序严重违法、结论明显依据不足等情形，可据以提出抗诉或再审检察建议。四是要严格遵守"人民检察院调查核实，不得采取限制人身自由和查封、扣押、冻结财产等强制性措施"的规定。

（三）检察机关进行调查核实必须严格遵循调查核实程序

《人民检察院民事诉讼监督规则（试行）》第 71 条规定："人民检察院调查核实，应当由两人以上共同进行。调查笔录经被调查人校阅后，由调查人、被调查人签名或盖章。被调查人拒绝签名盖章的，应当记明情况。"正确规范行使调查核实权，对于维护被调查人的合法权益，确保民事行政诉讼监督的精准性具有重要意义。检察机关在进行调查核实时必须严格遵守上述程序性规定，规范调查核实行为。

（四）检察机关调查核实结果的运用应当区分不同情形

一是作为新证据使用。例如在某公司与郑某种植合同纠纷中，通过检察机关调查核实，市生姜行业协会对该地区生姜加工出口行业中"包洗成品"交易习惯出具的说明、出入境检验检疫局出具的相关情况资料，证据内容相对完整，证明效力相对较高，能够作为足以推翻原判决的新证据来使用。二是作为抗诉与否的理由在文书中写明。例如在某公司与苏某买卖合同纠纷中，苏某一方在检察机关询问时关于涉案设备系作价 700 万元作为其出资、结汇的理由是支付购房款、拍卖公司背书的原因等相关表述，均与相关证据相悖，可以作为抗诉的理由予以引用。再如在某公司与某海峡公司合资合作开发房地产合同纠纷中，该公司在检察机关询问时所述的内容，实际上等同于承认双方针对判决结果的履行达成了新的协议，据此可以作为不支持监督申请的理由予以引用。

（五）在虚假诉讼监督中应当高度重视调查核实权的运用

虚假诉讼是指当事人以规避法律、法规或国家政策谋取非法利益为目的，通过恶意串通并虚构事实，借用合法的民事程序骗取法院文书，从而侵害国家利益、社会公共利益或案外人合法权益的行为，危害性巨大。全国检察机关"2016 年以来共向人民法院提出抗诉或再审检察建议 3877 件，对构成犯罪的起诉 452 人"，案件数量仍相对较低。[①] 在虚假诉讼监督实践中，必须增强调查核实意识，积极运用调查核实措施，通过缜密的调查取证来查明案件基本事实。在虚假诉讼的多发领域，应当明确调查核实的重点内容。例如，对于民间借贷纠纷，应当着重调查借款的支付方式、债权人和债务人的经济状况以及执行款流转情况；对于离婚析产纠纷，应当着重调查是否通过诉讼转移夫妻共同财产，逃避夫妻共同债务或者增加夫妻一方的义务；对于房地产权属纠纷，应当着重调查涉案房地产是否存在法律、行政法规或国家政策禁止、限制转让的情形，是否存在当事人规避法律以房抵债的情形；对于以国有企业、集体企业为被告的财产纠纷，应当着重调查是否存在虚构法律关系侵吞国家、集体资产的情形；等等。

---

① 相关数据来源于最高人民检察院 2018 年 3 月 9 日在第十三届全国人民代表大会第一次会议上所作的工作报告。

七、凝聚监督合力

民事诉讼监督提质增效，必须坚持检察一体化工作机制，强化协作配合，凝聚监督合力。一是严格落实民事检察部门与刑事检察部门之间的线索双移送、结果双反馈制度，增强民事诉讼监督与刑事诉讼监督的合力。应当准确区分刑事犯罪与民事纠纷的界限，加强刑事犯罪制裁与民事权益保护的衔接，综合运用刑事、民事、行政检察监督手段，有效整合监督力量和资源。二是严格落实民事检察部门与法官职务犯罪侦查部门之间的线索双移送、结果双反馈制度，增强民事诉讼监督与法官职务犯罪侦查预防工作的合力。"对人的监督才是最有威慑力的监督。"① 在履行民事诉讼监督职能过程中，应当重点发现并移送涉嫌民事枉法裁判罪，执行判决、裁定失职罪，执行判决、裁定滥用职权罪的犯罪线索，为法官职务犯罪侦查部门立案侦查提供必要的专业协助。对法官职务犯罪侦查等部门移送的审判、执行人员贪污受贿、徇私舞弊、枉法裁判等行为的线索，应当及时依职权对其经办的民事行政案件进行监督。三是明确各级检察机关在民事诉讼监督中的工作重点，促进同级监督与提请上级检察机关监督优势互补，增强上下级检察机关之间的工作合力，努力形成上下联动、密切配合的民事检察工作格局。②

---

① 张雪樵：《把握新时代新要求，开创民事行政检察新局面》，载《人民检察》2018年第4期。

② 参见《最高人民检察院关于深入推进民事行政检察工作科学发展的意见》（高检发〔2013〕6号）的相关规定。

目 录

做实做优做强民事诉讼监督工作（代序） …………………………… 1

引论：民事裁判结果监督与民事审判标准的异同 …………………… 1

第一章 总论：对民事裁判结果监督标准的总体把握 ………… 4
第一节 民事裁判结果监督法定性标准 ……………………… 4
第二节 民事裁判结果监督必要性标准 …………………… 20
第三节 民事裁判结果监督适当性标准 …………………… 90

第二章 民事裁判结果监督的受案标准研究 ………………… 97
第一节 依申请启动民事裁判结果监督的受案标准 ……… 97
第二节 依职权启动民事裁判结果监督的受案标准 ……… 125

第三章 民事裁判结果监督的审查标准研究 ………………… 127
第一节 民事裁判结果监督事由的适用标准 ……………… 127
第二节 民事裁判结果监督方式的选用标准 ……………… 337
第三节 民事裁判结果监督手段的采用标准 ……………… 357

第四章 民事裁判结果监督提质增效的路径分析 …………… 398
第一节 统一监督标准，规范监督程序 …………………… 398

第二节 强化跟进监督，增强监督刚性 …………………………… 400

第三节 移送犯罪线索，形成监督合力 …………………………… 410

第四节 保持适度案件规模，加强类案与影响力案件监督 ……… 411

后　记 ……………………………………………………………………… 412

引论：民事裁判结果监督与民事审判标准的异同

笔者是从法院系统遴选到检察系统工作的。在法院工作期间，主要从事民商事案件的审判工作。在检察院工作期间，主要从事民商事案件裁判结果的监督工作。虽然两者均涉及民商事领域，但监督工作与审判工作的差异却十分明显。第一，从工作对象来看，民事审判的对象是平等主体之间的权利义务纠纷，而民事裁判结果监督的对象主要是审判活动的违法性。第二，从工作性质来看，民事审判的核心是对私权利的评判，而民事裁判结果监督的核心是对公权力的监督。第三，从工作方式来看，民事审判主要是通过判决（裁定、调解）对平等主体之间的权利义务纠纷作出实体处理，而民事裁判结果监督主要是通过提出抗诉或再审检察建议启动再审程序。第四，从制度价值来看，民事审判旨在通过案件审理实现公平正义，而民事裁判结果监督旨在保障民事法律的统一正确实施。上述四点不同决定了民事裁判结果监督与民事审判在工作标准方面也必然有所区别。这是本书所要重点探讨的内容。

民事裁判结果监督与民事审判在工作标准方面有何异同？《民事诉讼法》第 7 条规定："人民法院审理民事案件，必须以事实为根据，以法律为准绳。"《人民检察院民事诉讼监督规则（试行）》第 4 条规定："人民检察院办理民事诉讼监督案件，应当以事实为依据，以法律为准绳，坚持公开、公平、公正和诚实信用原则，尊重和保障当事人的诉讼权利，监督和支持人民法院依法行使审判权和执行权。"由此可见，民事裁判结果监督与民事审判在工作标准方面的相同之处在于均须以事实为依据，以法律为准绳。然而在对事实问题和法律问题的具体把握标准上，两项工作的侧重点有所不同。第一，在实体正义与程序正义方面，民事裁判结果监督在予以兼顾的同时更侧重于保护实体正义。具体表现在：对于终审判决存在一定的程序瑕疵，但未影响实体判决结果的，一般不宜抗诉；对于终审判决在认定事实和适用法律方面存在一定错误，但实体判决结果正确或者相对公正的，一般不宜抗诉；对于终审判决在行使自由裁量权方面有所不当，但实体判决结果相对公正的，一般不宜抗诉；对于诉讼时效的审查标准应从严把握，如果实体判决没有错误，一般不宜以超过诉讼时效为由提出抗诉。第二，在办案的法律效果与社会效果方面，民事裁判结果监督在予以兼顾的同时，更侧重于维护办案的社会效果。具体表现在：对于裁判结果确有错误的劳动争议类、医疗纠纷类、农村宅基地和承包地纠纷类等案件，不能把诉讼标的额的大小作为是否提出抗诉的考量因素，而应在监督的过程中强化对弱势群体利益的保护；对于侵权纠纷类、建设工程施工合同纠纷类等适用连带责任较多的案件，在审查时应从严把握，如果实体判决相对公正，一般不宜以适用连带责任没有明确法律依据为由提出抗诉；对于房地产开发纠纷类、拆迁补偿纠纷类等案件中，申请人已经实际享受拆迁、土地开发的优惠政策和红利，却以合同的相关约定为由拒绝承担相关补偿安置义务的，从权利义务对等的角度考虑，这类案件一般不宜抗诉；等等。换言之，民事裁判结果监督在坚持法定性标准的同时，还应当坚持必要性标准和适当性标准。

民事裁判结果监督与民事审判同属司法权行使范畴，均涉及司法自由裁量权的行使问题。如果从工作标准的上述差异来衡量，民事裁判结果监督中行使自由裁量权的范围其实比民事审判工作更为宽泛。换言之，民事检察官在行使自由裁量权方面的权限比民事法官更大。因为判断一个案件抗诉还是不抗诉，除了遵循"以事实为依据，以法律为准绳"的标准之外，还应适当地考虑裁判的社会效果和作出时的司法政策、社会背景等因素，作出判断的过程本身就是行使司法自由裁量权的表现。这对我们行使民事裁判结果监督权提出了更高的要求。笔者认为，我们在办理民事裁判结果监督案件时应做到"四忌"。一忌立场不公。民事裁判结果监督的核心是对公权力的监督，切忌立场不公，沦为一方当事人的"代理人"，导致案件该抗不抗或者不该抗的硬抗。我们唯有以至公无私之心客观公正地审查案件，才能真正实现"让人民群众在每一个司法案件中都感受到公平正义"的终极目标。二忌事实不查。查清案件基本事实是办理民事裁判结果监督案件的基础。民事裁判结果监督案件多为经过一审、二审、再审的案件，有的案件在发回重审后又经过一审、二审、再审，有的案件甚至经过多次再审。这类案件在事实方面往往错综复杂，仅仅通过书面审查很难把案件基本事实理清楚，这就需要我们采取必要的调查核实措施来查清案件基本事实。三忌机械适法。准确适用法律是办理民事裁判结果监督案件的关键。在法律和司法解释对相关事项规定不明时，要探究法条所蕴含的价值理念和出台的社会背景，切忌仅从字面意思来理解法条的内容从而导致机械适法。四忌一抗了之。提请抗诉或者提出抗诉不是我们办理民事裁判结果监督案件的目的，办理民事裁判结果监督案件旨在通过抗诉使错误的裁判得以纠正，从而保障民事法律的统一正确实施。我们应当以严肃认真的态度对待每一起民事裁判结果监督案件，无论案件办理的结果是提出抗诉还是不支持监督申请，都要把每一起案件的办理过程当作一次公平正义的维护过程，切忌一抗了之的不负责态度。

研究民事裁判结果监督标准的价值何在？一言以蔽之，明确和统一监督标准。民事裁判结果监督是民事检察工作的传统业务，相较于新的业务增长点，其目前发展正处于"瓶颈期"。如何突破瓶颈，笔者认为首要在于明确和统一监督标准，这是提升监督质效、树立监督权威的基础。因为当前对民事裁判结果监督标准与审判标准未能作出合理的区分，所以导致我们的监督工作往往陷入"审判式监督"的误区，甚至导致两项工作高度趋同，监督工作俨然成为一审、二审、再审之后的"第四审"，这并不利于民事检察监督工作的长远发展。

通过搜索相关资料可以发现，目前研究审判标准的著作和文章如汗牛充栋，而研究民事监督标准的著作和文章相对较少。笔者不揣冒昧，尝试以近年来承办的百余件省级院提请抗诉案件为依托，对民事裁判结果监督标准这一问题进行梳理和研究，以期对民事检察工作的发展有所裨益。

第一章 总论：对民事裁判结果监督标准的总体把握

《人民检察院民事诉讼监督规则（试行）》（以下简称《民事诉讼监督规则》）第 4 条规定："人民检察院办理民事诉讼监督案件，应当以事实为依据，以法律为准绳，坚持公开、公平、公正和诚实信用原则，尊重和保障当事人的诉讼权利，监督和支持人民法院依法行使审判权和执行权。"检察机关在办理民事裁判结果监督案件时，总的原则和标准应当是"以事实为依据，以法律为准绳"。在这一点上，民事裁判结果监督与民事审判是相通的。最高人民检察院《关于深入推进民事行政检察工作科学发展的意见》（高检发〔2013〕6 号，以下简称《民行检察科学发展意见》）对民事裁判结果监督标准有了一个更为具体的阐述。《民行检察科学发展意见》第 11 条规定："办理抗诉案件，应当从证据采信、事实认定和法律适用等方面严格把握抗诉标准，同时应当综合考虑裁判的社会效果和作出时的司法政策、社会背景。"上述规定是目前检察机关在民事裁判结果监督标准方面的主要规定，因相对而言比较原则和抽象，不利于在监督实践中予以运用。如果对民事裁判结果监督标准进一步细化，主要可以引申出法定性标准、必要性标准和适当性标准。

第一节 民事裁判结果监督法定性标准

法定性标准是就民事裁判结果监督的依据而言的。民事裁判结果监督主要在于审查民事裁判结果的违法性，而目前对民事裁判结果违法性的判断依据主要是《民事诉讼法》第 200 条关于再审事由的十三项规定。民事裁判结果监督的法定性标准，主要是指检察机关应当依据《民事诉讼法》第 200 条的相关规定来审查民事裁判结果的违法性。从这一角度来讲，民事裁判结果监督事由与法院再审事由是相通的。根据《民事诉讼法》第 200 条的相关规定，监督事由主要涉及事实问题和法律问题两个方面。

1. 涉及事实问题的监督事由主要包括：有新的证据，足以推翻原判决、裁定的；原判决、裁定认定的基本事实缺乏证据证明的；原判决、裁定认定事实的主要证据是伪造的；原判决、裁定认定事实的主要证据未经质证的；据以作出原判决、裁定的法律文书被撤销或者变更的。上述几项监督事由均与实体问题相关。

2. 涉及法律问题的监督事由又可以分为两类。第一类主要与实体问题相关，主要包括：原判决、裁定适用法律确有错误的；原判决、裁定遗漏或者超出诉讼请求的；对审理案件需要的主要证据，当事人因客观原因不能自行收集，书面申请人民法院调查收集，人民法院未调查收集的。第二类主要与程序问题相关，主要包括：审判组织的组成不合法或者依法应当回避的审判人员没有回避的；无诉讼能力人未经法定代理人代为诉讼或者应当参加诉讼的当事人，因不能归责于本人或者其诉讼代理人的事由，未参加诉讼的；违反法律规定，剥夺当事人辩论权利的；未经传票传唤，缺席判决的。另外，除了上述监督事由，对于"审判人员审理该案时有贪污受贿，徇私舞弊，枉法裁判行为的"这一监督事由，主要系考虑审判人员的不法行为可能导致案件结果存在错误而进行监督，并不能完全归于事实问题类或法律问题类监督事由。

检察机关在对民事裁判结果进行监督时，首先应当依据法定性标准进行审查。对于具体每一项监督事由的适用标准，下文将专节论述。从省级院的提请抗诉案件来看，涉及最多的监督事由主要是：（1）原判决、裁定认定的基本事实缺乏证据证明的；（2）原判决、裁定适用法律确有错误的；（3）有新的证据，足以推翻原判决、裁定的。这三项监督事由涉及的案件数共占省级院提请抗诉案件数的 80% 以上。上述三项监督事由之外的其他监督事由涉及的案件数量较少，多数情况是作为主要监督事由的补强理由出现的。

 案例一：土畜产公司申请监督案（高检民监〔2015〕245 号）①

一、案件来源

土畜产公司因与广东地产公司、长江兴业公司、徐小鸿等建设用地使用权转让合同纠纷一案，不服广东省高级人民法院（2013）粤高法民

---

① 本书所有案例中申请人、其他当事人的姓名、名称均为化名。案件评析部分所持观点仅代表个人观点。

一终字第 11 号民事判决，向广东省人民检察院申请监督，该院提请最高人民检察院抗诉。

二、诉讼过程和法院历次审理情况

2008 年 12 月 4 日，土畜产公司起诉广东地产公司、长江兴业公司、徐小鸿等至深圳市中级人民法院，请求：确认土畜产公司与长江兴业公司、广东地产公司、徐小鸿于 2002 年 5 月 15 日签订的《合作成立项目公司协议书》无效。

（一）一审情况

一审法院查明：1992 年 9 月 2 日，广东地产公司与深圳市宝安县国土局（后变更为深圳市规划和国土资源委员会龙岗管理局，以下简称深圳规土委龙岗局）签订宝国合字（1993）第 008 号《土地使用权出让合同书》（后称深龙地合字〔1993〕008 号《土地使用权出让合同》），约定龙岗国土局将位于龙岗爱联村委新屯村面积为 240718 平方米的土地（以下简称涉案土地）使用权出让给广东地产公司使用；土地用途为工业用地；土地使用年期 50 年，自 1992 年 9 月 2 日至 2042 年 9 月 2 日；土地使用权总出让金人民币 6499386 元，于合同生效之日起 2 个月内支付，广东地产公司在按合同规定期限付清地价款后 30 天内，到国土部门办理土地使用权登记手续；广东地产公司除领有国有土地使用证外，还要投入不少于 1.25 亿元人民币的开发建设资金，始准将土地使用权转让；广东地产公司转让土地使用权须按有关规定到深圳规土委龙岗局办理批准或登记手续等内容。随后，广东地产公司与恒隆公司商定合作开发涉案土地，恒隆公司又联系到土畜产公司，由土畜产公司出资与广东地产公司进行合作。1992 年 12 月 16 日、1993 年 1 月 6 日、4 月 23 日，土畜产公司支付 1450 万元给恒隆公司委托其代付投资上述土地款项。1993 年 1 月、6 月、12 月，龙岗爱联村委新屯村收到地租款和土地补偿费共计 650 万元，广东地产龙岗公司收到 200 万元"地价款"。

1993 年 12 月 30 日，广东地产公司宝安分公司与深圳规土委龙岗局就涉案土地签订《土地使用权出让补充合同》，约定：涉案土地的用地面积调整为 248137 平方米，其中工业用地 48900 平方米，市政道路 43472 平方米，中小学预留地 38000 平方米，区政府收回 10000 平方米作弹性用地，商业和商品住宅用地为 107765 平方米（含幼儿园用地），广东地产公司宝安分公司需补交商业和商品住宅用地价款3897万元；本合同自签订之日起执行，与深龙地合字〔1993〕008号《土地使用权出让合同》具有同等效力等内容。

1994年，广东地产龙岗公司办理了上述出让土地中两宗地块的房地产证，宗地号为：G01057-1，面积19760.8平方米；G01059-1，面积17949.7平方米。房地产证号分别为：深房地字第100432号、深房地字第100438号，登记用途为商住。后广东地产龙岗公司以19760.8平方米土地使用权抵押给深圳市商业银行上步支行，用于爱联物业公司贷款2000万元的担保。取得上述贷款后，爱联物业公司将其中17274742.10元支付给土畜产公司，土畜产公司出具4张收款收据，注明还投资款、利息及往来款。1995年10月，上步支行申请法院强制执行，以19760.8平方米土地使用权作价11066040元抵偿了上述贷款利息，以17949.7平方米土地作为广东地产龙岗公司开办爱联物业公司注册资金200万元不到位所承担的责任一并申请了强制执行，共获得土地使用权折抵价款13066040元。2001年，上述两地块转移登记至上步支行名下。2004年12月30日，深圳市国土和房产管理局将上述土地置换为从涉案土地中分出的另一块37707.24平方米土地（G01058-0027号）。

1998年7月30日，土畜产公司、广东地产公司就联合经营涉案土地签订《协议书》，约定双方就涉案土地的合作是经由恒隆公司连带达成的，合作过程中，资金全部由土畜产公司提供，现恒隆公司表示愿意退出，由土畜产公司和广东地产公司双方直接协议合作经营；土畜产公司和广东地产公司同意恒隆公司退出合作，并分别撤销广东地产公司及下属广东地产公司宝安分公司和广东地产龙岗公司与恒隆公司所签订的涉案土地的所有合作协议、合同，土畜产公司撤销其与恒隆公司签订的关于涉案土地的所有合作协议、合约，由土畜产公司、广东地产公司直接合作经营涉案土地项目；土畜产公司在涉案土地项目前期经营中，已直接投入资金1538万元，其他投入300万元（未含从投入至今的利息）。对此，由土畜产公司另行与恒隆公司结算、协议解决，并报广东地产公司；土畜产公司和广东地产公司双方联合经营涉案土地办法由土畜产公司、广东地产公司双方另行协商。

1999年，土畜产公司与广东地产龙岗公司签订《关于爱联综合用地投资开发及过名的合同书》，约定就涉案土地项目的投资开发及过名事宜，双方签订本合同；广东地产龙岗公司负责从政府有关部门拿回涉案土地，并办理过名到土畜产公司的名下，负责按合同约定向土畜产公司移交涉案土地的一切有关资料，提供办理本项目开发所需的有关资料；土畜产公司给广东地产龙岗公司补偿120万元，签订本合同之日，土畜产公司同广东地产龙岗公司向乾富公司支付退还订金30万元及其银行利息；涉案土地经国土部门批准，同意过名到土畜产公司名下时，土畜产公司须一次性向广东地产龙岗公司支付补偿金尾数90万元，广东地产龙岗公司同时向土畜产公司移交涉案土地的存在广东地产龙岗公司的一切有关资料；土畜产公司付清广东地产龙岗公司所得款项后，土畜产公司持有上述经国土部门重新核定可供开发土地的全部土地使用权及经营权；过名前涉及涉案土地的一切债权债务，由土畜产公司负责清理，并承担其经济法律责任；有关开发涉案土地（项目）所需的全部资金和一切税费，按有关部门的规定由土畜产公司负责投入缴交；有关涉案土地（项目）广东地产龙岗公司已缴纳的一切相关款项不得向土畜产公司追偿；涉案土地经国土部门批准过名到土畜产公司名下，土畜产公司付清广东地产龙岗公司应得的款项后，由土畜产公司自主独立经营，并承担前后经营期间的盈亏和一切债权债务等内容。

1999年11月20日、12月10日，土畜产公司、广东地产公司分别向深圳规土委龙岗局提交报告，请求深圳规土委龙岗局：（1）将龙岗爱联村新屯村的228437平方米（已除去做抵押的19700平方米）土地的产权过名到土畜产公司名下，所欠的地价款和农民的补偿费由土畜产公司补交，前期的经济法律责任由土畜产公司承担；（2）减免欠交地价款的利息；（3）恢复该地块中107765平方米的工业用地功能，土畜产公司按工业用地的功能进行规划、开发。2001年5月25日，深圳规土委龙岗局在第二次局业务会议纪要中决定：2001年6月30日前一次性缴清地价，免收滞纳金和利息；厘清与村的土地权属关系，完善该用地的征地手续，申请转名须查清款项来源实际情况后再提出意见报区用地预审会。

2002年5月15日，土畜产公司与长江兴业公司、广东地产公司、徐小鸿签订《合作成立项目公司协议书》，约定就广东地产公司拥有的涉案土地合作成立项目公司（即广地龙公司）；广地龙公司由土畜产公司、长江兴业公司、徐小鸿共同成立，广地龙公司股权比例为：土畜产公司占50%，长江兴业公司占45%，徐小鸿占5%，土畜产公司不投入注册资本金,其注册资本由徐小鸿支付,广地龙公司的法定代表人由徐小鸿派人出任;在广地龙公司被国土部门确认具有涉案土地的土地使用权,即同意接收项目公司缴交未交的第一笔地价款后,土畜产公司、广东地产公司不参与该项目日后的开发、建设、经营和任何收益、利润分配,土畜产公司自愿退出项目公司,由长江兴业公司收购土畜产公司的全部股权,即长江兴业公司占项目公司95%的股权,徐小鸿占5%的股权,具体的投入和参与由长江兴业公司、徐小鸿自行确定,其经济、法律责任与土畜产公司、广东地产公司无关;由徐小鸿全权负责,另三方积极配合,将广东地产公司名下的涉案土地的土地使用权过户到广地龙公司(即国土部门同意接收广地龙公司缴交涉案土地未交部分的地价款);徐小鸿负责涉案土地市场地价按现有的规划要点总包干不超过4850万元(含土地前期拆迁补偿、青苗补偿及地上附着物、上盖物的清理拆迁等费用),在总包干费用中,应补交深圳市规划与国土资源局地价不超过3550万元,补爱联村青苗和征地费不超过1070万元,收购土畜产公司在广地龙公司50%的股权转让费200万元(含前期代付乾富公司的80万元),广东地产公司前期差旅补偿费30万元;并约定涉案土地概况、付款方式、各方责任、违约责任及免责条款等内容。

上述《合作成立项目公司协议书》签订后,土畜产公司、长江兴业公司及徐小鸿依约于2002年6月10日成立广地龙公司,其中,土畜产公司出资50万元,出资比例占50%,长江兴业公司出资45万元,出资比例占45%,徐小鸿出资5万元,出资比例占5%。同年8月20日,中国深圳对外贸易(集团)公司同意土畜产公司转让其持有的广地龙公司股权。2003年8月25日,土畜产公司在中国高交网发布公告,转让上述股权给刘增城和袁财荣。10月17日、11月3日,广地龙公司两次股东会决议,同意长江兴业公司和公司徐小鸿分别将持有的广地龙公司全部股权转让给刘增城,同意土畜产公司将持有的广地龙公司全部股权转让给刘增城、袁财荣。

2002年,土畜产公司与广东地产公司共同向深圳规土委龙岗局提交《关于申请确认G010058-20地块土地使用权出让合同和缴交地价款的报告》,申请以广地龙公司名义缴交地价,完善有关手续,并将土地使用权确认在广地龙公司名下,并由广地龙公司补交涉案土地地价款、爱联村委青苗补偿费和开发建设、经营管理,同时请求免去涉案土地地价利息及滞纳金。同年12月31日，深圳规土委龙岗局在涉案土地历史遗留问题处理协调会上，形成《广东地产公司及深圳商业银行上步支行在爱联新屯村用地历史遗留问题处理协调会议纪要》，广东地产公司（广地龙公司）、深圳市商业银行、新屯村同意通过以下方案处理广东地产公司及深圳商业银行上步支行在涉案土地的历史遗留问题：（1）新屯村认可已将涉案土地248137平方米内的20万平方米土地出让给广东地产公司，原用地红线内新屯村不认可征用的48137平方米土地退回该村使用；（2）同意将深圳市商业银行上步支行的两块用地调换到新屯村重新认可征用的20万平方米土地范围内；（3）由广东地产公司（广地龙公司）与新屯村在2002年11月底前就上述20万平方米土地出让的历史遗留问题的处理进行协商，对买卖的20万平方米土地重新核定范围位置，明确有关权利义务关系，以龙岗国土局、新屯村、广东地产公司（广地龙公司）名义签订征地补充协议，完善征地手续；（4）在上述20万平方米用地范围内，扣除商业银行用地、市政道路、公共设施配套等用地外剩余的用地为重新出让用地范围，并按现行基准地价计收地价，该用地申请主体由广东地产公司与广地龙公司协调有关民事关系后再确定。

2003年2月21日，深圳规土委龙岗局向广东地产公司（广地龙公司）、龙岗爱联村新屯自然村发出《通知》，要求广东地产公司（广地龙公司）与新屯村务必于2003年3月10日前落实处理方案第3条内容，即双方重新核定买卖的20万平方米土地范围，明确双方权利义务关系，签订协议，完善征地手续；上述要求若未依时落实，处理方案不能执行，深圳规土委龙岗局将研究采取其他方法解决涉案土地遗留问题。

2003年3月21日，深圳市龙岗区龙岗镇爱联村新屯合作社与广地龙公司签订《征地补偿协议书》，就涉案土地（面积已改为200017.78平方米）的征地补偿事宜进行了约定，同时约定广地龙公司应支付征地补偿总费用人民币2000万元，并确认广地龙公司（原广东地产公司）已支付征地款600万元（不包括已支付爱联村委的50万元）予以扣减。同年6月18日，深圳规土委龙岗局、深圳市龙岗区龙岗镇爱联村委会、新屯合作社、广地龙公司签订深规土龙补征字〔2003〕14号《征地补偿协议》，约定广东地产公司委托广地龙公司负责处理广东地产公司在涉案土地上的历史遗留问题，广地龙公司作为本协议一方，承担广东地产公司相应的权利与法律责任；广东地产公司已支付600万元给爱联村委会及新屯合作社；深圳规土委龙岗局同意将征地范围调整为爱联村委会、新屯合作社、广地龙公司确认的200034.4平方米红线范围；本协议签订后3个月内，广地龙公司必须按2003年3月21日与爱联村委会、新屯合作社签订的《征地补偿协议书》的约定，如期履行义务；广地龙公司同意深圳规土委龙岗局对原签订的宝国合字（1993）第008号《土地使用权出让合同书》出让的土地位置进行调整，广地龙公司同意在上述确认的200034.4平方米用地范围内，扣除商业银行用地、市政道路、公共设施配套等用地外剩余的土地按规定办理相关用地手续等内容。2004年11月18日，深圳市国土资源局和房产管理局龙岗分局向龙岗区龙城街道办爱联村委会及新屯合作社发出《关于尽快清理移交土地的函》，要求及时将土地移交。

2004年4月30日，《龙岗区2004年第3次建设用地预审会议纪要》载明，同意广地龙公司所提完善用地问题的申请，一揽子解决涉案土地用地问题，涉案土地剩余86680.7平方米商住用地出让给广地龙公司。同年，龙岗国土局制作上述土地分宗地图（4宗地）标明土地使用者为广地龙公司。2005年1月28日，深圳市规划局龙岗分局向广地龙公司核发了涉案土地的《建设用地规划许可证》。2006年1月26日，深圳市规划局龙岗分局就广地龙公司提出的变更涉案土地《建设用地规划许可证》申请出具复函，因该项目至今未办理土地使用权出让手续，请广地龙公司完善土地出让手续后再行申报。

2005年，深圳市人民检察院就涉案土地向深圳规土委龙岗局出具《关于协助暂停办理宗地号为C010058-20的土地使用权过户手续的函》，称因接中国深圳对外贸易（集团）有限公司紧急报案书称其所属全资的土畜产公司在处理涉案土地使用权过程中，涉嫌不经评估、低价转让、损害国有企业利益的非法行为，深圳市人民检察院已介入调查，请深圳规土委龙岗局协助暂停办理涉案土地使用权的过户手续。2006年4月，深圳市人民检察院再向深圳规土委龙岗局具函，称有关单位举报国有资产流失的问题已办结，深圳规土委龙岗局可依照国家法律、行政法规的有关规定办理涉案土地征地用地出让手续。

另查明，广东地产公司宝安分公司是广东地产公司1992年设立的直属分公司，1994年被撤销。同年，广东地产公司设立广东地产龙岗公司，承继广东地产公司宝安分公司的债权债务及所签订的合同的权利和义务，经营期限自1994年3月9日至1996年12月31日，从1997年起该公司未年检，1998年7月15日被吊销工商登记。深圳龙岗爱联新城物业管理公司是广东地产龙岗公司的全资子公司，1994年6月15日成立，1995年至今没有经营活动；注册资金为200万元，经营范围是涉案土地内的物业管理业务，法定代表人为谢火生。谢火生在1990年至1995年，同时是土畜产公司贸易部的承包人。

一审法院认为：本案争议焦点为：（1）土畜产公司是否对涉案土地享有完整权益，是否为实际权利人。（2）《合作成立项目公司协议书》的性质及效力。（3）土畜产公司起诉是否超过诉讼时效。（4）土畜产公司起诉广地龙公司是否符合法律规定。

1. 关于土畜产公司是否对涉案土地享有完整权益，是否为实际权利人。该院认为，有证据表明，土畜产公司前期投入涉案土地的1838万元投资款已收回，其在涉案土地中实际上不再享有投资权利。理由一是广东省高级人民法院（2003）粤高法民二终字第209号生效民事判决确认，深圳龙岗爱联新城物业管理公司代广东地产龙岗公司偿还了土畜产公司17274742.10元的土地投资款；二是土畜产公司通过转让广地龙公司股权方式收回投资200万元。对于17274742.10元的土地投资款的认定。本案中，土畜产公司主张上述债权债务与本案无关，并提供土畜产公司贸易部原承包人谢火生证言及审计报告，证明该贸易部收回的1700多万元是用于归还案外人借款而没有入土畜产公司的财务账。经审查，谢火生在本案中的证言与其在（2003）粤高法民二终字第209号案件中的离任审计结论相矛盾且谢火生不能到庭质证，土畜产公司也没有提供与案外人存在债权债务关系的新证据，故对谢火生在本案中的证言真实性该院不予确认。本案中，中国深圳对外贸易（集团）公司委托深圳佳正华会计师事务所对土畜产公司贸易部进行财务专项审核，结论是在中国深圳对外贸易（集团）公司提供的1994年账册及会计凭证中，未发现与土畜产公司出具给深圳龙岗爱联新城物业管理公司4张收据相对应的记录。该院认为，该审计委托人为土畜产公司上级公司，审计结论并非司法鉴定结论，委托人提供审计的财务账册是否齐全不得而知，该审计结论的证明力并不高于前述209号判决确认的谢火生1998年离任审计报告，故在没有其他确切证据的情况下，省法院生效判决具有既判力，该院以上述判决认定的事实为依据,确认土畜产公司已收回 17274742.10 元的土地投资款。对于 200 万元股权转让款的认定。土畜产公司主张其内部人员与第三方勾结,以 200 万元转让土畜产公司持有的广地龙公司的股份,使得土畜产公司约 2000 万元土地投资收益流失,广地龙公司是为了侵吞巨额国有资产的非法目的而成立。该院认为,第一,项目公司即广地龙公司注册资本为 100 万元,土畜产公司的 50% 股份即 50 万元注册资金的实际出资人为徐小鸿,土畜产公司在成立广地龙公司时没有实际出资,也没有将土畜产公司在涉案土地中的 1838 万元投资作价入股的意思表示。第二,《合作成立项目公司协议书》约定广地龙公司在国土部门同意以广地龙公司名义缴交地价款后,土畜产公司退出项目公司并以 200 万元价格转让其在广地龙公司的股权,从合同文字的表述上看,该 200 万元的对价款亦没有包含土畜产公司 1838 万元投资权益之意,不能得出 200 万元转让价格不合理的结论。第三,深圳龙岗爱联新城物业管理公司代广东地产龙岗公司偿还了土畜产公司 17274742.10 元的土地投资款。第四,土畜产公司转让其持有的广地龙公司股权获得上级公司中国深圳对外贸易(集团)公司的批准,亦经过广地龙公司股东会议决议通过,没有证据证明其内部人员和第三方恶意串通。深圳市人民检察院接受中国深圳对外贸易(集团)公司举报,对本案土畜产公司所称国有资产流失问题进行调查,没有相关人员受到违法犯罪的刑事追究。综上,土畜产公司在涉案土地的其余投资款项已通过股权转让的方式收回。土畜产公司主张最终以 50 万元价格转让股权,并没有提供证据证明,且实际转让价格的多少涉及合同履行问题,不影响对其约定以 200 万元转让股权事实的认定。土畜产公司主张上述协议以合法形式掩盖侵吞国有资产的非法目的没有事实依据,该院不予支持。

2. 关于《合作成立项目公司协议书》的性质及效力的认定。该院认为,从土畜产公司与广东地产公司于 1998 年 7 月 30 日签订的《协议书》和 1999 年签订的《关于爱联综合用地投资开发及过名的合同书》内容来看,双方约定广东地产公司在收取土畜产公司支付的固定费用后,由土畜产公司独立开发经营土地并获得土地使用权,上述两份协议实质内容是双方对涉案土地使用权转让而达成的合意。2002 年 5 月 15 日,土畜产公司与长江兴业公司、广东地产公司、徐小鸿签订《合作成立项目公司协议书》,各方约定以成立项目公司的方式取得涉案土地使用权并完成土地的开发建设经营，广东地产公司和土畜产公司收取固定费用后退出在项目公司的股权，该协议是在前述两份协议的基础上而做出的履行方式的变更约定，实质上也是转让涉案土地使用权。除了转让涉案土地使用权的约定外，合同还涉及成立项目公司及股权转让的约定内容。对于合同涉及转让土地使用权内容的效力，该院认为，2003年6月18日，深圳规土委龙岗局、爱联村委会、新屯合作社、广地龙公司签订深规土龙补征字〔2003〕14号《征地补偿协议》，约定由广地龙公司办理用地手续，2004年4月30日，《龙岗区2004年第3次建设用地预审会议纪要》载明，国土局同意广地龙公司所提完善用地问题的申请，一揽子解决涉案土地用地问题，涉案土地剩余86680.7平方米商住用地出让给广地龙公司。上述事实可以认定国土部门已同意将涉案土地重新出让给广地龙公司，因此，依据最高人民法院《关于审理涉及国有土地使用权合同纠纷案件适用法律问题的解释》第9条规定，起诉前有批准权的人民政府已同意转让涉案土地，应认定合同中关于土地使用权转让部分的约定有效。对于合同涉及项目公司成立及股权转让内容的约定，该院认为该约定不违反法律、行政法规的强制性规定，亦为有效。

3. 关于诉讼时效问题。土畜产公司和广东地产公司在《合作成立项目公司协议书》中约定，双方退出涉案地块项目开发建设的条件是广地龙公司被国土部门确认具有涉案地块土地使用权即国土部门同意接收广地龙公司缴交第一笔地价款，该条件也是合同各方办理交接和结算手续的前提之一。在合同履行过程中，虽然土畜产公司完成了相关股权转让，但国土部门始终没有确定由广地龙公司补交地价款，也没有与广地龙公司签订土地使用权出让合同确认广地龙公司为土地使用权受让方，《合作成立项目公司协议书》并没有履行完毕，故本案的诉讼时效应从合同履行期届满开始计算。土畜产公司的起诉没有超过诉讼时效期间，对广地龙公司关于土畜产公司的起诉已超过诉讼时效的抗辩，不予支持。

4. 关于土畜产公司起诉广地龙公司是否符合法律规定。一审法院认为，广地龙公司虽然不是《合作成立项目公司协议书》的签约主体，但其是《合作成立项目公司协议书》权利义务的承受主体，土畜产公司与广地龙公司具有法律上的利害关系，土畜产公司起诉广地龙公司符合《民事诉讼法》第108条之规定，广地龙公司辩称土畜产公司起诉广地龙公司主体不适格的意见不予采纳。

一审法院判决：（1）土畜产公司与长江兴业公司、广东地产公司及徐小鸿于 2002 年 5 月 15 日签订的《合作成立项目公司协议书》有效；（2）驳回土畜产公司的诉讼请求。

土畜产公司不服一审判决，向广东省高级人民法院提起上诉。

（二）二审情况

二审法院对一审法院查明的事实予以确认。

二审法院认为：本案系建设用地使用权转让合同纠纷。综合土畜产公司的上诉及广东地产公司、广地龙公司的答辩，本案的争议焦点为，《合作成立项目公司协议书》是否有效。该院认为《合作成立项目公司协议书》为合法有效合同。理由如下：

1. 《国有资产评估管理办法》的有关规定不能作为认定涉案合同效力的依据。《合同法》第 52 条第 1 款第 5 项的规定，"违反法律、行政法规的强制性规定"的合同无效。对于该项规定所指的"强制性规定"，最高人民法院《关于适用〈中华人民共和国合同法〉若干问题的解释（二）》第 14 条规定作了专门解释："《合同法》第五十二条第一款第五项规定的'强制性规定'，是指效力性强制性规定。"据此，只有违反了效力性强制性规定的合同才能被认定为无效合同，违反了管理性强制性规定的合同，不影响合同效力。根据《国有资产评估管理办法》第 3 条第 1 项规定国有资产的拍卖、转让应当进行评估，但该项规定对未经评估的拍卖、转让行为的效力未作规定。因此该项规定显属管理性强制性规定，只约束国有资产占有单位而不能约束国有资产占有单位所从事民事行为的相对方。不影响国有资产占有单位在从事民事活动中的行为的效力，故《国有资产评估管理办法》第 3 条第 1 项规定不能作为确认《成立项目公司合作协议书》及相关股权转让行为效力的依据。土畜产公司关于违反该项规定的行为必须认定为无效的主张于法无据，该院不予支持。

2. 没有充分证据证明土畜产公司转让涉案土地使用权导致国有资产流失。主要依据为：一是土畜产公司确认其投入本项目的款项为 1838 万元，而据二审法院（2003）粤高法民一终字第 209 号民事判决确认土畜产公司已收回投资款 17274742.10 元，加上其后来转让广地龙公司股权时收回的 200 万元；土畜产公司已收回投资款 19274742.10 元，已超过其投入的款项。二是深圳市人民检察院对土畜产公司处理涉案土地是否造成国有资产流失曾立案调查，也曾查封了该涉案土地，结案后又函告深圳市规土委龙岗局，可依照国家法律、行政法规的有关规定办理涉案土地征地、用地出让手续，这一函告内容应视为检察机关对土畜产公司处理涉案土地是否造成国有资产流失作出的结论。因此，土畜产公司上诉提出《成立项目公司合作协议书》是低价转让涉案项目并导致国有资产流失的主张，不能成立。

3. 涉案土地使用权的转让业经有关政府部门同意。最高人民法院《关于审理涉及国有土地使用权合同纠纷案件适用法律问题的解释》第9条规定，转让方未取得土地使用权证书与受让方订立合同转让土地使用权，起诉前转让方已经取得土地使用权证书或者有批准权的人民政府同意转让的，应当认定合同有效。本案中，2003年6月18日，深圳规土委龙岗局、爱联村委会、新屯合作社、广地龙公司签订深规土龙补征字〔2003〕14号《征地补偿协议》，约定由广地龙公司办理用地手续，2004年4月30日，《龙岗区2004年第3次建设用地预审会议纪要》载明，国土局同意广地龙公司所提完善用地问题的申请，一揽子解决涉案土地用地问题，涉案土地剩余86680.7平方米商住用地出让给广地龙公司。据此，上述事实可以认定当地国土部门已同意将涉案土地重新出让给广地龙公司。

二审法院判决：驳回上诉，维持原判。

土畜产公司不服二审判决，向最高人民法院申请再审。

（三）再审情况

最高人民法院裁定：驳回土畜产公司的再审申请。

土畜产公司不服，向检察机关申请监督。

三、最高人民检察院提出抗诉的理由

最高人民检察院认为：广东省高级人民法院（2013）粤高法民一终字第11号民事判决认定案件的基本事实缺乏证明证明，适用法律确有错误。理由如下：

1. 终审判决认为"土畜产公司已收回投资款19274742.1元（17274742.1元+200万元），已超过其投入的款项"，缺乏证据证明。终审判决据以认定土畜产公司收回相应投资款的主要证据系另案已生效的广东省高级

人民法院（2003）粤高法民二终字第209号民事判决，即该判决认为根据涉案4张收据、爱联物业公司时任经理谢火生的陈述及谢火生的离任审计报告，"爱联物业公司从上步支行所借的2000万元款项中有17275742.1元用于代广东地产龙岗公司偿还土畜产公司的债务"。具体分析如下：

第一，本案中谢火生既是爱联物业公司的法定代表人，又是土畜产公司贸易部的实际承包人。在公安机关的询问笔录中，谢火生明确承认涉案4张收据中的款项系由爱联物业公司转入土畜产公司贸易部账户后，用于归还产土畜产公司贸易部所欠深大电话公司与深圳信托公司的借款，而非代广东地产龙岗公司偿还土畜产公司的债务。

第二，虽然广东省高级人民法院（2003）粤高法民二终字第209号民事判决认定"爱联物业公司从上步支行所借的2000万元款项中有17275742.1元用于代广东地产龙岗公司偿还土畜产公司的债务"，但该判决系基于上步支行与爱联物业公司、广东地产公司之间的借款合同纠纷而作出，土畜产公司仅系该案第三人且在该案中未承担责任，在庭审中其亦辩称与该借款合同纠纷没有任何关系并否认爱联物业公司对其享有17275742.1元债权，故若以（2003）粤高法民二终字第209号民事判决认定的相关事实来证明土畜产公司已收回涉案投资款，证据不足，亦有失公允。

第三，土畜产公司与广东地产公司于1998年7月30日就联合经营涉案土地签订《协议书》，约定：恒隆公司表示愿意退出，由土畜产公司和广东地产公司双方直接协议合作经营；土畜产公司在涉案土地项目开发中的前期投入资金1538万元与其他投入300万元，由土畜产公司另行与恒隆公司结算、协议解决，并报广东地产公司；土畜产公司和广东地产公司双方联合经营涉案土地办法由土畜产公司、广东地产公司双方另行协商。从上述协议的内容可知，对于土畜产公司的前期投入问题双方约定由土畜产公司与恒隆公司协商解决。（2003）粤高法民二终字第209号民事判决所认定的爱联物业公司代广东地产龙岗公司偿还土畜产公司债务的相关事实与上述约定亦不符。

第四，在上步支行与爱联物业公司、广东地产公司借款合同纠纷一案［（2003）粤高法民二终字第209号民事判决］中，广东地产公司辩称："涉案17275742.1元是爱联物业公司偿付谢火生的债务，并非归还土畜产公司投资款,爱联物业公司并未接到广东地产公司的任何付款指示;广东地产公司在涉案土地项目中一直是帮助土畜产公司代征土地的,对土畜产公司投入1830万元的事实予以承认;如果爱联物业公司已代其还清了土畜产公司的投资款,则广东地产公司将享有该部分权益,该土地实际所有者亦应为广东地产公司,所以广东地产公司不可能投入资金为别人作嫁衣裳。"据此,广东地产公司在借款合同纠纷中否认已偿还土畜产公司前期投资款,而在本案中却又主张已偿还土畜产公司前期投资款,其主张前后矛盾,在无充分证据的情况下对其在本案中的相关主张不应予以支持。

2. 涉案各方在《合作成立项目公司协议书》中约定土畜产公司以200万元价格转让其在广地龙公司50%的股权,属于以合法形式掩盖非法目的,终审判决认为该合同有效且并未导致国有资产流失,属于适用法律确有错误。土畜产公司与长江兴业公司、广东地产公司、徐小鸿于2002年5月15日签订的《合作成立项目公司协议书》约定:就涉案土地项目由土畜产公司、长江兴业公司、徐小鸿共同成立项目公司(即广地龙公司,其中土畜产公司的股份为50%);在项目公司取得涉案地块的土地使用权后,土畜产公司、广东地产公司不参与该项目日后的开发、建设、经营和任何收益、利润分配,土畜产公司自愿退出项目公司;在项目公司取得涉案地块的土地使用权后,由徐小鸿负责将土畜产公司拥有的50%股权有偿转让给长江兴业公司(股权转让费200万元);该项目公司的股权转让给长江兴业公司的同时,其公司拥有的本地块土地使用权也随之一次性转让给长江兴业公司。具体分析如下:

第一,《合作成立项目公司协议书》实际是以转让公司股份的形式,掩盖转让涉案土地使用权预期利益的目的。该案实际包含了两层土地使用权转让关系:一是广东地产公司与土畜产公司之间约定的第一次土地使用权转让关系;二是土畜产公司与广地龙公司之间约定的第二次土地使用权转让关系。因此,《合作成立项目公司协议书》是基于广东地产公司向土畜产公司转让土地使用权后再由土畜产公司转让给广地龙公司。最高人民法院《关于审理涉及国有土地使用权合同纠纷案件适用法律问题的解释》第9条规定:"转让方未取得出让土地使用权证书与受让方订立合同转让土地使用权的,起诉前转让方已取得出让土地使用权证书或者有批准权的人民政府同意转让的,应认定合同有效。"依据该规定,另案已生效的广东省高级人民法院（2013）粤高法民一终字第10号民事判决，已确认广东地产公司与土畜产公司签订的《关于爱联综合用地投资开发及过名的合同书》无效，故《合作成立项目公司协议书》因系基于之前的无效合同而做出，亦应认定为无效。

第二，土畜产公司以200万元价格转让其在广地龙公司50%的股权，导致国有资产流失。土畜产公司向其主管部门中国深圳对外贸易（集团）公司请示合作成立广地龙公司及转让公司股权时，表示成立项目公司及转让股权的目的是收回资金（投入及合理回报）200万元，但均回避了土畜产公司已就涉案土地项目支出1838万元的事实。上述股权转让时，广地龙公司委托深圳市中项资产评估有限公司对该公司的全部资产予以评估，因对涉案土地权益的价值未予评估，导致其所评估的广地龙公司的全部资产数额较低，仅为100万元。但后来广地龙公司委托深圳市鹏信资产评估土地房地产估价有限公司就涉案土地同一时期的价值所作的《土地估价报告》显示，涉案土地总地价为8453.09万元。因中国深圳对外贸易（集团）公司在批复中明确要求"股权转让的价格不得低于中介机构对广地龙公司进行资产评估后你司（土畜产公司）的股东权益值"，故土畜产公司在转让涉案股权时未计算涉案土地权益值和已支付的前期投资款1838万元，仅以200万元价格转让其在广地龙公司50%的股权，导致国有资产流失。

四、案件评析

本案同时涉及两项监督事由：一是原判决认定的基本事实缺乏证据证明；二是原判决适用法律确有错误。这两项监督事由是省级院提请抗诉案件中涉及最多的事由。

按照法定性标准，我们在对民事裁判结果进行监督时，主要应就生效裁判的事实认定问题和法律适用问题进行审查。事实认定问题主要包括生效裁判认定的事实没有证据支持、认定基本事实所依据的证据虚假而缺乏证明力，认定基本事实所依据的证据不合法，对基本事实的认定违反逻辑推理或者日常生活法则等情况。法律适用问题主要包括适用的法律与案件性质明显不符，认定法律关系主体、性质或者法律行为效力错误，确定民事责任明显违背当事人有效约定或者法律规定，适用法律明显违背立法本意等情况。本案中，终审判决在认定事实方面存在的问题主要是：终审判决认为"土畜产公司已收回投资款 19274742.1 元"，缺乏证据证明。谢火生在公安机关的询问笔录、土畜产公司与广东地产公司就联合经营涉案土地签订的《协议书》、另案借款纠纷中广东地产公司的答辩意见均能否定"土畜产公司已收回投资款 19274742.1 元"的事实，终审判决仅依据另案借款纠纷中认定的部分事实来证明"土畜产公司已收回投资款 19274742.1 元"，属于机械适用"已为人民法院发生法律效力的裁判所确认的事实，当事人无须举证证明"的相关规定，证据并不充分。终审判决在适用法律方面存在的问题主要是：对涉案各方以合法形式掩盖非法目的的行为未予认定。涉案各方在《合作成立项目公司协议书》中约定土畜产公司以 200 万元价格转让其在广地龙公司 50% 的股权，实际是以转让公司股份的形式，掩盖转让涉案土地使用权预期利益的目的。且土畜产公司在转让涉案股权时未计算涉案土地权益值和已支付的前期投资款 1838 万元，仅以 200 万元价格转让其在广地龙公司 50% 的股权，导致国有资产流失。

第二节 民事裁判结果监督必要性标准

必要性标准是就民事裁判结果监督的效果而言的。民事裁判结果监督的必要性标准，主要是指检察机关在坚持法定性标准的同时，应当结合监督的社会效果、裁判作出时的司法政策和社会背景等因素对监督的必要性进行审查，在对相关因素综合考量后再作出是否予以监督的决定。我们所追求的办案效果应当是法律效果与社会效果的有机统一。所谓法律效果，是指通过监督确保民事法律的统一正确实施。所谓社会效果，是指对案件作出是否监督的决定后，在法律效果的基础上对社会所产生的影响，比如促进经济发展、保障社会稳定、维护社会道德、树立司法公信、实现公平正义，等等。应当说，民事裁判结果监督只要坚持法定性审查标准，一般会取得较好的法律效果，但并不必然取得较好的社会效果。法律效果的不足客观上要求以社会效果加以补充，而社会效果的实质应当是对法律价值的实现。这就要求我们在对民事裁判结果进行监督时还应当坚持必要性标准，以此彰显监督的社会效果。对于必要性标准，可以从以下几方面来把握。

一、注重实体正义

对于终审判决在认定事实或适用法律方面存在一定错误，但实体判决结果正确或者相对公正的,一般不宜提出抗诉或者发再审检察建议,这一点主要是从实体正义的角度来考虑的。如果案件实体判决结果正确或者相对公正的,一般不宜通过检察监督启动再审程序,浪费司法资源,可以考虑以检察建议的方式对相关的错误予以指出。在这里需要特别指出的一个问题是,在监督实践中对于诉讼时效的问题应该从宽把握,一般情况下不宜单独以超过诉讼时效为由提请抗诉或提出抗诉。

案例二:中润置业公司申请监督案(高检民监〔2015〕267号)

一、案件来源

中润置业公司因与中钢贸易公司买卖合同纠纷一案,不服北京市高级人民法院(2013)高民终字第4387号民事判决,向北京市人民检察院申请监督,该院提请最高人民检察院抗诉。

二、诉讼过程和法院历次审理情况

2013年3月5日,中钢贸易公司起诉中润置业公司、金属材料公司至北京市第一中级人民法院,请求:判令金属材料公司、中润置业公司连带偿付中钢贸易公司货款本金20958234.50元及利息。

(一)一审情况

一审法院查明:1993年2月25日,中国冶金进出口总公司(后变更为中钢贸易公司)与金属材料公司签订《协议书》,主要约定由中国冶金进出口总公司业务七部向金属材料公司供应其进口的利比亚角、槽、工字钢共计9420MT,双方同意此批钢材的销售价格为3250元/MT,交货地点为广西防城港或北海港。中国冶金进出口总公司业务七部对外签订合同5天内,金属材料公司先付2850万元到中国冶金进出口总公司业务七部账户,余款货到前3天一次付清、双方还对其他内容进行了约定。

1995年8月30日,中国冶金进出口总公司与金属材料公司就上述《协议书》在履行过程中金属材料公司货款给付问题签订了《还款协议书》该协议主要约定,金属材料公司截至1995年8月30日尚欠中国冶金进出口总公司货款本金20958234.5元,该款项从1995年7月1日起计息,按照中国人民银行贷款利率(年息12.06%)计息,一并由金属材料公司归还中国冶金进出口总公司,协议签订前的利息,从1993年8月

起计息，年利息 9.18%，共 22 个月利息数 3527270.87 元，本利合计 24485505.37 元。还款期限为 20 个月，即从 1995 年 10 月 1 日至 1997 年 5 月 31 日。双方还约定在该协议签订之后每 6 个月内对双方的债权债务以书面方式确认一次。南宁市物资局代表秦耀东作为见证人在该协议上签字。

1998 年 7 月 18 日，中钢贸易公司与金属材料公司就《协议书》在履行过程中金属材料公司货款给付问题签订了《还款协议的补充》在该协议中双方确认约定随着时间的推移，原协议已不适用目前情况，为了维护双方的合法权益，对原协议进行补充，主要约定金属材料公司未能按照原协议的要求向中钢贸易公司支付欠款，经双方多次往来确认，截至该补充协议签字之日，金属材料公司尚欠货款本金 20958234.5 元，截至 1998 年 7 月 1 日；应支付利息合计 10245432.93 元、本利合计 31203667.43 元。自 1998 年 7 月 1 日起欠款本金按贷款年利率 6.93% 计息，如遇利率调整，则按新利率执行。南宁市物资局作为见证人在该协议上盖章。

2000 年 5 月 10 日，中钢贸易公司与金属材料公司就《协议书》在履行过程中金属材料公司货款给付问题签订了《还款协议的补充（二）》，在协议中双方确认补充协议签订后，金属材料公司仍未能按照原协议的要求向中钢贸易公司支付欠款及利息。随着时间的推移和欠款利息的增加，原补充协议已不适用目前情况，为了维护双方的合法权益，对原协议进行补充，主要约定截至该补充协议签字之日，金属材料公司尚欠中钢贸易公司货款本金 20958234.50 元。应支付利息合计 12644101.93 元，本利合计 33602335.43 元。双方确认自 2000 年 5 月 11 日起本金按贷款年利率 5.85% 计息；如遇利率调整，则按新利率执行。南宁市物资局作为见证人在该协议上盖章。2001 年 10 月 8 日，金属材料公司法定代表人朱勤在《还款协议的补充（二）》上标注了"本协议所列欠款数额属实，予以确认"；并加盖了朱勤个人名章及金属材料公司公章。金属材料公司称中钢贸易公司自 2001 年 10 月 8 日后，未再向其主张过债权。中润置业公司称自其合并金属材料公司后中钢贸易公司于 2011 年 10 月、11 月期间曾向其主张过该笔债权。

另查明，2008 年 9 月 11 日，南宁市国资委下发南国资批〔2008〕189 号《关于同意南宁市物资系统企业合并改制为有限责任公司的批复》，该批复主要载明：同意南宁市物资集团总公司（以下简称南宁物资公司）按《公司法》第173条规定吸收合并南宁市物资产业集团有限责任公司、南宁市物资经营总公司、金属材料公司等12户企业，同时按南发〔2004〕17号、南府发〔2004〕39号文等文件精神，改制为有限责任公司。南宁市物资系统企业合并改制后，13户参加合并改制企业的债权债务全部由改制后新公司承接。按照上述文件精神，南宁物资公司对上述企业进行了吸收合并，并与2008年11月18日将公司名称变更为中润置业公司，企业性质变更为有限责任公司。

2008年9月13日，南宁物资公司在《南宁日报》刊登了《公告》主要载明：经批准，南宁物资公司吸收合并南宁市物资产业集团有限责任公司、南宁市物资经营总公司、金属材料公司等13户企业，南宁物资公司存续并改制成中润置业公司。同时，合并各方的债权债务均由改制的中润置业公司承继，请相关债权人与公司联系清偿债权债务或提供相应的担保。中钢贸易公司称其不知债权公告一事，亦未向中润置业公司申报过本案债权。

2011年12月16日，南宁市国资委向中润置业公司下发了南国资函〔2011〕219号《关于南宁市金属材料总公司债权债务问题的函》，该函载明：根据南国资批〔2008〕189号《关于同意南宁市物资系统企业合并改制为有限责任公司的批复》，南宁物资公司按《公司法》第173条规定吸收合并金属材料公司等企业，同时按南发〔2004〕17号、南府发〔2004〕39号文等文件精神，改制为有限责任公司；南宁市物资系统企业合并改制后，参加合并改制企业的债权债务全部由改制后新公司承接。请你公司就金属材料公司与原中国冶金进出口总公司之间的债权债务问题与中钢贸易公司（原中国冶金进出口总公司更名后的公司名称）通过友好协商方式解决。中润置业公司于2011年12月21日收到南国资函〔2011〕219号函。2013年3月5日，中钢贸易公司就本案债权向一审法院提起了诉讼。

一审法院认为：中钢贸易公司与金属材料公司签订的《协议书》《还款协议书》《还款协议的补充》及《还款协议的补充（二）》均系双方当事人的真实意思表示，且内容亦不违反相关法律、行政法规的禁止性规定，均应确认有效。双方当事人争议的焦点问题是中钢贸易公司向金属材料公司、中润置业公司主张债权是否超过诉讼时效。对此，该院认为，中钢贸易公司向金属材料公司、中润置业公司主张债权未超过诉讼时效。理由如下：（1）关于本案的履行期限问题。本案中，虽然中钢贸易公司在其与金属材料公司签订的《协议书》第3条中约定了金属材料公司的付款期限即金属材料公司先付2850万元到中国冶金进出口总公司业务七部账户，余款货到前3天一次付清，但因双方在1995年8月30日签订的《还款协议书》中又约定"还款期限为20个月，即从1995年10月1日至1997年5月31日"，故可以确认双方就货款给付期限的变更达成了新的一致。而双方在此之后签订的《还款协议的补充》及《还款协议的补充（二）》中仅对金属材料公司所欠货款及利息的数额进行了确认，而未再约定货款的给付期限，且金属材料公司法定代表人朱勤于2001年10月8日在《还款协议的补充（二）》上所标注的"本协议所列欠款数额属实，予以确认"的内容亦仅是对其欠款事实的再次确认，亦未再确定欠款的给付期限。因此，可以确认中钢贸易公司与金属材料公司再次就货款给付期限的变更达成了新的一致，且上述两份协议书均应为未确定履行期限的协议。（2）关于本案的诉讼时效问题。本案中，因中钢贸易公司与金属材料公司签订的《还款协议的补充》及《还款协议的补充（二）》均未对货款的给付期限予以约定，故中钢贸易公司可以随时向金属材料公司主张债权，现中润置业公司确认中钢贸易公司于2011年10月、11月期间曾向其主张过本案债权。又因南宁市国资委系金属材料公司、中润置业公司改制前的南宁物资公司的上级管理和监督部门，且南宁市国资委亦要求中润置业公司就金属材料公司与中钢贸易公司之间的债权债务问题进行协商，并为此于2011年12月16日向中润置业公司下发了南国资函〔2011〕219号《关于南宁市金属材料总公司债权债务问题的函》，故根据最高人民法院《关于审理民事案件适用诉讼时效制度若干问题的规定》第14条关于"权利人向人民调解委员会以及其他依法有权解决相关民事纠纷的国家机关、事业单位、社会团体等社会组织提出保护相应民事权利的请求，诉讼时效从提出请求之日起中断"以及最高人民法院《关于审理民事案件适用诉讼时效制度若干问题的规定》第6条关于"未约定履行期限的合同，依照合同法第六十一条、第六十二条的规定，可以确定履行期限的，诉讼时效期间从履行期限届满之日起计算；不能确定履行期限的，诉讼时效期间从债权人要求债务人履行义务的宽限期届满之日起计算，但债务人在债权人第一次向其主张权利之时明确表示不履行义务的,诉讼时效期间从债务人明确表示不履行义务之日起计算"的规定,故应视为中钢贸易公司于2011年10月至11月期间就本案的债权提出了主张,诉讼时效亦应开始起算。而中钢贸易公司向一审法院提起诉讼的时间为2013年3月5日,因中钢贸易公司向金属材料公司、中润置业公司主张债权并未超过诉讼时效。关于中钢贸易公司要求金属材料公司、中润置业公司承担给付责任的诉讼请求,一审法院认为,南宁市国资委在其下发的南国资批〔2008〕189号《关于同意南宁市物资系统企业合并改制为有限责任公司的批复》中载明:包括金属材料公司在内13户参加合并改制企业的债权债务全部由改制后新公司即中润置业公司承接,且中润置业公司对中钢贸易公司主张的该笔债权的本金20958234元、相应利息的数额及计息标准不持异议,亦对承担本案该笔债权不持异议,故依据最高人民法院《关于审理与企业改制相关的民事纠纷案件若干问题的规定》第31条关于"企业吸收合并后,被兼并企业的债务应当由兼并方承担"以及第34条"企业吸收合并或新设合并后,被兼并企业应当办理而未办理工商注销登记,债权人起诉被兼并企业的,人民法院应当根据企业兼并后的具体情况,告知债权人追加责任主体;并判令责任主体承担民事责任"的规定,中钢贸易公司主张中润置业公司承担偿付货款本金20958234.5元及相应利息的诉讼请求于法有据,该院予以支持。对于中钢贸易公司主张金属材料公司承担偿付货款本金20958234.5元及相应利息的诉讼请求于法无据,该院不予支持。

一审法院判决:(1)中润置业公司向中钢贸易公司支付货款本金20958234.5元;(2)中润置业公司向中钢贸易公司支付货款本金20958234.5元自1993年8月10起至实际给付之日止的利息〔自1993年8月1日起至2000年5月10日(含)的利息为12644101.93元,自2000年5月11日起至实际给付之日止的利息,按中国人民银行同期一年期贷款基准利率计算〕;(3)驳回中钢贸易公司的其他诉讼请求。

中润置业公司不服一审判决,向北京市高级人民法院提出上诉。

(二) 二审情况

二审法院对一审法院查明的事实予以确认。另查明:第一,2004年8月18日,中国钢铁工贸集团公司名称变更为中国中钢集团公司。中钢贸易公司是中国中钢集团公司的下属企业。第二,2013年8月29日,在一审开庭中，一审法院要求中润置业公司陈述中钢贸易公司在2011年向其主张债权的具体时间。中润置业公司的委托代理人明确时间为2011年10月、11月。

二审法院认为：中钢贸易公司与金属材料公司签订的《协议书》《还款协议书》《还款协议的补充》及《还款协议的补充（二）》等一系列协议均系双方当事人的真实意思表示，内容不违反我国相关法律、行政法规的禁止性规定，均应有效。虽然《还款协议的补充》及《还款协议的补充（二）》的签约主体为中国钢铁工贸集团公司（后名称变更为中国中钢集团公司）。但在二审中，根据中钢贸易公司提供的证明，可以认定中钢贸易公司是《还款协议的补充》及《还款协议的补充（二）》的实际履行主体，中国中钢集团公司作为中钢贸易公司的上级单位签署《还款协议的补充》及《还款协议的补充（二）》，中钢贸易公司和金属材料公司均是认可和明知的。从整个4份协议书的延续性来看，中钢贸易公司作为4份协议的主体也是适格的、中润置业公司主张《还款协议的补充》及《还款协议的补充（二）》的签约主体不对，故对金属材料公司不具有约束力，进而证明该两份协议不具有法律效力的上诉理由不成立，不予支持。《还款协议书》《还款协议的补充》及《还款协议的补充（二）》均是根据《协议书》的履行情况而签署的补充协议，中钢贸易公司和金属材料公司均是认可合同内容及欠款金额的，中钢贸易公司也是依据《还款协议书》《还款协议的补充》及《还款协议的补充（二）》确定的欠款金额起诉的、中润置业公司主张应审查《还款协议书》《还款协议的补充》及《还款协议的补充（二）》的基础合同依据。该院认为已经没有实质意义，中润置业公司作为金属材料公司吸收合并改制后的企业，对于金属材料公司已经认可的债权债务不具有抗辩权，故中润置业公司关于审查基础合同的上诉理由不成立。

关于中钢贸易公司主张债权是否超过诉讼时效的焦点问题。二审法院认为，中钢贸易公司与金属材料公司签订的《协议书》《还款协议书》《还款协议的补充》及《还款协议的补充（二）》等一系列协议是一个有机的整体，反映了整个合同的履行过程。《还款协议的补充》及《还款协议的补充（二）》作为最后两份协议仅对金属材料公司所欠货款和利息的金额进行了确认，而未对给付期限进行重新确认，在前两份协议约定付款期限已过期的情况下，后两份协议均应认定为未确定履行期限的协议。中润置业公司关于后两份协议应按照前两份协议约定的履行期限而继续履行的上诉主张不成立。根据《还款协议的补充》及《还款协议的补充（二）》的内容，中钢贸易公司可以随时向中润置业公司和金属材料公司主张债权。在一审庭审中，中润置业公司确认2011年10月、11月期间，中钢贸易公司曾向其主张过债权，结合本案2013年3月5日中钢贸易公司的起诉时间，应认定中钢贸易公司主张债权并未超过诉讼时效。至于南宁市国资委2011年12月16日向中润置业公司下发的〔2011〕219号《关于南宁市金属材料总公司债权债务问题的函》虽然对中润置业公司及金属材料公司的诉讼时效问题不能起到中止、中断的作用，但可以证明中钢贸易公司在此期间曾向中润置业公司及金属材料公司的主管机构反映过有关债权债务的情况，并积极主张了债权，同时对于中润置业公司与金属材料公司及南宁市国资委之间的关系也可以起到说明的作用。综上，中钢贸易公司主张债权未超过法定诉讼时效期间，中润置业公司的上诉理由不成立。一审法院认定事实清楚，适用法律正确，应予维持。

二审法院判决：驳回上诉，维持原判。

中润置业公司不服二审判决，向最高人民法院申请再审。

（三）再审情况

最高人民法院裁定：驳回中润置业公司的再审申请。

中润置业公司不服，向检察机关申请监督。

三、最高人民检察院不支持监督申请的理由

最高人民检察院认为：该案不符合监督条件。

1. 终审判决中润置业公司向中钢贸易公司支付货款本金20958234.5元及相应利息，并无不当。第一，本案中双方签订的《协议书》《还款协议书》《还款协议的补充》及《还款协议的补充（二）》等一系列协议均系当事人的真实意思表示，内容不违反我国法律、行政法规的强制性规定，均为有效。双方对合同内容及欠款金额均予认可。虽然《还款协议的补充》及《还款协议的补充（二）》的签约主体为中国钢铁工贸集团公司（后名称变更为中国中钢集团公司），但中国中钢集团公司作为中钢贸易公司的上级单位签署两份补充协议，双方对此亦是明知和认可的。中钢贸易公司作为上述4份合同的实际履行主体，属于本案适格原告。第二，南宁市国资委〔2008〕189号批复与南国资函〔2011〕219号函共同表明，自2008年开始，南宁市政府与中润置业公司就此次改制已达成合意，确认参加合并改制企业的债权债务全部由改制后的新公司即中润置业公司承接。2010年，南宁市财政局向中润置业公司拨付25171万元以支持此项改制，中润置业公司已经享受了南宁市政府有关南宁市国有企业改制土地变性抵补负资产的优惠政策，故南宁市国资委下发〔2011〕219号函，重申上述批复精神，强调新公司承接改制企业的全部债权债务，并说明本案所涉债权债务由中润置业公司与中钢贸易公司协商解决。据此，终审判决中润置业公司向中钢贸易公司支付货款本金20958234.5元及相应利息，有事实和法律依据，并无不当。

2. 终审判决认为中钢贸易公司主张债权未超过法定诉讼时效，并无不当。本案中，双方签订的《协议书》《还款协议书》《还款协议的补充》及《还款协议的补充（二）》等一系列协议是一个有机的整体，反映了整个合同的履行过程。《还款协议的补充》及《还款协议的补充（二）》作为最后两份协议仅对金属材料公司所欠货款和利息的金额进行了确认，而未对给付期限进行重新确认，在前两份协议约定付款期限已过期的情况下，后两份协议均应认定为未确定履行期限的协议。根据《还款协议的补充》及《还款协议的补充（二）》的内容，中钢贸易公司可以随时向对方主张债权。在一审庭审中，中润置业公司确认在2011年10月、11月，中钢贸易公司曾向其主张过债权，结合本案2013年3月5日中钢贸易公司的起诉时间，应认定中钢贸易公司主张债权并未超过法定诉讼时效。

四、案件评析

本案争议焦点在于中钢贸易公司主张债权是否超过诉讼时效。个人认为，二审判决认为《还款协议的补充》及《还款协议的补充（二）》"均应认定为未确定履行期限的协议"，继而认定"中钢贸易公司主张债权未超过诉讼时效期间"，从严格适用法律来看，有所不当。

第一，《合同法》第78条规定，"当事人对合同变更约定不明确的，推定为未变更"。依据上述规定，对于合同的变更必须有明确约定，否则视为未作变更。本案中《还款协议书》约定1997年5月31日为最后还款日，双方已经对履行期限作出明确约定。两份补充协议对履行期限未作明确变更，根据《合同法》应当推定为未变更。二审判决将补充协议中未作约定的内容推定为合同变更，适用法律存在错误。

第二，二审判决认为《还款协议书》约定的履行期限已经"过期"，而认定双方约定的履行期限失去法律效力，违反当事人意思自治和依约履行的基本原则。履行期限是合同的基本条款，超过期限而未予履行的合同，当事人应当承担逾期履行的法律责任，而不能因"过期"而否定关于履行期限的约定。本案中，1997年5月31日债务履行期限届满，应当作为诉讼时效第一次起算时间，二审判决认为履行期限"过期"而不予认定，适用法律存在明显错误，导致本案诉讼时效起算时间认定错误。

第三，《民法通则》第140条规定："诉讼时效因提起诉讼、当事人一方提出要求或者同意履行义务而中断。从中断时起，诉讼时效期间重新计算。"最高人民法院《关于债务人在约定的期限届满后未履行债务而出具没有还款日期的欠款条诉讼时效期间应从何时开始计算问题的批复》（法复〔1994〕3号）规定：双方当事人原约定，供方交货后，需方立即付款。需方收货后因无款可付，经供方同意写了没有还款日期的欠款条。根据《民法通则》第140条的规定，对此应认定诉讼时效中断。如果供方在诉讼时效中断后一直未主张权利，诉讼时效期间则应从供方收到需方所写欠款条之日的第二天开始重新计算。上述法律和司法解释的规定表明，在债务履行期限届满后，债权人与债务人对原债权债务进行确认的合同，应当认定为诉讼时效中断的证据，诉讼时效期间自中断之日重新计算。本案中，两份补充协议是原债务本金和利息的确认合同，应当适用诉讼时效中断的规定。两次补充协议的签订的主要目的均通过债务的再次确认形成诉讼时效的中断和延续。金属材料公司法定代表人朱勤于2001年10月8日在《还款协议的补充（二）》上标注了"本协议所列欠款数额属实，予以确认"，并加盖了朱勤人名章及金属材料公司公章。故本案债务诉讼时效应自2001年10月8日开始起算，截至2003年10月8日届满。中钢贸易公司2011年10月再次主张权利、2013年3月提起诉讼，已超过诉讼时效。

但从维护实体正义的角度考虑，最高人民检察院对本案作不支持监督申请处理，并无不当。第一，中国中钢集团公司作为中钢贸易公司的上级单位签署两份补充协议，中钢贸易公司和金属材料公司是认可和明知的。中钢贸易公司作为上述4份合同的实际履行主体，属于本案适格原告。第二，南宁市政府与中润置业公司就企业改制已达成合意，确认参加合并改制企业的债权债务全部由改制后的新公司即中润置业公司承接，且南宁市财政局已向中润置业公司拨付 25171 万元以支持此项改制，即中润置业公司已经享受了南宁市政府有关南宁市国有企业改制土地变性抵补负资产的优惠政策。根据最高人民法院《关于审理与企业改制相关的民事纠纷案件若干问题的规定》第 31 条、第 34 条的相关规定，中钢贸易公司主张中润置业公司承担偿付货款本金 20958234.5 元及相应利息符合权利义务对等的民法基本原则。

二、兼顾程序正义

对于终审判决存在程序瑕疵，但未影响实体判决结果的，一般不宜提出抗诉或者发再审检察建议；对于终审判决存在重大程序错误，可能影响实体判决结果的，一般应予提出抗诉或者发再审检察建议，这一点主要是从程序正义的角度来考虑的。在对民事裁判结果进行监督时，应当侧重于进行实体审查。在实体判决结果存在问题的情况下，审理程序中存在的问题可以作为抗诉的补强理由。什么是程序瑕疵呢？主要是指程序中存在的没有影响实体判决结果的程序违法问题。比如，审判组织的组成不合法、应当回避的审判人员没有回避、送达程序不规范等。什么是重大程序错误？主要是指程序中存在的影响实体判决结果的程序违法问题。比如，在某借款纠纷中，张某以李某的名义向王某出借 1000 万元，在案件审理过程中，张某明确向法院表明其为实际出借人并要求参加诉讼，而借款人王某实际也已经向张某偿还借款 800 万元。在这种情况下，原审未将实际出借人张某作为原告或列为第三人，结果导致案件事实没有查清、实体判决结果出现错误，这就是重大程序错误。在此必须指出，程序瑕疵与重大程序错误之间的界限并不是绝对的。对于某个程序问题，如果在这个案件中没有影响实体判决结果，那么就可能属于程序瑕疵，但如果该程序问题在另案中影响到了实体判决结果，那么在另案中就可能属于重大程序错误。

案例三：哈尔滨不锈钢厂申请监督案（高检民监〔2016〕66 号）

一、案件来源

哈尔滨不锈钢厂因与姜江房屋买卖合同纠纷一案，不服黑龙江省高级人民法院（2009）黑监民再字第 54 号、（2009）黑监民再字第 54-1 号民事判决，向黑龙江省人民检察院申请监督，该院提请最高人民检察院抗诉。

二、诉讼过程和法院历次审理情况

2003 年 11 月 24 日，姜江起诉哈尔滨不锈钢厂至哈尔滨市中级人民法院，请求：判令不锈钢厂继续履行购房协议，为姜江办理产权变更登记手续，并承担本案诉讼费用。

（一）一审情况

一审法院查明：2003 年 4 月 13 日，姜江与不锈钢厂签订《房屋买卖协议》，约定不锈钢厂将其所有的位于哈尔滨市香坊区菜艺街 125 号北侧建筑面积 1573.37 平方米的工业厂房出卖给姜江，同时将以上建筑物及附属土地使用权共计 1506 平方米（以实测为准），其中厂房前的部分厂区共计 500 平方米的土地使用权转让给姜江，房屋价款 190 万元；姜江负责办理产权过户手续，过户全部税费由姜江承担。双方签订协议后，不锈钢厂于 2003 年 4 月 8 日将房屋交付姜江使用。姜江分别于 2003 年 4 月 12 日向不锈钢厂交付 70 万元，4 月 18 日交付 110 万元。姜江向不锈钢厂共交付 180 万元，尚欠 10 万元购房款。姜江交款后多次要求交付过户手续并履行双方所签协议，但不锈钢厂未依约定为姜江办理房屋过户手续。

一审法院认为：双方争议焦点是涉案房屋买卖协议是否合法有效。姜江与不锈钢厂双方签订的房屋买卖协议所涉及的土地，是不锈钢厂于 1993 年 2 月 6 日取得的国有划拨土地。本案所涉及的房屋买卖协议中约定转让的标的为房屋所有权和土地使用权。《城市房地产管理法》第 39 条规定："以划拨方式取得土地使用权的，转让房地产时，应当按照国务院的规定，报有批准权的人民政府审批；有批准权的人民政府准予转让的，应当由受让方办理土地使用权出让手续，并依照国家有关规定缴纳土地使用权出让金；以划拨方式取得土地使用权的，转让房地产报批时，有批准权的人民政府按照国务院规定决定可以不办理土地使用权出让手续的，转让方应按照国务院规定将转让房地产所获收益中的土地收益上缴国家或者作其他处理。"最高人民法院《关于审理涉及国有土地使用权合同纠纷案件适用法律问题的解释》第 7 条规定："土地使用权转让合同，是指土地使用权人作为转让方将出让土地使用权转让于受让方,受让方支付价款的协议。"第11条规定:"土地使用权人未经有批准权的人民政府批准,与受让方订立合同转让划拨土地使用权的,应当认定合同无效。但起诉前经有批准权的人民政府批准办理土地使用权出让手续的应当认定合同有效。"根据以上规定,本案房屋买卖合同所涉及的土地使用权的转让在起诉前未经有批准权的人民政府办理审批手续,亦未办理土地使用权出让手续,故双方所签订的合同违背了国家法律强制性规定,属无效合同。姜江要求继续履行协议的诉讼请求,该院不予支持。根据《合同法》的规定,双方因无效合同取得的财产应予返还。关于双方损失问题,经该院释明双方均不主张,该院不予审理。

一审法院判决:(1)双方签订的房屋买卖协议无效;(2)不锈钢厂待本判决生效后10日内返还姜江购房款180万元,同时姜江从位于哈尔滨市香坊区菜艺街125号北侧建筑总面积1573.37平方米的工业厂房中迁出;(3)驳回姜江的其他诉讼请求。

姜江不服一审判决,向黑龙江省高级人民法院提出上诉。

(二) 二审情况

二审法院对一审法院查明的事实予以确认。

二审法院认为:《城市房地产管理法》第31条规定:"房地产转让、抵押时,房屋的所有权和该房屋占用范围内的土地使用权同时转让、抵押。"不锈钢厂作为权利人虽有对自己的房屋占有、使用、受益的权利,但依据上述规定,转让房屋时必然涉及土地使用权的转让。本案《房屋买卖协议》所涉及的土地是不锈钢厂以划拨方式取得的,处分房屋亦涉及划拨土地使用权的转让问题。对此,《城市房地产管理法》第39条规定:"以划拨方式取得土地使用权的,转让房地产时,应当按照国务院规定,报有批准权的人民政府审批。"该法律虽未明确未经审批转让行为无效,但国务院《城镇国有土地使用权出让转让暂行条例》第44条和第45条明确规定未经市、县人民政府批准的划拨土地使用权不得转让。该条例属于行政法规定的强制性规定,违反此规定的,应当认定合同无效。故双方签订的《房屋买卖协议》所涉及的土地为划拨取得,土地使用权人未经有批准权的人民政府审批,不具有对土地使用权进行处分的权利,双方签订的合同违反了法律、法规的强制性规定,符合《合同法》第52条第5项规定的情形,应认定本案的《房屋买卖协议》无效,姜江请求履行无效的合同,不能得到法律的保护和支持。如姜江请求赔偿因合同无效给其造成的损失,可另行主张权利。关于一审法院恢复审理是否违法的问题,原审法院以"另案二审终结后再继续审理本案为宜"裁定中止诉讼,在该院另案未作出二审判决前作出本案判决虽欠妥,但按照民事诉讼的相关规定,恢复中止诉讼案件审理需以中止原因消除为前提,是否违反此项要求,不属于最高人民法院《关于适用〈中华人民共和国民事诉讼法〉若干问题的意见》第181条规定的严重违反法定程序的情形,且一审法院可能造成的事实认定或法律适用错误,二审法院可以直接予以纠正,不会影响办案最终处理结果的正确性,故该院对此问题不予审查。最高人民法院《关于审理涉及国有土地使用权合同纠纷案件适用法律问题的解释》对本案无溯及力,原审法院参照该司法解释对合同效力作出认定结果正确,但引用该解释不当。姜江在原审中的诉讼请求为判令不锈钢厂继续履行合同,为其办理产权变更登记手续,原审法院在不锈钢厂未反诉、姜江没有诉请的情况下,判令不锈钢厂返还购房款及姜江从所购房屋中迁出错误。二审中姜江虽未对此提出上诉,但二审法院应对一审判决进行全面审查。另外,原审法院对姜江是否请求赔偿损失进行释明,其明确表示诉请为继续履行合同,原审法院判决主文第二项超出了当事人的诉讼请求,该院对此予以纠正。

二审法院判决:(1)维持哈尔滨市中级人民法院(2003)哈民一初字第110号民事判决主文第一、三项;(2)撤销哈尔滨市中级人民法院(2003)哈民一初字第110号民事判决主文第二项。

姜江不服二审判决,向黑龙江省高级人民法院申请再审。

(三)再审情况

黑龙江省高级人民法院于2009年11月18日作出(2009)黑监民再字第54号民事判决。该院再审对原审查明的事实予以确认。该院再审认为:本案争议焦点为姜江与不锈钢厂签订《房屋买卖协议》的效力问题。《民法通则》第55条规定:"民事法律行为应当具备下列条件:(一)行为人具有相应的民事行为能力;(二)意思表示真实;(三)不违反法律或者社会公共利益。"第57条规定:"民事法律行为从成立时起具有法律约束力。行为人非依法律规定或者取得对方同意,不得擅自变更或者解除。"不锈钢厂作为诉争房屋的所有权人,其与姜江签订的《房屋买卖协议》系双方真实意思表示,内容不违反法律、行政法规的强制性规定,该协议合法有效。根据《城市房地产管理法》第31条关于"房地产转让、抵押时,房屋的所有权和该房屋占用范围内的土地使用权同时转让、抵押"的规定,转让房屋必然涉及土地使用权的转让。本案《房屋买卖协议》所涉及的土地系不锈钢厂以划拨方式取得,处分房屋亦涉及划拨土地使用权的转让问题。对此,《城市房地产管理法》第39条规定:"以划拨方式取得的土地使用权的,转让房地产时,应当按照国务院规定,报有批准权的人民政府审批。有批准权的人民政府准予转让的,应当由受让方办理土地使用权出让手续,并依照国家有关规定缴纳土地使用权出让金;以划拨方式取得土地使用权的,转让房地产报批时,有批准权的人民政府按照国务院规定决定可以不办理土地使用权出让手续的,转让方应当按照国务院规定将转让房地产所获收益中的土地收益上缴国家或者作其他处理。"据此规定,办理涉案的《房屋买卖协议》所涉及的划拨土地转让审批手续是土地使用权属物权变动的程序,是双方履行合同的行为,至于其能否得到批准权仅对土地使用权变动产生影响,并不影响《房屋买卖协议》本身的效力。故本案双方当事人应依上述法律规定履行协议的义务,办理相关的报批手续,交付有关转让费用。综上,一、二审判决认定事实清楚,但适用法律不当,应予纠正。判决:(1)撤销该院(2007)黑民一终字第115号民事判决及哈尔滨市中级人民法院(2003)哈民一初字第110号民事判决;(2)本判决发生法律效力后10日内,不锈钢厂依《房屋买卖协议》约定,协助姜江办理所购房屋,即坐落于哈尔滨市香坊区菜艺街125号北侧建筑面积1573.37平方米房屋产权证、土地使用权证的更名过户手续,因办理房屋产权、土地使用权更名过户所发生的一切费用由姜江承担。

不锈钢厂不服再审判决,向最高人民法院申请再审。

(四)再审情况

最高人民法院裁定:驳回不锈钢厂的再审申请。

黑龙江省高级人民法院于2014年9月25日作出(2009)黑监民再字第54-1号民事判决书。该院认为,不锈钢厂除应按该院再审判决主文第二项向姜江履行义务外,还应履行将建筑物的附属土地使用权共计1506平方米(以实测为准),其中厂房前的部分厂区共计500平方米的土地使用权,以及位于出卖的工业厂房北侧的一层偏厦220平方米和北侧小二楼(均无房照)交付给姜江的义务。此外,姜江尚有购房款10万元未付,应予给付。鉴于此,该院再行判决如下:(1)本判决发生法律效力后 10 日内，不锈钢厂依《房屋买卖协议》约定，协助姜江办理坐落于哈尔滨市香坊区莱艺街 125 号北侧建筑面积 1573.37 平方米工业厂房的附属土地使用权共计 1506 平方米（以实测为准），其中厂房前的部分厂区共计 500 平方米，工业厂房北侧的一层偏厦 220 平方米和北侧小二楼（均无房照）的交付、更名过户手续，因办理土地使用权更名过户所发生的一切费用由姜江承担；（2）本判决发生法律效力后 10 日内，姜江给付不锈钢厂购房款 10 万元。

不锈钢厂不服，向检察机关申请监督。

三、最高人民检察院提出抗诉的理由

最高人民检察院认为，黑龙江省高级人民法院（2009）黑监民再字第 54、(2009) 黑监民再字第 54－1 号民事判决适用法律确有错误，且存在违反法律规定剥夺当事人辩论权利等程序性错误。

1. 黑龙江省高级人民法院（2009）黑监民再字第 54 民事判决认定涉案《房屋买卖协议》有效，属于适用法律确有错误。《城市房地产管理法》第 39 条明确规定，以划拨方式取得土地使用权的，转让房地产时，应当按照国务院的规定，报有批准权的人民政府审批。国务院《城镇国有土地使用权出让和转让暂行条例》第 44 条和第 45 条亦明确规定，未经市、县人民政府土地管理部门批准，划拨土地使用权不得转让。本案中，《房屋买卖协议》所涉及的土地为划拨取得，土地使用权人未经有批准权的人民政府审批，不具有对土地使用权进行处分的权利。双方签订的《房屋买卖协议》因违反上述法律、行政法规的强制性规定，应依法认定为无效。另外，参照最高人民法院《关于审理涉及国有土地使用权合同纠纷案件适用法律问题的解释》第 11 条"土地使用权人未经有批准权的人民政府批准，与受让方订立合同转让划拨土地使用权的，应当认定合同无效。但起诉前经有批准权的人民政府批准办理土地使用权出让手续的应当认定合同有效"的相关规定，涉案《房屋买卖协议》亦应认定为无效。

2. 黑龙江省高级人民法院（2009）黑监民再字第 54－1 号民事判决判令不锈钢厂向姜江交付工业厂房北侧一层偏厦 220 平方米和北侧小二楼（均无房照）并办理更名过户手续，属于适用法律确有错误。涉案《买卖协议书》中载明："甲方同意在乙方付清全部购房款后，将位于出

卖的工业厂房北侧的一层偏厦220平方米和北侧小二楼（以上两处房产均没有所有权证照）无偿赠予乙方所有，但该赠予并不影响甲乙双方购房款的具体数额。"经查，姜江共向不锈钢厂交付180万元，尚欠10万元购房款，即赠与条款所附加的条件并未成就。故上述判决判令不锈钢厂向姜江交付工业厂房北侧的一层偏厦220平方米和北侧小二楼（均无房照）并办理更名过户手续，缺乏法律依据。

3. 最高人民法院《关于适用〈中华人民共和国民事诉讼法〉审判监督程序若干问题的解释》第31条第2款规定："人民法院审理再审案件应当开庭审理。但按照第二审程序审理的，双方当事人已经其他方式充分表达意见，且书面同意不开庭审理的除外。"经查，（2009）黑监民再字第54-1号民事判决相较于（2009）黑监民再字第54号民事判决，主要增加了"工业厂房北侧的一层偏厦220平方米和北侧小二楼（均无房照）的交付、更名过户手续"等内容，这一判项与《买卖协议书》中的赠与条款有关。本案中，关于赠予一层偏厦220平方米和北侧小二楼等内容，在原审中并未涉及，原庭审中双方亦未就此进行举证、质证和辩论，在（2009）黑监民再字第54-1号民事判决未经开庭审理的情况下，终审法院迳行作出（2009）黑监民再字第54-1号民事判决，既超出了原审诉讼请求，又非法剥夺了当事人的辩论权利。

4. 根据《民事诉讼法》的相关规定，对于笔误可以裁定的形式予以补正，但并未规定对于实体判决中存在的错误或漏判可以再行判决的形式予以补正。终审法院在（2009）黑监民再字第54号民事判决作出约五年之后，在未经开庭审理的情况下作出（2009）黑监民再字第54-1号民事判决，属于严重的程序违法。另外，本案中姜江系原告，且不锈钢厂并未提出反诉，（2009）黑监民再字第54-1号民事判决判令"姜江给付不锈钢厂购房款10万元"，亦违反了不告不理的民事诉讼法原则。

四、案件评析

本案涉及重大程序错误，主要是再审法院在再审判决作出多年之后，在未经开庭审理的情况下，对原再审判决中并没有涉及的事项迳行作出了一个所谓补正判决。其违法性主要表现在两方面：第一，（2009）黑监民再字第54-1号民事判决相较于（2009）黑监民再字第54号民事判决，主要增加了"工业厂房北侧的一层偏厦220平方米和北侧小二楼

（均无房照）的交付、更名过户手续"等内容，这一判项与《买卖协议书》中的赠与条款有关。本案中，关于赠予一层偏厦220平方米和北侧小二楼等内容，在原审中并未涉及，原庭审中双方亦未就此进行举证、质证和辩论，在（2009）黑监民再字第54-1号民事判决未经开庭审理的情况下，终审法院迳行作出（2009）黑监民再字第54-1号民事判决，既超出了原审诉讼请求，又非法剥夺了当事人的辩论权利。第二，根据《民事诉讼法》的相关规定，对于笔误可以裁定的形式予以补正，但并未规定对于实体判决中存在的错误或漏判可以再行判决的形式予以补正。终审法院在（2009）黑监民再字第54号民事判决作出约5年之后，在未经开庭审理的情况下作出（2009）黑监民再字第54-1号民事判决，属于严重的程序违法。

三、注重办案的法律效果与社会效果

办案应注重法律效果与社会效果相统一，如果办案的法律效果与社会效果相冲突，宜适当偏重办案的社会效果。适当偏重办案的社会效果，应当通过目标分析的方式，以能否实现监督的目的来判断，其着眼点不应仅限于个案公正，而应立足于整体法律价值的实现。比如，建设工程领域中存在的项目经理超越授权或者超出职责范围履行职务时（对外借款等），法律责任应否由所属公司承担的问题。对此，一般而言要优先保障出借人（也就是权利受损一方）的合法权益，由此导致公司与项目经理之间产生的内部纠纷，可由双方另行解决。再如，对于房地产开发纠纷类、拆迁补偿纠纷类等案件中申请人已经实际享受拆迁、土地开发的优惠政策和红利，却以合同的相关约定为由拒绝承担相关补偿安置义务的，从权利义务对等的角度考虑，这类案件一般不宜抗诉。在此应当指出，适当偏重办案的社会效果必须在依法监督的前提下进行，切忌以办案的社会效果为由对应当监督的案件不予监督或者对不应监督的案件枉法监督。

案例四：山西省建总公司申请监督案（高检民监〔2016〕101号）

一、案件来源

山西省建总公司因与柴建军借款合同纠纷一案，不服山西省高级人民法院（2015）晋民终字第37号民事判决，向山西省人民检察院申请监

督,该院提请最高人民检察院抗诉。

二、诉讼过程和法院历次审理情况

2014年6月16日,柴建军起诉山西省建总公司、山西省建总公司石药项目部至运城市中级人民法院,请求:(1)判令省建总公司石药项目部、省建总公司立即归还借款本金360万元、利息436250元及自2012年12月20日至还清之日的利息。(2)案件受理费由省建总公司与省建总公司石药项目部承担。

(一)一审情况

一审法院查明:省建总公司承建石药银湖制药公司工程期间,运城项目部负责人刘树贤以石药银湖制药公司项目需要资金为由,于2012年5月30日、6月1日、7月19日向柴建军借款。柴建军分别按照刘树贤的要求和委托通过刘瑶、高丽梅、运城市盐湖区安得利装饰材料有限公司的账户将350万元,分别支付至刘树贤指定的鑫汇经销部会计郭爱、运城市宏彦物贸有限公司会计梁旭的账户。同时,柴建军还支付了现金10万元给省建总公司石药项目部负责人刘树贤,柴建军共向省建总公司石药项目部支付借款360万元。2012年12月19日,柴建军与省建总公司石药项目部负责人刘树贤就借款进行核算,刘树贤作为省建总公司石药项目部的负责人向柴建军出具了借款本金360万元、月息2.5%和借款利息436250元的条据,刘树贤在两张条据上签名,并加盖省建总公司石药项目部的椭圆形印章。后因该款至今未归还,柴建军诉至法院。

一审法院认为:依法成立的民间借贷受法律保护。本案中省建总公司在石药银湖制药公司工程项目建设期间,项目经理刘树贤向柴建军借款,柴建军按照约定,通过案外人的账户将借款本金350万元支付至省建总公司石药项目部负责人刘树贤指定的收款人账户,又将10万元现金交付给省建总公司石药项目部负责人刘树贤,已经履行了付款义务。省建总公司石药项目部经理刘树贤向柴建军出具了两份条据,条据由刘树贤签名,并加盖了省建总公司石药项目部椭圆形印章,该借贷法律关系成立,因省建总公司石药项目部不具备法人资格,故省建总公司应依法承担归还本金和利息的义务。省建总公司总承包部给石药银湖制药公司出具的委托书、《关于工程款项结算的通知》、抵顶工程款《协议书》、《总承包部2012年度联营体经营责任书》等一系列文件,表明刘树贤不仅是省建总公司石药项目部负责人，还是省建总公司总承包部任命的在运城承揽的全部项目负责人，且省建总公司七分公司《关于解决刘树贤债权债务、经济纠纷措施方案的请示》中，明确载明了柴建军是债权人之一，并针对刘树贤担任运城项目部负责人期间债务混乱的状况，制定了相应解决思路和措施，表明省建总公司的相关部门已认可该笔债务。因此，省建总公司石药项目部经理刘树贤向柴建军借款及在两份条据上签字的行为，应为职务行为。虽省建总公司石药项目部不具有民事权利能力和民事行为能力，但并不影响刘树贤作为省建总公司承揽的石药银湖制药公司工程项目负责人履行职务行为的效力，且省建总公司所递交的刘树贤于2014年7月10日书写的证明柴建军与刘树贤的借款与省建总公司无关的书面材料，又与刘树贤在该院的询问中陈述不一致，故省建总公司认为向柴建军借款，系刘树贤个人行为，与省建总公司无关的理由，该院不予支持。柴建军基于对省建总公司承揽石药项目负责人身份的信赖，依约履行了义务，将借款本金汇入账户（其中10万元现金交付给项目负责人刘树贤），均是省建总公司石药项目部负责人刘树贤指定的，该款如何支配，属于省建总公司内部管理、监督之责，与柴建军无关，不影响与省建总公司之间民间借贷法律关系的成立和效力，刘树贤亦在该院的询问笔录中，承认所借款项归还了省建总公司石药项目部拖欠他方的材料款和借款，故省建总公司认为借款未汇入省建总公司石药项目部的账户，不应承担还款责任的理由，该院不予支持。柴建军所持两份债权凭证中，所盖的省建总公司石药项目部椭圆形印章虽未备案，但省建总公司与石药银湖制药公司部分结算单据中，亦盖有此章，表明省建总公司明知并认可该椭圆形印章的使用，且省建总公司在与石药银湖制药公司的纠纷中，也未否定该印章的使用，仍作为结算凭证，故省建总公司认为该条据中椭圆形印章不合法，不应当承担民事责任的理由不成立，该院不予支持。刘树贤作为省建总公司承揽石药银湖制药公司工程项目负责人，不是本案民间借贷合同的主体，本案的处理结果亦与其没有法律上的利害关系，省建总公司关于追加刘树贤为本案第三人的理由，无充分的法律依据，该院不予支持。综上，柴建军请求判令省建总公司立即归还360万元借款本金和436250元利息以及自2012年12月20日起至款还清之日止的利息的诉讼请求，符合法律规定，该院予以支持。2012年12月20日经双方核算后的借款利息应按照人民银行发布的基准利率的四倍计算至借款清偿完毕之日。

一审法院判决：（1）省建总公司于本判决生效后10日内，向柴建军归还借款本金360万元及利息；（2）省建总公司于本判决生效后10日内，向柴建军归还436250元；（3）驳回柴建军的其他诉讼请求。

省建总公司不服一审判决，向山西省高级人民法院提起上诉。

（二）二审情况

二审法院对一审法院查明的事实予以确认。另查明，二审中省建总公司提交了其于2015年2月2日向公安机关递交的报案材料及运城市公安局盐湖分局于2015年2月6日作出的《立案通知书》，该报案材料载明刘树贤在与杨满胜的个人借款纠纷中涉嫌伪造其公司印章，同时还伪造了其他印章，引发对该公司的大量诉讼；公安机关的《立案告知书》决定对刘树贤以涉嫌伪造公司、企业印章罪立案侦查，省建总公司据此请求该院对本案中止审理。刘树贤则于本案二审中递交《答辩状》，认可一审法院于2014年7月19日对其的询问笔录，承认其身份为项目部负责人，所借柴建军360万元系用于省建总公司石药银湖制药项目工程所需，并陈述省建总公司已将石药银湖制药公司剩余800万元工程款在其不知情的情况下结算完毕，且扣留已结算款项使其无法清理外欠债务。

二审法院认为：本案属借款合同纠纷。省建总公司于2009年10月、2010年5月与石药银湖制药集团签订建设工程施工合同后，为工程施工及管理需要，在项目施工所在地成立项目部，并任命刘树贤为项目负责人，同时亦任命刘树贤为省建总公司在运城所施工项目的负责人，该事实有省建总公司总承包部给石药银湖制药公司出具的委托书、《关于工程款项结算的通知》、抵顶工程款《协议书》、《总承包部2012年度联营体经营责任书》等一系列文件予以证明。刘树贤于涉案工程施工期间向柴建军借款，将所借款项用于省建总公司在运城地区的施工项目开支，并在借款后以项目负责人身份向柴建军出具借据并加盖该项目部公章，其行为应属职务行为。省建总公司于工程完工后以项目施工者身份与建设单位进行结算，理应偿还刘树贤为施工所借款项。省建总公司关于本案证据体现的借款主体是刘树贤，其并未与柴建军签订借款协议，亦未授权刘树贤以公司名义进行借款，涉案借据所盖的项目部椭圆形印章不能成为对外签订借款合同的理由，因刘树贤确为省建总公司任命的涉案工程项目负责人，其所借款项亦用于涉案工程建设，省建总公司依建设工程合同的约定在涉案工程项目完工后享有结算权,本案两审所查明的事实亦证明省建总公司已与建设方石药银湖制药公司进行结算并收到部分工程款,理应支付涉案工程在施工期间的外欠债务,此项上诉理由因与本案一二审所查明的事实不符,不予采信。省建总公司关于其总公司或分公司财务部门并未收到上述借款,故而不应承担还款责任的理由,亦因该院前述之理由,不予采信。省建总公司关于刘树贤承认所借款项属其个人债务的理由,因与刘树贤在一审调查笔录中所认可的事实、一审程序中有关涉案款项流向及用途、刘树贤二审提交的答辩意见所载明的事实不符,亦不予采信。省建总公司关于一审判决结果与类似生效案件存在矛盾的理由,因其所提供案件处理结果系刘树贤与他人借款纠纷发生后调解结案,属债权人对借款关系的自由处分,且该借款关系也已实际保护债权人权益,其此项上诉理由亦不予采信。省建总公司关于一审判决程序不当的问题。首先,从两审已查明的事实看,刘树贤所出具的借据不仅加盖有项目部的印章,且所借款项亦用于施工项目支出,省建总公司亦曾于涉案工程施工期间以正式文件任命刘树贤为项目负责人,故其关于追加刘树贤个人为第三人的请求与事实不符,于法无据。其次,关于其一审程序中存在违法取证的上诉理由,因涉案款项并未直接支付至刘树贤个人账户或上诉人财务账户,债权人柴建军诉请所依据的事实不仅涉及借款关系是否成立,亦存在所借款项是否用于省建总公司所承担的工程建设问题,一审法院为查清案件基本事实,依法进行调查取证并无不当,故对此项上诉请求亦不予采信。省建总公司于二审庭审中陈述刘树贤的行为已涉嫌犯罪且已经被公安机关立案侦查,本案应中止审理的理由,因其所提交有关刑事侦查证据系对刘树贤私刻印章行为的侦查,并不涉及涉案借款的真实性及用途,亦难以否定刘树贤在本案中将所借款项用于工程项目及此后省建总公司已开始结算收益的事实,故该刑事程序不影响本案的审理,其诉请与《民事诉讼法》第150条第1款第5项的情形不符,依法不予支持。综上,原审判决认定事实清楚,适用法律适当,裁判结果正确。

二审法院判决:驳回上诉,维持原判。

省建总公司不服二审判决,向最高人民法院申请再审。

(三) 再审情况

最高人民法院裁定:驳回省建总公司的再审申请。

省建总公司不服，向检察机关申请监督。

三、最高人民检察院不支持监督申请的理由

最高人民检察院认为：该案不符合监督条件。

1. 终审判决认为刘树贤向柴建军借款360万元系履行职务行为，并无不当。本案中，省建总公司与石药银湖制药集团签订建设工程施工合同后，为工程施工及管理需要，在项目施工所在地成立项目部，并任命刘树贤为项目负责人，同时亦任命刘树贤为省建总公司在运城所施工项目的负责人，该事实有省建总公司总承包部给石药银湖制药公司出具的委托书、《关于工程款项结算的通知》、抵顶工程款《协议书》《总承包部2012年度联营体经营责任书》等一系列文件予以证明。且省建总公司七分公司在《关于解决刘树贤债权债务、经济纠纷措施方案的请示》中，明确载明了柴建军是债权人之一，并针对刘树贤担任运城项目部负责人期间债务混乱的状况，制定了相应解决思路和措施，表明省建总公司的相关部门已认可该笔债务。综上，终审判决认为，刘树贤于涉案工程施工期间向柴建军借款360万元，将所借款项用于省建总公司在运城地区的施工项目开支，并在借款后以项目负责人身份向柴建军出具借据并加盖该项目部公章，其行为应属履行职务行为，并无不当。据此，终审判决省建总公司向柴建军支付借款360万元及相应利息，亦无不当。

2. 省建总公司以新证据推翻原判决的申请监督理由，并不成立。第一，关于刘树贤私刻省建总公司石药项目部印章的问题。根据原审查明的事实，省建总公司在与石药银湖制药有限公司结算工程款时使用过该印章，也明知刘树贤使用该印章进行借款，尚无证据表明省建总公司对该印章的使用或者效力提出过异议。且柴建军作为善意相对人，基于刘树贤项目负责人的身份以及对省建总公司实力与声誉的信赖，有理由相信该印章具有法律效力。因此，省建总公司石药项目部的印章是否为私刻，并不影响该印章在本案借款关系中的效力。第二，关于《还款计划》的落款时间与柴建军提供的支付凭证时间存在矛盾的问题。根据柴建军提供的两份收据以及相关支付凭证，可以证明柴建军已按刘树贤的要求支付360万元的基本事实，《还款计划》的相关内容也基本佐证了原审认定的这一事实，仅凭落款时间上的瑕疵并不足以证明原审主要证据系伪造。第三，省建总公司提出360万元借款没有用于涉案石药银湖项目，证据并不充分。在确认刘树贤向柴建军借款360万元系履行职务行为的情况下，该借款实际用于省建总公司在运城地区的哪个项目以及是否用于省建总公司在运城地区的项目，系省建总公司的内部管理问题，并不影响省建总公司在本案中承担相应责任。且省建总公司收取刘树贤缴纳的管理费，亦应对刘树贤的行为承担相应的风险和管理责任，终审判决省建总公司承担相应责任，并无不当。

四、案件评析

本案涉及项目经理超出职责范围履行职务时法律责任的承担问题。原建设部《建筑施工企业项目经理资质管理办法》第2条规定："本办法所称建筑施工企业项目经理，是指受企业法定代表人委托对工程项目施工过程全面负责的项目管理者，是建筑施工企业法定代表人在工程项目上的代表人。"第6条规定："工程项目施工应建立以项目经理为首的生产经营管理系统，实行项目经理负责制。项目经理在工程项目施工中处于中心地位，对工程项目施工负有全面管理的责任。"同时《建筑施工企业项目经理资质管理办法》第7条和第8条，也明确规定了项目经理在承担工程项目施工管理过程中和经过企业法定代表人授权后应当和可以履行的职责。由此可见，项目经理的权力主要是组织项目班子完成工程项目建设的生产经营活动。从严格适用法律来看，本案中刘树贤作为省建总公司石药项目部负责人，其对外借款行为并非严格意义上的职务行为。最高人民检察院不支持监督申请，主要基于以下考虑。一是基于本案实际情况而将刘树贤向柴建军借款360万元认定为履行职务行为。本案中刘树贤不仅是涉案项目负责人，同时也是省建总公司在运城全部所施工项目的负责人，该事实有省建总公司总承包部给石药银湖制药公司出具的委托书、《关于工程款项结算的通知》、抵顶工程款《协议书》《总承包部2012年度联营体经营责任书》等一系列文件予以证明。而且，省建总公司七分公司在《关于解决刘树贤债权债务、经济纠纷措施方案的请示》中，明确载明了柴建军是债权人之一，并针对刘树贤担任运城项目部负责人期间债务混乱的状况，制定了相应解决思路和措施，表明省建总公司的相关部门已认可该笔债务。二是基于实体公正方面的考虑而优先保护出借人的利益。在确认刘树贤向柴建军借款360万元系履行职务行为的情况下，该借款实际用于省建总公司在运城地区的哪个项目以及是否用于省建总公司在运城地区的项目，系省建总公司的内部管理问题，并不影响省建总公司在本案中承担相应责任。而且，省建总公司收取刘树贤缴纳的管理费，亦应对刘树贤的行为承担相应的风险和管理责任。

案例五：太子公司申请监督案（高检民监〔2016〕123号）

一、案件来源

太子公司因与武汉包装厂、武汉金达威公司房屋拆迁安置补偿合同纠纷一案，不服湖北省高级人民法院（2013）鄂民一终字第00107号民事判决，向湖北省人民检察院申请监督，该院提请最高人民检察院抗诉。

二、诉讼过程和法院历次审理情况

（一）原审情况

武汉包装厂与武汉金达威公司房屋拆迁安置补偿合同纠纷一案，湖北省武汉市中级人民法院于2000年11月9日作出（2000）武民初字第105号民事判决。包装厂不服，向湖北省高级人民法院提起上诉。湖北省高级人民法院于2001年1月8日作出（2000）鄂民终字第293号民事裁定：发回重审。湖北省武汉市中级人民法院于2001年11月5日经重审作出（2001）武民初字第34号民事判决。包装厂仍不服，再次向湖北省高级人民法院提起上诉。湖北省高级人民法院于2002年12月5日作出（2002）鄂民一终字第132号民事裁定：发回重审。因包装厂对涉案土地权属申请行政复议，湖北省武汉市中级人民法院于2003年7月4日作出（2003）武民初字第15-1号民事裁定：中止本案诉讼。经包装厂申请，湖北省武汉市中级人民法院于2012年1月20日恢复诉讼，并追加太子公司为被告。包装厂的诉讼请求为：（1）判令依法解除包装厂与金达威公司于1993年3月18日签订的《改造拆迁补偿协议书》、附件一、附件二及相关补充协议；（2）判令金达威公司、太子公司向包装厂支付房屋补偿费9300万元；（3）判令金达威公司、太子公司向包装厂给付补偿金1356万元；（4）判令金达威公司、太子公司向包装厂支付违约金700万元；（5）判令金达威公司、太子公司共同承担本案的全部诉讼费用。金达威公司反诉请求为：(1) 判令包装厂立即返还借款本金300万元；(2) 包装厂偿还经济损失137.7万元（借款从1993年3月27日至2000年6月30日按6年最低贷款年利率7.65%计息）。

(二) 一审（重审）情况

一审（重审）法院查明：包装厂与农行房地产公司于1993年3月18日签订一份《改造补偿协议书》以及附件一、附件二。协议约定，农行房地产公司在湖北省武汉市江汉区新华路与建设大道交会口东北角一带开发兴建"湖锦花园"房地产项目工程，需拆迁包装厂厂区用地10000平方米；农行房地产公司以总建筑面积24300平方米的房屋作为包装厂拆迁房屋的补偿，其中商住楼一栋、还建住宅楼一部分、裙楼一部分，农行房地产公司不再承担包装厂自管房屋的拆除搬家过渡等工作及费用。协议还约定，农行房地产公司协助包装厂在中国农业银行武汉市分行以抵押贷款的形式获得300万元的贷款，农行房地产公司承担整个"湖锦花园"项目工程的建设费用。协议生效后，双方应严格执行各项条款，如有违约应追究违约方的法律及经济责任，并承担违约金700万元。附件一约定，农行房地产公司补偿给包装厂的房屋建筑面积总数为24300平方米，其中商住楼一栋（20层至25层楼）建筑面积约10800平方米；商业裙房不少于6000平方米；还建住宅楼约3000平方米（约40户）；外购商品住宅30套（二室一厅20套，三室一厅10套）。其余不足面积通过双方协商在"湖锦花园"整体工程中调整解决。附件二约定，借款方式：包装厂以抵押（房屋）的形式向农行房地产公司借款300万元，月利率为9.3‰，借款期限为该工程竣工。嗣后，双方又签订一份《备忘录》，其主要内容是，农行房地产公司在湖北省武汉市江汉区杨汉湖住宅小区购买31套住房（其中，三室一厅6套、大二室一厅12套、小二室一厅12套、一室一厅1套），提供给包装厂安排拆迁户。

武汉市土地管理局（甲方）与农行房地产公司（乙方）于1993年8月27日签订了一份《国有土地使用权批租合同》，约定：批租给乙方的地块位于湖北省武汉市江汉区新华路与建设大道交会口，面积为13957平方米（以实测面积为准），四至图已经双方确认；乙方负责地块及周边至道路中心范围内的房屋拆迁、安置和地块内的基础设施工程建设。承担的拆迁户还建安置，从发出拆迁线之日起，必须两年内完成；土地使用权批租地价总额930万元；乙方在向甲方支付定金后15日内，向甲方申领加盖"临时"方章的土地使用证，取得土地开发权；土地批租地价全部支付及批租地块内拆迁单位的土地使用证交土地管理局后15日内，依照规定办理土地使用权登记手续，领取土地使用权证，取得土地使用权。

武汉市人民政府征地拆迁办公室于1993年11月1日给农行房地产公司下发了武拆许字（1993）第007号拆迁许可证，该证载明：拆迁范围湖北省武汉市江汉区新华路258、260、262、264、266、268号包装厂；期限1993年11月1日至1993年12月10日。1993年3月26日至1994年6月3日，金达威公司亦相继在异地安置包装厂职工建筑面积约5700平方米住房，并给付该厂补偿房屋的损失费60万元和该厂配电房工人工资10.5万元，共计70.5万元。金达威公司尚欠包装厂安置房屋建筑面积18600平方米。

农行房地产公司、金达威公司与包装厂于1995年12月26日签订一份《关于改造拆迁补偿协议》，该协议的主要内容是，甲方（农行房地产公司、金达威公司）交付给乙方（包装厂）的补偿房屋时间为1998年12月28日，如逾期交付，则从1999年1月1日起每月向乙方偿付经济损失15万元。1999年3月9日，金达威公司与包装厂就有关补偿问题签订一份《补充协议备忘录》，双方约定，金达威公司每月暂按11万元补偿给包装厂。武汉银城实业发展总公司（以下简称银城公司，原农行房地产公司）、金达威公司与包装厂于1997年5月21日签订一份《关于〈改造拆迁补偿协议书〉等主体变更的协议书》，协议约定，甲方（银城公司）将"湖锦花园"项目全部转让给乙方（金达威公司），丙方（包装厂）同意甲乙双方转让"湖锦花园"项目的有效性，同时要求乙方执行甲方单独与丙方订立的各项协议。金达威公司与包装厂于同年6月9日签订一份《拆迁还建协议》。协议约定，本市江汉区新华路258号至266号原居住包装厂自管房14户由乙方（包装厂）于1997年9月底前搬迁完毕；甲方（金达威公司）保证在1998年1月份在港信小区将拆迁户新房还建到位，包装厂14户在原有使用面积616平方米的基础上予以扩大，还建房屋属乙方管理。订立上述协议后，金达威公司对包装厂厂区内的房屋（新华路270号）予以拆除（对该处房屋的拆除没有《拆迁许可证》），并对该厂毗邻处房屋（新华路258号至266号，建筑面积6851平方米，其中包装厂有14户住户，建筑面积616平方米）进行了拆除，对该处房屋的拆迁有有关行政部门向金达咸公司颁发的《拆迁许可证》。房屋拆迁后，金达咸公司对"湖锦花园"房地产项目的基础工程进行了施工，后该项目停止施工。

武汉市土地管理局于1998年1月21日作出武土籍字〔1998〕015号《关于同意国有土地使用权转让的批复》，同意农行武汉市分行房地产开发公司以WP-93-144号土地批租合同取得的位于建设大道占地面积13957平方米（以实测面积为准）的土地使用权转让给金达咸公司；转让期从1998年1月21日算起，转让期内原土地批租合同所载明的一切权利和义务，均由金达咸公司承担；接此批复后，持有关资料到该局地籍处办理国有土地使用权变更登记手续。金达咸公司于1998年1月领取了位于湖北省武汉市江汉区建设大道与新华路交叉口的地号WP-93-144号，图号136，占地面积为13957平方米的《国有土地使用权证》。金达咸公司的"湖锦花园"房地产项目亦经土地规划部门核实后，该公司办理了红线定位册等有关手续。武汉市土地管理局于2001年6月20日对金达咸公司作出武土籍字〔2001〕30号批复，同意金达咸公司将13957平方米土地使用权中的7000平方米（以实测为准）的土地使用权转让给武汉市黄陂区国债服务部（以下简称黄陂国债）；转让期内，黄陂国债应当承担本宗土地的一切权利和义务。黄陂国债（甲方）与太子公司（乙方）2001年8月22日签订《国有土地使用权转让合同》，约定：甲方将武土籍字〔2001〕30号WP-93-144号土地（使用权面积6993平方米）转让给乙方；甲方承诺未在上述土地使用权设置担保、对外债务及任何他项权利。本合同生效后，黄陂国债根据土地使用权出让合同和登记文件中所载的权利义务随之移至太子公司。武汉国土资源管理局于2001年9月30日对黄陂国债、太子公司作出武土籍字〔2001〕60号《关于同意国有土地使用权转让的通知》同意黄陂国债土地证号为武国用（2001）字第353号、占地面积为7000平方米（以实测面积为准）的土地使用权转让给太子公司，转让期从办理土地变更登记之日起算，转让后，太子公司应承担本宗土地的一切权利义务。太子公司于2002年2月8日办理了地号B04121694，图号136，面积7002.91平方米的武国用（2001）字第793号国有土地使用证。

湖北省武汉市中级人民法院于2001年8月13日作出（2001）武立执字第0211号民事裁定，将金达咸公司所有的位于湖北省武汉市江汉区新华下路与建设大道交会处〔WP国有（1993）字第014号〕国有土地使用权证名下的6957平方米的土地使用权由下列单位按份共有，并办理共有证：中国煤田地质局光华地质基础公司享有842平方米，中国农业银行武汉市分行江汉支行享有235.8平方米；武汉银城实业发展总公司享有2636平方米；冶金部武汉勘察研究院基础工程公司享有1200平方米；武汉缝纫机厂享有431平方米；金达威公司享有1612.2平方米。在未办理共有证的情况下，湖北省武汉市中级人民法院于2001年10月24日向武汉市土地规划管理局下达（2000）武执字第78-2号协助执行通知书，将裁定给中国煤田地质局光华地质基础公司的1998平方米（原裁定份额为842平方米）土地使用权过户给太子公司；2001年10月25日，湖北省武汉市中级人民法院向武汉市土地规划管理局下达（1998）武执字第469号协助执行通知书，将裁定给中国农业银行武汉市分行江汉支行666平方米土地使用权过户给太子公司。湖北省武汉市中级人民法院于2001年11月28日向武汉市土地规划管理局下达（2001）武执字第0211号协助执行通知书，将武汉银城实业发展总公司享有2636平方米；冶金部武汉勘察研究院基础工程公司享有1200平方米过户给太子公司。湖北省武汉市中级人民法院于2003年8月26日向武汉市土地规划管理局下达（2000）武执字第020号协助执行通知书，将武汉缝纫机厂享有431平方米过户给太子公司。武汉市国土资源管理局于2003年10月8日对太子公司作出武土资用字〔2003〕186号《关于同意协助法院执行国有土地使用权转让的通知》载明：土地面积7151.87平方米，经审核，该地块属于出让土地，土地出让金已缴清，无权属争议。根据法院协助执行通知书金额武政地字〔2003〕75号土地权属处理通知单，同意将上述地块使用权转让给你公司，转让期自办理土地变更之日起计算，转让后，你公司承担WP-93-144《国有土地使用权出让合同》所载的相应权利和义务。太子公司于2003年10月18日办理了图号136，面积为7151.87平方米的武国用（2003）字第2216号土地使用证。包装厂于2003年起诉武汉市人民政府、武汉市国土资源管理局、金达威公司、武汉市黄陂区国债服务部、太子公司。要求撤销武汉市人民政府颁发的武国用（2001）字第793号国有土地使用权证、武汉市国土资源管理局武土籍字（2001）30号、60号文件。武汉市江汉区人民法院以（2003）汉行初字第18号行政裁定书驳回包装厂起诉。

一审（重审）法院认为：包装厂与案外人农行房地产公司签订的《改造补偿协议书》以及附件一、附加二和包装厂与银城公司、金达威公司订立的《关于〈改造拆迁补偿协议书〉等主体变更的协议书》均系上列当事人的真实意思表示，且协议内容未违反法律、行政法规禁止性规定，上述协议均有效。包装厂履行了协议约定的义务，金达威公司也履行了部分协议约定的义务。后因金达威公司无能力，亦无资金继续开发该项目，且将部分土地使用权转让给黄陂国债，另一部分土地使用权因其欠他人债务也被法院执行偿还债务，金达威公司违约，上述协议已无法继续履行，包装厂的合同目的无法实现，因此，包装厂要求解除双方签订的一系列协议，按合同约定赔偿其损失的请求，应予以支持。鉴于金达威公司实际返还包装厂土地和房屋已无可能，对金达威公司尚未履行的安置包装厂房屋建筑面积 18600 平方米部分，以作价补偿为宜。由于金达威公司一直未履行其拆迁安置义务，以现有的拆迁安置标准来看，包装厂诉请每平方米 5000 元远低于现在的市场行情，故对于包装厂要求金达威公司按每平方米 5000 元标准赔偿其损失的请求，予以支持。关于包装厂要求金达威公司给付补偿金及工人工资 1356 万元（截至 2008 年 9 月 30 日）和支付违约金 700 万元的问题，由于金达威公司违约并至今履行合同义务，按合同约定，金达威公司应承担该损失和违约金。

对于太子公司是否应承担责任问题。从武汉市土地管理局与农行房地产公司（后为银城公司）所签订的《国有土地使用权批租合同》可看出，银城公司应负责地块及周边至道路中心线范围内的房屋拆迁、安置。银城公司将"湖锦花园"项目全部转让给金达威公司后，金达威公司应承担银城公司的房屋拆迁、安置义务，且武汉市土地管理局作出的关于同意农行房地产公司以 WP－93－144 号土地批租合同取得的土地使用权转让给金达威公司的批复中也明确，转让期内，原土地批租合同所载明的一切权利和义务，均由金达威公司承担。在金达威公司取得上述地块的国有土地使用权后，在未全面履行与包装厂的房屋拆迁安置义务情况下，将 WP－93－144 号地块中的 7000 平方米的土地使用权转让给黄陂国债，黄陂国债又将该面积的土地使用权转让给太子公司。在黄陂国债与太子公司签订的土地使用权转让合同中也明确约定，黄陂国债根据土地使用权出让合同和登记文件中所载的权利义务随之转移太子公司，武汉市土地管理局对黄陂国债、太子公司作出的《关于同意国有土地使权转让的通知》，同意黄陂国债将上述土地使用权转让给太子公司，转让后，太子公司应承担本宗土地的一切权利和义务。由于金达威公司欠其他五债权人的债务，一审法院向武汉市土地管理局下达协助执行通知书，将WP－93－144号地块中的土地面积7151.87平方米过户给太子公司。武汉市国土资源局对太子公司作出《关于同意协助法院执行国有土地使用权转让的通知》，同意将上述地块使用权转让给太子公司，转让后，太子公司应承担WP－93－144《国有土地使用权出让合同》所载的相应权利和义务。综上，太子公司受让该地块的土地使用权后，均应承担WP－93－144《国有土地使用权出让合同》所载的相应权利和义务，即承担迁户还建安置义务。

一审法院判决：（1）解除包装厂与金达威公司于1993年3月18日签订的《改造拆迁补偿协议书》、附件一、附件二及其他相关协议；（2）金达威公司、太子公司于判决生效之日起10日内向包装厂给付房屋补偿费9300万元（该房屋补偿费以金达威公司尚欠包装厂安置房屋建筑面积18600平方米，按每平方米5000元计算）；（3）金达威公司、太子公司于判决生效之日起10日内向包装厂给付补偿金及工人工资合计1356万元（其中，2000年11月1日以前是190万元；2000年11月2日起至2008年9月30日是1166万元），以及自2008年10月1日起至判决生效之日止的补偿金（按每月11万元计算）；（4）金达威公司、太子公司于判决生效之日起10日内向包装厂偿付违约金700万元；（5）驳回包装厂其他诉讼请求。

太子公司不服一审判决，向湖北省高级人民法院提起上诉。

（三）二审情况

二审法院对一审法院查明的事实予以确认。另查明，农行房地产公司取得了市拆办字（1993）第007号《城市建设房屋拆迁验收审批书》，其上申请验收单位意见为："拆迁范围内房屋拆除完毕，拆迁企业已迁至新华下路，安置情况良好，已投入生产，特申请主管部门验收。94年12月28日。"银城公司取得了市拆办字（1995）第088号《城市建设房屋拆迁验收审批书》，其上申请验收单位意见为："根据武拆许字〔1995年〕第088号批准。我公司在新华路取水楼258#－266#地段实施拆迁。现于一九九七年十二月十日拆迁完毕，特申请验收审批。"1997年5月28日，包装厂向武汉市规划局出具《证明》，称："我厂提供约10000平方米用地给市农行房地产开发公司进行开发，并签订了《改造拆迁补偿协议书》。经市土地局批租给农行进行开发后，金达威房地产开发建筑有限公司与农行开发签约联合开发，对等投资，共担风险，共同收益。该两公司在对我厂的拆迁、补偿方面，能较好地履行。1. 为我厂搬迁提供贷款 300 万元。2. 协议还建 24300 平方米，现已解决 5210 平方米，其中职工住宅 3210 平方米共 44 套。3. 根据协议，剩余面积应在胡锦花园项目中，还建一栋 25 层的宾馆楼。4. 根据三方补充协议，如不能按时交房，从 99 年 1 月 1 日起，开发商将按 15 万/月对我厂进行补偿。5. 近期农行开发，金达威和我厂为该项目的转让已签订合同主体转移的协议。开发商对我厂的一切债权债务由金达威承担，我厂无异议。特此证明。"

黄陂国债与金达威公司于 2001 年 4 月 17 日签订了一份《债务清偿协议书》，约定：根据黄陂国债、金达威公司及武汉金达实业（集团）股份有限公司于 2000 年 4 月 29 日签订的《还款协议书》的规定，金达威公司对原武汉金达服饰有限公司及武汉金达实业（集团）股份有限公司所欠黄陂国债债务承担连带清偿责任。金达威公司已将其位于武汉市江汉区新华路与建设大道交会处的"湖锦花园"在建项目地块（地号为 WP-93-144、图号为 136）的一部分抵押给黄陂国债，并在武汉市房地局办理了抵押登记手续。为使该笔债务得到有效清偿，黄陂国债与金达威公司达成如下协议：黄陂国债与金达威公司双方一致同意金达威公司将上述地块中的 10.5 亩土地以 476 万元/亩的价格转让给黄陂国债，全部价款共计 5000 万元，用于抵偿金达威公司所欠黄陂国债的债务，并将 10.5 亩土地的使用权证办理至黄陂国债名下。上述土地价格包括土地批租费、金达威公司开发该地块的投资（含桩基费、拆迁费、规划费等项目）。协议还对其他事项进行了约定。黄陂国债与太子公司于 2001 年 8 月 22 日签订了一份《国有土地使用权转让合同》，约定：黄陂国债转让的通过出让方式取得的国有土地使用权位于：武汉市江汉区新华路与建设大道交汇处，武土籍字（2001）30 号，图号：136；地块编号：WP-93-144，使用权面积 6993 平方米（10.5 亩）。黄陂国债转让给太子公司的国有土地使用权的转让价格为每平方米 4464 元，共计人民币 3120 万元。黄陂国债承诺，该土地使用权出让金全部由黄陂国债承担，与太子公司无关；黄陂国债未在上述土地使用权上设置担保、对外债务及任何他项权利。本合同生效后，黄陂国债根据土地使用权出让合同和登记文件中所载的权利、义务随之转移至太子公司。合同还对其他事项进行了约定。在2001年8月23日的收据上载明收到太子公司购土地款500万元；在2001年8月29日的两张收据上分别载明收到太子公司购土地款120万元、500万元；在2001年9月29日的收据上载明收到太子公司购土地款1000万元；在2001年10月29日的收据上载明收到太子公司购土地款1000万元，收据上均加盖有黄陂国债的印章。

太子公司已支付土地转让款为2920万元。

武汉天马东湖房地产估价有限公司于2001年10月14日作出天评报房字〔2001〕第047号《江汉区建设大道WP-93-144地块部分土地使用权价格评估》，对上述被评估地产所表现的市场价值作出公允反映，确定短期强制处置情况下地产的价值总额为734.01万元，单位面积地价为1854.97元/平方米。其中价值定义描述为实际开发程度与设定开发程度均为"七通一平"条件下综合用地的国有出让土地使用权价格。

中国煤田地质局光华地质基础工程公司与太子公司于2001年10月24日签订《国有土地使用权转让合同》，合同约定中国煤田地质局光华地质基础工程公司转让给太子公司的国有土地使用权位于武汉市江汉区建设大道与新华路交会处，地号WP-93-144，面积为1998平方米，该国有土地地上状况应为没有建筑物的空地。该国有土地使用权的转让价格以天评报房字〔2001〕第047号江汉区建设大道WP-93-144地块部分土地使用权价格评估中的评估价格为准，共计人民币369万元。太子公司实付人民币310万元。

银城公司与太子公司于2001年11月19日签订《国有土地使用权转让合同》，合同约定银城公司转让给太子公司的国有土地使用权位于武汉市江汉区建设大道与新华路交会处，地号WP-93-145，面积2636平方米，该国有土地地上状况应为没有建筑物的空地。该国有土地使用权的转让价格以天评报房字〔2001〕第047号江汉区建设大道WP-93-145地块部分土地使用权价格评估中的评估价格为准，总金额共计人民币700万元。

中国农业银行武汉分行江汉区支行与太子公司于2001年10月22日签订《国有土地使用权转让合同》，合同约定中国农业银行武汉分行江汉区支行转让给太子公司的国有土地使用权位于武汉市江汉区建设大道与新华路交会处，地号WP-93-144，面积为666平方米，上述国有土地地上状况应为没有建筑物的空地。该国有土地使用权的转让价格以天评报房字〔2001〕第047号江汉区建设大道WP-93-144地块部分土地使用权价格评估中的评估价格为准，共计人民币123万元，太子公司实付人民币100万元。

冶金部武汉勘察研究院基础工程公司与太子公司于2001年11月8日签订《国有土地使用权转让合同》，合同约定冶金部武汉勘察研究院基础工程公司转让给太子公司的国有土地使用权位于武汉市江汉区建设大道与新华路交会处，地号WP-93-145，面积为1200平方米，该国有土地地上状况应为没有建筑物的空地。该国有土地使用权的转让价格以天评报房字〔2001〕第047号江汉区建设大道WP-93-145地块部分土地使用权价格评估中的评估价格为准，共计人民币480万元。太子公司实付人民币225万元。

武汉缝纫机厂与太子公司于2003年3月25日签订《土地使用权转让协议》，协议约定武汉缝纫机厂转让给太子公司的土地使用权位于武汉市汉口建设大道与新华下路交会处，面积为457平方米，转让价格为128万元。

太子公司向中国煤炭地质总局光华地质基础公司付款310万元；向中国农业银行武汉分行江汉区支行（包括湖北维力律师事务所代收）100万元；向冶金部武汉勘察研究院基础工程公司支付225万元；向武汉缝纫机厂支付115万元。

武汉市国土资源局于2003年9月17日发布第2003049号公告，称：根据武汉市人民政府武政地字〔2003〕75号文件，从2003年9月17日起，收回金达威公司位于湖北省武汉市江汉区建设大道与新华路交会处，占地面积为6931平方米（以实测面积为准）的国有土地使用权，注销WP国用（93临）字第0145号《中华人民共和国国有土地使用证》，并注销土地登记。限金达威公司自发文之日起30日内，持上述过于（原文如此，应为过期）土地使用证到武汉市国土资源局办理国有土地使用权注销登记手续，逾期则由武汉市国土资源局直接办理。

武汉市人民政府于2003年9月17日作出武政地字〔2003〕75号《关于收回武汉金达威房地产开发建筑有限公司国有土地使用权并注销其土地证的通知》，其内容为：武汉市中级人民法院以（1998）武执字第469号《民事裁定书》和《协助执行通知书》、（2001）武立执字

0211号《民事裁定书》和（2000）武立执字第020号《协助执行通知书》、（2000）武立执字第78-2号《民事裁定书》和《协助执行通知书》、（2001）武立执字第0211号《民事裁定书》和《协助执行通知书》，将金达威公司坐落于湖北省武汉市江汉区建设大道与新华路交会处、占地面积合计为6931平方米（以实测面积为准）的土地使用权依法抵债。经研究决定：从即日起收回金达威公司使用的上述国有土地使用权，并注销其WP国用（93临）字第0145号《中华人民共和国国有土地使用证》。请金达威公司接本通知后，于30日内到武汉市国土资源局办理土地变更登记手续，逾期，则由武汉市国土资源局直接办理上述地块的土地使用权注销及变更登记手续。

二审法院认为：本案的争议焦点是太子公司应否承担本案的拆迁补偿义务，太子公司应否与金达威公司共同承担违约责任。

1. 关于太子公司是否应当承担拆迁补偿义务的问题。该院认为，包装厂与农行房地产公司签订的《改造补偿协议书》以及附件一、附加二和包装厂与银城公司、金达威公司订立的《关于〈改造拆迁补偿协议书〉等主体变更的协议书》均系合同当事人的真实意思表示，并且协议内容不违反法律、行政法规的禁止性规定，均为有效。包装厂履行了协议约定的义务，金达威公司未完全履行协议约定的义务，应向包装厂承担相应的违约责任。因金达威公司将部分土地使用权转让给黄陂国债，黄陂国债又转让给了太子公司，而另一部分土地使用权因其欠他人债务也被法院执行偿还债务，《改造补偿协议书》已无法继续履行，对包装厂要求解除双方签订的一系列协议，按合同约定赔偿其损失的请求，应予以支持，对金达威公司尚未履行的安置包装厂房屋建筑面积18600平方米部分，以作价补偿为宜。金达威公司在未履行完对包装厂的拆迁安置义务、未取得正式土地使用权证，且临时土地使用权证已过期的情况下，将其中7000平方米土地使用权转让给黄陂国债以抵偿其欠款。黄陂国债又以3120万元的价格将该部分土地转让给太子公司，在合同中双方当事人约定：本合同生效后，黄陂国债根据土地使用权出让合同和登记文件中所载的权利义务随之移至太子公司。武汉市国土资源局同意该转让行为，同时也明确太子公司应承担本宗土地的一切权利义务。同时《城市房地产管理法》第41条也规定："房地产转让时，土地使用权出让合同载明的权利、义务随之转移。"因此，对于土地使用权出让合同中约定的相应的拆迁安置义务，应由太子公司承担。在《国有土地使用权批租合同》中第4条约定："乙方负责地块及周边至道路中心范围内的房屋拆迁、安置和地块内的基础设施工程建设。承担的拆迁户还建安置，从发出拆迁线之日起，必须两年内完成。"因此，太子公司应依照法律规定承担对包装厂的安置义务。太子公司主张，在其受让时该地块为七通一平的净地，但拆迁完成并不代表安置完成，而且金达威公司未全面履行其合同约定的安置义务。虽然包装厂并非《国有土地使用权批租合同》的当事人，但在法律有明确规定且当事人间有明确合同约定的情况下，太子公司应直接对包装厂承担安置义务。由于金达威公司拖欠债权人的债务，湖北省武汉市中级人民法院裁定该块土地中的6957平方米使用权由银城公司等共有，太子公司分别与之签订转让合同，受让了该部分土地使用权。湖北省武汉市中级人民法院向武汉市国土资源局下达了协助执行通知书，将WP-93-144号地块中的土地面积7151.87平方米过户给太子公司。尽管武汉市国土资源局在同意将上述地块使用权转让给太子公司的同时又明确转让后，太子公司应承担WP-93-144《国有土地使用权出让合同》所载的相应权利和义务，但太子公司获得上述土地使用权系基于人民法院的执行行为，太子公司不承担该部分土地对应的拆迁安置义务。

2. 关于太子公司是否应向包装厂给付补偿金和人工工资、违约金的问题。该院认为，太子公司虽然应承担安置义务，但太子公司并不是备忘录的当事人，其与包装厂之间未签订任何合同，一审判决太子公司向包装厂给付补偿金和人工工资1356万元，偿付违约金700万元无事实和法律依据。

3. 关于本案一审是否违反法定程序的问题。最高人民法院《关于执行级别管辖规定几个问题的批复》（法复〔1996〕5号）中规定，"当事人在诉讼中增加诉讼请求从而加大诉讼标的额，致使诉讼标的额超过受诉法院级别管辖权限的，一般不再予以变动。但是当事人故意规避有关级别管辖等规定的除外"，虽然包装厂在申请追加太子公司为当事人后变更了诉讼请求，致使诉讼标的额超过受诉的湖北省武汉市中级人民法院级别管辖权限，但依上述规定，可不再予以变动，一审法院受理本案程序合法。综上，太子公司从黄陂国债受让的7002.91平方米部分的土地使用权上对应的拆迁安置义务应由太子公司承担，剩余的6957平方米的土地使用权系经人民法院执行由太子公司获得,太子公司不承担该部分土地使用权上对应的拆迁安置义务。金达威公司尚有18600平方米房屋未安置,一审将上述安置房屋的义务折价9300万元判令金达威公司承担,二审法院酌定太子公司按7002.91÷(7002.91+6957)=50.16%的比例,即46648800元,承担相应的折价补偿责任。太子公司认为其不应当在本案中承担安置义务的理由部分不能成立,但其主张不应承担违约责任的理由成立。

二审法院判决:(1)维持一审判决主文第一、五项。(2)变更一审判决主文第二项为金达威公司于判决生效之日起10日内向包装厂给付房屋补偿费9300万元(该房屋补偿费以金达威公司尚欠包装厂安置房屋建筑面积18600平方米,按每平方米5000元计算)。太子公司对其中的46648800元承担补充责任。(3)变更一审判决主文第三项为金达威公司于判决生效之日起10日内向包装厂给付补偿金及工人工资合计1356万元(其中,2000年11月1日以前为190万元;2000年11月2日起至2008年9月30日是1166万元),以及自2008年10月1日起至本判决生效之日止的补偿金(按每户11万元计算)。(4)变更一审判决主文第四项为金达威公司于判决生效之日起10日内向包装厂偿付违约金700万元。

太子公司不服二审判决,向最高人民法院申请再审。

(四)再审情况

最高人民法院裁定:驳回太子公司的再审申请。

太子公司不服,向检察机关申请监督。

三、最高人民检察院不支持监督申请的理由

最高人民检察院认为:该案不符合监督条件。

1. 终审判决太子公司承担拆迁补偿义务,具有事实和法律依据,并无不当。第一,本案中,金达威公司在未履行完对包装厂的拆迁安置义务、未取得正式土地使用权证,且临时土地使用权证已过期的情况下,将其中7000平方米土地使用权转让给黄陂国债以抵偿其欠款,黄陂国债又以3120万元的价格将该部分土地转让给太子公司。黄陂国债与太子公司签订的《国有土地使用权转让合同》约定:本合同生效后,黄陂国债根据土地使用权出让合同和登记文件中所载的权利义务随之移至太子公

司。武汉市国土资源局同意该转让行为，同时也明确太子公司应承担本宗土地的一切权利义务。因此，终审判决认为对于土地使用权出让合同中约定的相应的拆迁安置义务，应由太子公司承担，具有事实依据，并无不当。第二，《城市房地产管理法》第41条规定："房地产转让时，土地使用权出让合同载明的权利、义务随之转移。"武汉市国土资源局与农行房地产公司签订的《国有土地使用权批租合同》第4条约定，"乙方负责地块及周边至道路中心范围内的房屋拆迁、安置和地块内的基础设施工程建设。乙方承担的拆迁户还建安置，从发出拆迁线之日起，必须两年内完成"，因此，终审判决认为太子公司应依照法律规定承担对包装厂的安置义务，并无不当。太子公司主张，在其受让时该地块为七通一平的净地，但拆迁完成并不代表安置完成，而且金达威公司并未全面履行其合同约定的安置义务。综上，在法律有明确规定且当事人间有明确合同约定的情况下，终审判决认为太子公司应直接对包装厂承担安置义务，并无不当。

2. 终审判决在一审判决的基础上，认定太子公司承担拆迁补偿义务的数额为46648800元，较为公平合理，并无不当。本案中，由于金达威公司拖欠债权人的债务，湖北省武汉市中级人民法院裁定该块土地中的6957平方米使用权由银城公司等共有，太子公司分别与之签订转让合同，受让了该部分土地使用权。湖北省武汉市中级人民法院向武汉市国土资源局下达了协助执行通知书，将WP－93－144号地块中的土地面积7151.87平方米过户给太子公司。尽管武汉市国土资源局在同意将上述地块使用权转让给太子公司的同时又明确转让后，太子公司应承担WP－93－144《国有土地使用权出让合同》所载的相应权利和义务，但太子公司获得上述土地使用权系基于人民法院的执行行为，太子公司不应承担该部分土地对应的拆迁安置义务。据此，终审判决酌定太子公司按50.16%［7002.91÷（7002.91＋6957）］的比例，承担拆迁补偿义务的数额为46648800元（93000000×50.16%），较为公平合理，并无不当。

四、案件评析

本案争议焦点在于太子公司应否承担拆迁补偿义务。最高人民检察院不支持监督申请，主要基于以下考虑：一是认为太子公司承继了WP－93－144号《国有土地使用权批租合同》中的权利义务，取得诉争地块土地证，应承担拆迁补偿义务。太子公司虽然不是系列合同签订时的合同当事人，但金达威公司承担了部分拆迁安置义务后将其合同权利义务转让给了案外人黄陂国债，再由黄陂国债转让给太子公司，故太子公司应承担相应的合同义务。而且，依据《合同法》第87条"法律、行政法规规定转让权利或转让义务应当办理批准、登记手续的，依照其规定"之规定，武汉市国土资源局出具的武土籍字〔1998〕15号文件、武土籍字〔2001〕30号文件、武土籍字〔2001〕60号文件、武土资字〔2003〕186号文件中均明确表示由土地使用权受让方承担本宗土地的一切权利和义务，其中武土资字〔2003〕186号文件更是直接要求"太子公司……转让后应承担WP-93-144号《国有土地使用权批租合同》所载的相应权利和义务"，因此，太子公司虽不是合同签订时的当事人，但承接了WP-93-144号《国有土地使用权批租合同》合同权利义务，即本案相关合同所约定的拆迁补偿义务。二是基于实体公正方面的考虑而优先保护被拆迁人的利益。太子公司在2001年至2003年受让WP-93-144号《国有土地使用权批租合同》中的合同权利义务仅为每亩土地价格206.55万元；而农行房地产公司（银城公司）1993年拆迁时同意补偿的标准计算，每亩土地价格即为314万元，可见太子公司如不承担拆迁补偿义务，则其依据WP-93-144号《国有土地使用权批租合同》取得的土地价格显著低于10年前价格50%，显然有失公允。虽然太子公司主张受让时该地块为七通一平，但拆迁完毕并不代表安置完成。太子公司虽然主张从黄陂国债获得土地使用权是按照当时的市场价格购买，但对于如果不承担终审判决判令其承担的房屋补偿费就会造成其在10年后获得涉案土地使用权价格远低于10年之前这一明显不公平的结果，并未作出明确合理的解释。因此，终审判决依据事实和相关法律判令太子公司承担补充赔偿责任，符合实体公平原则。

四、在依法监督的同时，适当兼顾判决作出时的司法政策与社会背景

司法政策是司法机关为了实现一定的司法目的而采取的具体策略和措施，是指导司法工作人员正确实施法律、公正办理案件的前提和基础。司法政策作为法律的辅助与补充，既可以弥补法律的漏洞，直接作为法无明文规

定事项的办案依据，也可以为正当地解释法律提供一定的政策依据，即对法律进行符合立法意图的扩张或限缩解释。可以说，司法政策是对法律固有的僵化教条缺陷的必要克服，是把法律稳定性与社会生活的不确定性有效联结的黏合剂。在对民事裁判结果依法进行监督的同时，要适当兼顾判决作出时的司法政策以及相关司法政策出台的社会背景，切忌机械适用法律而无视监督的社会效果。例如最高人民检察院曾经办理的江苏吴中公司申请监督案即涉及司法政策的采信问题（案件基本信息略）。本案中，2005年8月5日，最高人民法院以法明传（2005）257号明传方式向各省级院下达《关于对涉及华夏证券股份有限公司及其所属机构的民商事案件暂缓受理、暂缓审理、暂缓执行的通知》（以下简称"三暂缓"通知），北京市高级人民法院据此作出相应判决。申请人江苏吴中公司认为"三暂缓"通知性质为人民法院公文，不属于司法解释，不具有法律效力，并据此申请监督。经审查，最高人民检察院未支持江苏吴中公司的监督申请。笔者认为，"三暂缓"通知虽然不是司法解释，但从内容来看是具有司法政策性质的公文。从通知发出的背景来看，该通知是在国务院的统一部署安排下，在企业出现破产原因时，为避免证券公司大量破产导致系统性金融风险采取的特殊风险处置方式，通知自下发时即应具有司法效力。北京市高级人民法院未支持江苏吴中公司相关诉讼请求，并无明显不当。检察机关在办理此类裁判结果监督案件时，应适当兼顾判决作出时的司法政策和社会背景，而不能机械地适用法律。

五、在依法监督的同时，适当尊重法官的自由裁量权

自由裁量权是法官在案件审理过程中，在正确认定事实和适用法律的基础上，基于案件的基本情况，根据公正、衡平的法律精神和法律原则，对案件事实或者适用法律问题酌情作出裁判，或者是在多种合法的法律解决方案之间进行合理选择。从省级院的提请抗诉案件来看，法官行使自由裁量权主要集中在以下领域：在合同类纠纷中对双方违约责任的认定、对违约金比例的调整、对高利贷利息的调整、建设工程类纠纷中对逾期完工天数的酌减，在侵权类纠纷中基于双方过错程度对主次责任的划分，等等。在提请抗诉案件中，以法官行使自由裁量权比例失当为由提请抗诉的，也不在少数。对待这类提请抗诉案件，应当把握的原则是：对于法官毫无根据地行使自由裁量权，导致责任比例严重失当的案件，应当予以抗诉；对于法官行使自由裁量权有一定的合理依据，但在比例分配方面稍有不当的案件，一般不宜提出抗

诉。对此，还要结合其他抗诉事由一并进行审查。在多数情况下，可以把法官行使自由裁量权当作为提出抗诉的补强理由来使用。另外，有的案件中关于裁判事项缺乏明确的法律规定，只是在认识方面存在分歧的，一般也不宜抗诉。因为在法律规定不明确的情况下，不同的法官可能对不同事项做出不同的解读，这本身也包含了一定的自由裁量因素。

案例六：中环公司申请监督案（高检民监〔2016〕254号）

一、案件来源

中环公司因与长业公司建设施工合同纠纷一案，不服江苏省高级人民法院（2014）苏民终字第00350号民事判决，向江苏省人民检察院申请监督，该院提请最高人民检察院抗诉。

二、诉讼过程和法院历次申请情况

（一）原审情况

2009年11月，多喜乐公司（后变更为中环公司）起诉长业公司至江苏省苏州市中级人民法院，请求：（1）判令长业公司支付延期违约金1250.5万元；（2）解除《建设工程施工合同》并判令长业公司承担修复不合格工程费用；（3）判令长业公司按每日30500元支付自起诉之日至竣工验收合格之日延误工期违约金；（4）判令长业公司配合多喜乐公司办理竣工验收手续及竣工备案手续并很多次全部施工资料；（5）长业公司承担诉讼费及鉴定费。

江苏省苏州市中级人民法院于2012年12月20日作出（2009）苏中民一初字第0044号民事判决，判令长业公司赔偿违约金180万元、修复费用70余万元。双方均不服一审判决，向江苏省高级人民法院提出上诉。2013年8月21日，江苏省高级人民法院作出（2013）苏民中字第0046号民事裁定，撤销原判，发回重审。

（二）一审（重审）情况

一审（重审）法院查明：2013年1月18日，多喜乐公司经苏州市高新区工商行政管理局核准变更为中环公司。长业公司通过招投标取得多喜乐公司新建厂区工程承包权。2008年1月10日，双方签订《建设工程施工合同》，约定合同价款采用固定总价方式，总价3050万元。开工日期2008年1月28日，竣工日期2008年8月28日，工期210天，因承包人原因不能按合同约定的竣工日期或工程师同意的顺延工期竣工的，每逾期一天承担合同总价千分之一的违约金。同年3月20日，双方订立《建设工程施工合同补充协议》，开工日期变更为2008年4月12日，竣工日期不变。同年4月12日，长业公司正式进场施工。2009年2月10日，双方达成《备忘录》。同年6月1日，双方达成《调解协议》。同年7月7日，涉案工程组织四方验收。同日双方签订《单位工程移交单》，约定实体工程移交后，如施工上发生质量问题仍由长业公司负责。同年7月20日，苏州市高新区建设工程质量监督站（以下简称质监站）对工程进行了核验前验收，并提出11项整改意见。同年8月5日，长业公司、多喜乐公司向质监站提交《整改完成报告》称，对于质监站提出的两项需整改内容已整改完成。事后，多喜乐公司多次发函给长业公司催办工程整改和要求移交竣工资料未果。

另查明，2009年9月28日长业公司诉至江苏省苏州市中级人民法院要求多喜乐公司支付工程款。法院一审判决多喜乐公司向长业公司支付剩余工程款3704999.24元及相应利息，如多喜乐公司逾期不能履行则长业公司就其承建的工程折价或拍卖的价款享有优先受偿的权利。多喜乐公司上诉，二审江苏省高级人民法院判决：驳回上诉，维持原判。中环公司向最高人民法院申请再审，该案现已被指令再审。

原一审中，多喜乐公司申请对涉案工程质量是否合格进行司法鉴定，原审法院委托苏州天正房屋安全司法鉴定所（以下简称天正鉴定所）进行鉴定。2010年11月5日该所出具《司法鉴定意见书》，该意见为：鉴定对象厂区室外道路、1#、2#厂房地坪、2#、3#厂房屋面构造均不符合设计要求、鉴定对象外墙涂料施工质量不符合规范要求。2011年1月20日又出具《咨询意见书》，内容为涉案工程"雨污水管网工程"存在诸多质量问题。原审法院应多喜乐公司申请，委托苏州立诚建筑设计院有限公司（以下简称立诚公司）依据天正鉴定所出具的鉴定意见鉴定修复方案。2012年6月25日立诚公司出具《司法鉴定意见书》。原审法院应多喜乐公司申请，委托苏州姑苏造价事务所有限公司（以下简称姑苏公司）依据立诚公司出具的《司法鉴定意见书》评估修复费用。2012年8月27日姑苏公司出具《鉴定报告》，该报告说：涉案工程造价3479614.45元。原审法院在向双方当事人送达该《鉴定报告》后，双方均未在法院规定的时间内提出异议。

关于本案消防质量问题，原审法院委托江苏建安消防服务中心（以下简称建安中心）进行鉴定。2011年3月建安中心出具《鉴定报告》，鉴定意见认定涉案工程消防设施中4个子系统功能不合格。原审法院委托苏州市民用建筑设计院有限责任公司（以下简称民用公司）依据建安中心的鉴定意见鉴定修复方案。2011年8月和9月，民用公司出具《鉴定报告》和《补充说明》，制定了相应的修复方案。原审法院委托苏州华星工程造价咨询有限公司（以下简称华星公司）依据民用公司制定的修复方案评估修复费用。2012年4月20日华星公司出具《鉴定报告书》，鉴定意见为：工程造价为711904.44元。2012年5月20日华星公司出具《鉴定报告书回复》，调整涉案消防工程造价为703900.64元。

一审（重审）法院认为：本案争议焦点为：（1）长业公司是否存在逾期竣工，应如何承担逾期竣工违约金？（2）长业公司施工是否存在质量问题，修复费用如何承担？

关于焦点一，该院认为，根据有效的施工合同和补充协议，双方约定的开工时间为2008年4月12日，竣工时间为同年8月28日。因涉案工程存在变更情况，也存在中环公司与案外人直接订立施工合同情况，对于逾期竣工的时间，应当相应予以扣除。虽然合同约定了违约金的计算标准，但因约定较高，长业公司明确提出了调整违约金的请求，故该院予以调整。因中环公司提供的证据即其与案外人订立的租赁合同及法院调解书及支付凭证，可以证明中环公司因长业公司逾期交付工程而造成的损失为180万元。

关于焦点二，该院认为，根据鉴定报告，虽长业公司施工工程并无主体结构的质量问题，但厂区道路、雨污水管网、1#-3#厂房外墙涂料、车间地坪、厂房屋面、室内外消防电线工程，均存在不符合设计要求等质量缺陷。原审法院向当事人送达姑苏公司的《鉴定报告》后，双方均未在法院规定的时间内提出异议，故认定涉案工程的修复费用为3479614.45元。多喜乐公司起诉时，均在各单项工程质保期内，有权要求长业公司承担保修之义务。长业公司虽在诉讼中愿意整改，但从工程交付至今历经数年仍未整改完毕的情况看，双方矛盾较大，由长业公司继续履行已不可能。在此情况下长业公司应当赔偿修复费用3479614.45元。关于消防工程的质量问题，对华星公司鉴定消防工程造价为

703000.64元予以确认。因中环公司又直接与中消公司签订《工程施工合同》，故长业公司只需对其施工的不合格部分消防工程承担修复责任。因此扣除中消公司施工的火灾自动报警及联动控制系统修复费用32213元，该部分修复费用为671687.64元，由长业公司负担。

对中环公司主张自起诉之日至竣工验收合格之日的逾期竣工违约金，因多喜乐公司于2009年二三月份实际占有使用涉案工程，故对该诉讼请求不予支持。关于中环公司要求解除合同的请求，因合同已基本履行完毕，解除合同已无实际意义，不予支持。作为施工方，负有配合建设方办理相关竣工手续及移交全部施工资料之义务，故中环公司要求长业公司配合完成竣工验收手续、竣工备案手续的诉讼请求，符合法律规定，应予支持。

一审（重审）法院判决：（1）长业公司支付中环公司逾期竣工违约金1800000元；（2）长业公司支付中环公司新建厂区工程的修复费用计3479614.45元；支付消防工程的修复费用计671687.64元；（3）长业公司向中环公司移交全部工程资料并配合中环公司完成竣工验收手续、竣工备案手续；（4）驳回中环公司的其他诉讼请求。

中环公司、长业公司不服重审判决，向江苏省高级人民法院提出上诉。

（三）二审情况

二审法院对一审（重审）查明的事实予以确认。另查明，2008年3月1日多喜乐公司与捷诚公司签订租赁合同，约定多喜乐公司将新区厂房出租给捷诚公司，租期从2008年10月1日至2009年12月31日，合同总价810万元。事后，双方在法院主持下就合同解除问题达成调解协议，多喜乐公司赔偿捷诚公司180万元，并已实际履行。多喜乐公司为此支付诉讼费用31800元。

二审法院认为：本案争议焦点为：（1）长业公司应否承担逾期竣工的责任，如需承担责任，违约金的数额应如何认定；（2）长业公司应否承担工程质量责任，如需承担责任，应如何承担。

关于焦点一：1.关于工程实际竣工交付的时间问题。本案工程合同约定的竣工日期为2008年8月28日，根据本案2009年7月7日的《单位工程移交单》及其他证据，可以证明涉案工程的实际竣工交付时间应认定为2009年7月7日，故逾期竣工事实客观存在。长业公司主张竣工日期为 2009 年 2 月、中环公司主张涉案工程至今未竣工交付，均与客观事实不符，不予采信。

2. 关于逾期竣工的责任承担问题。涉案工程经鉴定，变更、增加工程价款为 822633.97 元，因增加的工程量在总工程量中仅占极小比例，长业公司无证据证明变更、增加的工程足以导致工期需要延误 300 多天。且合同约定顺延工期需经工程师确认，现长业公司并未提供证据证明顺延工期得到了工程师的确认。再者涉案工程中多个《备忘录》均载明工期延误系由于长业公司资金短缺导致。故涉案工程逾期竣工的责任应主要由长业公司承担。

3. 关于违约金数额问题。该院认为，根据《合同法》及相关司法解释的规定，违约金的数额应当相当于因违约所造成的损失，包括合同履行后可以获得的利益，但不超过违反合同一方订立合同时预见到或者应当预见到的因违反合同可能造成的损失。当事人约定的违约金超过造成损失的 30% 的，一般可以认定为"过分高于造成的损失"。对违约金的调整，应以所造成的损失为基础，综合衡量当事人的过错、预期利益、合同履行程度等多项因素，根据公平原则和诚实信用原则予以确定。本案合同约定每逾期一天违约金为总价千分之一即 30500 元。涉案工程逾期竣工 313 天，按合同约定计算应为 9546500 元。虽然中环公司提供的证据表明多喜乐公司在涉案工程开工之前即与捷诚公司签订了租赁合同，约定将涉案工程在 2008 年 9 月 10 日前交付给捷诚公司，租金 810 万元。但对于房屋出租事实，仅提供了一份 2008 年 3 月多喜乐公司向长业公司发出的《通知》复印件以证明已告知长业公司，该复印件不能单独作为认定案件事实的证据。虽然长业公司施工人员张兴昌事后在复印件上签名，但张兴昌从未到庭，对签名真实性、签名的时间及目的均无法核查，且其事后在复印件上的签字也不能证明长业公司签订施工合同及补充协议时已知晓涉案工程出租的事实。而 2008 年 10 月 10 日长业公司致多喜乐公司的函件虽然反映出长业公司知晓了涉案工程出租的事实，但内容却无法反映长业公司知晓出租事实的确切时间，故现在尚无充分证据证明长业公司在订立合同时就预见到或应当预见到因违反合同可能造成的损失，因此中环公司主张长业公司赔偿可得利益损失 810 万元，该院不予支持。由于长业公司逾期竣工，导致中环公司与捷诚公司解除租赁合同并赔偿了 180 万元及 31800 元诉讼费，此为法院生效调解书所确认，中环公司也实际支付了上述款项,故逾期竣工导致中环公司的实际损失为1831800元。本案双方约定的违约金过高,长业公司也提出要求调整。考虑到涉案工程的变更、增加确可能导致工期延误,且本案还存在多喜乐公司直接与案外人订立分包合同的情形,基于公平原则,原审酌定180万元并无不当,予以维持。因涉案工程已于2009年7月7日交付使用,故中环公司主张涉案工程交付后至竣工验收合格之日止的逾期竣工违约金,没有事实和法律依据,不予支持。

关于焦点二:1. 关于质量责任的承担问题。经鉴定,涉案工程的厂区道路、雨污水管网、1#-3#厂房外墙涂料、车间地坪、厂房屋面及消防系统普遍存在质量问题。虽然双方在四方验收后向质监站提交了《整改完成报告》,但此仅表明多喜乐公司对长业公司已完成部分工程整改工作的认可,不能以此对抗工程仍存在质量问题的客观事实,更不能以此免除长业公司应承担的工程质量责任,且双方在2009年7月7日的《单位工程移交单》上也明确载明实体工程移交后,如施工上发生质量问题仍由长业公司负责。故涉案工程移交后的质量风险并不转移,仍应由长业公司承担。

2. 关于应否承担修复费用问题。根据《合同法》第107条、第281条的规定,因施工方原因致使工程质量不符合约定的,施工方理应承担无偿修理、返工、改建或赔偿损失等违约责任。本案长业公司施工的涉案工程经鉴定存在诸多质量问题,虽然其在移交工程前后已进行了多次整改,但从多喜乐公司的通知函件可以看出,多喜乐公司曾多次通知长业公司进行整改,但长业公司均未予整改。鉴于长业公司几经整改仍不能解决涉案工程的质量问题,涉案工程自交付至今历经数年仍未整改完毕,双方当事人已失去信任的合作基础,现中环公司明确拒绝由长业公司继续整改,由长业公司进场施工已缺乏可行性,原审判决长业公司承担修复费用,有利于彻底解决矛盾,亦系对长业公司交付不合格工程的归责,有事实和法律依据,亦属必要。长业公司关于中环公司只有在长业公司拒绝整改而自行整改产生费用的情况下才能要求赔偿的主张,该院不予支持。

3. 关于如何承担修复费用的问题。涉案鉴定意见均系原审法院依法委托具备鉴定资格的机构作出的,鉴定程序合法,相关鉴定意见认定涉案工程存在不符合设计、规范要求及功能不合格等质量问题,长业公司虽有异议但没有进一步提供足以反驳的证据和理由,故涉案鉴定意见的证明力应予以确认。消防工程系由长业公司与中消公司共同施工完成,长业公司只需对其施工的消防工程承担质量责任。原审判决在认定消防修复费用时已对长业公司和中消公司施工的消防工程做出区分,并无不当。根据姑苏公司和华星公司的鉴定意见,涉案工程的修复费用合计为4151302.09元。对于修复费用该如何承担的问题,考虑到质量鉴定时间是在涉案工程交付使用一年以后,不排除在此期间由于中环公司的不当使用而产生质量问题的可能性,对于哪些质量问题是施工原因造成的,哪些质量问题是使用原因造成的,鉴定机构未予区分,且鉴定机构系按照国家设计、验收规范和标准鉴定的修复方案,其参照标准较高,对于部分工程,如室外道路混凝土厚度、外墙涂料等,存在虽不符合设计要求,但却不影响安全和使用功能的情况,鉴定机构未多予考虑,而后者则不是必须要进行整改处理的。客观上,上述质量问题也未实际影响中环公司多年来的正常使用。因此,判令长业公司完全按照鉴定意见承担全部修复费用显失公平。故综合考虑上述因素,兼顾当事人利益平衡,法院酌定由长业公司承担修复费用2490781.25元(4151302.09×60%)。

二审法院判决:(1)维持重审判决第一、三、四项;(2)撤销重审判决第二项;(3)长业公司向中环公司支付修复费用2490781.25元。

中环公司不服二审判决,向最高人民法院申请再审。

(四)再审情况

最高人民法院裁定:驳回中环公司的再审申请。

中环公司不服,向检察机关申请监督。

三、最高人民检察院不支持监督申请的理由

最高人民检察院认为,该案不符合监督条件。

1. 终审判决认定涉案工程实际竣工交付时间为2009年7月7日,并无不当。本案中,多喜乐公司、长业公司和监理单位于2009年7月4日召开会议,协调涉案工程验收事宜。各方在《竣工验收计划会议签到单》中约定:"1. 监理方2009年7月2日发给施工方的《联系单》,内容为竣工前施工方需完成的工作。2. 施工方承诺修补于2009年7月6日完成,同时所有施工资料(竣工资料)提交给监理验收,并对监理方的《联系单》出相应回复函。3. 监理方在2009年7月7日组织四方核验。

4. 如 2009 年 7 月 7 日经四方核验，无论验收通过与否，均办理建设方与施工方对完工厂房的移交手续。"双方于 2009 年 7 月 7 日正式签订了《单位工程移交单》，对实体工程和相关资料进行了移交。因工程移交后中环公司已经实际使用了新建工程，故终审判决根据本案实际情况，将涉案工程的实际竣工交付时间认定为 2009 年 7 月 7 日，并无不当。

2. 终审判决将中环公司的实际损失 180 万元确定为逾期竣工的违约金数额，并无不当。《合同法》第 113 条规定："当事人一方不履行合同义务或者履行合同义务不符合约定，给对方造成损失的，损失赔偿额应当相当于因违约所造成的损失，包括合同履行后可以获得的利益，但不得超过违反合同一方订立合同时预见到或者应当预见到的因违反合同可能造成的损失。"一方面，本案中中环公司主张按照可得利益损失计算违约金的依据是其与案外人苏州市捷成储运公司之间签订的租赁合同约定的年租金 810 万元。但涉案工程为中环公司新建厂区厂房工程，依通常的社会观念，长业公司无法预见中环公司会将其新建的厂区厂房用于对外出租营利，且中环公司所提交的证据并不足以证明双方在签订施工合同及补充协议时长业公司便已知晓上述租赁合同的事实，故本案中中环公司主张按照可得利益损失 810 万元计算违约金，超出了长业公司签约时的可预见范围。另一方面，中环公司与捷成公司之间的纠纷经另案调解，中环公司需向捷成公司赔偿 180 万元。终审判决在综合考虑双方的损失、过错、预期利益、合同履行程度等多项因素的基础上，对违约金依法予以调整，并将中环公司的实际损失 180 万元确定为逾期竣工的违约金数额，较为公平合理，并无不当。

3. 终审判决酌定由长业公司承担涉案工程 60% 的修复费用，并无不当。本案中对涉案工程存在的质量问题及修复费用，已经由鉴定机构出具鉴定意见。但终审判决综合考虑鉴定的时间节点均是在涉案工程交付使用一年之后，且鉴定机构并未对质量问题是由施工原因所致还是使用原因所致加以区分，以及涉案工程质量瑕疵与鉴定机构修复方案的实际情况等因素，认为由长业公司承担全部修复费用显失公平，并通过行使自由裁量权酌定由长业公司承担涉案工程 60% 的修复费用，较为公平合理，并无不当。

四、案件评析

本案在违约金的调整方面和修复费用的比例划分方面均涉及法官行

使自由裁量权是否失当的问题。第一，终审判决酌定逾期违约金按照多喜乐公司的实际损失180万元进行计算是否失当。本案中双方签订的《建设工程施工合同》第35.2条约定："本合同通用条款第14.2款约定承包人违约应承担的违约责任：每逾期一天，应承担合同总价千分之一的违约金。"申请人认为，本案中双方关于违约金的约定较为明确，且系双方当事人真实意思表示，应当据此执行，而终审判决酌定逾期违约金按照多喜乐公司的实际损失180万元进行计算，显然没有包含其可得租金利益。那么逾期竣工违约金中是否应当包含可得租金利益？根据《合同法》第113条的相关规定，损害赔偿的范围不得超过长业公司在订立合同时已经预见或应当预见的其违约行为可能造成对方的损失。按通常的社会观念，长业公司无法预见中环公司会将其新建厂区厂房用于对外出租营利，且中环公司提供的证据不能证明长业公司在与其签订施工合同及补充协议时就已经知晓中环公司与案外人签订租赁合同这一事实。故终审判决在综合考虑本案当事人损失、过错、预期利益、合同履行程度等多项因素的基础上，根据公平和诚信原则，将中环公司的实际损失180万元确定为逾期竣工的违约金数额，事实依据和法律依据均较为充分。第二，终审判决酌定长业公司按照60%的比例承担涉案工程修复费用是否失当。应当说，本案中长业公司应就哪些质量问题属于使用不当造成的负有举证责任，故终审判决在举证责任分配方面确实有所不当。但终审判决综合考虑鉴定的时间节点均是在涉案工程交付使用一年之后，且鉴定机构并未对质量问题是由施工原因所致还是使用原因所致加以区分，以及涉案工程质量瑕疵与鉴定机构修复方案的实际情况等因素，认为由长业公司承担全部修复费用显失公平，并通过行使自由裁量权酌定由长业公司承担涉案工程60%的修复费用，总体上较为公平合理，并无明显不当。

六、既要依法保护弱势群体利益，又要避免矛盾转移

在民事裁判结果监督案件中，有很多案件涉及对弱势群体利益的保护问题。这类案件主要集中在劳动争议类、医疗事故类、拆迁补偿类、农村宅基地和承包地类等纠纷中。这类案件标的额往往不大，但在监督时不能把标的额的大小作为是否提出抗诉的考量因素，而应在监督的过程中强化对弱势群

体利益的保护。从省级院的提请抗诉案件来看，目前出现的一个不良倾向是通过提请抗诉转移信访矛盾。信访问题需要通过多方面的努力来化解，不能简单地通过提请抗诉或者提出抗诉把信访矛盾转移到上级检察机关或者法院。检察机关在办理民事裁判结果监督案件时要有一定的司法担当精神，切忌让信访问题"绑架"监督结果。

案例七：唐秀华申请监督案（高检民监〔2016〕188号）

一、案件来源

唐秀华因与华润万家公司、华润万家南坪店劳动争议纠纷一案，不服重庆市高级人民法院（2014）渝高法民提字第00153号民事判决，向重庆市人民检察院申请监督，该院提请最高人民检察院抗诉。

二、诉讼过程和法院历次审理情况

2012年8月6日，唐秀华起诉华润万家公司、华润万家南坪店至重庆市南岸区人民法院，请求：（1）判令补发2011年3月1日至2012年6月30日休息日加班工资11181元；（2）判令补发2011年3月1日至2012年6月30日法定节假日加班工资1314元；（3）判令补发2011年3月1日至2012年6月30日被克扣的工资3600元；（4）判令解除与华润万家之间的劳动关系；（5）判令支付经济补偿金2400元；（6）判令支付赔偿金4800元；（7）判令支付经济赔偿金8048元；（8）要求工资与其他员工一样。

（一）一审情况

一审法院查明：2011年2月16日华润万家与唐秀华订立书面劳动合同，合同期限为2011年2月17日至2014年3月31日。劳动合同约定华润万家实行标准工时制，即每日工作不超过8小时，每周工作不超过40小时，每周至少休息一日。劳动合同第13条第2款还约定，《华润万家员工手册》作为劳动合同附件，与劳动合同具有同等效力。2011年2月17日唐秀华在《员工手册确认书》上签字，确认已收到《华润万家员工手册》。《华润万家员工手册》第24条规定："公司要求员工在工作时间内完成任务，如因公司经营和工作需要加班的员工，必须使用公司办公自动化系统或书面《加班申请单》提前申请，并经上级审核批准后交人力资源部备案,计算考勤。未按此程序办理者,不视为加班。员工的加班补偿按国家和公司相关规定执行;如需补休的,原则上在六个月内完成补休。"唐秀华是与华润万家建立的劳动关系,但其工作地点为华润万家南坪店。华润万家实行轮休工作制度,为了公平起见,一审法院按照电子考勤记录表显示的唐秀华打卡记录和唐秀华的诉讼请求所涉期间,从整个时间段综合计算唐秀华的休息日加班时间。双方在劳动合同中已约定,华润万家实行标准工时制,唐秀华每周至少休息一日。电子考勤记录表显示,从 2011 年 4 月 1 日至 2012 年 6 月 30 日共计 457 天,折合 65 周零 2 天。在该时间内,唐秀华除国家法定节假日外至少应休息 65 天,而唐秀华除国家法定节假日外实际已休息 112 天,超过 65 天。电子考勤记录表还显示,在上述时间段内,唐秀华在 2011 年中秋节加班 1 天,国庆节加班 2 天,2012 年春节加班 3 天,元旦、清明节、劳动节、端午节各加班 1 天,累计在国家法定节假日加班 10 天。华润万家对唐秀华举示的 5 号证据"工资条"的真实性无异议,唐秀华对华润万家举示的 9 号证据"工资表"称无法确认。华润万家举示的"工资表"完整且与唐秀华举示的"工资条"显示的相应金额一致,故对华润万家举示的"工资表"予以采信,作为计算唐秀华工资水平的标准。华润万家向唐秀华支付的基本工资由岗位工资、效益工资、特岗工资和司龄工资等组成。2011 年 9 月、10 月、2012 年 1 月、4 月、5 月、6 月唐秀华的基本工资分别为 1450 元、1450 元、1450 元、1475 元、1575 元、1575 元。华润万家已向唐秀华支付上述 6 个月的国家法定节假日加班工资 1262.8 元。根据华润万家提供的"工资表",唐秀华申请仲裁前一年,其月基本工资(岗位工资+效益工资+特岗工资+司龄工资)为 1479.17 元。另查明,唐秀华与华润万家、华润万家南坪店发生纠纷后,于 2012 年 7 月 23 日向重庆市南岸区劳动人事争议仲裁委员会申请仲裁,请求事项为:(1)补发休息日加班工资 11181.61 元;(2)补发法定节假日加班工资 1314.74 元;(3)补发拖欠、克扣工资 3600 元;(4)要求与公司解除劳动合同;(5)要求支付经济补偿金 2400 元;(6)要求支付赔偿金 4800 元。

一审法院认为:华润万家与唐秀华签订了书面劳动合同,确立了双方之间的权利义务关系。华润万家是合同一方,应承担相应的责任。劳动者主张加班费的,应当就加班事实的存在承担举证责任。但劳动者有

第一章 总论：对民事裁判结果监督标准的总体把握

证据证明用人单位掌握加班事实存在的证据，用人单位不提供的，由用人单位承担不利后果。本案中，唐秀华未举示证据证明 2011 年 3 月 1 日至 2011 年 3 月 31 日存在加班事实，亦无证据证明华润万家掌握加班事实存在的证据而不提供，因此，对唐秀华要求二华润万家支付 2011 年 3 月 1 日至 2011 年 3 月 31 日的法定节假日加班费、休息日加班费之诉讼请求，该院不予支持。用人单位与劳动者建立劳动关系后，应当遵守有关法律，自觉维护劳动者权利。《劳动法》第 44 条规定："有下列情形之一的，用人单位应当按照下列标准支付高于劳动者正常工作时间工资的工资报酬：……（二）休息日安排劳动者工作又不能安排补休的，支付不低于工资的 200% 的工资报酬；（三）法定休假日安排劳动者工作的，支付不低于工资的 300% 的工资报酬。"《劳动合同法》第 30 条第 1 款规定："用人单位应当按照劳动合同约定和国家规定，向劳动者及时足额支付劳动报酬。"另外，《国务院关于职工工作时间的规定》中亦规定，企业可以根据实际情况灵活安排周休息日。在 2011 年 4 月 1 日至 2012 年 6 月 30 日，唐秀华实际休息日超过劳动合同约定的休息日，故对其要求支付此段时间内休息日加班工资的主张该院不予支持。《关于〈劳动法〉若干条文的说明》（劳办发〔1994〕289 号）第 44 条规定："有下列情形之一的，用人单位应当按照下列标准支付高于劳动者正常工作时间的工资标准：……本条的'工资'，实行计时工资的用人单位，指的是用人单位规定的其本人的基本工资，其计算方法是：用月基本工资除以月法定工作天数（23.5 天）即得日工资；实行计件工资的用人单位，指的是劳动者在加班加点的工作时间内应得的计件工资。"重庆市劳动局转发劳动部《关于印发对〈工资支付暂行规定〉有关问题的补充规定的通知》（渝劳薪发〔1995〕11 号）第 1 条第 3 项规定"企业支付劳动者加班加点工资，原则上不将津补贴（有毒有害、高温、高空等行业性津贴除外）以及一次性奖金列入计算加班加点工资基数重复计发"。因此，根据上述规定，计算唐秀华加班费时均以其基本工资（岗位工资 + 效益工资 + 特岗工资 + 司龄工资）为基数。被告已安排原告在国家法定节假日加班，应当依法及时足额补发原告应得国家法定节假日加班工资。虽然原告唐秀华未能举示证据以证明其在国家法定节假日加班已依照员工手册规定进行申请并得到批准，但被告已向原告唐秀华支付了部分国家法定节假日加班工资，可推定被告已知悉并批准了原告唐秀华在国家法定节假日加班的事实。根据被告举示的"工资表"和劳动合同约定的每周工作时间，2011年中秋节、国庆节、2012年元旦、春节原告应得法定节假日加班工资为 1450元÷26.08天×7天×3 = 1167.56元，2012年清明节原告应得法定节假日加班工资为 1475÷26.08天×1天×3 = 169.67元，2012年劳动节、端午节原告应得法定节假日加班工资为 1575元÷26.08天×2天×3 = 362.35元。被告已向原告支付上述6个月的法定节假日加班工资1262.8元，还应补发436.78元。

唐秀华认为华润万家将清凉费和餐补（生活费）作为工资来计算是错误的，因为清凉费和生活费是华润万家提供给员工的一种福利待遇，不能计入工资，华润万家应补发这部分工资。该院认为，华润万家除向唐秀华支付工资外，无义务向唐秀华提供清凉费和餐补，唐秀华也无权利要求享受清凉费和餐补；清凉费和餐补实为唐秀华工资的组成部分。对唐秀华要求补发该部分工资的诉讼请求该院不予支持。作为劳动者，唐秀华有权依法解除与华润万家的劳动关系，唐秀华既可以直接向华润万家提出解除，也可以通过法院判决来解除，对唐秀华的此项诉讼请求该院予以支持。根据《劳动合同法》第37条之规定，唐秀华要求解除与华润万家所订立的劳动合同，应当提前30日通知对方，但华润万家自收到唐秀华的起诉状副本之日起已超过30日，可视为唐秀华向华润万家提前30日发出了解除劳动合同的通知。唐秀华于2011年2月16日到华润万家工作，至2012年7月23日唐秀华申请劳动仲裁时，在华润万家处工作已经超过1年，但不满1年6个月。因华润万家存在拖欠唐秀华国家法定节假日工资的事实，根据《劳动法》第38条第2项、第46条第1项、第47条第1款的规定，华润万家应该向唐秀华支付1.5个月工资的经济补偿金。唐秀华在申请劳动仲裁前1年，月平均应发工资为1479.17元，因此，唐秀华应获得的经济补偿金为1479.17元/月×1.5月 = 2218.76元。对于唐秀华所主张的加付赔偿金的请求，因其此前未向劳动行政部门主张，劳动行政部门亦无责令华润万家限期支付的行为，故该院对唐秀华此项请求不予支持。对于唐秀华所主张的二倍赔偿金，根据《劳动合同法》第87条之规定，只有当用人单位违反《劳动合同法》规定解除或者终止劳动合同时才予以适用。在本案诉讼过程中，双方劳动合同关系尚未终止，且唐秀华在起诉时主动提出了解除与华润万家的劳动合同。因此，对唐秀华的此项诉讼请求该院不予支持。

一审法院判决：(1) 华润万家自本判决生效之日起10日内向唐秀华支付2011年3月1日至2012年6月30日国家法定节假日加班工资4498元；(2) 解除唐秀华与华润万家所订立的劳动合同；(3) 华润万家自本判决生效之日起10日内向唐秀华支付解除劳动合同经济补偿金2218.76元；(4) 驳回唐秀华的其他诉讼请求。

唐秀华不服一审判决，向重庆市第五中级人民法院提出上诉。

(二) 二审情况

二审法院对一审法院查明的事实予以确认。

二审法院认为：(1) 关于唐秀华提出应以《排班表》而不是电子考勤记录来计算休息日加班工资的问题。因一审中唐秀华对华润万家提交的电子卡考勤记录的真实性表示认可，而华润万家对唐秀华提交的《排班表》的真实性不予认可，故该院认为电子卡考勤记录能反映出唐秀华的真实加班情况。华润万家未提供2011年3月份的电子卡考勤记录，但唐秀华亦未举证证明其加班情况，应承担举证不力的后果。(2) 关于唐秀华提出华润万家应补发国家法定节假日加班工资的问题。根据2011年9月、10月，2012年1月、4月、5月唐秀华应发工资扣除已发法定节假日加班工资的应得工资额和劳动合同约定的每周工作天数，同时依据电子卡考勤记录计算出的唐秀华在上述5个月里法定节假日加班的天数，唐秀华应得加班工资共计1711.8元，华润万家已向唐秀华支付上述5个月的法定节假日加班工资1262.8元，还应补发449.8元。(3) 关于唐秀华要求华润万家支付解除合同的经济补偿金的问题。该院认为，唐秀华上诉时，与对方的劳动关系仍存续，且其要求解除与对方的劳动关系的原因是工作量的增加，不属于《劳动合同法》第46条规定的劳动者单方提出解除劳动合同，用人单位需支付经济补偿金的情形。因此，唐秀华要求对方支付经济补偿金没有事实和法律依据。(4) 关于唐秀华要求华润万家支付经济赔偿金的问题，没有相应的事实和法律依据，该院不予支持。(5) 关于唐秀华认为清凉费和餐费（生活费）系福利不能计入工资，华润万家应补发2011年3月至2012年6月这部分被克扣的工资的问题。该院认为，华润万家无法律上的义务向唐秀华支付清凉费和餐补，清凉费和餐补实为工资的组成部分。故对唐秀华要求补发该部分工资的请求不予支持。综上，一审判决认定事实清楚，程序合法，判决正确，唐秀华的上诉理由不能成立。

二审法院判决：驳回上诉，维持原判。

唐秀华不服二审判决，向重庆市高级人民法院院申请再审。

(三) 再审情况

再审法院对原审查明的事实予以确认。另查明，《华润万家员工手册》中关于"工作时间"的内容为："原则上每周工作不超过四十小时，每周至少休息一天，考勤统计周期为一个自然月。各业务单元人力资源部可以依据国家法律法规及当地相关规定按照工作性质（如机房值班、门店、配送中心等）制定工时制班及考勤时间或其他工时制。"关于"考勤卡"的内容为："员工上下班需自觉打（刷）卡，因故不能打（刷）卡，需由所在部门经理级或隔级上级签卡并注明原因。"还查明，本案一审第一次开庭审理时，唐秀华向法庭提交了排班表，拟佐证其出勤情况，华润万家及华润万家南坪店对排班表的真实性不予认可；本案一审第二次开庭审理时，华润万家和华润万家南坪店向法庭提交了涉案16位职工的考勤记录表，相关质证记录为"原：唐秀华（不）认可考勤记录，真实性（不予）认可。原告其他都认可考勤记录表真实性认可"，其中的"不"和"不予"字样被涂掉。再审期间，再审申请人举示了证人证言，拟佐证再审申请人系按排班表进行上班。被申请人对其真实性不予认可。再审申请人还提交了加班申请单（试行）（审批栏空白），拟佐证存在先加班后办理审批手续情形，被申请人对其未发表意见。

再审法院认为：本案争议的焦点为，劳动合同中关于工时制度的约定如何认定，电子考勤记录表和排班表能否作为职工出勤情况的依据，法定节假日日加班工资基数如何确定，以及唐秀华的再审请求是否应予支持。

1. 关于工时制度问题。合同当事人所订立的劳动合同第3条中关于工作时间的约定为"标准工时制，即每日工作不超过8小时，每周工作不超过40小时，每周至少休息一日"。根据《劳动法》和《国务院关于职工工作时间的规定》的规定，标准工时制是指每日工作8小时，每周工作40小时，每周休息二日的工时制度；而"每日工作不超过8小时，每周工作不超过40小时，每周至少休息一日"属于标准工时制之外的其他工时制之一，这种工时制度亦符合法律规定。由此可见，劳动合同中关于工作时间的约定，实际包含了两种不同的工时制度。对于应采用何种工时制度，可结合合同的其他约定，进行分析判断。劳动合同第13条约定,《华润万家员工手册》等公司规章制度为其附件,与劳动合同具有同等效力,因此,可结合《华润万家员工手册》等来确定合同当事人约定采取的工时制度方式。唐秀华收到的《华润万家员工手册》关于工作时间的内容为"原则上每周工作不超过四十小时,每周至少休息一天",该内容表述明确,当事人不会对此产生歧义。故合同当事人关于工作时间的约定实为,每日工作不超过 8 小时,每周工作不超过 40 小时,每周至少休息一日。原一、二审认定合同当事人约定的工时制度为标准工时制不当,该院予以纠正。据此,劳动者一周工作的第六天不应视为休息日加班。

2. 关于出勤情况的依据问题。根据本案一审庭审笔录内容以及重庆市南岸区人民法院民事审判第三庭向该院出具的情况说明,唐秀华对电子考勤记录表的真实性予以认可。此外,华润万家及华润万家南坪店对唐秀华提交的排班表的真实性不予认可。故电子考勤记录表可以作为认定唐秀华出勤情况的依据。关于再审申请人提交的证人证言,被申请人对其真实性不予认可,证人亦未出庭接受质询,故对其应不予采信。

3. 关于法定节假日加班工资基数问题。如前所述,双方当事人约定的工时制度并非标准工时制,即每日工作不超过 8 小时,每周工作不超过 40 小时,每周至少休息一日,故原审按月计薪天数 26.08 天计算节假日加班工资基数符合合同约定。原审关于应补唐秀华节假日加班工资的计算方式亦无不当之处,但一审判决主文中关于唐秀华应补发节假日加班工资的金额与计算的结果不一致,该院予以纠正。

4. 针对再审申请人的其他再审请求,评析如下:(1)关于休息日加班费问题。在一审诉讼中,唐秀华对华润万家提交的电子考勤记录表予以认可,根据该记录(即使考虑深训学习往返时间等情形),其在华润万家工作期间的休息日情形符合"每周至少休息一日"的约定,故原审对其主张休息日加班工资的主张未予支持并无不当。(2)关于经济补偿金的问题。唐秀华于 2011 年 2 月 16 日到华润万家工作,至 2012 年 7 月唐秀华申请劳动仲裁时,在华润万家处工作已经超过 1 年,但不满 1 年 6 个月。因华润万家存在拖欠唐秀华国家法定节假日工资的事实,华润万家应该向唐秀华支付 1.5 个月工资的经济补偿金。唐秀华在申请劳动仲裁前一年月平均工资为 1479.17 元,因此,唐秀华应获得的经济补偿金为 2218.76 元,原审相关判项并无不当。(3)关于补发工资(餐补和清凉费）问题。餐补和清凉费属于用人单位支付给劳动者的福利或劳动保护方面的费用，不属工资的组成部分，用人单位将其与工资一并发放给劳动者，并不会导致劳动者工资的减少，也不损害劳动者合法权益，故原审对唐秀华的相关请求未予支持并无不当。（4）关于补发克扣工资392.5元的问题。唐秀华在一审诉讼中未提出该项请求。根据最高人民法院《关于适用〈中华人民共和国民事诉讼法〉审判监督程序若干问题的解释》第33条的规定，此超出一审诉讼请求的部分，不属再审审理范围，本案对其不予审。（5）关于加付赔偿金的问题。因唐秀华在诉讼前未向劳动行政部门主张，劳动行政部门亦无责令被告限期支付，故原审对唐秀华此项请求未予支持并无不当。综上所述，原审认定的基本事实清楚，但判决部分不当，应予纠正。

再审法院判决：（1）撤销重庆市第五中级人民法院（2013）渝五中法民终字第3294号民事判决；（2）维持重庆市南岸区人民法院（2012）南法民初字第8589号民事判决第二、三、四项；（3）变更重庆市南岸区人民法院（2012）南法民初字第8589号民事判决第一项为：由重庆华润万家生活超市有限公司自判决生效之日起10日内向唐秀华支付2011年4月1日至2012年6月30日期间国家法定节假日加班工资436.78元。

唐秀华不服再审判决，向检察机关申请监督。

三、最高人民检察院提出抗诉的理由

最高人民检察院认为，重庆市高级人民法院（2014）渝高法民提字第00153号民事判决认定案件基本事实缺乏证据证明。

1. 再审判决对唐秀华主张休息日加班费的诉讼请求未予支持主要系采信了华润万家提交的电子考勤记录。但华润万家在庭审时的陈述表明电子考勤记录并不完整反映出勤情况。申请人等员工提出有多次电子考勤存在故障，不能打卡。华润万家委托代理人龚燕飞在重庆市高级人民法院再审庭审时也陈述，"开业培训期间，打卡记录比较少，但是全额发放工资的"，可见，华润万家确实存在员工正常上班但未打卡的情形。同时，代理人龚燕飞还陈述，"如果不能正常打卡，我们有另外的方式记录"，但其并没有向法庭提交其他记录。故电子考勤表不完整，不能够如实、全面反映员工的作息时间。

2. 排班表可以作为申请人出勤情况的依据。排班表系公司张贴于公

告栏内、告知职工上下班时间的书面通知，也是职工上下班的唯一依据，能够反映职工的工作时间，应当以此为依据认定唐秀华的作息时间。如果出现有病、事假及旷工等情况，应当由公司提供证据予以扣除。

3. 现有证据可以证明劳动者存在休息日加班情况。从排班表可以看出每日工作时间在 8 小时以上。每周工作 6 天。华润公司代理人亦多次在庭审时陈述，工作时间为每周工作 6 天。按照标准工时制的规定，每周工作 5 天外的 2 日为休息日。即使按照再审法院所言，争议双方所签劳动合同并非"标准工时制"，依据《工资支付暂行规定》（劳部发〔1994〕489 号）第 13 条的规定，合同约定每周至少休息 1 日，不是仅能休息 1 日，而是在每周工作时间不超过 40 小时的情况下，最多可以安排每周工作 6 天，若前 5 日已完成 40 个小时工作时间，每周第六日工作应视为休息日加班。

4. 未填写按员工手册加班申请表不能否定员工加班。华润万家一直按照每天 8 小时、每周 6 天工作日在执行。职工是按照公司安排加班，公司对职工工作情况自然明知并许可，因此不能以未填写加班申请表为由否定劳动者休息日存在加班情况。

四、案件评析

本案涉及对弱势群体利益的保护问题。虽然案件标的额较小，但标的额的大小并非案件抗诉与否的考量因素。对本案提出抗诉的意义不仅在于维护申请人的合法权益，还从"两高"层面彰显了对弱势群体利益的保护。本案的争议焦点在于对申请人主张的加班费应否予以支持，华润万家公司与唐秀华对此举示了不同的证据。

第一，再审判决将华润万家提供的电子考勤记录表作为唐秀华出勤情况的依据，并不充分。首先，再审判决认定唐秀华对电子考勤记录表予以认可，是错误的。一审庭审笔录关于电子考勤记录表质证情况的记录有明显的改动，可以看出原记录内容为"唐秀华不认可考勤记录，真实性不予认可"，"不"及"不予"被涂掉，但又没有当事人签名或盖手印确认。而且唐秀华在其他庭审过程中一直不认可考勤记录。因此，该庭审笔录存在重大瑕疵，不能作为定案依据。其次，华润万家在庭审时的陈述表明电子考勤记录并不能完整反映出勤情况。申请人等员工提出有多次电子考勤存在故障，不能打卡。华润万家委托代理人龚燕飞在重庆市高级人民法院再审庭审时也陈述,"开业培训期间,打卡记录比较少,但是全额发放工资的",可见,华润万家确实存在员工正常上班但未打卡的情形。同时,代理人龚燕飞还陈述,"如果不能正常打卡,我们有另外的方式记录",但其并没有向法庭提交其他记录。故电子考勤表不完整,不能够如实、全面地反映员工的作息时间。

第二,再审判决对唐秀华提交的关于出勤情况的相关证据不予采信,明显不当。首先,排班表可以作为申请人出勤情况的依据。排班表系公司张贴于公告栏内、告知职工上下班时间的书面通知,也是职工上下班的唯一依据,能够反映职工的工作时间,应当以此为依据认定唐秀华的作息时间。当然,如果有病、事假及旷工等情况,应当由公司提供证据予以扣除。其次,现有证据可以证明劳动者存在休息日加班情况。华润万家与申请人订立的劳动合同第3条关于工作时间的约定为"标准工时制,即每日工作不超过8小时,每周工作不超过40小时,每周至少休息一日"。根据《国务院关于职工工作时间的规定》的规定,标准工时制是指每日工作不超过8小时,每周工作不超过40小时,每周休息2日的工时制度。从排班表可以看出唐秀华每日工作时间在8小时以上,每周工作6天。华润公司代理人亦多次在庭审时陈述,工作时间为每周工作6天。按照标准工时制的规定,每周工作5天外的2日为休息日。即使按照再审法院所言,争议双方所签劳动合同并非"标准工时制",依据《工资支付暂行规定》(劳部发〔1994〕489号)第13条第3款"经劳动行政部门批准实行综合计算工时工作制的,其综合计算工作时间超过法定标准工作时间的部分,应视为延长工作时间,并应按本规定支付劳动者延长工作时间的工资"的规定,合同约定每周至少休息1日,不是仅能休息1日,而是在每周工作时间不超过40小时的情况下,最多可以安排每周工作6天,若前5日已完成40个小时工作时间,每周第6日工作应视为休息日加班。申请人每天正常工作时间超过8小时(排班表显示为8.5小时),则每周工作的第6天即应为休息日加班,应当发放加班工资。虽然,华润万家辩称计算每日工作时间时应扣除吃饭时间,但排班表及员工手册等均未载明吃饭时间为多长,也没有安排专门的员工吃饭时间,而是由劳动者自行轮班吃饭,吃饭后即上岗。因此,吃饭时间不应从工作时间中扣除。最后,未填写按员工手册加班申请表不能否定员工加班。华润万家一直按照每天8小时、每周6天工作日在执行。职工是按照公司安排加班，公司对职工工作情况自然明知并许可，因此不能以未填写加班申请表为由否定劳动者休息日存在加班情况。

案例八：陈时名申请监督案（高检民监〔2016〕146号）

一、案件来源

陈时名因与中环拆迁公司、中环开发公司侵权损害赔偿纠纷一案，不服吉林省高级人民法院（2013）吉民再字第20号民事判决，向吉林省人民检察院申请监督，该院提请最高人民检察院抗诉。

二、诉讼过程和法院历次审理情况

（一）原审情况

2001年7月25日，陈时名起诉中环拆迁公司、中环开发公司至长春市南关区人民法院，请求：判令中环拆迁公司、中环开发公司返还财物，恢复原状。该院以陈时名举证不能为由，判决驳回陈时名的诉讼请求。陈时名不服，向长春市中级人民法院提出上诉。长春市中级人民法院裁定撤销原判，发回重审。在重审过程中，因陈时名不能就诉讼请求增加部分足额交纳案件受理费，本案按撤诉处理。

2003年1月14日，陈时名再次起诉中环拆迁公司、中环开发公司至长春市中级人民法院，请求：判令中环拆迁公司、中环开发公司返还失散物品，恢复原状价值851400元。

（二）一审情况

一审法院查明：陈时名与其弟原共同居住在本市南关区东五马路2号。长春市规划局南关分局对其所有浮房下达了行政处罚决定书。陈时名在法定期限内没有提出复议和诉讼。后来，陈时名将居住的住房交由拆迁公司拆除，但其所建的与主房相连的浮房没有拆除，陈时名将其日常生活用品放置在该房内。2000年7月31日，拆迁公司对陈时名的浮房进行拆除，因拆除时陈时名未在房内，拆迁人员将其室内物品装入临时自制的木箱内，但没有归还陈时名，现全部遗失。

一审法院认为：中环开发公司因开发建设长春市东广场至磐石路段，委托中环拆迁公司对其开发建设区域进行拆迁，符合法律规定的程序。

中环拆迁公司在实施拆迁过程中，没有依据法律规定的程序对陈时名的浮房进行拆迁，拆迁后又没有将其在房屋内的生活用品妥善保管以致丢失，中环拆迁公司对此承认，应当承担赔偿责任。赔偿物品的数量及金额因中环拆迁公司、中环开发公司不能提出有效证据否认陈时名的诉讼请求，应当以陈时名当庭陈述及提出的有效证据为依据。但对陈时名提供丢失物品清单中的部分物品因其不能完全陈述出丢失物品的购买时间、价值、外形特征等，对该部分不予保护。况且其主房已经交由拆迁公司拆迁，共同居住的亲属已经搬出，将如此贵重的物品存放在浮房内有悖生活常理，故对诸类请求不予保护，但对其能够陈述出丢失物品的特征、购买时间及损失价值，且该部分物品的存在是其生活所必需的物品，又与其经济状况相适应，中环拆迁公司又没有证据否认陈时名陈述的物品存在的，应推定陈时名的上述物品存在。现因该物品已不能返还原物，故应予赔偿。中环开发公司在本案中不承担赔偿责任。

一审法院判决：中环拆迁公司于该判决生效后10日内赔偿陈时名物品损失6221元。

陈时名不服一审判决，向吉林省高级人民法院提出上诉，其诉请保护的数额由一审的851400元上涨为1781584元。

（三）二审情况

二审法院查明：陈时名与其亲属共同居住在长春市南关区东五马路2号。其房屋分为两个部分，一部分为公有住房，另一部分为自建的浮房，该房没有办理任何自建手续。长春市规划局南关区分局下达的行政处罚决定书认定本案中陈时名在规定期限内提出行政复议申请和行政诉讼。陈时名与拆迁公司就安置补偿协议未达成一致，拒绝搬迁。2000年5月初，拆迁公司强行将其居住主房拆除，陈时名搬迁至浮房，并在房屋内居住生活，同年7月31日，拆迁公司对陈时名的浮房进行强行拆除，因拆除时陈时名不在家，拆迁人员将其室内的物品装入自制的木箱，但没有归还给陈时名，致使物品丢失。

二审法院认为：中环拆迁公司接受中环开发公司委托进行拆迁，符合法律规定，但中环拆迁公司在实施拆迁过程中，没有依照法律规定的程序对陈时名的房屋进行强迁，又没有对该房内的生活用品妥善保管，致使丢失，应当承担相应的赔偿责任。陈时名对诉请法院保护的，因中环拆迁公司强行拆除房屋导致的财产损失，负有举证责任。特别是对那些超过"生活所需"的贵重收藏品,负有举证责任。但陈时名所举证据不能支持其诉讼请求,既不能证明损害结果的发生,即自己拥有所要求赔偿的财产和确定请求赔偿的合法依据,又不能证明损害因果关系的存在。陈时名对其收藏的邮票、古书等贵重物品的种类、名称、价值、形状等特征描述不清,而且在当时情况下,将诸多贵重物品置于即将拆迁的房屋内,是有悖于生活常理的。因为陈时名所受财产损失的保护,应当以同其生活状况相适应的"生活所需"为限。在返还原物已经不可能的情况下,给予适当赔偿。中环拆迁公司违法强拆,致使陈时名财产损失,造成一定程度的精神痛苦。在其损失财产中包括百余张照片,对于照片损失的赔偿请求,陈时名在一审中未将其明确为精神损害赔偿,也没有提出具体的赔偿数额,但是将其作为一项赔偿内容提出。照片是具有人格象征意义的特定纪念物品,应当给予适当的精神损害赔偿。中环拆迁公司违法强拆,致使陈时名财产损失,应当赔偿相应的损失。中环开发公司并非侵权人,对中环拆迁公司的行为不负法律责任,不应承担赔偿责任。

二审法院判决:(1) 维持长春市中级人民法院(2003)长民一初字第42号民事判决,即长春市中环房屋拆迁有限责任公司于判决生效后10日内赔偿陈时名室内物品损失6221元;(2) 长春市中环房屋拆迁有限责任公司于本判决生效后10日内赔偿陈时名精神抚慰金10000元。

陈时名不服二审判决,向吉林省高级人民法院申请再审。

(四) 再审情况

吉林省高级人民法院作出驳回申请再审通知书,驳回陈时名的再审申请。陈时名不服,于2012年再次向吉林省高级人民法院申请再审。

吉林省高级人民法院裁定:本案由该院另行组成合议庭进行再审。

再审法院对原审查明的事实予以确认。另查明,再审过程中,陈时名称其文凭、百余张家庭照片、邮票等收藏品为必要物品,因中环拆迁公司野蛮拆迁而遗失,应获赔偿。

再审法院认为:中环拆迁公司强行拆除陈时名所有房屋,未妥善保管室内物品,造成陈时名浮房内物品丢失,应负赔偿责任,陈时名为证明其损失,提供了物品清单。对其中部分物品(以生活用品为主),陈时名能够说明具体特征和价值,而拆迁公司不能提供证据否认其存在,应推定其存在。对此,一审法院已判决由中环拆迁公司赔偿6221元,二审法院又对陈时名主张的家庭照片等具有人格象征意义的特定纪念物品判决赔偿1万元的精神抚慰金。这一判决既符合法律基本精神，又适合当时经济发展状况。二审法院认为，陈时名对其收藏的邮票、古书等贵重物品的种类、名称、价值、形状等描述不清，而且在当时情况下，将诸多贵重物品置于即将拆迁的房屋内，是有悖于生活常理的。特别是陈时名对自己无法提供名称、形状、特征、价值，也无法证明其来源和价值依据的收藏品，提出了高额的索赔请求，偏离了证据的合法性、真实性和关联性的规则，与社会认知程度相悖，因此，原审法院对陈时名相应的赔偿请求未予支持并无不当之处。

再审法院判决：维持二审判决。

陈时名不服再审判决，向检察机关申请监督。

三、最高人民检察院不支持监督申请的理由

最高人民检察院认为，该案不符合监督条件。第一，再审法院判决中环拆迁公司对陈时名的合理损失进行赔偿，并无不当。本案中，中环拆迁公司强行拆除陈时名所有房屋，且未妥善保管室内物品，造成陈时名浮房内物品丢失，应负相应赔偿责任。陈时名为证明其损失，提供了丢失物品清单。对其中部分物品（以生活用品为主），陈时名能够说明具体特征和价值，而中环拆迁公司不能提供证据否认其存在，故应推定其存在。对此，一审法院已判决由拆迁公司赔偿6221元，二审法院又对陈时名主张的家庭照片等具有人格象征意义的特定纪念物品判决赔偿10000元的精神抚慰金。再审法院认为上述判决既符合法律基本精神，又适合当时经济发展状况，并无不当。第二，再审法院对陈时名的不合理请求未予支持，并无不当。再审法院认为，陈时名对其收藏的邮票、古书等贵重物品的种类、名称、价值、形状等描述不清，而且在当时情况下，将诸多贵重物品置于即将拆迁的房屋内，有悖生活常理，特别是陈时名对自己无法提供名称、形状、特征、价值，也无法证明其来源和价值依据的收藏品，提出了高额的索赔请求，偏离了证据的合法性、真实性和关联性的规则，与社会认知程度相悖，故对陈时名相应的赔偿请求未予支持，并无不当。

四、案件评析

本案虽然涉及对弱势群体利益的保护问题，但保护的范围应限于陈

时名的合法权益与合理诉求。本案中，申请人陈时名曾为特困职工、无生活来源且生活困难。在历次审理和监督的过程中，陈时名诉求保护的数额不断加大，由原来的合理诉求，上涨为851400元，之后又上涨为1781584元。由主张基本的物品损失，变更为包括邮票、古书等贵重物品在内的相关物品损失。对于陈时名的合理诉求，一审法院已判决由拆迁公司赔偿6221元，二审法院又对陈时名主张的家庭照片等具有人格象征意义的特定纪念物品判决赔偿10000元的精神抚慰金，这既符合法律基本精神，又适合当时经济发展状况，并无不当。对于陈时名主张的邮票、古书等贵重物品损失，由于其对相关物品的种类、名称、价值、形状等描述不清，而且在当时情况下，将诸多贵重物品置于即将拆迁的浮房内（违章建筑），有悖生活常理，再审判决认为陈时名的高额的索赔请求，偏离了证据的合法性、真实性和关联性规则，与社会认知程度相悖，符合本案的实际情况，并无不当。在民事裁判结果监督过程中，既要合理保护弱势群体的利益，又要做到依法严格监督。

七、适当考虑抗诉的替代性方式

应适当考虑案件中存在的问题是否必须通过抗诉途径来解决，以及能否通过抗诉途径来解决。如果案件中存在的问题通过其他方式解决效果更好，则应通过其他方式来解决，这是抗诉手段的替代性问题。如果案件中存在的问题，即使通过提出抗诉启动再审程序，仍不能得以解决或致使法院陷入两难境地，则应在总体考量案件实体公平的基础上，适当维护终审判决的既判力。

案例九：满台城公司申请监督案（高检民监〔2016〕59号）

一、案件来源

满台城公司因与农行汪清县支行借款合同纠纷一案，不服吉林省高级人民法院（2011）吉民三终字第18号民事判决，向吉林省人民检察院申请监督，该院提请最高人民检察院抗诉。

二、诉讼过程和法院历次审理情况

2010年5月20日，农行汪清县支行起诉满台城公司至吉林省延边州

中级人民法院,请求:(1)判令满台城公司立即偿还借款本金及利息。(2)承担抵押责任及案件受理费等一切诉讼费用。

(一)一审情况

一审法院查明:2003年12月24日,满台城公司与农行汪清县支行签订最高额抵押合同,约定以其所有的下列财产为2003年12月24日至2003年12月30日其在农行汪清县支行贷款形成的最高额为73160000元的主债权设定抵押:(1)登记在满台城水电站大坝值班室名下,位于满台城发电厂大坝区,房屋所有权证号0943号,丘(地)号30-1,幢号1,房号1,面积266.5平方米的房屋(未办理抵押登记);(2)登记在满台城水电站大王滩招待所名下,位于满台城发电厂大坝区,房屋所有权证号0944号,丘(地)号30-1,幢号2,房号1,面积1155平方米的房屋(未办理抵押登记);(3)位于汪清县东光镇三道沟村的砼重力坝、隧洞及其他建筑物(在建工程,总价值约142722900元,在汪清县水利局办理了抵押登记)。2003年12月24日,满台城公司与农行汪清县支行签订6份借款合同,分别从农行汪清县支行借款2160000元(期限2003年12月24日至2004年12月30日,年利率5.49%,逾期利率日万分之二点一)、9500000元(期限2003年12月24日至2005年10月20日,年利率6.588%,逾期利率日万分之二点一)、20000000元(期限2003年12月24日至2006年10月20日,年利率5.49%,逾期利率日万分之二点一)、20000000元(期限2003年12月24日至2006年11月20日,年利率5.49%,逾期利率日万分之二点一)、20000000元(期限2003年12月24日至2006年12月20日,年利率5.49%,逾期利率日万分二点一)、1500000元(期限2003年12月24日至2004年12月30日,年利率6.588%,逾期利率日万分之二点一)。2003年12月25日,农行汪清县支行向满台城公司发放了上述6笔借款。2009年12月20日,农行汪清县支行向满台城公司催收过上述6笔借款。截至2010年3月20日,满台城公司已偿还本金11000000元及利息16976215.69元,尚欠本金62160000元及利息10878400.39元。

一审法院认为:双方争议焦点一:(1)6份借款合同中约定的贷款利率是否都违背中国人民银行的相关规定。满台城公司主张02、04、05、06号合同中约定的贷款均系扶贫贷款,应享受年利率3%的优惠利率,但因其未能提交由相关部门出具的该4笔贷款均系扶贫贷款的证据,对该主张不予支持;(2)满台城公司主张 01、03 号合同中约定的 2 笔贷款的利率均应为 5.49%,根据《中国农业银行贷款浮动利率管理办法》[经中国人民银行银复(1994)349 号文批准]第 1 条"根据人民银行规定的利率浮动幅度和范围,各级农业银行发放的流动资金贷款可在现行利率的基础上上浮 20% 或下浮 10%"的规定,农行汪清县支行有权在法定利率年利率 5.49% 的基础上上浮 20%,即为年利率 6.588%,该 2 份合同中约定的贷款利率均符合该暂行办法的规定,因此对该主张不予支持;(3)满台城公司主张 6 份借款合同中约定的逾期利率均违背《中国人民银行关于人民币贷款利率有关问题的通知》(银发〔2003〕251 号)第 3 条"……逾期贷款(借款人未按合同约定日期还款的借款)罚息利率由现行按日万分之二点一计收利息,改为在借款合同载明的贷款利率水平上加收 30%-50%……"的规定,但根据该通知第 4 条"……2004 年 1 月 1 日以前发放的未到期贷款仍按原借款合同执行……"之规定,该 6 份借款合同中约定的逾期利率均不违反该规定,因此对该主张不予支持。

  双方争议焦点二:约定用于抵押的 2 间房屋及在建工程之上是否已设立抵押权。双方签订的最高额抵押合同系双方的真实意思表示,约定用于抵押的 2 间房屋未办理抵押登记,故在其之上未设立抵押权,约定用于抵押的位于汪清县东光镇三道沟村的砼重力坝、隧洞及其他建筑物并非法律禁止抵押的财产,且在汪清县水利局办理了抵押登记,因此在其之上已设立抵押权。

  双方争议焦点三:关于满台城公司申请调取证据的问题。对于满台城公司申请调取"国家财政部、中国农业银行关于对汪清满台城综合开发有限公司扶贫贷款不良资产剥离的批文"的要求,因农行汪清县支行否认持有该证据,满台城公司也没有证据证明对方持有该证据,且该证据不属于须由人民法院依职权调取的材料,故不予准许。

  综上,双方签订的 6 份借款合同均系双方的真实意思表示,合同内容不违反有关法律规定,具有法律效力。农行汪清县支行已依约向满台城公司履行了发放借款的义务,现要求其偿还借款本金 62160000 元的请求应予支持。农行汪清县支行主张的利息 14797100.08 元中,对于逾期复利 3918699.69 元,因借款合同中约定的逾期利率实际是对违约后违约金的计收,不应再计收复利,故不予支持,其余 10878400.39 元予以支持。农行汪清县支行对满台城公司抵押的砼重力坝、隧洞及其他建筑物（总价值约142722900元）在上述债权范围内享有优先受偿权。

一审法院判决：（1）满台城公司于本判决生效之日起10日内偿还农行汪清县支行借款本金62160000元及利息10878400.39元，合计73038400.39元（利息算至2010年3月20日，此后的利息按双方在借款合同中约定的利率计算至本判决确定的给付之日止）；（2）如满台城公司不能按期偿还上述借款本金及利息，农行汪清县支行对满台城公司抵押的砼重力坝、隧洞及其他建筑物（总价值约142722900元）折价或者拍卖、变卖该财产的价款优先受偿。

满台城公司不服一审判决，向吉林省高级人民法院提出上诉。

（二）二审情况

二审法院对一审法院查明的事实予以确认。另查明，1999年12月23日延边华盛实业总公司汪清分公司（以下简称华盛分公司）与满台城公司、农行汪清县支行签订《关于转让债务协议书》，约定：（1）华盛分公司将债务全部转让给满台城公司，满台城公司履行华盛分公司与农行汪清县支行所签的借款合同；（2）满台城公司同意按华盛分公司与农行汪清县支行签订的贷款合同分期向农行汪清县支行偿还借款本金和利息；（3）满台城公司同意用每年的售电收入扣除必要的成本费用及所提折旧，税后利润归还贷款本息；（4）农行汪清县支行同意华盛分公司将债务转让给满台城公司，华盛分公司不再享有借款权利及义务。

二审法院认为：满台城公司与农行汪清县支行签订的6份借款合同均系双方的真实意思表示，合同内容不违反有关法律规定，具有法律效力。农行汪清县支行已依约向满台城公司履行了发放借款的义务，农行汪清县支行要求偿还借款本金62160000.00元的请求应予支持。满台城公司上诉称，本案有4笔贷款为扶贫贷款，应按扶贫贷款利率3%计算。经查，本案诉争的02、04、05、06号借款合同借款种类为扶贫中期，借款用途为落实债务。满台城公司主张按扶贫贷款利率3%计算利息，实际上所指的为国家扶贫贴息贷款利率。国家对发放扶贫贴息贷款实行双线管理政策，要求由政府扶贫办公室牵头，农行、财政部配合。操作上，由政府部门圈定扶贫贴息贷款项目。目前，从满台城公司提供的证据来看，其没有证据证明其贷款项目系政府扶贫部门圈定的扶贫贴息贷款项目。另外，满台城公司主张本案系华盛公司债务转让，有三方的《关于转让债务协议书》为凭。但从三方的债务转让协议来看，该协议发生在1999年12月23日，而本案的借款合同日期为2003年12月24日，二者在时间跨度上跨越了4年，中间没有任何证据证明二者的联系，即使实际上二者有一定的联系也只能证明借款合同的利率约定变更了转让债务协议的利率约定；从借款合同的具体内容上看，即使借款种类为扶贫贷款，亦不能证明其为扶贫贴息贷款，且借款发生在农业银行调整扶贫贴息贷款利率为3%之后，系双方当事人真实意思表示，且不违背法律、行政法规的规定，故满台城公司的上诉主张不能成立，该院不予支持。满台城公司上诉称，农行汪清支行一审诉讼请求保护利息为8913708.44元，一审法院判决14797100.08元不当，超出诉讼请求，同时一审判决认定不采信欠息明细，但一审判决却又采信了此数额。一审法院利息计算没有依据。经查，农行汪清支行第一份起诉状中请求保护利息为8913708.44元（截至2010年3月20日），后虽在起诉中要求调整为14797100.08（截至2010年3月20日），但该起诉状没有送达给满台城公司，且在一审庭审笔录中亦没有记载，一审法院判决保护利息14797100.08元（截至2010年3月20日），没有事实依据。故满台城公司的上诉请求合理，一审法院判决不妥，应予更正。二审期间农行汪清支行同意请求保护利息为8913708.44元（截至2009年3月20日），并提供利息确认书，但满台城公司认为该利息确认书不足采信，含有一定的逾期复利。关于逾期复利问题，一审法院判决不予保护，对此农行汪清支行未提出上诉，故该院认为亦应在保护利息的同时扣除逾期复利。满台城公司上诉称，汪清县水利局不是法定的抵押登记机关，其登记没有法律效力，不产生抵押权。经查，本案抵押的财产为砼重力坝、隧洞及其他建筑物，属以其他财产抵押，自愿办理抵押登记的情形。为此，《担保法》第43条规定，当事人以其他财产抵押的，可以自愿办理抵押登记，抵押合同自签订之日起生效。未办理抵押物登记的，不得对抗第三人。当事人办理抵押物登记的，登记部门为抵押人所在地的公证部门。本案当事人虽未到当地的公证部门办理抵押登记，但抵押合同已经生效。当事人未办理抵押物登记的，根据法律规定也产生抵押权，而本案双方当事人在汪清县水利局对抵押财产进行他项权利登记，虽不符合法律规定，但在政府主管部门进行了登记也起到了一定的公示效力，故抵押权亦应产生。满台城公司的上诉请求不能成立，该院不予支持。综上，原审判决审判程序合法，适用法律正确，事实认定基本清楚，利息计算依据不足，应予更正。

二审法院判决：（1）维持一审判决第二项；（2）变更一审判决第一项为满台城公司于本判决生效之日起 10 日内偿还被农行汪清县支行借款本金 62160000.00 元及利息（按双方在借款合同中约定的利率计算至本判决确定的给付之日止，但应扣除逾期复利）。

满台城公司不服二审判决，向最高人民法院申请再审。

（三）再审情况

最高人民法院裁定：驳回满台城公司的再审申请。

满台城公司不服，向检察机关申请监督。

三、最高人民检察院不支持监督申请的理由

最高人民检察院认为，该案不符合监督条件。

1. 二审判决并未超出农行汪清县支行的诉讼请求。经查，一审卷宗中装订了两份起诉状，落款时间均为 2010 年 5 月 20 日。第一份起诉状中诉讼请求为：判令满台城公司立即偿还借款本金 6216 万元及利息 8913708.44 元（截至 2009 年 3 月 20 日），合计贷款本息 71073708.44 元，利息应计算到还款日为止。第二份起诉状中诉讼请求为：判令满台城公司立即偿还借款本金 6216 万元及利息 14797100.08 元（截至 2009 年 3 月 20 日），合计贷款本息 76957100.08 元，利息应计算到还款日为止。对此，二审法院已作出以下认定："该起诉状（第二份起诉状）没有送达给满台城公司，且在一审庭审笔录中亦没有记载，一审法院判决保护利息 14797100.08 元（截至 2010 年 3 月 20 日），没有事实依据。故满台城公司的上诉请求合理，一审法院判决不妥，应予更正。"根据上述认定，二审法院改判为："满台城公司于本判决生效之日起十日内偿还农行汪清县支行借款本金 6216 万元及利息（按双方在借款合同中约定的利率计算至本判决确定的给付之日止，但应扣除逾期复利）。"满台城公司称二审法院上述判决结果仍超出诉讼请求，缺乏事实依据。理由如下：第一，农行汪清县支行的诉讼请求中明确要求"利息应计算到还款日为止"，其在庭审中亦未表示要放弃 2010 年 3 月 20 日之后的利息，故二审法院判决"按双方在借款合同中约定的利率计算至本判决确定的给付之日止"，并无不当。第二，虽然二审判决主文在表述时未明确写明

要扣除已偿还的利息 16976215.69 元，但这一问题可在执行程序中解决（执行时直接扣减已偿还的利息）。

2. 二审判决认定涉案抵押权已经设立，并无不当。本案中，双方签订的最高额抵押合同，约定满台城公司以位于汪清县东光镇三道沟村的砼重力坝、隧洞及其他建筑物为借款设定抵押（在建工程，总价值约 142722900 元），并在汪清县水利局办理了抵押登记。汪清县水利局出具了《在建工程他项权利证明书》。《担保法》第 43 条规定："当事人以其他财产抵押的，可以自愿办理抵押登记，抵押合同自签订之日起生效。未办理抵押物登记的，不得对抗第三人。当事人办理抵押物登记的，登记部门为抵押人所在地的公证部门。"本案抵押财产为砼重力坝、隧洞及其他建筑物，属于担保法所规定的"以其他财产抵押"。本案当事人虽未到当地的公证部门办理抵押登记，但抵押合同已经生效，抵押权已经设立（但不得对抗第三人）。故二审法院判决"如满台城公司不能按期偿还上述借款本金及利息，农行汪清县支行对满台城公司抵押的砼重力坝、隧洞及其他建筑物（总价值约 142722900 元）折价或者拍卖、变卖该财产的价款优先受偿"，并无不当。

四、案件评析

本案涉及判决主文表述不明的问题。省级院的提请抗诉理由主要是：农行汪清县支行已自认满台城公司偿还了部分利息，但判决主文表述为"利息按双方在借款合同中约定的利率计算至本判决确定的给付之日止"，没有扣除已偿还的部分利息，故属于认定案件基本事实缺乏证据证明。实际上，虽然二审判决主文在表述时未明确写明要扣除已偿还的利息 16976215.69 元（从判项的表述上可能理解为在已经偿还 16976215.69 元利息的情况下还要求满台城公司重复偿还利息），但在事实查明部分已载明"截至 2010 年 3 月 20 日，满台城公司已偿还本金 11000000 元及利息 16976215.69 元，尚欠本金 62160000 元及利息 10878400.39 元"，且双方对已归还利息 16976215.69 元的事实均无异议。故提请抗诉理由中所反映的问题完全可以通过执行程序解决，即在执行时直接扣减已偿还的利息，实无必要通过抗诉程序来解决。

第三节　民事裁判结果监督适当性标准

　　适当性标准是就民事裁判结果监督的方式而言的。民事裁判结果监督的适当性标准，主要是指检察机关在对民事裁判结果进行监督时应当区分抗诉、再审检察建议和检察建议等监督方式的适用情形，在综合考量的基础上选取最为适当的监督方式，以实现最好的监督效果；同时，对于当事人有和解意愿的，可以引导当事人在分清责任、明确利弊的基础上和解（即检察和解），以促进实体正义的实现。

　　如何区分抗诉、再审检察建议和检察建议等监督方式的适用情形？从政策引导方面看，最高人民检察院在《关于深入推进民事行政检察工作科学发展的意见》中指出："检察机关发现人民法院已经发生法律效力的民事行政判决、裁定确有错误或者发现民事调解书损害国家利益、社会公共利益的，应当提出抗诉或者再审检察建议；不宜提出抗诉或再审检察建议以及不适用再审程序的，可以通过检察建议等方式进行监督。""应当区分不同情形，合理运用提请抗诉和再审检察建议：提请抗诉一般适用于案件比较重大或者裁判确实明显不公、发生了重大错误的情形；再审检察建议主要适用于已经发生法律效力的判决、裁定虽有错误，但实体处理上错误并不严重或突出等情形。"从法律规定方面看，《民事诉讼监督规则》第83条至第87条对于再审检察建议和提请抗诉的适用情形作出了适当区分，但两者之间仍存在重合部分。对于民事裁判结果监督方式的选用标准，作者将在后文予以详细论述，此处不再赘述。

　　抗诉、再审检察建议和检察建议在一定程度上体现了民事裁判结果监督"刚性"的一面，而检察和解则在一定程度上体现了民事裁判结果监督"柔性"的一面。检察和解虽然不是民事裁判结果监督的方式，但作为民事裁判结果监督的一种工作机制，其通过在监督环节上设立利益干预和救济机制，不仅能够降低当事人的诉讼成本，节约司法资源，而且能够有效化解社会矛盾，实现案结事了。检察和解虽然在一定程度上体现了当事人自治原则在监督阶段的具体运用，但就其实质而言，检察机关针对有瑕疵的裁判结果提出以和解的方式来解决问题，以矫正裁判结果中存在的错误或瑕疵，本身亦是在履行监督职能，是对抗诉等刚性监督方式的柔性补充。

　　在监督实践中，对于以下几类案件应积极促进当事人和解：一是裁判结果虽有错误，但错误部分的数额较小，对当事人的实体权益无重大影响的。

二是裁判结果虽有瑕疵（例如责任比例划分不当、自由裁量权行使失当等），但并未达到抗诉标准或者抗诉预期效果不甚明显。三是发生在亲属之间、邻里之间的纠纷，经劝解当事人有和解希望的。四是裁判结果虽然正确但难以执行，被申请人（胜诉一方）愿意让渡部分权益以换取执行的。五是裁判结果虽然正确但申请人缠诉闹访的。六是双方当事人均有和解意愿的其他案件。在此需指出的是，检察和解虽然具有终止检察机关对民事裁判结果监督案件继续进行审查的效力（当事人达成和解协议，且不损害国家利益、社会公共利益或者他人合法权益的，检察机关应当终结审查），但并不能否定终审裁判的既判力，亦不具有直接的强制执行力。对此，检察机关可以积极引导当事人将和解协议与执行程序对接，即引导当事人依照《民事诉讼法》第230条的规定办理执行和解，以促进检察和解机制取得实效。

案例十：陈在中申请监督案（高检民监〔2016〕207号）

一、案件来源

陈在中因与甄素荣侵权纠纷一案，不服河南省高级人民法院（2008）豫法民再字第00118号民事判决，向河南省人民检察院申请监督，该院提请最高人民检察院抗诉。

二、诉讼过程和法院历次审理情况

1995年1月24日，甄素荣起诉陈在中至河南省柘城县人民法院，请求：依法保护甄素荣对宅基地享有的使用权和管理权（陈在中阻止其在宅基地上建房、打墙头构成侵权）。

（一）一审情况

一审法院查明：1994年农历九月初二，甄素荣在盖主房时，与陈在中协商，并征得同意，主房占了出路，把出路往西移动，由甄素荣负责把移动的出路路面修好。甄素荣主房建好后，在建西屋、打墙头时，陈在中阻止，为此双方发生纠纷，镇政府土管部门代表镇政府对甄素荣发放了县土管局颁发的宅基证，确认了管理权。甄素荣起诉后经该院多次调解，双方各持己见，达不成协议。

一审法院认为：甄素荣所持宅基证经查属实，对其宅基地拥有使用权和管理权，陈在中阻止甄素荣在其宅基地上建房、打墙头，属侵权

行为。

一审法院判决：甄素荣宅基自其堂屋北墙至南出路北沿 14.66 米，东自徐万箱宅西界至西出路东边沿 13.17 米，甄素荣在其宅基内盖房、打墙头，陈在中不得干涉。

陈在中不服一审判决，向河南省商丘市中级人民法院提出上诉。

（二）二审情况

二审法院查明：陈在中与甄素荣系同村村民，甄素荣的原宅基地面积小，达不到标准，经村委同意让其将西边的出路占用一间，甄素荣在此建造了主房，原出路向西移动，由甄素荣负责垫宽。镇政府向甄素荣颁发了新的宅基地使用证，确认南北长 14.66 米，东西宽 13.17 米。1994 年 10 月 6 日，甄素荣动工建西屋，垒院墙时，陈在中以影响其通行为由阻止，甄素荣被迫停工，由此引起纠纷。

二审法院认为：甄素荣持有政府颁发的土地使用证，应认定合法有效，在其范围内建房，垒墙，陈在中无权干涉。一审认定侵权的事实清楚，判决正确，陈在中的上诉理由不能成立。

二审法院判决：驳回上诉，维持原判。

陈在中不服二审判决，向河南省商丘市中级人民法院申请再审。

（三）再审情况

河南省商丘市中级人民法院裁定：撤销原判，发回柘城县人民法院重审。

（四）重审情况

重审法院查明：陈在中与甄素荣系同村村民，左右为邻，同一出路。以前甄素荣与公爹、婆婆及弟弟同住一个院，后甄素荣需建新房，原宅基地面积小，达不到二处宅标准，想往西边占一点，就由甄素荣的代理人徐心莲前去陈在中家找陈在中协商后，甄素荣于 1994 年 9 月 2 日动工建造主房，在主房建好后，建西屋及垒院墙时陈在中以影响其通行为由阻止，被迫停工，双方引起纠纷，经村委会、司法所、土管所多次调解无效。甄素荣在 1995 年补办了镇政府向其颁发的新的宅基地使用证，确认南北长 14.66 米，东西宽 13.17 米，发证时间为 1993 年 5 月 1 日。在案件审理中，陈在中不承认甄素荣宅基证是合法有效的，法庭进一步作了调查，甄素荣于 1994 年 9 月建房，于 1995 年向镇政府提出申请办理宅基地使用证，可是颁发宅基证的时间是1993年5月1日，盖房申请发证前后过程有矛盾之处。在甄素荣对其宅基不能正常按证管理使用的情况下，诉讼来院。

重审法院认为：甄素荣与陈在中侵权纠纷一案，甄素荣所提供证据中，甄素荣于1994年9月2日盖房，而在1995年提出宅基申请书，同年镇政府进行了审批，而发证时间却是1993年5月1日，这样有相互矛盾之处，应由有关行政部门处理。

重审法院判决：驳回甄素荣的诉讼请求。

甄素荣不服重审判决，向河南省商丘市中级人民法院提出上诉。

二审法院查明：甄素荣、陈在中东西为邻，且使用同一南北出路。甄素荣于1994年9月建西屋及垒院墙时，陈在中以占用了南北出路，影响其通行为由阻止，引起双方纠纷。1995年镇政府向甄素荣补发了宅基使用证，确认宅基南北长14.66米，东西宽13.17米，包括双方所争执宅基，发证时间一项填写为1993年5月1日。因甄素荣对其宅基不能按宅基证管理使用，诉至柘城县人民法院，请求判令陈在中停止侵权。

二审法院认为：甄素荣的宅基使用证属政府颁发，甄素荣在该宅基证注明的范围内使用土地，应受法律保护，陈在中予以阻止，已构成侵权。但由于甄素荣按宅基证管理使用土地，确实给陈在中通行造成一定不便，双方纠纷应当按照有利生产、方便生活、团结互助、公平合理的精神予以处理。原审认定双方纠纷的事实基本清楚，但判处不当。

二审法院判决：（1）撤销柘城县人民法院（1998）柘法民初字第51号民事判决。（2）甄素荣宅基东边界南端向西量11.17米为一定点，向西北至甄素荣堂屋西山墙南端拉一直线，甄素荣使用直线以东内的宅基，陈在中不得干涉，直线以西甄素荣准许陈在中通行。

陈在中不服二审判决，向河南省商丘市中级人民法院申请再审。

再审法院对原审法院查明的事实予以确认。

再审法院认为：本案原二审判决认定事实基本清楚，证据充分，甄素荣的宅基证发放时间及号码确有不准确之处，在政府没有改变其证决定之前，甄素荣对该片宅基拥有管理和使用权。对陈在中所提出的出路问题，原审对此已作出适当的处理，原判基本适当，陈在中提出的申诉理由不能成立，该院不予支持。

再审法院判决：驳回申诉，维持原判。

陈在中不服再审判决，再次向河南省商丘市中级人民法院申请再审。该院认为按照同一人民法院对同一案件只能依照审判监督程序审理一次的规定，该院对本案不应当进行再审。

陈在中不服，向河南省高级人民法院申请再审。该院依法提审本案。

（五）再审提审情况

提审法院对原审法院查明的事实予以确认。另查明，（1）柘城县人民政府于2001年9月17日作出《关于注销甄素荣〈集体土地建设用地许可证〉的决定》，内容是："根据《河南省实施〈土地管理法〉办法》第11条之规定，经研究注销甄素荣所持0620341号集体土地建设用地使用证。如不服，可在接到决定通知之日起60日内向商丘市人民政府申请复议，逾期不申请复议，本决定生效"；（2）本案庭审期间甄素荣向该院递交证据有：2003年11月16日柘城县国土资源局对陈在中与甄素荣土地纠纷处理过程说明："2001年由起台镇政府等有关部门到陈在中、甄素荣争执的宅基围墙现场查看、调解，由甄素荣让出二尺地，其房屋不动。王桂兰的出路由4.8尺加宽到6.8尺，甄素荣将老宅基使用证交回，由颁证单位为其换发新宅基使用证，之后工作组在丈量甄素荣宅基时，王桂兰反悔，甄素荣新证没有换成"；（3）2006年4月20日柘城县人民政府国土局证明《2001年9月17日作出注销甄素荣土地使用证决定》于2001年9月28日已送达生效；（4）2008年1月7日柘城县人民政府关于处理甄素荣《集体土地建设用地许可证》有关说明，其内容与柘城县国土资源局在处理陈在中与甄素荣土地纠纷处理过程相同，说明2001年柘城县人民政府虽然注销甄素荣的土地使用证的文件已经制作，终因双方未达成一致意见，县政府具体行政行为没再作出，之后没有给甄素荣送达，更没有发生法律效力；（5）2008年1月14日柘城县国土局证明：经调查组调查，2006年没有出具关于注销甄素荣《集体土地建设用地许可证》的送达证明。

提审法院认为：本案争执的焦点为陈在中阻止甄素荣修筑围墙是否构成侵权。对此该院认为，陈在中的行为已构成民事侵权，其理由是：（1）1994年9月2日甄素荣在修建房屋时找到陈在中，在征得陈在中同意并经有关部门批准后即开始建房。房屋建成后在修筑围墙时陈在中以甄素荣占用其出路，影响沈家通行为由阻止施工，双方发生纠纷，责任在陈在中一方。（2）甄素荣宅基土地使用证虽系后补办的，但该宅基土地使用证是由柘城县人民政府颁发，该证在未被依法改变或者撤销之前，应当承认其效力。该宅基土地使用证确定了甄素荣宅基使用范围："东西宽13.17米、南北宽14.66米"。（3）甄素荣建房及修筑围墙均在该证载明的范围之内，陈在中无权阻止甄素荣修筑围墙。原审依照公平合理，方便双方生活原则，给双方当事人多次调解在达不成共识后判决甄素荣宅基东边界南端向西量11.17米为一定点、向西北至甄素荣堂屋西山墙南端拉一直线，甄素荣使用直线以东内的宅基，陈在中不得干涉，直线以西甄素荣准许陈在中通行是符合法律原则的。其理由是：柘城县人民政府、柘城县国土局在不同时期出具证明和决定，尽管几个证明和决定不一致，但依据证据优势证明标准，可以认定，甄素荣与陈在中发生纠纷后柘城县人民政府及县土管局、县民政局多次为双方当事人进行调解，在双方当事人达成一致意见后，县政府决定由土管局重新对甄素荣所使用的宅基进行测量确定，由甄素荣交回老证为其换发新宅基使用证，当时陈在中与甄素荣双方均无异议。柘城县人民政府便草拟了关于注销甄素荣宅基使用证的文件，之后由于陈在中反悔，县政府注销甄素荣宅基土地使用证的文件未作出，故该注销文件不发生法律效力。该院认为，原审判决认定事实清楚，证据充分，适用法律正确，应予维持。

提审法院判决：维持中院再审判决。

陈在中不服，向检察机关申请监督。

三、最高人民检察院不支持监督申请的理由

最高人民检察院认为，该案不符合监督条件。本案中陈在中因阻止甄素荣修筑围墙而发生纠纷。终审法院在双方经多次调解仍达不成共识的情况下，根据方便双方生活的原则，判决"甄素荣宅基东边界南端向西量11.17米为一定点，向西北至甄素荣堂屋西山墙南端拉一直线，甄素荣使用直线以东内的宅基，陈在中不得干涉，直线以西甄素荣准许陈在中通行"。这种做法为陈在中让出了一定的通行道路，较为公平合理，并无不当。

四、案件评析

本案系邻里之间因修筑围墙而引发的纠纷。终审判决认定陈在中阻止甄素荣修筑围墙构成侵权，并无不当。第一，甄素荣宅基土地使用证

系由柘城县人民政府颁发，该证在未被依法改变或者撤销之前，应当承认其效力。虽然柘城县人民政府、柘城县国土局在不同时期出具证明和决定的内容有不一致之处，但根据证据优势证明标准，可以认定：甄素荣与陈在中发生纠纷后柘城县人民政府及县土管局、县民政局多次为双方当事人进行调解，在双方当事人达成一致意见后，县政府决定由土管局重新对甄素荣所使用的宅基地进行测量确定，由甄素荣交回老证为其换发新宅基地使用证，当时陈在中与甄素荣双方均无异议，柘城县人民政府便草拟了关于注销甄素荣宅基地使用证的文件，之后由于陈在中反悔，县政府注销甄素荣宅基地使用证的文件未作出，故该注销文件不发生法律效力。第二，甄素荣宅基地使用证确定的甄素荣宅基地使用范围为"东西宽13.17米、南北宽14.66米"。甄素荣建房及修筑围墙均在该证载明的范围之内，陈在中无权阻止甄素荣修筑围墙。但是，原审依照公平合理、方便双方生活的原则，在双方当事人多次调解仍达不成共识后，判决"甄素荣宅基东边界南端向西量11.17米为一定点，向西北至甄素荣堂屋西山墙南端拉一直线，甄素荣使用直线以东内的宅基，陈在中不得干涉，直线以西甄素荣准许陈在中通行"，这种做法为陈在中让出了一定的通行道路，较为公平合理，并无不当。虽然检察机关对本案作不支持监督申请处理，但为维护双方当事人的合法权益，实现案结事了，检察机关在当地政府部门的配合下，积极促成双方当事人和解，目前甄素荣一方已同意在原通行道路的基础上再让出三尺，双方已初步达成和解协议。

第二章　民事裁判结果监督的受案标准研究

民事裁判结果监督就程序启动方式而言，可以分为依申请监督和依职权监督两种情形。《民事诉讼监督规则》第四章对两种情形的案件受理作出了专门规定。关于依申请监督，《民事诉讼监督规则》第 24 条规定："有下列情形之一的，当事人可以向人民检察院申请监督：（一）已经发生法律效力的民事判决、裁定、调解书符合《中华人民共和国民事诉讼法》第二百零九条第一款规定的；（二）认为民事审判程序中审判人员存在违法行为的；（三）认为民事执行活动存在违法行为的。"第 31 条规定："当事人根据《中华人民共和国民事诉讼法》第二百零九条第一款的规定向人民检察院申请监督，有下列情形之一的，人民检察院不予受理：（一）当事人未向人民法院申请再审或者申请再审超过法律规定的期限的；（二）人民法院正在对民事再审申请进行审查的，但超过三个月未对再审申请作出裁定的除外；（三）人民法院已经裁定再审且尚未审结的；（四）判决、调解解除婚姻关系的，但对财产分割部分不服的除外；（五）人民检察院已经审查终结作出决定的；（六）民事判决、裁定、调解书是人民法院根据人民检察院的抗诉或者再审检察建议再审后作出的；（七）其他不应受理的情形。"关于依职权监督，《民事诉讼监督规则》第 41 条规定："具有下列情形之一的民事案件，人民检察院应当依职权进行监督：（一）损害国家利益或者社会公共利益的；（二）审判、执行人员有贪污受贿、徇私舞弊、枉法裁判等行为的；（三）依照有关规定需要人民检察院跟进监督的。"

第一节　依申请启动民事裁判结果监督的受案标准

一、申请监督的主体应当为案件当事人

我国《民事诉讼法》规定的当事人分为狭义当事人和广义当事人。狭

义当事人仅指原告和被告（一审程序中称为原告和被告，二审程序中称为上诉人和被上诉人，再审程序中称为申请人和被申请人），广义当事人还包括诉讼中的第三人。最高人民法院《关于适用〈中华人民共和国民事诉讼法〉审判监督程序若干问题的解释》第 5 条创设的案外人申请再审制度，现行《民事诉讼法》第 56 条第 3 款创设的第三人撤销之诉，第 227 条创设的案外人执行异议之诉，使案外人亦可通过相应程序参与诉讼，成为案件当事人。民事裁判结果监督的申请人只能是案件当事人，而不能是当事人以外的公民、法人和其他组织。当事人以外的公民、法人和其他组织虽然可以向人民检察院控告、举报并作为案件来源，但其控告、举报行为只能针对审判人员或执行人员的违法行为而提出，而不能对生效裁判或者调解书而提出。如果根据当事人以外的公民、法人和其他组织所控告、举报的内容，有必要对相关裁判结果进行监督，检察机关应依职权进行。实践中存在的一种特殊情形是，申请人虽然是申请监督的适格主体（例如原审中将其列为被告），但终审判决并未判决其承担法律责任，其与终审判决亦无其他法律上的利害关系，因此对其监督申请不应予以支持。

案例十一：紫云山庄公司申请监督案（高检民监〔2015〕146 号）

一、案件来源

紫云山庄公司因与新信公司、罗兰德公司等合资、合作开发房地产合同纠纷一案，不服广东省高级人民法院（2010）粤高法民一终字第 97 号民事判决，向广东省人民检察院申请监督，该院提请最高人民检察院抗诉。

二、诉讼过程和法院历次审理情况

2007 年 11 月 1 日，新信公司起诉罗兰德公司、紫云山庄公司至广州市中级人民法院，请求：判令罗兰德公司、紫云山庄公司连带支付新信公司放弃土地开发的补偿款 28984000 元及利息（从起诉之日至付清之日止按中国人民银行同期贷款利率计）。在诉讼过程中，新信公司变更诉讼请求为：（1）判令罗兰德公司、紫云山庄公司连带支付新信公司放弃合作开发土地的补偿款 13930260 元、差价款 3700000 元，以及上述款项的利息（从起诉之日至付清之日按中国人民银行同期贷款利率计）；

(2) 由罗兰德公司、紫云山庄公司共同承担本案诉讼费用。

(一) 一审情况

一审法院查明：1992 年 7 月 20 日，罗兰德公司（甲方）、新信公司（乙方）签订《合同书》，约定：双方共同投资开发位于广州增城县念如咀一带的高尚别墅区（暂名总统花园）房地产项目。甲方将属下之第一开发经营部交由乙方承包经营。负责承包开发总统花园第六小区。总面积不少于 35000 平方米。甲方保证乙方承包面积内报批的建筑面积不少于 11000 平方米。乙方的承包金按承包总面积，即 35000 平方米计算，每平方米 300 元，总额为 1050 万元，在合同签字生效后 15 天内支付 850 万元给甲方，余款 200 万元待甲方办完第 10 条第 1 款规定之全部手续和道路、给水、排水、供电等达到开工条件后支付，乙方以后承包盈亏与甲方无涉，甲方的一切经营盈亏和债权债务与乙方无涉。乙方的承包期为 30 个月，自本合同第 10 条第 1 款完成和道路、给水、排水、供电到达乙方自承包地域 50 米以内之日起算。在 30 个月内，乙方承包区域全部建筑物完成并出售之日，本承包合同自动提前失效。超出 30 个月乙方仍有空余土地没有开发建设，则甲方有权按实际空余面积以每平方米 300 元收回（如因甲方原因造成工期退后除外）；等等。

2006 年 11 月 29 日，罗兰德公司（甲方）、广州罗兰德开发一部（暨原新信公司，乙方）签订《关于解决历史遗留问题的协议书》，其中约定：关于 1993 年《协议书》的遗留问题，双方确认根据 1993 年《协议书》的约定，乙方向甲方所承包开发的土地扣去公摊面积实际开发用地为 3.1 万平方米，现已开发的土地面积为 1.4 万平方米，剩余尚未开发的土地面积为 1.7 万平方米。(1) 甲、乙双方同意，对于乙方尚未开发的土地 1.7 万平方米，乙方放弃开发权，交由甲方统一开发。(2) 甲、乙双方共同认可，对于乙方交由甲方开发的上述土地，甲方以部分现金、部分房产的方式向乙方予以补偿。(3) 双方同意，甲方向乙方补偿的现金为 400 万元整；甲方向乙方补偿的别墅面积为约 1700 平方米（以实际发生为准）。具体房号为百合花路 15 号、17 号、21 号、23 号。总面积为 421.40 平方米×4 栋＝1685.6 平方米。(4) 现金支付的方式：本协议签字后 3 日内，甲方向乙方支付现金 30 万元，待甲方与中国信达公司诉讼案件彻底完结后二个月内，甲方一次性将剩余款项向乙方支付完毕。(5) 房产过户的时间：本协议所涉及补偿别墅，待甲方与中国信达公司诉讼案件彻底完结后二个月内，甲方一次性向乙方完成过户，别墅过户涉及税费按国家有关规定各自承担。如果甲方未按本协议条款支付现金或过户房产，视为甲方违约，乙方有权收回原开发土地。

2006年12月6日，新信公司向罗兰德公司出具收到其支付的30万元的收据。

罗兰德公司将增城市新塘镇紫云山庄百合花路15、17、21、23号房屋出售给广州紫云山庄物业管理有限公司，增城市国土资源和房屋管理局于2007年4月13日向广州紫云山庄物业管理有限公司核发了上述房产的房地产权证。

新信公司为证明其主张，在一审时还提交了如下证据：（1）广州罗兰德房地产有限公司开发二部于2007年4月29日向罗兰德公司发出的催告其于7日内履行《关于解决历史遗留问题的协议书》约定义务的函；（2）樊迎朝、闫相武于2007年5月10日签订的《关于广州罗兰德房地产有限公司与广州罗兰德一部2006年11月29日签订的"关于解决历史遗留问题的协议书"的说明》：①原协议正文第一行"甲乙双方于1993年10月签署了关于承包开发紫云山庄（原总统花园）项目部分土地……"其中时间应改为"1992年7月20日"。②原协议"一、关于1993年《协议书》的遗留问题"，及正文"双方确认，根据1993年协议书的约定"，其中时间均应为"1992年"。③樊迎朝先生自始至终均受广州罗兰德房地产有限公司法人代表于敬轩委托签署该协议书。（3）广州罗兰德房地产有限公司法定代表人童青山于2007年5月14日发出的函，该函内容为：敬启者：……据查，（《关于解决历史遗留问题的协议书》）所涉及的该宗土地使用权早于2005年5月11日我公司当时法人代表为樊迎朝先生时，已转给广州培立联合教育有限公司，之后于2006年11月6日，该宗土地使用权又被广州培立联合有限公司转让给广州紫云山庄房地产有限公司，两次转让行为经过政府部门合法程序，其中包括登报公示10天，征询各方意见，结果是，没有收到任何异议，等等。（4）广州罗兰德房地产有限公司原法定代表人樊迎朝于2007年5月15日发出的《告知函》，内容为：尊敬的业主：……2007年3月底，本人发现新任股东正在将原属罗兰德公司的21套别墅（含已同贵业主签订销售合同的别墅房产）过户给紫云山庄物业管理公司，本人当即表示坚决反对，并坚持要求将该批别墅过户给原签约业主。新任法人代表答应可以停止过户，待日后协商处理。但现在的事实是，该批别墅已经被过户给紫云山庄物业管理公司。需要声明的是，新任法定代表人曾书面表示过户行为是为了保护该批房产，以免被他人查封，并等待我的处理意见。自4月初至今，本人曾多次以书面、口头或电邮等方式向新任法人代表明确表示要求将该批房产按原来约定过户给相关业主。至今本人没有收到任何答复。而且，对于该批别墅今后是否再次被转让，本人已完全不能控制，等等。（5）紫云山庄公司与合生公司于2006年6月28日签订的《协议书》（复印件），约定由甲方提供两宗土地合计195.66亩（一宗为40.90亩，国土证号为增国用2006第B0401380号，另一宗为154.76亩），乙方提供开发资金，合作开发商品住宅。紫云山庄公司、合生公司对上述证据的真实性、合法性、关联性均不予确认。

诉讼中，根据新信公司的申请，一审法院委托广东美佳联房地产与土地评估咨询有限公司对增城市新塘镇紫云山庄百合花路15、17、21、23号房地产价值进行评估，估价时点为2006年11月29日。广东美佳联房地产与土地评估咨询有限公司出具《报告书》，确认上述房产的总价值为13930260元。新信公司、紫云山庄公司、合生公司对该评估结果没有异议。

一审法院认为：新信公司与罗兰德公司签订的《合同书》、新信公司以广州罗兰德房地产有限公司开发一部的名义与罗兰德公司签订的《关于解决历史遗留问题的协议书》是双方真实的意思表示，内容并未违反法律、行政法规的强制性规定，为有效合同。根据《关于解决历史遗留问题的协议书》的约定，罗兰德公司应当补偿现金400万元及房屋4套给新信公司，现罗兰德公司仅支付了现金30万元，且已将案涉的4套房屋出售给广州紫云山庄物业管理有限公司，其行为已经构成违约。因案涉房屋产权已经转移到广州紫云山庄物业管理有限公司名下，罗兰德公司已经不可能按协议约定履行义务，新信公司请求罗兰德公司支付房屋评估价值的补偿款13930260元，支付剩余的现金补偿款370万元（两项共计17630260元）以及上述款项的利息，合法有理，应予以支持。关于紫云山庄公司的承责问题，因紫云山庄公司并非合同的当事人，且新信公司未能提供证据证明罗兰德公司与紫云山庄公司之间存在合谋恶意转移财产的行为，故其要求紫云山庄公司对罗兰德公司的付款义务承担连带责任，依据不足，不予支持。

一审法院判决：（1）在判决生效之日起 10 日内，罗兰德公司向新信公司支付补偿款 17630260 元及利息（从 2007 年 11 月 1 日起至实际付清之日止，以 17630260 元为本金，按中国人民银行同期贷款利率计付）；（2）驳回新信公司的其他诉讼请求。

新信公司不服一审判决，向广东省高级人民院提出上诉。

（二）二审情况

二审法院对一审法院查明的事实予以确认。另查明，新信公司、罗兰德公司因逾期未接受年检，分别于 2007 年 4 月 23 日、2008 年 1 月 9 日被广州市工商行政管理局、郑州市工商行政管理局吊销营业执照。香港德奥投资有限公司系罗兰德公司的投资人。于洪俊、樊迎朝（新信公司董事长）、于敬轩分别在 1992 年 6 月 30 日至 1993 年 12 月 20 日、1993 年 12 月 21 日至 2006 年 9 月 26 日、2006 年 9 月 27 日至 2007 年 3 月 27 日担任罗兰德公司董事长。其中，于洪俊与于敬轩为同一人。罗兰德公司在 2006 年 9 月 27 日至 2007 年 3 月 27 日的董事会组成人员为：于敬轩、郁德君、唐娟。紫云山庄公司在 2005 年 8 月 19 日至 2007 年 5 月 8 日的董事会成员为于敬轩、郁德君、唐娟，于敬轩在此期间担任董事长且为该公司的唯一投资者。新信公司在一审询问笔录中明确提出罗兰德公司和紫云山庄公司是"一班人马，两个牌子"。

新信公司在本案二审期间提交了 5 组证据：第一组证据共有 3 份广州工商行政管理局的登记、备案资料，证明于洪俊和于敬轩系同一人。第二组证据共有 10 份广州工商行政管理局登记、备案资料，证明罗兰德公司向紫云山庄公司转让资产时，于敬轩为罗兰德公司的实际控制人和紫云山庄公司的唯一股东，罗兰德公司和紫云山庄公司董事会成员同期也完全一致，两公司是关联公司。第三组证据共有 3 份材料，主要是涉及 7 块土地使用权转让的公告、会议纪要，证明罗兰德公司向紫云山庄公司实际转让土地使用权的时间为 2007 年 3 月前后。第四组证据共有 8 份材料，主要是从增城市国土资源和房屋管理局调取的涉及上述土地使用权转让的协议、发票、评估报告、《情况说明》，证明在于敬轩的操纵下，罗兰德公司以超低价格和虚假交易形式将其名下的近 480 亩土地转移至紫云山庄公司名下。第五组证据共有 18 份材料，主要是从广州市工商行政管理局、增城市国土资源和房屋管理局调取的股权转让协议书、验资报告、企业设立批准文件、商品房买卖合同、行政处罚决定书等登记、备案资料，证明于敬轩操控罗兰德公司转移资产具有恶意。紫云山庄公司认为罗兰德公司的上述举证已过举证期限，上述证据均不构成本案的新证据，且上述证据与本案的处理没有关联。

新信公司在二审期间还申请本院依职权调取两份证据：一是向增城市资产评估公司调取该公司就紫云山庄项目地块所作的（1997）88号资产评估报告；二是向增城市人民政府调取增府会纪〔2007〕18号市政府工作会议纪要和增府常纪〔2007〕4号市政府常务会议纪要。

二审法院认为：新信公司对一审法院判决罗兰德公司向其支付17630260元补偿款及利息，并无异议。本案二审的主要争议焦点是：紫云山庄公司是否应对罗兰德公司的付款义务承担连带责任。为证明紫云山庄公司应对罗兰德公司的付款义务承担连带责任，新信公司提出两点上诉理由：一是在罗兰德公司向紫云山庄公司出让资产期间，罗兰德公司与紫云山庄公司关系紧密，实际控制人均为于敬轩；二是罗兰德公司与紫云山庄公司恶意串通，将属于罗兰德公司的国有土地使用权以低价或虚假交易的方式转让给紫云山庄公司，以逃避债务。

关于在罗兰德公司向紫云山庄公司出让资产期间，罗兰德公司与紫云山庄公司是否构成公司人格混同的问题。虽然新信公司在起诉状、上诉状中均未阐明要求紫云山庄公司在本案中承担连带责任的法律依据，但新信公司在一审询问笔录中明确提出罗兰德公司和紫云山庄公司是"一班人马，两个牌子"。经行使释明权，新信公司在二审时进一步明确公司人格混同是其要求紫云山庄公司承担连带责任的主要依据。鉴于我国法律仅对公司与股东之间的人格混同作出了具体的规定，而对于公司之间的人格混同并无明确的规定，故对于公司之间人格混同的构成要件，只能参照公司法法理和有关司法实践来确定。依据公司法法理和相关司法实践，要证明两个独立的有限责任公司形成人格混同，权利人必须提供充分而确实的证据证明两个公司在资产、业务、人员方面均构成混同。就本案而言，虽然在2006年9月至2007年3月，罗兰德公司、紫云山庄公司的董事会均由于敬轩、郁德君、唐娟组成，且均由于敬轩担任董事长，但新信公司并未提供证据证明上述两公司在资产、业务上存在明显的混同。因此，新信公司以公司人格混同为由上诉请求紫云山庄公司承担本案付款义务的连带责任，依据不足，不予支持。

关于罗兰德公司是否通过低价或虚假交易方式向紫云山庄公司转让

国有土地使用权，以逃避债务的问题。首先，就上述诉讼请求的性质来看，依据《合同法》第74条的规定，债务人无偿或明显以低价转让财产，对债权人造成损害的，债权人依法应提起债权人撤销权诉讼，而不是直接要求受让财产的第三人承担连带责任。其次，就证据的提交时间来看，有关国有土地使用权交易的证据在新信公司提起本案诉讼前已客观存在，但新信公司迟至二审时才提交，显然已超过举证时限。最后，就新信公司提交的相关证据的内容来看，其主张罗兰德公司、紫云山庄公司于2006年5月30日签订的两份《土地使用权转让协议》属于不正当交易之一，但在上述两份协议书中代表罗兰德公司签字的是罗兰德公司当时的法定代表人樊迎朝，而樊迎朝也是新信公司的法定代表人，该事实与新信公司的主张显然存在矛盾之处。因此，新信公司以罗兰德公司、紫云山庄公司存在恶意串通的交易为由请求紫云山庄公司承担连带责任，于法无据，亦不予支持。

二审法院判决：驳回上诉，维持原判。

紫云山庄公司不服，向最高人民法院申请再审。

（三）再审情况

最高人民法院裁定：驳回紫云山庄公司的再审申请。

紫云山庄公司不服，向检察机关申请监督。

三、最高人民检察院不支持监督申请的理由

最高人民检察院认为：该案不符合监督条件。

1. 紫云山庄公司的申请监督请求超出了原审中当事人的诉讼请求范围。本案中，新信公司系基于其所称的罗兰德公司与紫云山庄公司之间存在合谋恶意转移财产的行为向紫云山庄公司主张对上述款项承担连带责任。紫云山庄公司在本案一审程序中辩称：新信公司的诉讼请求与我方无关；在本案二审程序中辩称：广州紫云山庄物业管理有限公司为购买涉案别墅已向罗兰德公司支付370万元，且紫云山庄公司、紫云山庄物业管理有限公司均为独立的法人企业，紫云山庄公司与上述交易并无关联。紫云山庄公司在原审中亦未对新信公司与罗兰德公司签订的合作协议以及《关于解决历史遗留问题的协议》的效力提出异议。现紫云山庄公司以协议无效为由向检察机关申请抗诉，其申请监督事由明显超出了原审中当事人的诉讼请求范围，不能通过审判监督程序予以解决。

2. 紫云山庄公司与本案原审判决无法律上的利害关系。紫云山庄公司申请再审称：其与原审生效判决有直接利害关系，目前罗兰德公司名下唯一有价值的实体资产只剩紫云会所大楼，本案判决若生效申请执行，直接结果即是强制执行紫云会所大楼（该楼已经因本案判决执行而被查封了），而实际上罗兰德公司已经将紫云会所大楼转让给了紫云公司并且实际交付完毕，因法院查封而无法办理产权过户手续，该楼若被拍卖将影响其合法权益。本院认为，紫云山庄公司并不是合作协议及《关于解决历史遗留问题的协议》中的一方主体，原审判决均未判决紫云山庄公司承担连带责任，故紫云山庄公司与本案原审判决无法律上的利害关系。紫云山庄公司对本案执行标的物紫云会所大楼有利害关系亦不能等同于对本案原审判决有法律上的利害关系，紫云山庄公司以此为由申请监督无事实和法律依据。

四、案件评析

本案中紫云山庄公司虽然是申请监督的适格主体，但终审判决并未判决其承担法律责任，其与终审判决亦无其他法律上的利害关系，因此对其监督申请不应予以支持。紫云山庄公司申请再审称：其与原审生效判决有直接利害关系，目前罗兰德公司名下唯一有价值的实体资产只剩紫云会所大楼，本案判决若生效申请执行，直接结果即是强制执行紫云会所大楼（该楼已经因本案判决执行而被查封了），而实际上罗兰德公司已经将紫云会所大楼转让给了紫云公司并且实际交付完毕，因法院查封而无法办理产权过户手续，该楼若被拍卖将影响其合法权益。经查，紫云山庄公司并不是合作协议及《关于解决历史遗留问题的协议》中的一方主体，原审判决均未判决紫云山庄公司承担连带责任，故紫云山庄公司与本案原审判决无法律上的利害关系。紫云山庄公司对本案执行标的物紫云会所大楼有利害关系亦不能等同于对本案原审判决有法律上的利害关系，紫云山庄公司以此为由申请监督无事实和法律依据。

二、申请监督的对象应当为符合《民事诉讼法》第 209 条第 1 款规定的生效裁判

《民事诉讼法》第 209 条第 1 款规定："有下列情形之一的，当事人可以向人民检察院申请检察建议或者抗诉：（一）人民法院驳回再审申请的；（二）人民法院逾期未对再审申请作出裁定的；（三）再审判决、裁定有明显错误的。"为更好地配置司法资源，增强法律监督实效，现行《民事诉讼法》将申请再审设置为申请检察监督的前置程序，因此申请监督的对象必须经过再审程序审查。如果人民法院驳回再审申请或者逾期未对再审申请作出裁定的，监督对象为原审生效裁判。如果人民法院再审后作出新的再审裁判，监督对象则为再审裁判。在对申请监督对象的把握方面，实践中应注意以下问题：

1. 申请人向人民法院邮寄再审申请书等材料3个月后，以人民法院逾期未对再审申请作出裁定为由向检察机关申请监督的，检察机关应当要求申请人提交人民法院已再审立案的相关证据，申请人不能举证证明人民法院已经再审立案并超过3个月未对再审申请作出裁定的，检察机关应当不予受理；已经受理的，应当终结审查。实践中，申请人向人民法院邮寄再审申请书并不能等同于已经再审立案，检察机关在受理此类案件时应谨慎把握受理条件。

案例十二：朱沱镇政府申请监督案（高检民监〔2016〕197号）

一、案件来源

朱沱镇政府因与源力开发公司建设工程施工合同纠纷一案，不服重庆市高级人民法院（2015）渝高法民终字第00171号民事判决，向重庆市人民检察院申请监督，该院提请最高人民检察院抗诉。

二、诉讼过程和法院历次审理情况

2013年9月25日，源力开发公司起诉朱沱镇政府至重庆市第五中级人民法院，请求：判令朱沱镇政府支付工程尾款2949687.93元，支付迟延利息1036万元至付清时止。

（一）一审情况

一审法院查明：1997年9月15日，朱沱镇政府（甲方）与永川市市政工程公司（乙方）签订了《建设工程施工合同》，约定由永川市市政工程公司承建朱沱镇政府的朱沱镇过境段公路改造工程，开工日期为1997年9月20日，竣工日期力争在1998年2月20日完成（含春节），合同价款按甲方提供的施工图，执行重庆市94市政工程单位计价定额及其相关配套文件和双方确定的主要材料定价，经双方核定的预算总价为423万元。合同价款及调整，根据双方现审定的施工图设计预算工程内容及其计价为准，工程内容如有增减，按实计算；按重庆市94市政工程单位计价定额及其相关配套文件和双方确认的主要材料定价和费用结算，工程量的核实确认，工程验收后，由乙方在15日内提交工程竣工决算报告。竣工验收：工程竣工前20天由乙方向甲方提供竣工资料及报告，工程竣工验收后15日内提交竣工图3份。竣工结算：收到乙方竣工工程决算后7日内审查完决算，并办理决算手续；在竣工验收后15日提交结算报告；甲方在收到乙方结算报告后10日内批准结算报告，并办好工程欠款手续。双方还对工程款的支付、违约责任等相关事项进行了约定。该合同就"工程分包"约定为：本工程乙方委托源力开发公司负责实施。

1997年9月16日，源力开发公司与朱沱镇政府进行了座谈，中心议题是审核朱沱镇砼路面改造工程预算报告，并明确了该工程总造价暂核定为423万元（在施工中因实际情况而变动工程项目及工程数量的增减均按"重庆市94市政工程预算定额及政府提供主要材料单价"调整，总造价随增、减而变化）；源力开发公司每完成一道工序（质量、数量）必须经朱沱镇政府检查核准验收签字生效。合同签订以后，源力开发公司因天然气管道等障碍，大型推土机无法进入施工现场，不能正式全面开工，申请朱沱镇政府确定正式开工日期。当日，朱沱镇政府签署意见为：因正遇天下雨，确定10月16日为正式开工时间，朱沱镇政府与源力开发公司双方在机械进场时准备工作已经就绪。1998年6月12日，源力开发公司与朱沱镇政府进行了座谈，就二郎山增加土石方工程的问题以及下一步的施工计划安排进行了明确，并确定全面工程定于1998年12月底前交付使用。1998年11月19日，源力开发公司向朱沱镇政府递交了名为《增加工程量》的手写便条。朱沱镇政府在该便条上签署意见：经请示刘书记同意工程基本完工，源力开发公司可以搞工程结算后，交朱沱镇政府审查，经双方认可生效；同意源力开发公司搞决算，最后以我方审查为依据。1998年11月28日，源力开发公司制作了《建筑工程结算书》，其结算造价为5947333元，后将该结算书交付了朱沱镇政府。1999年10月19日，朱沱镇政府下属村镇建设国土管理办公室出具证明：李仁华同志的机械化队伍在1997年10月16日至1997年11月2日（施工方排水不及时）造成工期顺延。2000年5月22日，朱沱镇政府出具"永川区源力房地产开发有限公司修建朱沱镇公路工程款支付问题说明"认为：该工程的全部工程款，按朱沱镇政府与源力开发公司的约定，总工程款420余万元，现朱沱镇政府已实际支付工程款470余万元，且该工程未完工。朱沱镇政府不再欠工程款，凡拖欠的一切工程款，由源力开发公司支付。

2005年10月，源力开发公司依据1998年11月28日所做工程竣工结算书向重庆市永川区人民法院提起诉讼，请求判决朱沱镇政府支付欠付工程款982327.67元，停工损失144161元，并欠付利息。重庆市永川区人民法院以源力开发公司无承建该工程的资质为由认定转包合同无效，因双方均未对工程结算达成一致意见，而源力开发公司明确表示不申请工程造价评估，认为源力开发公司的诉讼请求缺乏事实依据，不予支持，遂作出（2005）永民初字第2374号民事判决驳回源力开发公司的诉讼请求。源力开发公司不服该一审判决向重庆市第一中级人民法院提起上诉，请求重庆市第一中级人民法院改判认定合同有效，并改判支持其工程款及停工损失、利息等诉请。二审中，源力开发公司仍不申请对涉案工程造价进行评估，重庆市第一中级人民法院作出（2006）渝一中法民终字第1085号民事判决，以源力开发公司举证不能为由驳回上诉，维持原判。

2012年1月10日源力开发公司制作了一份《关于证实结算情况的说明》，称在市领导组织下，1999年10月工程款协调会确定的工程尾款为65万元，2000年11月市领导指示源力开发公司暂不追收欠款用于抵偿"三金"借款。在该说明后领导签名处，永川区当时参加会议的领导及参会人员均表示确实有参加过一次协调会，但因时间久远，相关内容已不能记清。2012年9月19日，源力开发公司向朱沱镇政府发出《关于要求对朱沱镇过境段公路改造工程进行决算和支付尾款的函》，提出实际完成工程款应为594.7万元，请求朱沱镇政府对源力开发公司的决算报告组织人员进行结算，并支付欠款。2012年12月14日朱沱镇政府向源力开发公司发出《关于源力开发公司要求支付我镇过境公路工程款的复函》，称"按现在的财务制度，我镇暂不支付该工程款。财政支付的先决条件必须有审计局的审计报告，或是人民法院的判决书。为此，我镇建议你司将有关诉求通过司法途径解决，如人民法院作出了判决，我镇将按规定办理"。

本案审理过程中，源力开发公司与朱沱镇政府均确认朱沱镇政府已付源力开发公司工程款为 4928859.62 元。源力开发公司与朱沱镇政府均确认在 1998 年 11 月 19 日政府领导批示工程基本完工可报结算后，源力开发公司于 1998 年 11 月 28 日向朱沱镇政府报送结算书，朱沱镇政府确认工程于 1998 年 11 月 19 日之前已交付使用，并确认工程于 1998 年 11 月底竣工验收。因双方未就本工程造价结算达成一致意见，源力开发公司提出对其进行永川区朱沱镇过境公路改造工程施工的实际施工量的工程造价进行司法评估鉴定的申请。该院依照鉴定程序，于 2014 年 5 月 28 日依法委托重庆中平建设工程造价咨询有限公司进行鉴定。重庆中平建设工程造价咨询有限公司于 2014 年 8 月 25 日作出鉴定结论：双方无争议部分施工量的工程造价为 4539992.25 元，双方有争议部分施工量的工程造价为 2481381.92 元。其中，双方有争议的部分分别对应的造价为：(1) 1999 年 12 月 13 日签字确认的《永川区朱沱镇过境段改造工程部分工程量核定清单二机械土石方工程》，该项目的工程造价为 1725765.29 元，争议原因系该资料为复印件；(2) 1999 年 12 月 2 日签字确认的《永川区朱沱镇过境段改造工程部分工程量核定清单》，该项目的工程造价为 681478.45 元，争议原因系该资料为复印件；(3)《签证台班及计时工工程》，该项目的工程造价为 74138.18 元，争议原因系该资料没有朱沱镇政府签字认可。对于有争议部分的工程造价，源力开发公司认为《永川区朱沱镇过境段改造工程部分工程量核定清单二机械土石方工程》及《永川区朱沱镇过境段改造工程部分工程量核定清单》两份证据虽系复印件，但原件存放在朱沱镇政府处，且均系朱沱镇政府工作人员签字确认，应该予以采信，《签证台班及计时工工程》虽没有朱沱镇政府的签字，但属于实际产生的费用，应该计入总造价。对于有争议部分的工程造价，朱沱镇政府认为对《永川区朱沱镇过境段改造工程部分工程量核定清单二机械土石方工程》及《永川区朱沱镇过境段改造工程部分工程量核定清单》两份证据真实性没有异议，确系朱沱镇政府工作人员签字确认，《签证台班及计时工工程》中没有朱沱镇政府方签字确认，不能认定工程量。且朱沱镇政府认为鉴定机构列出的有争议部分的工程造价涉及的工程内容不是属于朱沱镇过境段改造工程的增加工程量，而是属于总合同的范围之内的工程量，即应属于朱沱镇政府已支付工程款

4928859.62 元范围内的工程，鉴定机构不应将其重复计算。鉴定机构认为，鉴定依据中朱沱镇政府与永川区市政工程公司签订的《建设工程施工合同》及 1997 年 9 月 16 日双方参加的《座谈纪要》均载明鉴定工程依据的合同不是总价包干合同，因该工程没有竣工资料，鉴定机构依据合同约定的计价方式计算单价，依据双方实际发生的签证单进行工程量鉴定，因此，有争议部分和无争议部分并未重复计算。鉴定机构认为如果双方对《永川区朱沱镇过境段改造工程部分工程量核定清单二机械土石方工程》及《永川区朱沱镇过境段改造工程部分工程量核定清单》两份证据真实性无异议，则该两份证据对应的工程造价应作为双方无争议部分的工程造价。另查明，源力开发公司不具备修建本案工程的资质。

一审法院认为：双方争议焦点为源力开发公司的起诉请求是否超过诉讼时效以及源力开发公司的起诉请求是否成立。意见如下：

1. 本案源力开发公司的起诉请求是否超过诉讼时效。该院认为，源力开发公司在收到生效法律文书（2006）渝一中法民终字第 1085 号民事判决书之后，就已明确知晓因无承建该工程的资质，其转包合同系无效合同的事实，也明确知晓其诉讼请求不被支持的原因是未申请进行工程造价评估导致举证不能。《合同法》第 58 条规定：合同无效后，因该合同取得的财产，应当予以返还；不能返还或者没有必要返还的，应当折价补偿。有过错的一方应当赔偿对方因此所受到的损失，双方都有过错的，应当各自承担相应的责任。实际施工后，实际施工人的履行行为已固化于建设工程中，无法予以返还，因此，应当由转包人或违法分包人折价予以补偿。这种折价补偿并非合同上的责任，而是对转包人或违法分包人没有法律或合同上的依据，取得实际施工人工作成果的补偿，其实质是一种不当得利的法律关系。建筑工程施工合同无效，当事人一方请求另一方支付工程价款属于不当得利返还请求权，其诉讼时效期间应该从合同被确认无效之日起计算，并应适用我国《民事诉讼法》关于普通诉讼时效期间规定，普通诉讼时效期间为两年。重庆市第一中级人民法院的终审判决书于 2006 年 4 月 6 日作出，源力开发公司应该在收到终审判决书之后的两年之内向对方主张权利，其直至 2012 年 9 月 19 日才向朱沱镇政府发出《关于要求对朱沱镇过境段公路改造工程进行决算和支付尾款的函》，其主张权利的时间已超过两年诉讼时效。但朱沱镇政府于 2012 年 12 月 14 日向源力开发公司发出了《关于源力开发公司要求支付我镇过境公路工程款的复函》，在复函中朱沱镇政府表示"按现在的财务制度，我镇暂不支付该工程款。财政支付的先决条件必须有审计局的审计报告，或是人民法院的判决书。为此，我镇建议你司将有关诉求通过司法途径解决，如人民法院作出了判决，我镇将按规定办理"。最高人民法院《关于审理民事案件适用诉讼时效制度若干问题的规定》第22条规定，诉讼时效期间届满，当事人一方向对方当事人作出同意履行义务的意思表示或者自愿履行义务后，又以诉讼时效届满为由进行抗辩的，人民法院不予支持。一审法院认为，朱沱镇政府此回函的内容系对债务的承认，并同意在财政支付的先决条件具备后履行债务。因此该回函应视为朱沱镇政府对诉讼时效抗辩权的放弃，能够达到重新计算诉讼时效的效果，应从2012年12月14日起重新计算诉讼时效，源力开发公司起诉之时诉讼时效并未经过。

2. 源力开发公司的诉讼请求能否成立。关于争议工程的结算造价的问题，依据重庆中平建设工程造价咨询有限公司的鉴定结论：无争议部分施工量的工程造价为4539992.25元，有争议部分施工量的工程造价为2481381.92元。源力开发公司认为争议部分中《永川区朱沱镇过境段改造工程部分工程量核定清单二机械土石方工程》及《永川区朱沱镇过境段改造工程部分工程量核定清单》两份证据均系朱沱镇政府工作人员签字确认，《签证台班及计时工工程》虽没有朱沱镇政府签字，但属于实际产生的费用，均应该计入总造价。朱沱镇政府认可《永川区朱沱镇过境段改造工程部分工程量核定清单二机械土石方工程》及《永川区朱沱镇过境段改造工程部分工程量核定清单》两份证据的真实性，但认为争议部分工程属于包含在总合同范围内，鉴定机构系重复计算。因本案中朱沱镇政府与永川区市政工程公司签订的《建设工程施工合同》及1997年9月16日的《座谈纪要》均载明涉案工程依据的合同并非总价包干合同，且该工程没有竣工资料，鉴定机构系依据合同约定的计价方式计算单价，依据双方实际发生的签证单进行工程量鉴定，因此，有争议部分和无争议部分并未重复计算，朱沱镇政府的辩称意见不成立，不予采信。因双方对有争议部分中《永川区朱沱镇过境段改造工程部分工程量核定清单二机械土石方工程》及《永川区朱沱镇过境段改造工程部分工程量核定清单》两份证据的真实性无异议，故该院认为该两份证据对应的工程造价系实际发生，应计入工程总造价。有争议部分中《签证台班及计时工工程》因没有朱沱镇政府的签字确认，无法证明实际发生，其对应的工程造价该院不予支持。故涉案工程总造价为6947235.99元［4539992.25元（无争议部分施工量的工程造价）+1725765.29元（《永川区朱沱镇过境段改造工程部分工程量核定清单二机械土石方工程》对应的工程造价）+681478.45元（《永川区朱沱镇过境段改造工程部分工程量核定清单》对应的工程造价）］。

最高人民法院《关于审理建设工程施工合同纠纷案件适用法律问题的解释》第2条规定，建设工程施工合同无效，但建设工程经竣工验收合格，承包人请求参照合同约定支付工程价款的，应予支持。本案中，源力开发公司因无承建涉案工程的资质，已被（2006）渝一中法民终字第1085号民事判决书确认其转包合同系无效合同，而涉案工程已于1998年11月底竣工验收，故源力开发公司请求参照合同约定支付工程价款，应予支持。经一审法院确定的讼争工程结算造价为6947235.99元，双方确认已付款为4928859.62元，故欠付工程款应为2018376.37元。源力开发公司诉请朱沱镇政府支付工程款的请求部分成立，该院依法予以支持。

关于源力开发公司诉请朱沱镇政府以欠付工程款为基数，从1998年11月19日起按照银行同期贷款利率的四倍计算逾期付款利息的问题，最高人民法院《关于审理建设工程施工合同纠纷案件适用法律问题的解释》第18条规定："利息从应付工程价款之日计付。当事人对付款时间没有约定或者约定不明的，下列时间视为应付款时间：（一）建设工程已实际交付的，为交付之日；（二）建设工程没有交付的，为提交竣工结算文件之日；（三）建设工程未交付，工程价款也未结算的，为当事人起诉之日。"因涉案工程所依据的合同已被生效判决确认为无效合同，故合同中对于违约金及利息的约定均为无效条款而不能适用，资金占用利息的计算应从应付工程价款之日计付。因合同无效，应视为双方对付款时间没有约定，而朱沱镇政府确认涉案工程已于1998年11月19日之前已交付使用，故该院确认以1998年11月19日作为利息的起算时间。源力开发公司提出以人民银行同期贷款利率的四倍计算利息但未提供相应依据，该院按同期人民银行贷款利率计算利息，故朱沱镇政府应从1998年11月19日起以欠付工程款2018376.37元为基数按中国人民银行同期贷款利率支付利息，源力开发公司的该项诉请部分成立，该院依法予以支持。

一审法院判决：(1) 朱沱镇政府于本判决生效之日起 10 日内支付源力开发公司工程款 2018376.37 元；并从 1998 年 11 月 19 日起，以 2018376.37 元为基数，按中国人民银行同期贷款利率向源力开发公司支付欠款利息，直至付清之日止；(2) 驳回源力开发公司的其他诉讼请求。

源力开发公司与朱沱镇政府均不服一审判决，向重庆市高级人民法院提出上诉。

(二) 二审情况

二审法院对一审法院查明的事实予以确认。另查明，二审中朱沱镇政府认为，源力开发公司向鉴定机构提供的 1999 年 12 月 2 日《永川区朱沱镇过境段改造工程部分工程量核定清单》，系该公司通过其举示的《永川区朱沱镇过境段改造工程部分工程量核定清单（一）》第二页变造而成。源力开发公司举示的该复印件落款部分与《永川区朱沱镇过境段改造工程部分工程量核定清单（一）》第二页落款部分签名、时间及笔迹完全相同，且落款部分在纸张中的位置及修改处亦完全相同，该清单载明的工程量经鉴定机构鉴定工程价款总额为 681478.45 元。

二审法院认为：双方的争议焦点一是源力开发公司的起诉是否超过诉讼时效；二是案涉工程量如何确定；三是朱沱镇政府是否应向源力开发公司支付工程款利息，标准如何确定。对此意见如下：

1. 关于源力开发公司的起诉是否超过诉讼时效的问题。该院认为，重庆市第一中级人民法院于 2006 年 4 月 6 日作出的 (2006) 渝一中法民终字第 1085 号生效民事判决中，已经认定案涉施工合同系无效合同，依据相关法律规定，对该无效合同产生的相应法律后果源力开发公司应在收到该判决之日起两年内向朱沱镇政府主张权利，其于 2012 年 9 月 19 日发函要求朱沱镇政府支付工程欠款已经超过诉讼时效。但朱沱镇政府在 2012 年 12 月 14 日向源力开发公司的复函中表示"按现在财务制度，我镇暂不支付该工程款，财政支付的先决条件必须是有审计局的审计报告或人民法院的判决书"。该复函应视为朱沱镇政府对欠付源力开发公司债务的承认，依据最高人民法院《关于审理民事案件适用诉讼时效制度若干问题的规定》第 22 条"诉讼时效期间届满，当事人一方向对方当事人作出同意履行义务的意思表示或者自愿履行义务后，又以诉讼时效届满为由进行抗辩的，人民法院不予支持"之规定，本案诉讼时效因朱沱镇政府同意履行债务而导致诉讼时效中断，源力开发公司于2013年9月25日向一审法院提起诉讼并未超过诉讼时效。

2. 关于案涉工程量如何确定的问题。首先，关于源力开发公司一审提供的1999年12月2日《永川区朱沱镇过境段改造工程部分工程量核定清单》载明的金额681478.45元能否作为源力开发公司工程施工量的问题。该院认为，源力开发公司向鉴定机构提供的1999年12月2日《永川区朱沱镇过境段改造工程部分工程量核定清单》系复印件，该复印件与《永川区朱沱镇过境段改造工程部分工程量核定清单（一）》第二页落款部分签名、时间及笔迹完全相同，落款部分在纸张中的位置及修改痕迹亦完全相同，朱沱镇政府上诉提出从该证据的外部形态不能排除对该证据真实性的合理怀疑，在朱沱镇政府不认可的前提下，源力开发公司应举示该证据的原件加以佐证。但源力开发公司并未向法庭提交原件，其虽主张该证据原件已交给朱沱镇政府，但亦未能举示该方面的证据证明自己的主张。因此，该院对该证据的真实性不予认可。一审法院将鉴定机构对该清单的鉴定金额681478.45元确定为案涉工程的总造价有所不当，该院依法将该金额从案涉工程总造价中扣除。其次，关于朱沱镇政府认为鉴定机构及一审法院重复计算工程量的问题。该院认为，源力开发公司及朱沱镇政府双方在《永川区朱沱镇过境段改造工程部分工程量核定清单（二）》中并未载明双方对增加工程量通过此清单进行汇总的内容，该清单中商定的机械土石方施工量25000方与增加工程量签证中载明的24320方亦不能相互印证。事实上，其他签证资料如《永川区朱沱镇过境段改造工程量部分工程量核对清单（一）》人工土石方工程中亦包含机械土石方工程，鉴定机构在鉴定过程中已对此进行了单独计算，说明双方所理解的机械土石方工程与事实上的机械土石方工程范围并不完全一致，朱沱镇政府认为《永川区朱沱镇过境段改造工程部分工程量核定清单（二）》中的机械土石方方量是双方的汇总与事实不符。综上，在朱沱镇政府不能举示其他证据进一步证明其主张的前提下，应承担举证不能的法律责任，鉴定机构依据双方签字认可的工程量清单及增加工程量签证进行鉴定工程量符合法律规定及双方约定，对朱沱镇政府的上述上诉意见该院依法不予采信。因此，案涉工程总造价应为一审确定的总造价6947235.99元－681478.45元＝6265757.54元，朱沱镇政府的应付款为6265757.54元－4928859.62元（双方确认的已付款）＝

1336897.92元。

3. 关于朱沱镇政府是否应向源力开发公司支付工程款利息，标准如何确定的问题。该院认为，本案中双方均确认案涉工程于1998年11月19日前交付使用，依据最高人民法院《关于审理建设工程施工合同纠纷案件适用法律问题的解释》第17条"当事人对欠付工程价款利息计付标准有约定的，按照约定处理；没有约定的，按照中国人民银行发布的同期同类贷款利率计息"及第18条"利息从应付工程价款之日计付。当事人对付款时间没有约定或者约定不明的，下列时间视为应付款时间：（一）建设工程已实际交付的，为交付之日……"之规定，朱沱镇政府应于1998年11月19日起按中国人民银行同期贷款利率向源力开发公司支付工程欠款的相应利息。源力开发公司要求朱沱镇政府按同期银行贷款利率的四倍向其支付利息的请求，不符合双方约定及上述司法解释的规定，该院不予支持。至于源力开发公司上诉认为应由朱沱镇政府承担全部诉讼费用的问题，该院认为，源力开发公司一审主张诉讼请求的金额已超一审法院支持金额，依法应分担本案诉讼费用，源力开发公司的该项上诉请求缺乏相关事实和法律依据，该院不予支持。综上，一审法院认定事实部分错误，该院予以纠正。

二审法院判决：（1）撤销一审判决；（2）重庆市永川区朱沱镇人民政府于本判决生效之日起10日内支付永川市源力房地产开发有限公司工程款1336897.92元，并从1998年11月19日起以1336897.92元为基数，按中国人民银行同期贷款利率向永川市源力房地产开发有限公司支付利息至付清时止；（3）驳回永川市源力房地产开发有限公司的其他诉讼请求。

朱沱镇政府不服二审判决，向最高人民法院寄送了再审申请书，同时向检察机关申请监督。

三、最高人民检察院终结审查的理由

最高人民检察院认为：经审查，发现本案不符合受理条件。根据《民事诉讼监督规则》第75条第1款第5项的规定，决定终结审查。

四、案件评析

实践中，申请人向人民法院邮寄再审申请书等材料不能等同于已经

再审立案。本案不符合受理条件,理由如下:经向朱沱镇政府核实,朱沱镇政府于 2015 年 9 月 22 日向最高人民法院寄送了申诉书,最高人民法院于 2016 年 3 月 28 日复信要求其补充相关材料(2015 法信字第 18639 号)。朱沱镇政府补充邮寄相关材料后,最高人民法院于 2016 年 7 月 12 日再次复信要求其按相关要求补充材料。朱沱镇政府工作人员于 2016 年 11 月 8 日上午到最高人民法院补齐了相关材料。最高人民法院目前正在对朱沱镇政府的再审申请进行审查且未超过 3 个月。根据《民事诉讼法》第 209 条、《人民检察院民事诉讼监督规则(试行)》第 31 条的规定,本案不符合受理条件,应当对本案终结审查。

2. 终审判决作出后,仅一方当事人向人民法院申请再审,而另一方当事人未向人民法院申请再审,则未向人民法院申请再审的另一方当事人以案件已经过再审程序审查为由直接向检察机关申请监督的,检察机关不应受理;已经受理的,应当终结审查。同理,终审判决作出后,一方当事人(多人)中仅部分当事人向人民法院申请再审,而另一部分人未向人民法院申请再审,则未向人民法院申请再审的另一部分当事人以案件已经过再审程序审查为由直接向检察机关申请监督的,检察机关不应受理;已经受理的,应当终结审查。《民事诉讼法》第 199 条规定:"当事人对已经发生法律效力的判决、裁定,认为有错误的,可以向上一级人民法院申请再审;当事人一方人数众多或者当事人双方为公民的案件,也可以向原审人民法院申请再审。当事人申请再审的,不停止判决、裁定的执行。"从上述条文来看,一方当事人申请再审或者一方当事人(多人)中的部分当事人,并不能阻断另一方当事人或者一方当事人(多人)中另一部分当事人向人民法院申请再审。在现行《民事诉讼法》将申请再审设置为申请监督的前置程序的情况下,未申请再审的另一方当事人或者一方当事人(多人)中未申请再审的另一部分当事人不能"搭便车",直接向检察机关申请监督,否则不符合立法精神。如果该部分当事人在终审裁判发生法律效力 6 个月内未申请再审,则属于行使自身的处分权,由此导致不符合申请监督受理条件的,相应后果应由其自身承担。

3. 关于申请再审后作出的再审裁判的范围如何界定的问题。目前司法实践中对申请再审后作出的再审裁判的范围尚有争议,个人认为司法实践中对此应从宽把握,凡是经过再审程序审查后作出的判决、裁定均可认定为属于再审裁判的范围。具体包括以下裁判:(1)申请人向上一级人民法院申请再审的:第一,再审申请受理后经提审作出的裁判即为再审裁判。第二,再审申请受理后指令原审法院再审作出的裁判(适用于指令二审法院再审的情形)以及对相关裁判不服经上诉后作出的裁判(适用于指令一审法院再审的情形),均为再审裁判。第三,再审申请受理后发回重审作出的裁判(适用于发回二审法院重审的情形)以及对相关裁判不服经上诉后作出的裁判(适用于发回一审法院重审的情形),均为再审裁判。(2)申请人向原审人民法院申请再审的:再审申请受理后作出的裁判(适用于向二审法院申请再审的情形)以及对相关裁判不服经上诉后作出的裁判(适用于向一审法院申请再审的情形),均为再审裁判。在实践中应注意:第一,经二审程序发回重审后作出的裁判以及对该裁判不服经再次上诉后作出的二审裁判,不能认定为再审裁判,即不能成为监督对象。第二,指令一审法院再审、发回一审法院重审、向一审法院申请再审等情形下作出的裁判,当事人可以上诉,在此情况下监督对象应当为再审(二审)判决,而非再审(一审)判决。

案例十三:刘海林申请监督案(高检民监〔2016〕183号)

一、案件来源

刘海林因与李雪艳案外人执行异议纠纷一案,不服吉林省高级人民法院(2015)吉民一终字第49号民事判决,向吉林省人民检察院申请监督,该院提请最高人民检察院抗诉。

二、诉讼过程和法院历次审理情况

2012年,刘海林起诉李雪艳至吉林省白城市中级人民法院,请求:撤销白城市中级人民法院作出的(2011)白执复字第3号民事裁定,停止对中兴西大路6楼3单元302号房屋的执行。

(一)一审情况

一审法院查明:苏国贵向刘海林借款,并用涉案房屋作还款保证,双方于2007年在产权部门办理抵押登记,抵押设定日期为2007年6月22日,抵押设定期限为3年,注销日期为2010年12月30日。该院于2011年7月19日依据(2007)白民二初字第59号民事判决,查封了被执行人苏国贵的涉案房屋。刘海林于2011年11月8日向该院提出执行异议，该院于 2011 年 12 月 8 日作出（2011）白执复字第 3 号执行裁定，驳回了刘海林的执行异议。2010 年 12 月 25 日，刘海林与苏国贵签订了一份《卖房协议书》，约定由刘海林购买涉案房屋，合计价款为 61 万元，抵顶之前苏国贵欠刘海林购买涉案房屋，合计价款为 61 万元，抵顶之前苏国贵欠刘海林的欠款。同时房屋由苏国贵居住至 2011 年末。该房屋登记的所有人为苏国贵，刘海林因经济原因并未办理过户手续。

一审法院认为：刘海林的诉讼请求无法律依据，依法不应予以支持。

1. 该院在执行（2007）白民二初字第 59 号民事判决过程中，针对涉案房屋予以查封，购买该房屋的刘海林要求停止对涉案房屋的执行。根据最高人民法院《关于人民法院民事执行中查封、扣押、冻结财产的规定》第 17 条关于"被执行人将所有的需要办理过户登记的财产出卖给第三人，第三人已经实际支付部分或者全部价款并实际占有该财产，但尚未办理产权过户登记手续的，人民法院可以查封、扣押、冻结；第三人已经支付全部价款并实际占有，但未办理过户登记手续的，如果第三人对此没有过错，人民法院不得查封、扣押、冻结"的规定，查封异议成立应当同时满足以下条件：一是案外人（第三人）应当在人民法院针对执行标的的强制执行程序开始前，已经支付全部价款并实际占有该标的物；二是"第三人对此没有过错"，指案外人（第三人）未办理产权过户登记手续是由于被执行人不予协助、办理登记存在客观障碍、登记机关原因等案外人意志以外的原因造成的。本案中案外人刘海林在查封之前并未实际占有涉案房屋，且其再起诉状自认因经济原因未办理房屋产权过户手续。因此，刘海林并未实际占有涉案房屋，且其对未办理房屋产权过户存在明显错误。

2. 案外人依据《民事诉讼法》第 204 条（注：修改前的《民事诉讼法》）的规定提起诉讼，须主张其对标的物享有足以阻止其转让、交付的实体权利的所有权，用益物权等相关物权。《物权法》第 15 条规定："当事人之间订立有关设立、变更、转让和消灭不动产无权的合同，除法律另有规定或者合同另有约定外，自合同成立时生效；未办理物权登记的，不影响合同效力。"第 16 条规定："不动产登记簿是物权归属和内容的根据。不动产登记簿由登记机构管理。"第 17 条规定："不动产权属证书是权利人享有该不动产物权证明。不动产权属证书记载的事项，应当与不动产登记簿一致；记载不一致的，除有证据证明不动产登记簿确有错误外，以不动产登记簿为准。"按照不动产登记生效原则，由于涉案房屋并未办理登记手续，刘海林并不是房屋的所有权人，房屋的所有权人仍是苏国贵，因苏国贵拖欠李雪艳欠款，人民法院查封苏国贵名下的房屋，是合法的。因刘海林未取得房屋的所有权，其与苏国贵仍属于普通债权债务关系，刘海林的损失可以根据其与苏国贵房屋买卖合同，另行向苏国贵主张返还购房款及赔偿相关损失。

3. 善意取得是指无权处分他人动产的占有人，在不法将动产转让给第三人以后，如果受让人在取得该动产是出于善意，就可以依法取得动产的所有权，受让人在取得动产的所有权后，原所有权人不得要求受让人返还财产，而只能请求转让人赔偿损失。涉案房屋不涉及善意取得情形。

综上，刘海林于苏国贵之间的房屋买卖合同所产生的法律关系是债权债务关系，由于债权法上的权利只是一种相对权、对人权，不具有排他效力。涉案房屋在被法院查封保全时所有权人仍是苏国贵。房屋物权未办理变更登记前，法院仍然有权执行查封。因而，刘海林关于要求停止李雪艳对涉案房屋申请执行的诉讼请求，于法无据，不予支持。

一审法院判决：驳回刘海林的诉讼请求。

刘海林不服一审判决，向吉林省高级人民法院申请再审。

（二）再审情况

吉林省高级人民法院裁定：指令白城市中级人民法院再审本案。

再审（一审）法院查明的事实与原审基本相同。另查明，刘海林于2012年1月13日向洮北区人民法院提起民事诉讼，请求判令刘海林与苏国贵签订的房屋买卖合同有效并令苏国贵履行该合同。洮北法院于2012年2月23日作出（2012）白洮西民初字第23号民事判决，判决刘海林与苏国贵签订的卖房协议有效。

再审（一审）法院认为：最高人民法院《关于适用〈中华人民共和国民事诉讼法〉执行程序若干问题解释》第19条规定："案外人依照民事诉讼法第二百零四条规定提起诉讼的，执行法院应当依照诉讼程序审理。经审理，理由不成立的，判决驳回其诉讼请求；理由成立的，根据案外人的诉讼请求作出相应的裁判。"该规定中的"依照诉讼程序审理"应理解为按照普通程序审理，而一审按照特别程序审理本案，剥夺了当事人的上诉权，程序违法，应予纠正。最高人民法院《关于人民法院民事执行中查封、扣押、冻结财产的规定》第 17 条规定的人民法院不得查封、扣押、冻结的情形为：第三人已经支付全部价款并实际占有，且第三人对未办理过户登记手续没有过错，而刘海林并没有实际占有房屋，且在一审中自认因为经济原因没有办理产权过户手续，故对未办理过户登记手续存在过错。故该院在执行（2007）白民二初字第 59 号民事判决过程中，查封了涉案房屋并无不妥。刘海林向该院提出执行异议申请被驳回后，又向洮北区人民法院提起诉讼，要求确房房屋买卖合同的效力并履行该合同，而洮北区人民法院只判决确认了刘海林与苏国贵签订的卖房协议的效力，并没有对房屋的所有权予以确认，并不能产生物权变动的效力，亦不能对抗白城中院（2009）白执字第 27 号执行裁定及（2011）白执复字第 3 号执行裁定。刘海林的损失可通过有效的协议要求苏国贵承担相应责任予以弥补。根据《物权法》第 106 条规定，本案不存在善意取得的情形。综上，原审事实清楚，但程序违法，应予纠正。

再审（一审）法院判决：(1) 撤销一审判决；(2) 驳回刘海林的诉讼请求。

刘海林不服再审（一审）判决，向吉林省高级人民法院提出上诉。

（三）二审情况

二审法院对对一审、再审查明的事实予以确认。另查明，苏国贵于 2013 年七八月份将涉案房屋交付给刘海林。

二审法院认为：(1)《物权法》第 9 条第 1 款规定："不动产无权的设立、变更、转让和消灭，经依法登记，发生效力；未经登记，不发生效力，但法律另有规定的除外。"根据本款规定，刘海林虽然以抵债的形式购买了涉案房屋，但是由于没有办理登记，刘海林仍不是涉案房屋的所有权人，刘海林依合同约定和法律规定对苏国贵享有的只是债权。因此，白城中院对涉案房屋采取强制措施符合法律规定。(2) 刘海林与苏国贵虽于白城中院采取查封措施之前，签订了房屋买卖协议，但苏国贵未与刘海林办理涉案房屋的产权过户登记手续，苏国贵也没有将涉案房屋交付给刘海林。苏国贵直到 2013 年七八月份才将涉案房屋交付给刘海林。在白城中院对涉案房屋采取查封措施后，苏国贵与刘海林应当保持涉案房屋在查封时的占有状态，不能擅自改变，依据最高人民法院《关于人民法院民事执行中查封、扣押、冻结财产的规定》第 26 条第 1 款关于"被执行人就已经查封、扣押、冻结的财产所作的移转、设定权利负担或者其他有碍执行的行为，不得对抗申请执行人"的规定，苏国贵在白城中院查封后将涉案房屋交付给刘海林的行为，不能产生对抗申请执行人的效力。综上，刘海林的诉讼主张不符合最高人民法院《关于人民法院民事执行中查封、扣押、冻结财产的规定》第17条规定的"不得查封、扣押、冻结"的情形，不享有足以排除强制执行的民事权益。再审判决认定事实清楚，适用法律正确，应予维持。

二审法院判决：驳回上诉，维持原判。

三、最高人民检察院不支持监督申请的理由

最高人民检察院认为：该案不符合监督条件。终审判决认为白城市中级人民法院对涉案房屋采取强制执行措施符合法律规定，并无不当。

1.《物权法》第6条规定："不动产物权的设立、变更、转让和消灭，应当依照法律规定登记。动产物权的设立和转让，应当依照法律规定交付。"第9条第1款规定："不动产物权的设立、变更、转让和消灭，经依法登记，发生效力；未经登记，不发生效力，但法律另有规定的除外。"本案中，《卖房协议书》签订后，双方并未办理涉案房屋过户登记手续，苏国贵仍为涉案房屋的所有权人。刘海林与苏国贵之间系普通债权债务关系，刘海林的相关损失可以依据合同约定和法律规定另行向苏国贵主张。换言之，本案中刘海林就涉案房屋并不享有足以排除强制执行的民事权益。

2. 最高人民法院《关于人民法院民事执行中查封、扣押、冻结财产的规定》第17条规定："被执行人将所有的需要办理过户登记的财产出卖给第三人，第三人已经实际支付部分或者全部价款并实际占有该财产，但尚未办理产权过户登记手续的，人民法院可以查封、扣押、冻结；第三人已经支付全部价款并实际占有，但未办理过户登记手续的，如果第三人对此没有过错，人民法院不得查封、扣押、冻结。"据此，查封异议成立应当同时满足以下条件：一是第三人应当在人民法院针对执行标的的强制执行程序开始前，已经支付全部价款并实际占有该标的物；二是第三人对此没有过错。就本案具体情况而言：一方面，刘海林在查封之前并未实际占有涉案房屋。虽然《卖房协议书》中约定苏国贵可暂住到2011年年末，但苏国贵系于2013年七八月份将涉案房屋交付给刘海林。另一方面，刘海林对涉案房屋未能办理过户，具有一定过错。刘海林在起诉状中自认因经济原因未办理房屋产权过户手续。在刘海林起诉苏国贵、宋立明确认合同纠纷一案中，苏国贵、宋立明辩称"未协助过户是因为，原告购买楼房后，现楼房涨价了，若原告不要我们欠的60000元（借款本金40万元+利息21万元-房款55万元=6万元），可以协助其过户"；同时，该判决也认定"扣除楼房价款后，被告仍欠原告款60000元，被告不履行房屋过户义务"。上述事实证明，刘海林对涉案房屋未能办理过户的主要原因并非苏国贵的妻子"不在家，不能办理过户手续"等客观原因，其自身对涉案房产未能办理过户亦具有一定过错。综上，本案中涉案房屋不属于上述司法解释规定的"人民法院不得查封、扣押、冻结"的情形。

四、案件评析

本案一审判决作出后，申请人刘海林并未上诉，而是向上级人民法院申请再审，上级人民法院依法指令一审法院再审本案。《民事诉讼法》第207条规定："人民法院按照审判监督程序再审的案件，发生法律效力的判决、裁定是由第一审法院作出的，按照第一审程序审理，所作的判决、裁定，当事人可以上诉；发生法律效力的判决、裁定是由第二审法院作出的，按照第二审程序审理，所作的判决、裁定，是发生法律效力的判决、裁定；上级人民法院按照审判监督程序提审的，按照第二审程序审理，所作的判决、裁定是发生法律效力的判决、裁定。"据此，本案中再审（一审）判决作出后，当事人可以上诉。对于这种情况，检察监督的对象应是二审判决（终审判决）而非再审（一审）判决。换言之，二审判决（终审判决）即属于《民事诉讼法》第209条所称的再审判决。

4. 关于法院依职权启动再审程序后作出的裁判是否属于再审裁判的范围。个人认为，因现行《民事诉讼法》将申请再审设置为申请监督的前置程序，如果将法院依职权启动再审后作出的裁判归属于《民事诉讼法》第209条所称的"再审判决、裁定"，则有违反法律适用逻辑及立法精神，但如果从诉讼经济和有限再审的原则考虑，宜适当对再审裁判的范围作扩大解释，使法院依职权启动再审程序后作出的裁判包含于《民事诉讼法》第209条所称的"再审判决、裁定"的范围，最高人民检察院和最高人民法院在相关案件中亦持此观点。例如，在最高人民检察院办理的通畅达公司申请监督案中，临汾市中级人民法院一审判决作出后，双方当事人均未提出上诉，后一审法院以"原判决适用法律存在错误"为由依职权启动再审程序并作出如下裁定：撤销一审判决，驳回通畅达公司的起诉。通畅达公司不服该裁定，向二审法院山西省高级人民法院提出上诉，二审法院审理后作出如下裁定：驳回上诉，维持原裁定。通畅达公司不服，向检察机关申请监督，最高人民检察院依法向最高人民法院提出抗诉。最高人民法院在审理本案过程中就争议的山西省高级人民法院民事裁定的性质应属再审裁定还是二审裁定问题，经征询全国人大常委会法制工作委员会意见后认为，从现行《民事诉讼法》的立法精神看，应当坚持有限再审原则及"法院纠错在先，检察监督断后"的再审救济顺位模式，应当认定山西省高级人民法院民事裁定属于《民事诉讼法》规定的再审裁定，当事人无权向人民法院申请再审，而应依法向检察机关申请监督①。

三、受理监督申请的检察机关对案件有管辖权

根据《民事诉讼监督规则》的相关规定，对发生法律效力的民事裁判结果监督案件，最高人民检察院、同级人民检察院和上级人民检察院均有管辖权。当事人对已经发生法律效力的民事裁判结果申请监督，由作出原生效裁判的人民法院所在地同级人民检察院受理；同级人民检察院受理后，根据审查情况，向同级人民法院提出再审检察建议或者提请上级人民检察院抗诉。

四、受理监督申请应符合关于申请监督期限的规定

现行《民事诉讼法》和《民事诉讼监督规则》中对民事裁判结果的申请监督期限并未作出规定，这导致大量生效多年的裁判结果监督案件进入监督程序，给民事检察监督工作带来很大困扰。为此，最高人民检察院民事行政检察厅和控告检察厅通过会议纪要的形式规定：在受理当事人申请检察监

---

① 参见最高人民法院审监庭第五合议庭：《关于一审生效裁判经再审作出裁判性质的调研》，载《人民司法》2016年第25期。该文所称的一审生效裁判经再审作出裁判，包括依职权再审作出裁判和依申请再审作出裁判两种情况。

督的期限方面可以参照最高人民检察院民事行政检察厅《关于规范省级人民检察院办理民事行政提请抗诉案件的意见》的有关规定执行，即当事人在民事裁判生效后超出两年期限再申请监督的，检察机关不予受理。在《民事诉讼法》或《民事诉讼监督规则》对民事裁判结果的申请监督期限作出具体规定之前，各级检察机关应严格按照上述会议纪要的规定来把握申请监督期限。对申请监督期限作出明确规定，有利于当事人及时行使申请监督权利，维护生效裁判的既判力。《行政诉讼监督规则》在制定时比照关于申请再审期限的相关规定，已将行政裁判结果申请监督的期限设定为6个月，即当事人"应当在人民法院作出驳回再审申请裁定之日或者再审判决、裁定发生法律效力之日起六个月内提出；对人民法院逾期未对再审申请作出裁定的，应当在再审申请审查期限届满之日起六个月内提出"。《民事诉讼法》或《民事诉讼监督规则》在修改时应对此作出相同规定。

五、申请人提供的材料应当齐备并符合规定

申请人申请监督，应当提交相关材料以便于检察机关对案件进行审查。《民事诉讼监督规则》第25条至第28条对申请人应当提交的材料的种类（主要包括监督申请书、身份证明、相关法律文书及证据材料）和要求作出了具体规定，此处不再赘述。

六、当事人申请监督不属于不予受理的情形

《民事诉讼监督规则》第31条规定："当事人根据《中华人民共和国民事诉讼法》第二百零九条第一款的规定向人民检察院申请监督，有下列情形之一的，人民检察院不予受理：（一）当事人未向人民法院申请再审或者申请再审超过法律规定的期限的；（二）人民法院正在对民事再审申请进行审查的，但超过三个月未对再审申请作出裁定的除外；（三）人民法院已经裁定再审且尚未审结的；（四）判决、调解解除婚姻关系的，但对财产分割部分不服的除外；（五）人民检察院已经审查终结作出决定的；（六）民事判决、裁定、调解书是人民法院根据人民检察院的抗诉或者再审检察建议再审后作出的；（七）其他不应受理的情形。"《民事诉讼监督规则》第31条主要是根据《民事诉讼法》第209条的相关规定引申出来的，属于对当事人可以申请监督的情形的反向关照。此处重点探讨《民事诉讼法》第209

条第 2 款所确立的民事裁判结果监督"一次申请原则"。《民事诉讼法》第 209 条第 2 款规定:"人民检察院对当事人的申请应当在三个月内进行审查,作出提出或者不予提出检察建议或者抗诉的决定,当事人不得再次向人民检察院申请检察建议或者抗诉。"据此,"一次申请原则"的内涵为:一方面,对于检察机关已经审查终结作出决定的案件,无论是提出抗诉或检察建议,还是不提出抗诉或者检察建议,当事人再次申请监督的,检察机关均应当不予受理;另一方面,当事人对人民法院根据检察机关的抗诉或者再审检察建议再审后作出的裁判向检察机关申请监督的,检察机关亦应当不予受理。在此需指出的是,"一次申请原则"系针对案件而言,而非针对申请人而言。换言之,一方面,一方当事人申请监督且检察机关已经审查终结并作出决定的案件,未申请监督的另一方当事人不得再申请监督;另一方面,对人民法院根据检察机关的抗诉或者再审检察建议再审后作出的再审裁判,不仅同一申请人不得再次申请,案件的其他当事人也不能再次申请。"一次申请原则"的价值在于避免申请人重复启动、反复启动监督程序,维护生效裁判的既判力,但其本身亦存在一定的局限性。为了弥补"一次申请原则"的不足,《民事诉讼监督规则》和相关文件又作出了两方面制度设计:一方面,对于当事人申请监督且检察机关已经作出不支持监督申请决定的,申请人可以向上一级检察机关申请复查一次;另一方面,检察机关提出抗诉或者再审检察建议后,人民法院作出的再审裁判结果仍有明显错误的,检察机关可依职权通过跟进监督程序来处理。

第二节 依职权启动民事裁判结果监督的受案标准

依职权监督属于检察机关自行启动监督程序,无须以申请人申请再审为前置程序或前提条件。对于当事人未申请再审的民事裁判结果,如果符合依职权进行监督的条件,检察机关可自行启动监督程序(主要适用于民事案件中存在损害国家利益或者社会公共利益以及审判人员有贪污受贿、徇私舞弊、枉法裁判等行为这两种情形)。对于当事人已经申请再审且作出再审裁判的,如果再审裁判结果符合依职权进行监督的条件,检察机关亦可自行启动监督程序(主要适用于需要跟进监督的情形)。《民事诉讼监督规则》第 41 条规定:"具有下列情形之一的民事案件,人民检察院应当依职权进行监督:(一)损害国家利益或者社会公共利益的;(二)审判、执行人员有贪污受贿、徇私舞弊、枉法裁判等行为的;(三)依照有关规定需要人民检察院跟进监督的。"目前检察机关对民事裁判结果能够依职权进行监督的，主要指上述三种情形。《民事诉讼监督规则》第41条未规定兜底条款，对审判实践中广泛存在的虚假诉讼现象亦未明确规定应当依职权进行监督，实为遗憾，应当在修订《民事诉讼监督规则》时予以考虑。从受案标准的角度来衡量，检察机关只要经过初步判决，认为民事裁判结果可能存在上述三种情形，即可以自行立案进行监督。至于审查后是否应当提出抗诉或者检察建议则属于审查标准的问题。对于"损害国家利益或者社会公共利益""审判、执行人员有贪污受贿、徇私舞弊、枉法裁判等行为""依照有关规定需要人民检察院跟进监督"的审查标准将在后文作出论述。

第三章 民事裁判结果监督的审查标准研究

第一节 民事裁判结果监督事由的适用标准

《民事诉讼法》第200条规定:"当事人的申请符合下列情形之一的,人民法院应当再审:(一)有新的证据,足以推翻原判决、裁定的;(二)原判决、裁定认定的基本事实缺乏证据证明的;(三)原判决、裁定认定事实的主要证据是伪造的;(四)原判决、裁定认定事实的主要证据未经质证的;(五)对审理案件需要的主要证据,当事人因客观原因不能自行收集,书面申请人民法院调查收集,人民法院未调查收集的;(六)原判决、裁定适用法律确有错误的;(七)审判组织的组成不合法或者依法应当回避的审判人员没有回避的;(八)无诉讼行为能力人未经法定代理人代为诉讼或者应当参加诉讼的当事人,因不能规则于本人或者其诉讼代理人的事由,未参加诉讼的;(九)违反法律规定,剥夺当事人辩论权利的;(十)未经传票传唤,缺席判决的;(十一)原判决、裁定遗漏或者超出诉讼请求的;(十二)据以作出原判决、裁定的法律文书被撤销或者变更的;(十三)审判人员审理该案件时有贪污受贿,徇私舞弊,枉法裁判行为的。"从省级院的提请抗诉案件来看,监督实践中涉及最多的事由分别是:原裁判认定的基本事实缺乏证据证明;原裁判适用法律确有错误;有新的证据足以推翻原裁判。以上述三项事由提请抗诉的案件数约占省级院提请抗诉案件总数的80%以上。单独以其他事由提请抗诉的案件数很少,多数情况下其他事由是作为上述三项事由的补强理由出现的。

一、原裁判认定的基本事实缺乏证据证明

《民事诉讼监督规则》第79条规定:"有下列情形之一的,应当认定为《中华人民共和国民事诉讼法》第二百条第二项规定的'认定的基本事实缺

乏证据证明'：（一）认定的基本事实没有证据支持，或者认定的基本事实所依据的证据虚假、缺乏证明力的；（二）认定的基本事实所依据的证据不合法的；（三）对基本事实的认定违反逻辑推理或者日常生活法则的；（四）认定的基本事实缺乏证据证明的其他情形。"在此，首先需厘清"基本事实"这一概念。参考最高人民法院《关于适用〈中华人民共和国民事诉讼法〉审判监督程序若干问题的解释》第 11 条的规定，对原裁判的结果有实质影响、用以确定当事人主体资格、案件性质、具体权利义务和民事责任等主要内容所依据的事实，为《民事诉讼法》第 200 条第 2 项所规定的"基本事实"。在民事裁判结果监督过程中，主要应就案件基本事实进行审查并结合相关证据来判断该基本事实是否"缺乏证据证明"，进而作出抗诉与否的决定。对于原裁判结果没有实质影响或未影响当事人民事责任承担的其他错误事实，一般情况下不宜就此提出抗诉。有一种特殊情况必须指出，即本案中对于某事实作出的错误认定，虽未影响本案的实体裁判结果，但若本案裁判文书生效后，其中对于某事实的错误认定影响了另案实体裁判结果（此处系指当事人根据"已为人民法院发生法律效力的裁判所确认的事实，当事人无须举证证明"的规定，引用本案生效裁判所确认的错误事实，另案提起相关诉讼的情况），则对于本案中的错误事实，亦提出抗诉为宜。

《民事诉讼法》和最高人民法院《关于适用〈中华人民共和国民事诉讼法〉的解释》对如何认定"缺乏证据证明"，并没有作出具体规定。《民事诉讼监督规则》第 79 条虽然对"缺乏证据证明"进行了必要的细化规定，但针对性并不突出。因为在民事裁判结果监督案件中，完全缺乏证据支持、证据虚假、证据不合法以及对基本事实的认定违反逻辑推理或日常生活法则的案件，并不占多数。多数案件需要针对纷繁复杂的案件事实，根据高度盖然性的证明标准来判断终审判决认定案件基本事实是否缺乏证据证明。在案件基本事实确实难以查清的情况下，则需要根据举证责任分配规则来认定当事人所主张的案件基本事实是否成立。严格而言，因举证责任分配错误或者法院对相关证据认证不当而导致终审判决对案件基本事实认定错误的，应归结于"适用法律确有错误"而非"认定案件基本事实缺乏证据证明"，或者说系因"适用法律确有错误"而导致对案件基本事实的认定缺乏证据证明。在监督实践中，应将相关问题表述清楚，防止将两类监督事由随意混用。

案例十四：顾明亮申请监督案（高检民监〔2015〕277号）

一、案件来源

顾明亮因与白敬刚合伙纠纷一案，不服新疆维吾尔自治区高级人民法院（2014）新审二民提字第72号民事判决，向新疆维吾尔自治区人民检察院申请监督，该院提请最高人民检察院抗诉。

二、诉讼过程和法院历次审理情况

（一）原审情况

2010年5月15日，白敬刚起诉顾明亮至塔城地区中级人民法院，请求：（1）判令依法审计双方合伙期间的财务账目，确认双方合伙期间的出资数额和出资比例；（2）对双方共建的楼房进行价格评估，按白敬刚出资比例判决可得利益300万元（以最终评估价为准）；（3）判令顾明亮办理双方合伙投资建盖楼房的相关手续。顾明亮提起反诉，请求：（1）判令白敬刚继续履行合同，提供资金，完成后续建设；（2）判令白敬刚支付违约金58万元。一审法院于2012年5月3日作出（2010）塔中民二初字第5号民事判决。顾明亮、白敬刚均不服该判决，提出上诉。二审法院于2012年9月13日作出（2012）伊州民二终字第411号民事裁定书，裁定：撤销原判，发回重审。重审期间，白敬刚的诉讼请求变更为：（1）判令依法审计双方合伙期间的财务账目，确认双方合伙期间的出资数额和出资比例；（2）按白敬刚出资61.65%、顾明亮出资38.53%的比例分割合伙共建楼房，负一楼804.72平方米、一楼565.47平方米、二楼420平方米；（3）判令顾明亮办理双方合伙投资建盖楼房的相关手续。顾明亮的反诉请求仍为：（1）判令白敬刚继续履行合同，提供资金，完成后续建设；（2）判令白敬刚支付违约金58万元。

（二）重审（一审）情况

一审法院重审后查明：2008年5月12日，顾明亮与乌苏市农村信用合作联社签订《房屋买卖协议书》，乌苏市农村信用合作联社将自己位于乌苏市哈图布呼镇三层楼房以160万元的价格出售给顾明亮，由顾明亮拆除、重建。2008年7月28日，顾明亮与白敬刚签订《合作建房协议书》。协议书约定，顾明亮以购买的方式获得乌苏市哈图布呼镇原供销大楼及其占用范围的土地使用权，办理了相关自建、开工等手续，周围已拆迁完毕并已开工建设，白敬刚拟再与顾明亮共同投资进行后续建设，项目总投资为580万元至600万元。建筑面积为4800平方米，共计四层，每层1200平方米。具体用途：地下室、一层、二层为商铺，三层为宾馆，后面为三层大厅的综合楼，三层宾馆及二楼大厅预留暂不建，与白敬刚无关，由顾明亮负责自建。协议生效之日起的后续建设资金、销售、管理、财务费用及办证等概由白敬刚负担。楼房建成后对共建部分对外销售，除去开发成本、费用、税金后的余额，双方五五分成。楼房售价确定为：负一楼每平方米5000元、一楼每平方米6000元、二楼每平方米3000元（均以建筑面积为准）。双方还对违约责任进行了约定。2009年1月13日，双方又签订了《补充协议书》。约定，双方已对2009年1月13日前垫付资金清算确认，顾明亮出资1741797.86元，白敬刚出资1141189.5元，后续建设资金双方各出资30万元必须于2009年2月28日前打入双方在农行的共管账户，如超期将视为放弃投资，资金使用由股东会分配。双方出资必须是其本人已支付的部分，已预售房屋所收取的预收款，不作双方投资。双方按出资比例分享与分担利益和损失。二楼后大厅和三楼宾馆按总图纸设计费及审图费中属该部分面积只分摊该部分的设计费及审图费，不分摊其他一切费用。任何一方如未履行出资义务或有其他违约行为的，守约方均可书面解除协议。

一审法院重审后认为：2008年7月28日，顾明亮与白敬刚签订的《合作建房协议》及2009年1月13日签订的《补充协议书》，是双方真实意思表示，且不违反法律、行政法规的强制性规定，应认定为有效协议。双方在履行上述协议时发生纠纷，现白敬刚请求对双方在合伙期间的财务账目、出资比例进行审计，并按出资比例分割房屋，由顾明亮办理相关手续。在审理过程中该院委托新疆永佳有限责任会计师事务所于2011年5月30日对双方的账目及出资比例进行了鉴定。后经两次补充鉴定，2011年12月11日最终鉴定结论为：顾明亮投入款2045164.92元，白敬刚投入款1574825.80元。审计后，现金出现-685955.43元。该鉴定报告倾向性意见是如无相反证据出现，应将其归属于顾明亮垫付款，因此该院将685955.43元计算到顾明亮的投入款。对于鉴定报告中所列示账务中已支付因签字不全，白敬刚及朱克杰未确认顾明亮支出部分及白敬刚后期转交单据款项，因鉴定时未审计，故均不作为双方的投入款。对于鉴定报告中的待定事项：（1）赵建明律师的代理费；（2）2011年4月6日缴纳诉讼费；（3）2011年因用工纠纷朱克杰等11人对顾明亮提起诉讼所判定的欠付劳务费；（4）暖气费；（5）白敬刚后期提交的单据，支付朱克杰工资及材料款等。有些是双方发生争议后产生，有些项目无法查清是否属实，故不应作为双方的投入款，如果双方有新的证据，可另案诉讼。白敬刚认为顾明亮自建部分的投入款应当在其出资款中减去，根据庭审调查情况，其自建部分的材料款，并未计算到总投资款，因此不能计算在总投资中。白敬刚认为已出售的房款不应当作为任何一方的投资，由于预售房屋存在未能按期交工可能产生违约金的问题，由于没有实际发生，该院不作处理，双方可另行解决。综上，在合伙期间双方的投入款及所占比例为：白敬刚投入款1574825.80元，占总投入的36.57%；顾明亮投入款2731120.35元（2045164.92元+685955.43元），占总投入的63.43%。在诉讼中，白敬刚主张按其出资比例判决分割房屋。经该院实地调查及顾明亮提供的双方共建的鑫源综合楼《马苏市房产分户图》所显示的楼房置换、销售情况，对已置换及顾明亮已销售楼房的剩余部分楼房按白敬刚出资比例进行实物分割如下：

负一楼：总面积1305.3平方米（注：按双方签字认可的《乌苏市房产分户图》标注的面积计算，该面积来源于已办理的产权证书，下同），按白敬刚投入比例36.57%计算，其应分房面积477.35平方米（总面积1305.3平方米×36.57%）。具体分到楼房为：负一楼大厅即第15号房屋489.88平方米，超出白敬刚应分得的面积12.53平方米（489.88平方米－477.35平方米），由于协议约定负一楼5000元/平方米，故白敬刚应补偿顾明亮62650元（12.53平方米×5000元/平方米）。

一楼：总面积917.22平方米（不包括信用社占有部分），按白敬刚投入比例36.57%计算，其应分房面积335.43平方米（总面积917.22平方米总面积917.22平方米×36.57%），具体分到楼房为1、2、3、5号（面积为234.51平方米）。白敬刚少分得面积100.92平方米（335.43平方米－234.51平方米），由于协议约定一楼6000元/平方米，故顾明亮应补偿白敬刚605520元（100.92平方米×6000元/平方米）。

二楼：总面积680.77平方米，按白敬刚投入比例36.57%，其应分房面积248.96平方米（总面积680.77平方米×36.57%），具体分到楼房为1、2、3、5号（面积为256.3平方米），白敬刚多占面积7.34平方米（248.96平方米－256.3平方米），由于协议约定二楼3000元/平方米，故白敬刚应补顾明亮22020元（7.34平方米×3000元/平方米）。

上述补偿款相互折抵后，顾明亮应补偿白敬刚楼房款520850元（605520元－62650元－22020元）。该款再行分配实物为白敬刚继续分得负一楼一间即13号，面积为67.49平方米，价格为337450元（67.49平方米×5000元）；二楼一间即8号，面积为60.58平方米，价格为181740元（60.58平方米×3000元），合计519190元。以上款项折抵后，顾明亮应补偿白敬刚楼房款1660元。由于双方在协议中约定，办证等概由白敬刚负担。因此，对于分割给白敬刚的房屋由其办理相关产权证，费用自理。顾明亮协助白敬刚办理上述产权证。对于协议中约定乌苏市信用合作联社的办公室及大厅，由于乌苏市信用合作联社尚未付款，白敬刚同意待本案处理完毕后其另案诉讼。

对于顾明亮提起的反诉：(1)要求继续履行合同。因双方合伙事由只有一项，即合作建房。而涉案房屋已建成并投入使用，也即合伙事项已履行完毕，对该合伙协议无继续履行的依据，双方只是清算并分割合伙财产，故顾明亮要求继续履行合伙协议的反诉请求不予支持。(2)顾明亮反诉要求白敬刚支付惩罚性违约金58万元。对于该项请求，由于顾明亮未向法院提交白敬刚未按期提供足额资金致使工期延误的证据，对其主张不予支持。

综上，双方在合伙建房完毕后，白敬刚按协议约定要求分割属于自己的楼房符合法律规定，予以支持。顾明亮反诉要求继续履行合同没有事实和法律依据；其主张白敬刚应支付惩罚性违约金58万元因未向法院提交相关证据证实其主张，因此对顾明亮的反诉请求不予支持。

一审法院重审后判决：(1)顾明亮向白敬刚交付乌苏市哈图布呼镇鑫源综合楼负一楼第13号、第15号房屋。产权登记等手续由白敬刚办理，费用由其自行承担。顾明亮协助白敬刚办理相关手续。(2)顾明亮向白敬刚交付乌苏市哈图布呼镇鑫源综合楼一楼第1号、第2号、第3号、第5号房屋。产权登记等手续由白敬刚办理，费用由其自行承担。顾明亮协助白敬刚办理相关手续。(3)顾明亮向白敬刚交付乌苏市哈图布呼镇鑫源综合楼二楼第1号、第2号、第3号、第5号、第8号房屋。产权登记等手续由白敬刚办理，费用由其自行承担。顾明亮协助白敬刚办理相关手续。(4) 顾明亮给付白敬刚楼房补偿款1660元。(5) 驳回白敬刚的其他诉讼请求。(6) 驳回顾明亮对白敬刚的反诉请求。

顾明亮不服重审判决,向新疆维吾尔自治区高级人民法院伊犁哈萨克自治州分院提出上诉。

(三) 重审(二审)情况

二审法院对一审法院重审查明的事实予以确认。

二审法院认为,本案争议焦点是:(1) 原审对合作建房屋产权的分割是否合理。(2) 是否应当从白敬刚的投资款中扣减消防工程款136180元。(3) 白敬刚是否应向顾明亮支付违约金58万元。(4) 诉讼支出的分担问题。关于争议焦点一:首先,负一楼层高不足2.2米的61.6平方米的房屋不具有独立性,不宜分割,而白敬刚主张该房屋可调换时,顾明亮又未予答复;加之顾明亮所占投资份额远大于白敬刚,故原审将该房屋判归顾明亮所有,并无明显不当。其次,由于预售房屋完全由顾明亮实施,相关债权债务情况均由顾明亮掌握,诉讼中顾明亮对此未充分举证说明,原审将合建房屋分割后,由顾明亮清理相关事宜并无不当。关于焦点二:由于合建房屋的消防工程后来由乌鲁木齐云鹏公司分包完成,工程款也由顾明亮向该公司支付,若工程质量存在问题,顾明亮和白敬刚可依法向该公司主张权利。顾明亮要求扣减白敬刚的投资款没有事实和法律根据。关于焦点三:由于诉讼中顾明亮未能提供白敬刚应承担违约责任的事实根据,原审对其请求未予支持正确。关于焦点四:基于双方系合伙关系,原审法院对诉讼费、评估费等承担比例分配欠妥,应予纠正。综上所述,原审判决认定事实清楚,房屋分割方案计算有理有据、符合双方当事人合同约定和法律的相关规定,该院予以维持。诉讼费、评估费等承担比例欠妥,该院予以纠正。

二审法院判决:(1) 维持重审判决第一、二、三、四、五、六项;(2) 撤销重审判决诉讼负担部分,改判为:一审案件受理费30800元、保全费5000元、评估费50000元、邮寄费100元、反诉费5838元,合计91738元,由顾明亮负担57795元,由白敬刚负担33943元;二审案件受理费5838元,由顾明亮负担。

顾明亮不服二审判决,向新疆维吾尔自治区高级人民法院申请再审。

(四) 再审情况

再审法院查明:审计报告中袁新江提供关于鑫源楼财务核算现金红

字的情况说明一份,称因后期双方当事人矛盾激化,白敬刚对有些票据拒签,故倾向性意见是现金红字应该转作顾明亮的实收资本。新疆永佳有限责任会计师事务所鉴定报告对现金负数685955.43元的意见为:如无相反证据出现,应将其归属于顾明亮垫付款。另查明,鑫源综合楼二楼三号房屋由马宏奎占有使用至今。再审法院查明的其他事实与二审一致。

再审法院认为:关于本案程序是否合法问题。白敬刚认为顾明亮再审时新提出数额遗漏、比例错误等理由,是二审时没有提出的,故不属再审范围。关于本案争议的实体问题:(1)关于新疆永佳有限责任会计师事务所的鉴定报告未计入的357705.6元及待定事项中的劳务费30000元应否算成顾明亮份额的问题。因鉴定报告中明确未计入款项是因签字不全,白敬刚及朱克杰未确认。而原审法院也根据评估报告的倾向性意见,将现金-685955.43元算作了顾明亮的份额,故原审判决未将357705.6元算成顾明亮投资并无不当。对于鉴定报告中的待定事项劳务费30000元,因其他劳务费尚在诉讼中,劳务费总额属不确定状态,原审法院认为双方如有新的证据,可另案诉讼并无不当。(2)关于房屋分配面积是否应扣减未足额给付池荣的安置补偿面积问题。双方当事人签订的《合作建房协议书》约定:"因顾明亮投资在先,前期签订的各种协议、合同双方应如期履行其协议中的各项内容,不得以其他理由不尽义务。这几项协议分别是……3.2008年7月7日与当事人池荣签订的拆迁补偿协议书",依据上述约定,顾明亮与白敬刚应共同向池荣履行《拆迁补偿协议书》,故白敬刚抗辩称顾明亮自建部分也应分摊池荣置换面积的理由不能成立。顾明亮在分割共建房屋时要求将其与池荣签订的补偿协议约定的面积全部扣除符合其与白敬刚在《合作建房协议书》中的约定,该项申请再审理由成立,本案实际给池荣安置负一楼30.36平方米、二楼67.49平方米与约定的给池荣安置负一楼49.5平方米、二楼60平方米存在差额73230元〔(49.5平方米-30.36平方米)×5000元+(60平方米-67.49平方米)×3000元〕,故白敬刚按比例36.57%应给付顾明亮楼房补偿款267802元。(3)关于分配房屋时是否扣减公摊面积的问题。双方当事人认可的分户图上的房屋面积为产权面积,包括共有分摊面积,不存在单独给顾明亮一方公摊的情况,故申请人的该项再审理由不能成立。(4)关于原判决将负一楼层高不够的房子分割给顾明亮是否显失公平的问题。负一楼层高不够的房子是一间房屋，二审时白敬刚也提出可以调换给他，顾明亮没有表态，故二审法院未予调换并无不当。（5）关于消防工程支出应否扣减白敬刚份额的问题。白敬刚于2009年9月30日出具的担保书约定："在2009年10月15日之前必须抽出借条，抽出借条的前提条件是：有消防工程安装单位公章的资质书、委托书原件和签定消防合同书的正式合同书或现金，逾期白敬刚借的玖万伍仟元将从白敬刚股份中扣除"，现顾明亮依据消防工程不能交验为由扣除白敬刚股份与上述约定不符，原审判决认为若工程质量存在问题，双方可依法向施工方主张权利的意见正确。（6）关于将已售二楼第3号房屋判归白敬刚是否合适的问题。因共建的二楼第3号房屋在双方认可的分户图写明已售，合同是顾明亮与案外人马宏奎所签，定金是顾明亮收取，该房屋一直被马宏奎占有使用，如将该房屋判归白敬刚，会损害实际使用人的合法权益，故原判将2楼第3号房屋判归白敬刚不当。依据双方认可的分户图调整2楼10号67.49平方米的房屋归白敬刚，由白敬刚给付顾明亮楼房补偿款10140元（67.49平方米－64.11平方米后乘以3000元）。（7）关于顾明亮反诉请求能否成立的问题。双方当事人在《合作建房协议书》中约定了双方的违约责任，但随着工程进展，双方重新签订了补充协议书，该补充协议是对白敬刚资金不能如期足额到位行为的处理，是对原合同部分内容的变更，不能再追究白敬刚签订补充协议前的不足额出资的违约责任。补充协议签订时，白敬刚出资额为1141189.5元，后经审计报告认定白敬刚投入款为1574825.80元，说明白敬刚在签订补充协议后依约投入30余万元资金，顾明亮的反诉请求因没有证据予以证实，原判未予支持并无不当。综上，原判认定事实清楚，但部分判项欠妥。

再审法院判决：（1）撤销二审判决及重审判决的第三项、第四项。即："三、顾明亮于本判决生效之日起十日内向白敬刚交付乌苏市哈图布呼镇鑫源综合楼二楼第1号、第2号、第3号、第5号、第8号房屋。产权登记等手续由白敬刚办理，费用由其自行承担。顾明亮协助白敬刚办理相关手续；四、顾明亮于给付白敬刚楼房补偿款1660元。"（2）维持重审判决的第一项、第二项、第五项、第六项，即："一、顾明亮向白敬刚交付乌苏市哈图布呼镇鑫源综合楼负一楼第13号、第15号房屋。产权登记等手续由白敬刚办理，费用由其自行承担。顾明亮协助白敬刚办理相关手续；二、顾明亮向白敬刚交付乌苏市哈图布呼镇鑫源综合楼一楼第1号、第2号、第3号、第5号房屋。产权登记等手续由白敬刚办理，费用由其自行承担。顾明亮协助白敬刚办理相关手续；五、驳回白敬刚的其他诉讼请求；六、驳回顾明亮的反诉请求。"（3）顾明亮向白敬刚交付乌苏市哈图布呼镇鑫源综合楼二楼第1号、第2号、第5号、第8号、第10号房屋。产权登记等手续由白敬刚办理，费用由其自行承担。顾明亮协助白敬刚办理相关手续；（4）白敬刚给付顾明亮楼房补偿款5260.2元（26780.2元+10140元－原判顾明亮给付白敬刚的1660元）。

顾明亮不服再审判决，向检察机关申请监督。

三、最高人民检察院提出抗诉的理由

最高人民检察院认为：再审法院对涉案房屋的分配存在错误，导致判决结果明显不公。理由如下：顾明亮与白敬刚于2009年1月13日签订的《补充协议书》约定："双方出资必须是其本人已支付的部分，已预售房屋所收取的预收款，不作双方投资。双方按出资比例分享与分担利益和损失。"本案中，顾明亮已将涉案房屋中的9套（分别为负一层的-1-6、-1-7、-1-8三套，一层的1-4、1-6、1-7三套，二层的2-3、2-6、2-7三套）出售，收取购房款共计1321275元，该款项已用于涉案项目的建设支出。这一事实有以下证据予以证实：第一，塔城地区中级人民法院（2012）塔中民二初字第34号民事判决的第二次庭审笔录记载："问：卖出去的房子收回的定金算谁的？被告代理人：收回来的钱就作为双方的投资了，作为工程款了。问：你们有共同的账户么问：被告代理人：有一部分是打到账户上，有一部分是直接付给别人当材料款了。原告代理人：审计的时候已经说了按照合同不作为任何一方的投资，作为成本，我们都是认可的……"（注：2013年1月5日开庭，顾明亮、白敬刚本人均参加庭审。）第二，新疆维吾尔自治区高级人民法院伊犁哈萨克自治州分院（2013）伊州民二终字第317号民事判决庭审笔录记载："问：审计上定的销售房款在哪？上诉人代理人：作为工程款支付出去了，但是不是双方的投资。被告人代理人：从审计上是反映用在共建的，但是他自建的部分也包括在里面了，前期的设计、勘探，后续办证的钱都在里面。"（注：2013年6月27日开庭，顾明亮、白敬刚本人均参加庭审。）第三，新疆维吾尔自治区高级人民法院

(2014) 新审二民提字第 72 号民事判决庭审笔录记载："问：鉴定报告哪一部分？申诉人：132 万元预收账款一览表，用到共建部分，没有算做投资。问：审计出来的 400 多万元是否包括这 132 万元？申诉人、被申诉人：不包括。被申诉人：包括这 132 万元是在总造价中。"（注：2014 年 10 月 16 日开庭，顾明亮、白敬刚本人均参加庭审。）第四，鉴定报告记载："依据现有资料，共收取十户房屋购房款，总计 1321275 元，凭证摘要为定金等。……"第五，双方签字确认的 3 张涉案已售房产分布图，证明上述 9 套房屋已出售。经司法鉴定，双方合作期间，白敬刚投入款 1574825.80 元，占总投入的 36.57%；顾明亮投入款 2731120.35 元（2045164.92 元 + 685955.43 元）占总投入的 63.43%。综上，双方在分割涉案房屋时，应首先将已出售的 9 套房屋予以扣除，对剩余部分再按上述比例予以分割。而再审判决实际将已出售的 9 套房屋全部计入顾明亮按比例应得的房屋面积中，导致判决结果明显不公。

四、案件评析

本案中，顾明亮与白敬刚于 2009 年 1 月 13 日签订的《补充协议书》明确约定："双方出资必须是其本人已支付的部分，已预售房屋所收取的预收款，不作双方投资。双方按出资比例分享与分担利益和损失。"实际上，顾明亮已将涉案房屋中的 9 套出售，收取购房款共计 1321275 元，该款项已用于涉案项目的建设支出。这一事实有重审、二审、再审相关庭审笔录、鉴定报告、双方签字确认的 3 张涉案已售房产分布图等证据可予证实。因再审判决对上述证据认证不当，导致其在分割涉案房屋时，未将已出售的 9 套房屋予以扣除，实际将已出售的 9 套房屋全部计入顾明亮按比例应得的房屋面积中，导致判决结果明显不公。最高人民法院《关于民事诉讼证据的若干规定》第 63 条规定："人民法院应当以证据能够证明的案件事实为依据依法作出裁判。"第 64 条规定："审判人员应当依照法定程序，全面、客观地审核证据，依据法律的规定，遵循法官职业道德，运用逻辑推理和日常生活经验，对证据有无证明力和证明力大小独立进行判断，并公开判断的理由和结果。"第 66 条规定："审判人员对案件的全部证据，应当从各证据与案件事实的关联程度、各证据之间的联系等方面进行综合审查判断。"就监督事由的适用而言，本案中监督事由应归结于再审判决适用法律确有错误，而非认定案件基本事实缺乏证据证明。因为导致案件实体判决结果不公的原因，并非对事实问题没有查清，而是对证据在分析、审核、认证方面存在错误所致。

在适用"原裁判认定的基本事实缺乏证据证明"这一监督事由时，关键问题是要明确在监督阶段对于案件基本事实应当查清到什么程度。换言之，何种程度的认定事实不清才属于认定基本事实缺乏证据证明，并足以据此提出抗诉。笔者认为，与民事审判必须对案件基本事实作出实质性认定不同，在民事裁判结果监督过程中，只要能够证明终审判决在认定案件基本事实时存在以下违法性，即可据以提出抗诉，而并非必须对案件基本事实作出实质性认定。

（一）终审判决在认定案件基本事实方面存在明显的计算错误

此类情形主要是指因终审判决中存在计算错误（计算方式错误、计算依据错误、计算项目重复或漏项等），进而导致终审判决在当事人具体权利义务的分配上存在明显不公。

案例十五：华侨公司跟进监督案（高检民监〔2015〕202号）

一、案件来源

华侨公司与刘光军承包经营管理合同纠纷一案，黑龙江省高级人民法院于2012年3月16日作出（2010）黑民一终字第99号民事判决，黑龙江省人民检察院依职权进行审查后提请最高人民检察院抗诉。

二、诉讼过程和法院历次审理情况

（一）原审情况

1998年1月6日，刘光军起诉华侨公司至哈尔滨市中级人民法院，请求：（1）判令华侨公司立即给付刘光军利润分成款2709834.65元；（2）判令华侨公司给付逾期付款赔偿金1432147.61元（自1997年7月1日至2000年5月22日，按当时人民银行逾期付款利息日万分之五计算）；（3）诉讼费用（案件受理费、鉴定费、执行费、保全费等）由华侨公司承担。哈尔滨市中级人民法院于1998年12月31日作出（1998）哈经初字第162号民事判决，判决华侨公司给付刘光军利润分成款

2709834.65元和逾期付款赔偿金743849.61元。华侨公司不服该判决，提起上诉。黑龙江省高级人民法院于1999年9月21日作出（1999）黑经二终字第221号民事判决，判决驳回上诉，维持原判。华侨公司不服，向黑龙江省高级人民法院申请再审。黑龙江省高级人民法院于2006年6月1日作出（2003）黑监商再字第36号民事判决，判决维持（1999）黑经二终字第221号民事判决。华侨公司不服，向检察机关申请监督。最高人民检察院以高检民抗（2008）90号民事抗诉书，向最高人民法院提起抗诉。最高人民法院于2009年7月24日作出（2008）民抗字第83号民事裁定书，裁定撤销原一审、二审及再审判决，发回哈尔滨市中级人民法院重审。

（二）重审（一审）情况

一审法院重审后查明：刘光军原系哈尔滨市南岗区建筑工程公司职工。1991年初，黑龙江省人民政府机关事务管理局房产处（以下简称省政府房产处）准备在动力区农林四道街其自有生活区地段建房。刘光军找到陈吉祥，要以哈尔滨市第四建筑直属分公司（以下简称市四建分公司）的名义与省政府房产处联合建房。市四建分公司是哈尔滨市第四建筑工程公司成立的二级企业，仅有营业执照，没有法人资格，陈吉祥为该公司负责人。

1991年5月24日，省政府房产处与市四建分公司就联建动力区农林四道街省政府房产处自有生活区地段建房签订《联建协议书》，约定：四建分公司负责办理建房有关报批手续，省政府房产处协助；四建分公司负责引进资金，进行该地段的开发建房，自负盈亏；四建分公司负责委托设计、组织施工；房屋分配等条款。该协议四建分公司负责人为陈吉祥，经办人为刘光军。

1991年7月5日，哈尔滨市规划土地管理局作出哈规土便字（1991）95号《关于省房产处在农林街自建职工住宅的意见》。该《意见》称，考虑省政府房产处职工住房紧缺和资金不足的实际情况，拟同意自建住宅。

1991年11月20日，省政府房产处与市四建分公司就双方签订的《联建协议书》中未尽事宜签订《联建补充协议书》，约定：该地段居民棚厦的动迁、拆除、修建庭院、道路所发生的补偿损失、工程费等均由四建分公司直接处理和承担；该住宅楼在办理审批手续及施工过程中所发生的全部费用均由四建分公司承担等条款。该协议四建分公司负责人为陈吉祥,经办人为刘光军。

1992年4月28日,黑龙江省政府机关事务管理局同时向哈尔滨市政府和哈尔滨市规划局提交《关于请求移地建房的报告》。该报告称,省政府房产处于1991年12月份经有关部门办理完建设审批的全部手续,并交齐各种配套费用,各项施工前的准备均已完成。但由于该地部分居民对在此建房不理解,多次上访,给省市政府带来不良影响,提出移地建房。确定地点在南岗区十字街、平顺街处(省政府生活区),于规划建房的范围之内;此项工程合作建房伙伴、资金等条件仍维持原协议不变。

1992年5月12日,哈尔滨市规划土地管理局作出哈规土便字(1992)83号《关于对省政府机关事务管理局请求将拟建农林街住宅楼移地建设的意见》。该意见称,经对移地建设地段进行踏查、研究,同意移地选址建设;具体意见:(1)在此建设既可改善当地居民的居住环境,又可以弥补农林街停建而造成的经济损失;(2)考虑省政府原在批农林街4000平方米住宅时已交齐各项费用,因此在重新办理十字街、平顺街建设审批手续时,可扣去原交的部分费用,只收新增面积部分费用。

1992年7月15日,省政府房产处与华侨公司就原在动力区农林街联合建房移地至平顺街合建房一事签订《联建协议书》,约定:双方联合成立黑龙江省人民政府房产处十字街危房改造联合办公室(以下简称联建办),主任由华侨公司主要负责人担任,在整个小区改造过程中,凡以联建办发生的债权债务,全部由华侨公司承担;建房资金由华侨公司负责,自负盈亏;华侨公司负责该地段房屋的动迁、设计、组织施工、交工验收等全部工作;该地段房屋的动迁、拆迁、建设各项配套费用及在该楼办理审批手续和施工过程中所发生的全部费用均由华侨公司承担,其在动力农林街建房发生的费用和损失均由华侨公司承担和解决;该地段房屋建成后,产权归华侨公司所有;华侨公司做好该地段居民的动迁安置工作;1991年5月24日、11月20日签订的联建协议同时废止。该协议华侨公司负责人为陈吉祥,经办人为刘光军。

1992年8月3日,省政府房产处行文,刻制"黑龙江省人民政府房产处十字街基建办公室(以下简称十字街基建办)"公章一枚。此后十字街小区工程的危房鉴定、原房屋产权灭籍、工程地质勘察和建设工程设计工作均以十字街基建办名义完成。其中,1992年8月17日哈尔滨市房产管理局产权监理处出具的《哈尔滨市房屋产权灭籍报告书》、1992年8月3日、9月1日哈尔滨市房屋安全鉴定办公室出具的《哈尔滨市房屋安全鉴定书》、1992年9月16日向黑龙江建材地质勘察总队岩土工程勘察队出具的《地质勘察认为委托书》、1992年9月20日与哈尔滨市道里区人民政府动迁安置办公室（以下简称道里动迁办）、哈尔滨市龙川印刷厂签订的《动迁安置协议书》、1992年10月7日与哈尔滨市动力建筑工程设计所签订的《建设工程设计合同》、1992年10月10日向哈尔滨市规划土地管理局呈报的《建设工程修建申请书》，刘光军均是经办人。

1992年12月1日，华侨公司与中国工商银行哈尔滨市分行和平办事处（以下简称工行和平办）签订《房屋洽购协议书》，刘光军作为经办人加盖了名章。

1992年12月2日，华侨公司研究决定将联建项目省政府房产处十字街开发小区发包给刘光军等人进行经营、管理，并与刘光军签订《承包经营管理工程项目协议书》。该协议约定：（1）经营者刘光军必须服从华侨公司的领导，遵守华侨公司的各项规章制度；（2）该项目工程实行独立核算，自负盈亏。在省建行建独立账户。在华侨公司财务部实行独立记账，单独管理，资金由华侨公司进行掌握，由华侨公司总经理亲自审批；（3）经营者刘光军负责前期工程审批、动迁安置、商品房销售、工程施工管理，华侨公司负责财务管理，审核，签订对外的合同协议；（4）利润分成：华侨公司得纯利润的70%，经营者刘光军得纯利润的30%。发包人华侨公司总经理陈吉祥、承包人刘光军签字。协议签订后，十字街小区工程的土地规划、消防、卫生、人防、工程用水、用电等审批手续、动迁安置等工作均以十字街基建办的名义进行，各项协议等均加盖十字街基建办公章。

协议签订后，刘光军以十字街基建办的委托代理人、经办人、负责人等身份与部分动迁居民、供材单位、分包施工单位签订了动迁协议、订货合同、分包合同等文书。

1993年12月31日，由施工单位向哈尔滨市建筑工程质量监督站呈报的"单位工程竣工验收报告"上加盖十字街基建办公章，刘光军作为"负责人"加盖名章。

十字街小区工程自1993年4月20日开工，1993年12月31日竣工。

1994年10月22日，刘光军作为经办人以华侨公司的名义与哈尔滨市南岗区房管处签订《房屋移交协议书》，将该十字街小区全部建成后的房产进行了管理移交。

十字街共建住房328套，至刘光军1998年1月9日起诉时，尚有66套住房未售出。现该66套住房已售完。

经原审法院委托，黑龙江省龙联会计师事务所于1998年4月22日作出（98）龙联会审字第1号《审计报告》、1998年6月22日作出《补充说明》，确认十字街小区工程经营净利润为9032782.18元（含66套房屋未实现部分）。

刘光军于1993年11月25日调入华侨公司，1995年9月调离。

另查明，（1999）黑经二终字第221号民事判决生效后，刘光军申请执行。1999年11月1日，该院作出（1999）哈法执字第414号民事裁定书，裁定：（1）将华侨公司位于道里区中央大街218号高层住宅中的7层4号、8层3号、9层3号、10层3号4套住房，建筑面积合计674.96平方米，位于道里区建国北四道街2号D栋1单元5层2号住宅一套，建筑面积112.09平方米，位于南岗区平民街16号5、6号车库两个，建筑面积166.6平方米，以3493364.57万元的价值交付刘光军，以抵偿所欠其全部债务；（2）由有关单位协助办理产权过户手续；（3）此案终结执行。

一审法院重审后认为：1.关于《承包经营管理工程项目协议书》是否废弃、解除的问题。华侨公司抗辩称《承包经营管理工程项目协议书》仅存在13天，是"废弃"的协议。原《经济合同法》第6条规定"经济合同依法成立，即具有法律约束力，当事人必须全面履行合同规定的义务，任何一方不得擅自变更或解除合同"。华侨公司主张协议已"废弃"，其本意，从法律意义上理解应为"无效"或"解除"。华侨公司提交的证据不能证明该协议违反法律法规的强制性规定或其他无效事由，亦无法证明双方已就双方签字生效的合同达成解除合意，华侨公司的抗辩不能成立。

2.关于《承包经营管理工程项目协议书》履行方式问题。本案双方当事人签订的协议，虽在名称上冠以"承包"二字，但与普通意义的"承包经营合同"不同。承包经营合同，其本质是经营者自主经营，自负盈亏。本案《承包经营管理工程项目协议书》第2条虽然规定"该项目工程实行独立核算，自负盈亏"，但第1条"经营者必须服从公司的领导"，以及其他条款"公司财务部实行独立记账，单独管理，资金由公司进行掌握，由公司总经理亲自审批""公司负责财务管理，审核，签订对外的合同协议"的规定，不仅体现不出承包方具有自主性，且已明显排除了承包经营合同中经营者"自主经营，自负盈亏"的本旨。另外，从双方对利润分成的"公司得纯利润的70%，经营者得纯利润的30%"的约定看，亦未体现承包方"自负盈亏"。根据1992年7月15日省政府房产处与华侨公司就原在动力区农林街联合建房移地至平顺街合建房一事达成的《联建协议书》，华侨公司已完全承担了房屋开发建设的全部权利义务，作为华侨公司，其本身亦具备承担房屋建设开发的资质和条件。而刘光军作为个人，其不具备房屋开发建设的资质与条件，房屋开发建设由个人承包经营亦被相关法律、法规所禁止。因此，该协议的性质决定刘光军不能单独完成整个工程项目的工作，必须由双方共同参与完成。本案"承包管理项目协议"第1条约定，刘光军履行其义务的条件是必须"接受公司的领导"，即刘光军必须按照华侨公司的安排和要求完成工作事项，这与华侨公司在诉讼中所称刘光军"无权决定十字街工程的发包问题，更不能个人完成十字街工程的施工管理"的事实相符。从华侨公司提交的证据看，华侨公司的职工以及其后聘任的部分人员均参与了该项目的相应工作，而刘光军作为"委托人""经办人""负责人"完成相应的工作，因此，可以确定双方当事人履行协议方式是：刘光军作为"经办人"进行华侨公司安排、要求的工作，华侨公司同时派员参加，共同完成相应的工作。

3. 关于刘光军是否履行协议义务问题。协议中约定刘光军的义务条款是"负责前期工程审批、动迁安置、商品房销售、工程施工管理"，因此，刘光军履行其义务情况应当从双方提交的证据进行分析、确认。（1）前期工程审批工作。根据哈尔滨市规划土地管理局《关于省政府房产处在农林街自建职工住宅的意见》《关于对省政府机关事务管理局请求将拟建农林街住宅楼移地建设的意见》及黑龙江省政府机关事务管理局向哈尔滨市政府和哈尔滨市规划局提交的《关于请求移地建房的报告》，可以认定十字街工程系原农林街工程移地再建。根据《关于请求移地建房的报告》中"原在批农林街4000平方米住宅时已交齐各项费用，因此在重新办理十字街，平顺街建设审批手续时，可扣去原交的部分费用，只收新增面积部分费用"的表述，可以认定十字街工程项目的前期工程审批工作已基本完成。因以上意见及报告均早于双方签订协议的时间，且刘光军亦实际进行了相关工作，故应视为华侨公司对刘光军履行前期工程审批管理工作的认可。(2) 动迁安置工作。刘光军提交的《动迁协议书》等书面证据，均系原件且华侨公司不能否定证据的真实性，华侨公司提交是证据虽可证明其参与该方面的工作，但无证据证明刘光军拒绝执行其领导及安排，因此，应视为刘光军履行了其在华侨公司领导下进行动迁安置工作的相关义务。华侨公司派员进行动迁安置工作，该事实符合双方的工作方式，但不能据此否定刘光军所完成工作的性质。(3) 施工管理工作。刘光军提交的第四组证据均系原件，且华侨公司不能否定该证据的真实性，华侨公司无证据证明刘光军拒绝执行其领导和安排的工作，因此，可以证明刘光军完成了相应的施工管理工作。华侨公司抗辩称"当时的施工管理，就是现在监理公司进行的工作"，系单方解释，对此刘光军不认可，其主张不能成立；华侨公司以其保存了"内业资料"等证据证明其完成施工管理而否定刘光军的工作，不能成立。相对于省政府房产处，华侨公司作为项目的"总承包人"，其派员参与完成施工管理，符合与刘光军签订协议的约定及协议的履行方式。(4) 房屋销售工作。根据刘光军提交的证据，可以证明其完成了部分房屋的销售工作，其他房屋的销售，刘光军主张亦由其参与进行，证据不足，不予认定。

4. 关于未完成房屋销售能否认定刘光军违约的问题。根据协议第 1 条的约定及双方履行协议方式，刘光军应当完成房屋销售工作。但协议并未明确房屋销售的期限，因此认定刘光军是否违约，应以其是否在华侨公司要求的合理期限内完成该项义务为依据。根据华侨公司提交的证据，刘光军在 1993 年 12 月已调入华侨公司，并在此后被华侨公司调离"十字街工程"项目。此时，刘光军已具有双重身份，其一是协议中的一方当事人，其二为华侨公司的职工。华侨公司将刘光军从十字街工程项目调离，对此，亦可做以下分析：一是作为职工，刘光军必须服从华侨公司的工作安排；二是作为协议的一方，从协议中"必须服从公司的领导"约定的角度，应视为华侨公司已不再安排其进行房屋销售。诉讼中，华侨公司未提交要求刘光军继续完成房屋销售工作而刘光军拒绝完成的证据，因此，对未完成的 66 套房屋销售工作，不能据此认定刘光军构成违约。

综上，刘光军与华侨公司签订的协议不违反法律、法规的强制性规定，合法有效。刘光军提交的证据，可以证明其已完成了协议约定的义务，华侨公司应当按照协议的约定给付刘光军相应的利润款项。经委托鉴定，该项目工程纯利润为9032782.18元，华侨公司应按约定给付刘光军纯利润的30%，即2709834.65元。华侨公司拒绝按协议约定给付刘光军利润款项，系违约行为，应当承担相应的逾期付款赔偿金。华侨公司的抗辩均不能成立，不予支持。

一审法院重审后判决：（1）华侨公司立即给付刘光军利润分成款2709834.65元（已执行）；（2）华侨公司立即给付刘光军自1997年7月1日至1998年12月31日的逾期付款赔偿金743849.61元（已执行）。

华侨公司不服一审判决，向黑龙江省高级人民法院提出上诉。

（三）重审（二审）情况

二审法院补充认定如下事实：（1）华侨公司认可十字街基建办印章由刘光军保管，《关于申请办理临时用水的报告》《用户用电申请报告》《用电汇签单》《关于请求办理建房用电的报告》《关于申请嵌入式计量方式的报告》及《批示》等用水、用电的审批工作亦以十字街基建办名义完成。（2）华侨公司举示的证据中《哈尔滨市房屋评价明细表》《被动迁户搬家补助费表》《被动迁户临迁补助费表》《临迁补助费发放明细表》、道里动迁办保存的138户被动迁户《动迁协议书》等书证均加盖十字街基建办的印章。（3）十字街新建房屋328套，安置被动迁户房屋后余144套房屋。在144套房屋中，华侨公司依据其与广播设备厂联建协议中的约定，以出售方式安置给被动迁人中联钢窗厂10套房屋。刘光军提起本案诉讼时，尚有66套房屋未售出。在诉前已出售的68套房屋中（144套－10套－66套）。刘光军在原审法院审理期间举示了48份华侨公司与案外人工行和平办签订的购房协议，证明该48套房屋由其出售，因为该48份协议上记载"经手人"为刘光军。华侨公司对此协议的真实性无异议，但不认可刘光军出售该48套房屋。另外，原审法院审理期间，刘光军举示了黑龙江省纺织品进出口公司（以下简称纺织品公司）出具的《情况证明》，证实经其介绍，纺织品公司到华侨公司签订18套购房协议。但刘光军未举示该18套房屋的购房协议，亦未申请纺织品公司出庭作证。华侨公司对此不予认可。华侨公司为证明诉前已出售的房屋完全由其出售,并在原审法院审理期间举示了已售房屋的购房协议书及数份证人证言,但在诉讼期间华侨公司亦未申请证人出庭作证。

二审法院认为:华侨公司与刘光军签订的《承包经营管理工程项目协议书》,不违反法律、行政法规效力性强制性规定,该协议合法有效。该协议虽约定将开发工作包给刘光军等人,但该协议的订立主体为刘光军。故该协议书对他人不产生约束力。华侨公司上诉主张该协议无效,刘光军应自行组建管理团队完成协议约定的工作,缺乏法律依据及证据佐证,不予支持。

关于刘光军是否全面履行《承包经营管理工程项目协议书》约定义务的问题。十字街工程开发及销售过程中,刘光军多次使用十字街基建办的印章对外签订协议、办理有关施工手续,履行了该协议约定的前期审批、动迁安置、施工管理三项义务及第四项销售房屋的部分义务。华侨公司上诉主张刘光军上述部分行为发生在双方《承包经营管理工程项目协议书》之前,刘光军不应分得利润,证据不足,对此节上诉主张不予支持。

关于刘光军出售房屋数量及应得约定利润数额的问题。虽然双方认可应售房屋为144套,但中联钢窗厂购买的10套房屋,系华侨公司与广播设备厂联建后的安置房屋,因此,该10套房屋不属于对外出售的范畴,应予扣除。华侨公司及刘光军为证明诉前已售的68套房屋(应出售房屋134套-诉前未出售的房屋66套)均全部由其出售,并分别举示了证人证言及有关购房单位出具的证明,因出具书面证据的证人及单位均未出庭作证,故依据最高人民法院《关于民事诉讼证据的若干规定》第69条第1款第5项之规定,华侨公司及刘光军分别举示的证人证言及购房单位出具的证明,该院均不予采信。刘光军主张诉前已售房屋中有48套房屋系由其联系出售,并举示了48份购房协议,该协议上记载售房经手人为刘光军。虽然华侨公司对刘光军以华侨公司名义对外出售的行为不予认可,但该48份购房协议能够证明刘光军按照《承包经营管理工程项目协议书》中的约定,履行了部分售房义务,该院对此予以认定。在双方当事人签订的《承包经营管理工程项目协议书》中,刘光军按该协议约定应履行四项义务,即前期审批、动迁安置、施工管理及销售房屋。刘光军已实际履行完前三项约定的义务,而房屋销售义务,如按实际销售房屋占应销售房屋所占比例,仅完成35.82%(48套÷134套)。因此,按该协议约定，华侨公司应向刘光军支付利润款 2275041.68 元 ｛[（该工程总利润 9032782.18 元 × 30%）÷ 4]/项 × 3 项 + [（该工程总利润 9032782.18 元 × 30%）÷ 4]/项 × 35.82% 项｝。因对方当事人对原审判决对赔偿金计算方法无异议，故该院根据已认定的利润数额对应调整赔偿金为 624498.94 元 [（该院认定应得刘光军利润款 2275041.68 元 × 原审认定赔偿金 743849.61 元）÷ 原审认定应得刘光军利润款 2709834.65 元]。综上，一审法院认定事实不清，适用法律不当。

二审法院判决：（1）变更重审判决主文第一项为：华侨公司给付刘光军利润分成款 2275041.68 元；（2）变更重审判决主文第二项为：华侨公司给付刘光军自 1997 年 7 月 1 日至 1998 年 12 月 31 日的逾期付款赔偿金 624498.94 元；（3）驳回刘光军的其他诉讼请求；（4）驳回华侨公司的其他上诉请求。

华侨公司不服二审判决，向最高人民法院申请再审。

（四）再审情况

最高人民法院裁定：驳回华侨公司的再审申请。

三、最高人民检察院提出抗诉的理由

最高人民检察院认为：终审判决认定案件基本事实缺乏证据证明。理由如下：终审判决认定涉案房地产项目净利润为 9032782.18 元的主要证据是黑龙江省龙联会计师事务所于 1998 年 4 月 22 日出具的黑龙审字第（1998）第 1 号《审计报告》、于 1998 年 6 月 22 日出具的《补充说明》以及于 1998 年 6 月 14 日出具的龙联会评字（1998）第 31 号《资产评估报告》，但上述证据存在以下问题，导致终审判决认定案件的基本事实缺乏证据证明。第一，《审计报告》对未实现收入部分房产（66 套）的审计是依据《资产评估报告》作出的，而《资产评估报告》作出的时间却晚于《审计报告》，这明显违背审计规律和审计常识。第二，本案中被评估的 66 套房屋中有 3 套存在重复评估而虚增销售收入问题。从《资产评估报告》所附的被评估房屋明细表中可以发现：2 栋楼序号 2 的 3-3-3 号房屋和 2 栋楼序号 19 的 3-3-3 号房屋是重号；2 栋楼序号 13 的 4-1-3 号房屋和序号 23 的 4-1-3 号房屋是重号；3 栋楼序号 10 的 3-7-3 号房屋和序号 16 的 3-7-3 号房屋是重号，故以上 3 套房屋存在重复评估而虚增销售收入问题。第三，本案中被评估的 66 套房

屋中有 15 套房屋销售款已收到入账, 但《资产评估报告》对该 15 套住房重新进行评估, 导致虚增了项目工程净利润。这 15 套住房系 1997 年 6 月 3 日华侨公司与黑龙江省体育运动委员会机关后勤服务中心签订的《购买商品房协议书》中约定的十字街 15 套住房, 具体为: 2 栋楼: 3-3-3, 3-4-3, 3-5-3, 3-6-3, 4-1-3, 5-3-1, 5-4-1, 5-7-2, 5-7-3; 3 栋楼: 2-1-1, 2-2-3, 2-7-3; 4 栋楼: 4-3-1, 4-3-3, 4-2-1。上述房屋购房价格为建筑面积每平方米 1400 元, 合计购房款为 2014474 元。1997 年 6 月 27 日, 华侨公司开出该 15 套商品房发票, 金额为 2014474 元 (《审计报告》列明工程已开发票部分实现收入为 14246828.60 元)。黑龙江省体育运动委员会于 1997 年 8 月 7 日缴款 214744 元, 于 2007 年 12 月 16 日转款 1589503 元, 于 1998 年 4 月 6 日转款 255148.80 元, 已结清全部购房款, 故《资产评估报告》对该 15 套房重新进行评估, 必然虚增涉案项目工程的净利润。第四, 重审一审时, 华侨公司明确对《审计报告》和《资产评估报告》提出异议, 认为《审计报告》和《资产评估报告》重复计算了商品房销售收入, 要求重新进行鉴定, 重审一审对此未予准许, 而是以明显缺乏真实性的《审计报告》和《资产评估报告》作为认定涉案房地产项目净利润的依据, 其认定案件基本事实的证据明显不足。

四、案件评析

本案中存在以下计算错误: 第一, 本案中被评估的 66 套房屋中有 3 套存在重复评估而虚增销售收入问题。从《资产评估报告》所附的被评估房屋明细表中可以发现: 2 栋楼序号 2 的 3-3-3 号房屋和 2 栋楼序号 19 的 3-3-3 号房屋是重号; 2 栋楼序号 13 的 4-1-3 号房屋和序号 23 的 4-1-3 号房屋是重号; 3 栋楼序号 10 的 3-7-3 号房屋和序号 16 的 3-7-3 号房屋是重号, 故以上 3 套房屋存在重复评估而虚增销售收入问题。第二, 本案中被评估的 66 套房屋中有 15 套房屋销售款已收到入账, 但《资产评估报告》对该 15 套住房重新进行评估, 导致虚增了项目工程净利润。这 15 套住房系 1997 年 6 月 3 日华侨公司与黑龙江省体育运动委员会机关后勤服务中心签订的《购买商品房协议书》中约定的十字街 15 套住房, 购房价格为建筑面积每平方米 1400 元, 合计购房款为 2014474 元。上述计算错误, 加之相关违背审计规律和审计常识之处,足以使人对本案关键证据《审计报告》和《资产评估报告》的真实性和准确性形成合理怀疑，检察机关即可据此提出抗诉。对于本案真实情况，可由法院在再审过程中予以查明。

（二）终审判决在认定案件基本事实方面存在矛盾

此类情形主要是指终审判决对相互矛盾的涉案证据均予以确认或采信，导致对案件基本事实认定混乱，且实体判决结果缺乏合理依据。

案例十六：同德堂公司申请监督案（高检民监〔2015〕289号）

一、案件来源

同德堂公司因与长春泰康公司、吉林东龙公司、宋德香买卖合同纠纷一案，不服吉林省高级人民法院（2014）吉民二终字第24号民事判决，向吉林省人民检察院申请监督，该院提请最高人民检察院抗诉。

二、诉讼过程和法院历次审理情况

2012年11月29日，长春康泰公司、吉林东龙公司起诉同德堂公司、宋德香至长春市中级人民法院，请求：（1）判令同德堂公司支付所欠货款4382778.78元及银行利息；（2）宋德香对上述款项承担连带给付责任。

（一）一审情况

一审法院查明：2011年1月1日、2012年1月1日，长春康泰公司和吉林东龙公司与同德堂公司签订了两份《益和集团东龙医药科技有限公司销售协议》（以下简称销售协议），上述两份销售协议中均约定了结算方式是承兑汇票的方式结算，同德堂公司不得以现金方式结算。根据同德堂公司盖章确认的《往来款询证函》，同德堂公司截至2010年12月31日欠长春东龙公司货款239200.86元。根据同德堂公司盖章的2011年入库清单、2012年入库清单，同德堂公司2011年从长春康泰公司和吉林东龙公司处进货总金额8518635.33元、2012年进货总金额4990472.41元，2011年和2012年共计进货总金额13509107.74元。根据宋德香出具并加盖同德堂公司公章的2011年度付款明细和2012年度付款明细，同德堂公司2011年付款7897822元、2012年度（截至2012年5月31日）

付款 3832841 元（全部是现金结算）。现长春康泰公司和吉林东龙公司认为，依据两份销售协议，双方不应以现金结算，2012 年度仅收到货款 1702841 元，2012 年度未收到货款 2130000 元。庭审时，长春康泰公司和吉林东龙公司《药品购销合同》上长春康泰公司公章的真伪进行鉴定，同德堂公司申请对两份销售协议是否是同时书写、是否是同时盖章进行鉴定，后均因未按规定缴纳鉴定费被该院司法辅助办公室退回鉴定。

一审法院认为：（1）关于货款本金 4382778.78 元是否应予支持。2011 年 1 月 1 日、2012 年 1 月 1 日，双方签订的两份销售协议均是各方当事人的真实意思表示，亦未违反法律、行政法规的强制性规定，应认定为合法有效。依据同德堂公司盖章确认的《往来款询证函》、同德堂公司盖章的 2011 年入库清单、2012 年入库清单，应认定截止到 2012 年 5 月 31 日同德堂公司应付长春康泰公司和吉林东龙公司货款（截至 2012 年 5 月 31 日）共计 13748308.60 元（239200.86 + 8518635.33 + 4990472.41 元）。关于同德堂公司主张的毒胶囊退货问题，由于同德堂公司未能充分举证证明对方同意予以扣减货款，该院不予支持。关于同德堂公司 2012 年（截至 2012 年 5 月 31 日）给李智龙的 3832841 元现金应否视作是同德堂公司给对方的回款问题。虽然吉林东龙公司给李智龙的《授权委托书》中有关于李智龙负责销售和回款的授权，但是基于两份销售协议中明确约定同德堂公司不能将现金给予对方的业务员李智龙，因此该 3832841 元现金不能视作同德堂公司给对方的回款。长春康泰公司和吉林东龙公司自认收到 3832841 元中的 1702841 元，应予以确认。依据宋德香出具并加盖同德堂公司公章的 2011 年度付款明细和 2012 年度付款明细，同德堂公司 2011 年度付款 7897822 元，2012 年度付款付款 1702841 元，共计付款 9600663 元。依据《合同法》第 107 条"当事人一方不履行合同义务或者履行合同义务不符合约定的，应当承担继续履行、采取补救措施或者赔偿损失等违约责任"及第 109 条关于"当事人一方未支付价款或者报酬的，对方可以要求其支付价款或者报酬"之规定，同德堂公司应向对方支付货款 4147645.6 元（13748308.6 元 - 已付的 9600663 元）。（2）关于货款利息是否应予支持。该院收到起诉状之日为 2012 年 11 月 29 日，由于双方对利息未作明确约定，因此利息应从 2012 年 11 月 29 日起计算至判决生效之日止，按照中国人民银行同期同类贷款基准利率执行。（3）关于宋德香是否应对货款及利息承担连带给付责任。长春康泰公司和吉林东龙公司举证同德堂公司通过宋德香对外转款的证据，但该证据仅能证明同德堂公司利用宋德香名义对外转款，宋德香对同德堂公司应付对方货款及利息承担连带给付责任无事实和法律上的依据，该院不予支持。

一审法院判决：（1）同德堂公司于判决生效之日立即给付长春康泰公司和吉林东龙公司货款人民币4147645.60元及利息（以4147645.60元为基数，从2012年11月29日至判决生效之日，按照中国人民银行同期同类人民币贷款基准利率计算）。（2）驳回长春康泰公司和吉林东龙公司的其他诉讼请求。

同德堂公司不服一审判决，向吉林省高级人民法院提出上诉。

（二）二审情况

二审法院审理过程中，同德堂公司提出申请，要求对长春康泰公司和吉林东龙公司提供的同德堂公司2011年、2012年入库单上的"通化同德堂医药药材有限公司"的公章真伪进行鉴定。经该院核查，该入库单所载部分内容确与同德堂公司签字确认的采购凭证相冲突，该证据存在明显瑕疵，故不予采信，亦无进行鉴定的必要。二审过程中，经该院组织，双方以同德堂公司在一审时向法院提交的13份、共计296页采购凭证为基础，对同德堂公司应付货款数额进行了核对。长春康泰公司和吉林东龙公司主张依据该采购凭证，同德堂公司应付的货款金额为13002362.8元。同德堂公司质证认为，长春康泰公司和吉林东龙公司计算所依据的出库折让后金额与事实不符；该计算结果中，第8、9、12组采购凭证计算错误，多计算413516.82元；第2组第9页及第13组第21页存在重复计算，共计金额117364元；第3组第9页、第7组第5页、第13组第6、18、21页单据不存在，系对方捏造；除前述部分外，对其他单证的真实性无异议。对此，长春康泰公司和吉林东龙公司认可第8、9、12组共存在计算错误金额302099.22元，同时认可同德堂公司主张的117364元确系重复计算。经该院核实，第8、9、12组采购凭证实收金额合计应为3510466.78元，泰康医药公司和东龙医药物流公司计算错误金额为302079.22元。另，同德堂公司在该院二审庭审中对2011年1月1日、2012年1月1日，其与对方签订的两份销售协议提出异议，称两份合同均为倒签，是对方公司要上市要求其后签的，并要求对"合同第一页笔体和最后签名的笔体"是否为同一人进行鉴定。同时明确放弃关于

"两被上诉人主体错误和原审鉴定程序违法"的上诉理由。在该院二审中,同德堂公司向该院提交汇票58张及相关财务凭证,主张其已给付长春康泰公司和吉林东龙公司货款共计26130605元,其中:现金10629088元,承兑汇票16501517元,其已多付货款。对此,长春康泰公司和吉林东龙公司质证认为其未收到过同德堂公司给付的现金,并出具了由宋德香书写、加盖同德堂公司公章的财务账目,证明"此账款与东龙货款无关",仅为"过票"行为,其仅收到货款9600663元。宋德香对此解释为"与东龙货款无关"系指支付给长春康泰公司和吉林东龙公司的"预付货款"。二审法院查明的其他事实与一审法院查明事实一致。

二审法院认为:同德堂公司虽主张两份销售协议为倒签,并认为合同第一页和最后一页签名笔体不一致,但并不否认两份合同公章的真实性,且两份销售协议约定的内容与双方签订的《药品购销合同》的内容并不冲突,因此,应当认定该两份《销售协议》系同德堂公司真实意思表示,同德堂公司的该项上诉请求该院不支持。本案双方当事人的主要争议焦点为:(1)同德堂公司应支付对方的货款数额是多少;(2)同德堂公司已支付对方的货款数额是多少。

1. 关于同德堂公司应支付长春康泰公司和吉林东龙公司的货款数额问题。同德堂公司对一审判决依据其加盖公章的入库单进行计算存有异议,长春康泰公司和吉林东龙公司亦同意以同德堂公司向一审法院提交的采购凭证为基础进行计算,对此方法,二审法院予以认可。第一,关于同德堂公司主张的折让问题,因双方未能提供有关折让计算方式的合同约定,因此,该采购凭证所载数额应作为认定双方有关折让约定的依据。在该单证上,关于折让问题既有低于100%的表述,亦有高于100%的表述,因此对于同德堂公司提出折让价格高于出库金额与事实不符的主张,不予支持。第二,关于计算错误问题,长春康泰公司和吉林东龙公司自认计算错误302099.22元,高于该院核实的其计算错误金额,因此该院对其自认的计算错误金额予以认可。第三,关于重复计算问题,因长春康泰公司和吉林东龙公司已认可,故对同德堂公司的该项主张,该院予以支持。此外,关于同德堂公司主张不存在的5张单据,其中第3组第9页标注为天翔公司的采购凭证,长春康泰公司和吉林东龙公司在计算过程中已经扣除,第7组第5页、第13组第6、18、21页均无同德堂公司签收确认,不能作为长春康泰公司和吉林东龙公司向同德堂公司主张货款的依据，因此该 4 张单据所记载金额合计 562285 元，应从长春康泰公司和吉林东龙公司主张的同德堂公司应付货款数额中扣除。同时，经该院核查，在该部分单据中，第 1 组第 3、4、5、6 页中确存在部分 2010 年采购的药品，但在该组证据第一页的收据中载明，该组票据的结算时间为 2010 年 12 月 15 日至 2011 年 2 月 16 日，与同德堂公司 2010 年 12 月 31 日出具的《往来款询证函》中写明的其截至 2010 年 12 月 31 日欠吉林东龙公司 239200.86 元的结算时间存在交叉，可见该部分款项并未包含在《往来款询证函》中，故应计入同德堂公司应支付的货款数额。综上，同德堂公司应付长春康泰公司和吉林东龙公司的货款数额为：13002362.8 元 − 302099.22 元 − 117364 元 − 562285 元 + 239200.86 元 = 12259815.44 元。

2. 关于同德堂公司已支付泰康医药公司和东龙医药物流公司的货款数额问题。两份销售协议约定"未经甲方书面授权，乙方不得以现金方式进行结算"，而同德堂公司并未提交证据证明泰康医药公司和东龙医药物流公司同意其以现金方式进行结算，因此对于同德堂公司主张的其以现金结算的货款数额，该院不予认可。对于同德堂公司主张的以承兑汇票方式结算的部分，在同德堂公司加盖公章的"核算项目明细账"中，同德堂公司自认"此账款与东龙货款无关，过票等（李智龙）"，同时，在宋德香出具并加盖同德堂公司公章的 2011 年度付款明细和 2012 年度付款明细中，明确记载同德堂公司共计付款 9600663 元，结合上述两份证据，一审判决依据同德堂公司的自认确定已付货款 9600663 元并无不当。同德堂公司关于该款项为预付款的主张与其"预付款打入东龙账户"的自认相悖，同德堂公司如认为在其自认给付货款数额外与长春康泰公司和吉林东龙公司尚有其他经济往来，可另行主张权利。因此，同德堂公司已支付长春康泰公司和吉林东龙公司的货款数额为 9600663 元，尚欠长春康泰公司和吉林东龙公司的货款数额为 2659152.44 元（12259815.44 元 − 9600663 元 = 2659152.44 元），该款项应自长春康泰公司和吉林东龙公司向法院起诉的时间即 2012 年 11 月 29 日起，按中国人民银行同期同类贷款利率计算利息。综上，一审判决认定事实不清，适用法律不当，依法应予改判。

二审法院判决：（1）撤销一审判决。（2）同德堂公司于判决生效之后立即给付长春康泰公司和吉林东龙公司 2659152.44 元及利息（从 2012

年11月29日起至判决生效之日止，按照中国人民银行同期贷款利率计算）。（3）驳回长春康泰公司和吉林东龙公司的其他诉讼请求。

同德堂公司不服二审判决，向最高人民法院申请再审。

（三）再审情况

最高人民法院裁定，驳回通化同德堂公司的再审申请。

同德堂公司不服，向检察机关申请监督。

三、最高人民检察院提出抗诉的理由

最高人民检察院认为：二审判决认定案件基本事实缺乏证据证明，适用法律确有错误。理由如下：二审判决认定同德堂公司已支付长春康泰公司和吉林东龙公司的货款数额为9600663元（7897822元+1702841元），进而认定未支付的货款数额为2659152.44元（12259815.44元－9600663元＝2659152.44元），缺乏证据证明，且适用法律确有错误。对于已支付货款数额9600663元的认定，二审判决主要系采信在长春康泰公司和吉林东龙公司的业务员李智龙刑事犯罪案件中，公安机关到同德堂公司调取的2011和2012年度（截止到2012年5月31日）付款明细、2011年度项目核算明细账以及公安机关据此作出的专项审计报告。具体分析如下：

1. 一、二审判决认定上述9600663元"全部系现金结算"，但二审中同德堂公司提交了58张汇票及相关财务凭证，并以此主张其以承兑汇票支付的货款数额为16501517元，经公安机关查实，上述汇票中的32张（金额共计为11068500元），相应金额确已支付给长春康泰公司和吉林东龙公司。长春康泰公司和吉林东龙公司自认上述汇票中的3张（金额共计为1101575元），相应金额其确已收到。换言之，同德堂公司以汇票方式支付的货款金额已达12170075元（11068500元＋1101575元），远超一、二审判决认定的以现金结算的已付款数额9600663元。如果将现金结算与汇票结算的金额相加，其数额21770738元（9600663元＋12170075元）亦远超二审判决认定的应付货款数额12259815.44元。二审判决对同德堂公司的已付货款数额及付款方式未予查实，导致实体判决结果存在错误。

2. 一、二审判决认定上述9600663元"全部系现金结算"，但相关证据显示，上述9600663元中有5笔明确记载为"汇票付款"或"汇

票"（金额共计为1801517元），这与一、二审判决的上述认定不符。另外，上述9600663元有两笔明确记载为"预付款"（金额共计为1222000元），一、二审判决将其认定为已付款，亦与事实不符。

3. 本案中双方签订的两份《益和集团东龙医药科技有限公司销售协议》，均约定以承兑汇票的方式结算，不得以现金方式结算。但双方在实际结算过程中对部分货款采取了现金方式结算，应视为双方对上述合同约定的结算方式进行了变更。换言之，以现金方式结算和以汇票方式结算均应有效。但是二审判决一方面对同德堂公司提交的以汇票方式结算的相关证据不予采信，另一方面又对2012年度（截至2012年5月31日）付款明细中的现金数额3832841元仅支持其中的1702841元，均属于适用法律确有错误。

四、案件评析

本案中，二审判决对相关证据的采信存在以下矛盾之处：第一，在现金结算与汇票结算同时存在的情况下，二审判决只认可现金结算而不认可汇票结算。二审判决认定涉案9600663元"全部系现金结算"，但同德堂公司提交的58张汇票中已被公安机关查实的部分，金额已达11068500元，且长春康泰公司和吉林东龙公司自认上述汇票中的3张（金额共计为1101575元），相应金额其确已收到。第二，二审判决认定的现金结算中实际包含部分汇票结算。二审判决认定涉案9600663元"全部系现金结算"，但相关证据可证明该9600663元中有5笔明确记载为"汇票付款"或"汇票"（金额共计为1801517元）。本案中，双方签订的两份《益和集团东龙医药科技有限公司销售协议》均约定以承兑汇票的方式结算，不得以现金方式结算。虽然双方在实际结算过程中对部分货款采取了现金方式结算，应视为双方对上述合同约定的结算方式进行了变更，但在现金结算与汇票结算存在明显矛盾的情况下，二审法院有义务对同德堂公司的已付货款数额及付款方式予以查实，其片面采信所谓现金结算的数额，导致对案件基本事实认定不清，实体判决缺乏合理依据。

（三）终审判决对案件基本事实能够查清而未予查清

此类情形主要是指终审判决对应当查清而且能够查清的案件事实不予调

查或调查不尽责，片面地依据一方当事人提交的并不充分或有瑕疵的证据作出判决，导致实体判决不公。

案例十七：吕昌礼申请监督案（高检民监〔2015〕287号）

一、案件来源

吕昌礼因与姜蓓、孙涛买卖合同纠纷一案，不服山东省高级人民法院（2015）鲁民再字第8号民事判决，向山东省人民检察院申请监督，该院提请最高人民检察院抗诉。

二、诉讼过程和法院历次审理情况

2012年10月8日，吕昌礼起诉姜蓓、孙涛至淄博市中级人民法院，请求：（1）判令姜蓓、孙涛支付吕昌礼字画价款3000万元整；（2）判令姜蓓、孙涛支付应付款的同期银行贷款利息（截至实际返还之日）；（3）判令姜蓓、孙涛承担本案的诉讼费、保全费等全部费用。

（一）一审情况

一审法院查明：姜蓓、孙涛系夫妻关系，两人共同经营东方艺苑画廊，经营书画作品买卖，东方艺苑画廊在经营中承诺所有作品一律保真。2011年6月至10月间，吕昌礼分四次或五次向姜蓓、孙涛购买书画91幅，总价款为2979万元；姜蓓、孙涛向吕昌礼出具了成交的书画明细表，明细表中记载了每幅书画的面积、单价和价格，但明细表中记载的成交数量大于91幅，总价款也大于2979万元。2012年9月1日，吕昌礼将购买书画中49幅交付姜蓓、孙涛。2012年9月3日，吕昌礼将购买书画中的7幅又交付姜蓓、孙涛，并由姜蓓出具收到条两份。姜蓓、孙涛收到56幅书画后即向两收藏品公司对全部书画进行了鉴定，两收藏品公司的鉴定结论55幅为真迹，并向法院提交了两收藏品公司的50份鉴定证书（姜蓓、孙涛称另6幅书画因作者在世等事由未出具鉴定证书）。双方在诉讼中对交付书画事由陈述不一，吕昌礼在起诉时主张双方协商由姜蓓、孙涛回购吕昌礼56幅书画，在法庭审理中主张因为书画真伪问题需要退回，姜蓓、孙涛承诺售出书画是真画，如果吕昌礼有疑问退回，姜蓓、孙涛原价退款，诉状中的回购与法庭审理中的陈述退回是一致的，

是当时交易的真实情况，吕昌礼退回书画价款为2637万元。而姜蓓、孙涛在法庭审理中主张吕昌礼怀疑书画真伪后要求姜蓓、孙涛退货，姜蓓、孙涛带回书画进行鉴定如系真迹则不予退画，如系赝品则全额退款，陈述收到的55幅书画在卖给吕昌礼时交易价款是2055.8万元，另外收回的黄永玉的8平尺荷花一幅由吕昌礼损坏，原交易价款为40万元。

对交付的56幅书画于2011年6月至10月交易时的价格，吕昌礼在起诉时对姜蓓于2012年9月1日出具的收条上对每幅书画均自行标注了价格，2012年12月12日吕昌礼又向法院提交了价格明细表（并对每幅书画的原交易时间和编号进行了标注），经法院组织双方核对确认，双方对其中的48幅书画价格无异议，价款合计1632.7万元；余8幅书画价格双方存有争议，分别是①－1号刘海粟8平尺山水画（吕昌礼在2012年9月1日收条中记载价格为40万元、2012年12月12日提交的明细中记载价格为40万元，姜蓓、孙涛核对时予以认可；但吕昌礼在法庭审理中主张应为48万元，姜蓓、孙涛不予认可）；②－2号刘继卣8平尺人物画（吕昌礼在2012年9月1日收条中记载价格为40万元，姜蓓、孙涛核对时主张应为32万元；在法庭审理中双方仍各持主张）；③－7号刘继卣8平尺虎画（吕昌礼在2012年9月1日收条中记载价格为40万元、2012年12月12日提交的明细中记载价格为40万元，姜蓓、孙涛核对时予以认可；但吕昌礼在法庭审理中主张应为48万元，姜蓓、孙涛不予认可）；④－9号关山月15平尺武钢工地画（吕昌礼在2012年9月1日收条中记载价格为80万元、2012年12月12日提交的明细中记载价格为80万元，姜蓓、孙涛核对时主张应为56万元；在法庭审理中双方仍各持主张）；⑤－11号黄胄4.5平尺人物驴画（吕昌礼在2012年9月1日收条中记载价格为65万元，2012年12月12日提交的明细中记载价格为65万元，姜蓓、孙涛核对时主张43万元；但吕昌礼在法庭审理中主张应为60万元，姜蓓、孙涛不予认可）；⑥－22号徐悲鸿4.6平尺人物画（吕昌礼在2012年9月1日收条中记载价格为200万元、2012年12月12日提交的明细中记载价格为200万元，姜蓓、孙涛核对时主张164.4万元；在法庭审理中双方仍各持主张）；⑦－34号黄胄4平尺人物画（吕昌礼在2012年9月1日收条中记载价格为60万元、2012年12月12日提交的明细中记载价格为60万元，姜蓓、孙涛核对时主张40万元；在法庭审理中双方仍各持主张）；⑧－41号刘大为8平尺画（吕昌礼在

2012年9月1日收条中记载价格为24万元、2012年12月12日提交的明细中记载价格为28万元,姜蓓、孙涛核对时主张24万元;在法庭审理中双方仍各持主张)。

一审法院认为,本案争议焦点:一是2012年9月1日、9月3日吕昌礼交付姜蓓56幅书画的行为是否是退货行为;二是8幅争议书画的原交易价格如何确定。

1. 依据双方法庭审理陈述,吕昌礼与姜蓓、孙涛在2011年6月至10月就书画买卖合同属双方协商一致自愿达成,依法成立,合法有效。吕昌礼依约向姜蓓、孙涛支付了91幅书画的购买价款2979万元;姜蓓、孙涛也向吕昌礼交付了91幅书画。但吕昌礼在其后怀疑涉案56幅书画真伪后向姜蓓、孙涛交涉,属双方对书画质量问题产生的争议,因双方没有达成书面买卖合同,没有对质量及违约责任进行书面约定,所以吕昌礼交付姜蓓56幅书画的行为可视为双方对质量问题及违约责任的协议补充和处理结果,应为双方对书画真伪争议所选择的退货方式,姜蓓、孙涛在收到吕昌礼退货后即又获得了56幅书画的所有权,对依据原交易时获得的56幅书画价款应予返还给吕昌礼。吕昌礼主张姜蓓、孙涛回购该56幅书画及在法庭审理中主张价款2637万元无证据证实,法院不予支持。姜蓓、孙涛抗辩主张收回56幅书画系进行鉴定如系真迹则不予退画,如系赝品则全额退款无证据证实,法院不予支持。

2. 经双方核对,双方对其中48幅书画的交易价格确认一致为1632.7万元,对于其他8幅书画的价格争议,法院区别情况认定,第一种情况是吕昌礼在提供的收条上和2012年12月12日提交的明细表载明价格一致的,姜蓓、孙涛在核对时已经认可的价格,吕昌礼在法庭审理中又提出高于此数额的价格,该院认定以经核对确认的价格为准,分别是①-1号刘海粟8平尺山水画40万元〔吕昌礼在法庭审理中又主张双方交易时2011年9月28日(3号)价格48万元,该院不予支持,虽然在2011年9月28日的成交明细表中记载48万元,但吕昌礼在起诉时及在案件审理过程中提交价格明细表时并未主张此价格,而是主张40万元,且经姜蓓、孙涛认可,属双方已经确认一致〕;③-7号刘继卣8平尺虎画40万元(理由同上);第二种情况是吕昌礼提供的收条和2012年12月12日提交的明细表载明的价格一致,姜蓓、孙涛在核对时主张的价格低于吕昌礼主张的价格,双方在法庭审理中仍坚持各自主张的,该院结合双方成交明细表记载价格予以认定,分别是②-2号刘继卣8平尺人物画40万元[吕昌礼在收条中、2012年12月12日提交的明细表中均记载价格为40万元,与2011年8月8日(30号)交易时记载的价格一致,姜蓓、孙涛核对时虽主张应为32万元;该院认为吕昌礼主张的价格与最初交易价格一致,应予认定];⑥-22号徐悲鸿4.6平尺人物画164.4万元[吕昌礼在收条中、2012年12月12日提交的明细表中记载价格为200万元,姜蓓、孙涛核对时主张164.4万元;在2011年8月8日(38号)成交明细表中记载的交易价格有两个,一个是383.6万元,一个是164.4万元,现姜蓓、孙涛确认164.4万元,吕昌礼无证据证明成交价格200万元,所以该院认定164.4万元];⑧-41号刘大为8平尺画28万元[吕昌礼在收条中记载价格为24万元,但吕昌礼在2012年12月12日提交的明细中记载价格为28万元,法庭审理中仍主张此价格,与2011年6月13日成交明细表中记载价格28万元一致,姜蓓、孙涛核对时主张24万元无反证证实,该院认定成交价格28万元]。第三种情况是在收条中记载的书画与成交明细表中的书画难以对应,包括数量、成交日期、尺寸、价格等,该院结合成交明细表中记载的尺寸单位价格和书画内容予以认定。分别是④-9关山月15平尺武钢工地画56万元[吕昌礼收条中记载价格为80万元、2012年12月12日提交的明细中记载价格为80万元,姜蓓、孙涛核对时主张应为56万元;在法庭审理中双方仍各持主张,法院认为双方在交易期间共交易关山月的书画3幅,退回2幅,此武钢工地画属2011年6月13日(13号)两幅人物交易书画共计12平尺中的一幅,单价7万元/平尺,该书画实际尺寸为8平尺,交易价格应认定56万元];⑤-11号黄胄4.5尺人物驴画60万元;⑦-34号黄胄4平尺人物画60万元[双方在交易期间共交易黄胄书画共6幅,其交易单价以人物内容的书画最高,为15万元/平尺,吕昌礼对两幅人物内容的书画均主张60万元符合双方交易记载的内容,所以该院据以认定]。综上所述,该院认定原告吕昌礼退回姜蓓、孙涛的56幅书画的最初交易价款共计2121.1万元(详见附表),姜蓓、孙涛应将此款项退还给吕昌礼。姜蓓、孙涛在收到吕昌礼交付的上述56幅书画后,未及时向吕昌礼退还上述相关款项,应当承担相应违约责任,赔偿吕昌礼相应经济损失,该院认定姜蓓、孙涛赔偿吕昌礼自2012年9月4日起至本判决确定的支付之日止的上述价款本金2121.1万元的利息损失(按中国人民银行公布的同期贷款基准利率计算)。

对于吕昌礼在法庭审理中提供姜蓓、孙涛经营的东方艺苑画廊的网页截图证明姜蓓、孙涛对所转让书画负有保真义务,该院认为,双方均未提供证据证明东方艺苑画廊的民事主体性质,吕昌礼亦未向该画廊主张承担相应民事责任,所以东方艺苑画廊在网页上的保真承诺内容不能视为在双方书画买卖合同成立后姜蓓、孙涛对吕昌礼的质量条款约定,吕昌礼主张姜蓓、孙涛对56幅书画负有保真义务的理由不能成立,该院不予支持。

综上所述,吕昌礼关于支付书画款和赔偿利息损失的诉讼请求依据的部分事实成立,证据充分,该院予以部分支持。姜蓓、孙涛关于并非吕昌礼所称回购及吕昌礼主张的书画价格与事实不符的抗辩理由成立,该院予以支持,关于不应退款的抗辩主张无证据证实,该院不予支持。

一审法院判决:(1)姜蓓、孙涛于本判决生效后10日内返还吕昌礼书画买卖款2121.1万元;(2)姜蓓、孙涛于本判决生效后10日内赔偿吕昌礼相应经济损失(以2121.1万元为本金,以中国人民银行公布的同期贷款基准利率为准,自2012年9月4日起至本判决确定的支付之日的利息);(3)驳回吕昌礼的其他诉讼请求。

姜蓓、孙涛不服一审判决,向山东省高级人民法院提出上诉。

(二) 二审情况

二审法院查明:吕昌礼对退回56幅字画的真正原因是怀疑为赝品。吕昌礼虽对姜蓓、孙涛单方委托鉴定机构及鉴定结论有异议,但不申请重新鉴定。姜蓓、孙涛同意吕昌礼退回的字画:颜伯龙价值24万元的8.5平尺花鸟;刘大为价值48万元的17.5平尺人物、价值54.25万元的16平尺四条屏、(序号41)价值28万元的8平尺;任重价值35.2万元的16平尺四条屏;黄永玉价值40万元的8平尺花鸟。其他事实与一审法院查明一致。

二审法院认为,本案争议焦点是:吕昌礼主张退回56幅字画应否支持;姜蓓、孙涛应退回字画款项是多少。依据双方在一、二审庭审时的陈述,双方于2011年6月至10月自愿达成的书画买卖合同依法成立,合法有效,且已经实际履行。吕昌礼承认退回56幅书画的原因是怀疑为赝品,为此,姜蓓、孙涛除对在世作者刘大为价值48万元的17.5平尺的人物、价值54.25万元的16平尺四条屏、(序号41)价值28万元的8

平尺;任重价值35.2万元的16平尺四条屏;黄永玉价值40万元的8平尺花鸟未予鉴定外。姜蓓、孙涛委托目前书画界公认的有鉴定能力的潘深亮、单国强对退回的其他书画作品进行了鉴定,鉴定结论为:除颜伯龙价值24万元的8.5平尺花鸟是假的,其他作品均为真迹。吕昌礼虽对姜蓓、孙涛单方委托鉴定机构及鉴定结论有异议,但不申请重新鉴定,故姜蓓、孙涛委托鉴定机构出具的鉴定结论应为有效证据,予以采信。二审庭审时,姜蓓、孙涛明确表示同意吕昌礼将颜伯龙价值24万元的8.5平尺花鸟;刘大为价值48万元的17.5平尺的人物、价值54.25万元的16平尺四条屏、(序号41)价值28万元的8平尺;任重价值35.2万元的16平尺四条屏;黄永玉价值40万元的8平尺花鸟予以退回,是双方对退回的该部分书画达成了新合意,予以确认。姜蓓、孙涛收取吕昌礼相应的书画价款及利息应予偿还。对其余经鉴定为真迹的书画作品,由吕昌礼按照原审法院(2012)淄商初字第122号民事判决书附表中列明的书画作品从姜蓓、孙涛处取回。姜蓓、孙涛虽对一审法院认定涉案部分书画价格有异议,但未提供证据,其主张涉案书画作品价款为2095.8万元,不予支持。

二审法院判决:(1)维持一审判决第三项;(2)变更一审判决第一项为:姜蓓、孙涛于本判决生效后10日内返还吕昌礼书画价款本金229.45万元;(3)变更一审判决第二项为:姜蓓、孙涛于本判决生效后10日内赔偿吕昌礼相应经济损失(以229.45万元为计息本金,按照中国人民银行公布的同期贷款基准利率,自2012年9月4日至本判决生效之日计息)。(4)吕昌礼于本判决生效后10日内,除姜蓓、孙涛同意退回的书画作品外,按照一审判决书附表将其书画作品从姜蓓、孙涛处取回。

吕昌礼不服二审判决,向最高人民法院申请再审。

(三)再审情况

最高人民法院于2014年11月27日作出(2014)民申字第1093号民事裁定,指令山东省高级人民法院再审本案。

再审法院对原审查明的事实予以确认。另查明:庭审中,姜蓓、孙涛提交起诉状、解除合同关系的函、法院裁定、开庭传票等证据9份,证明2013年11月1日吕昌礼以同一事实向济南中院起诉判令解除双方的买卖合同,说明原审判决下发前吕昌礼也认为双方的买卖关系是存在的，既然买卖关系存在，就没有产生过涉案56幅书画的所有权转移问题。吕昌礼质证认为，对证据的真实性没有异议。合同解除函是在原审判决书画不退的情况下被迫发的，是在二审判决认为双方合同没有解除的情况下作出的，并不是认为买卖合同始终存在，所解除的是部分书画，是吕昌礼采取的自我保护措施。根据本案的审理情况，该案是否要继续进行，吕昌礼会作出决定。姜蓓、孙涛申请证人于修进出庭作证，证明当时书写56幅书画的收条，是因为吕昌礼怀疑是假的，姜蓓为了消除怀疑，拿回来做鉴定，而不是同意退画。吕昌礼质证认为，证人对吕昌礼态度描述是真实的，认可其说的关于吕昌礼坚决要求退画的事实。姜蓓、孙涛是证人介绍吕昌礼认识的，证人曾经在吕昌礼处工作后被开除，证人在案件中是有利害关系的，对其证言的效力持怀疑态度。吕昌礼在本案审理过程中，申请对涉案书画的真伪进行鉴定，合议庭依法委托本院技术室对外委托进行鉴定，由于没有可供委托的鉴定机构，技术室决定终止对外委托鉴定工作，并将相关材料退回。

再审法院认为：依据吕昌礼及姜蓓、孙涛在一、二审庭审时的陈述，双方于2011年6月至10月自愿达成的书画买卖合同依法成立，合法有效，且已经实际履行。现吕昌礼主张又与姜蓓、孙涛达成一致意见将其中的56幅书画退回，姜蓓、孙涛不予认可，这种情况下吕昌礼应承担相应的证明责任。吕昌礼提供的证据为姜蓓2012年9月1日、3日出具的收条，内容为收到吕总画49幅、7幅，主张双方对退画达成一致，姜蓓、孙涛认为这仅仅是收到书画的凭证，目的是为了鉴定。对此，该院认为，姜蓓、孙涛的主张更符合常理，吕昌礼的举证不充分，对其主张不予支持。理由如下：首先，从收条的内容表述来看，没有明确的指向是退画。其次，双方在庭审中认可先前购买91幅书画交易是先付款后拿画，如若双方对退画达成一致，按双方交易习惯也应当是先退款后退画或同时履行退款退货，至少双方也应对价款达成一致，由姜蓓、孙涛出具欠款条或退款承诺，如系双方已协商一致退画，在吕昌礼已将画退回时，即已完成协商一致的退画义务，姜蓓、孙涛则有退还画款的义务，在其不能同时履行时，应当向吕昌礼出具欠款凭条，由吕昌礼作为债权凭证持有，现吕昌礼仅持有内容表述并不明确的书画收条不符合常理。最后，吕昌礼承认退回56幅书画的原因是怀疑为赝品，姜蓓、孙涛主张出具收条的目的是为了鉴定真伪，其申请出庭作证的证人即当时买卖书画的经办人于修进也对此予以证明,后姜蓓、孙涛在几日内便委托潘深亮、单国强所属北京故博阁收藏品鉴定有限公司及北京善玉艺术品鉴定中心于9月7日、8日对退回的书画进行真伪鉴定的行为也印证了姜蓓、孙涛的主张。

吕昌礼主张书画系赝品应退回,但其未提交相应证据予以证明。而姜蓓、孙涛委托目前书画界公认的有鉴定能力的潘深亮、单国强所属北京故博阁收藏品鉴定有限公司及北京善玉艺术品鉴定中心对退回的书画作品进行了鉴定,鉴定结论为:除5幅作者在世的作品未出具鉴定证书外,出具鉴定证书的除颜伯龙价值24万的8.5平尺花鸟是假的,其他作品均为真迹。据此,姜蓓、孙涛二审时对作者在世的5幅书画和经鉴定为赝品的1幅书画同意退回,原审对此部分画款判处由姜蓓、孙涛返还吕昌礼正确。吕昌礼虽对姜蓓、孙涛单方委托鉴定机构及鉴定结论有异议,但原审中并未申请重新鉴定,该院再审中吕昌礼虽提出鉴定申请,但由于没有可供委托的鉴定机构,无法进行鉴定,在吕昌礼不能提供其他有效证据证明其他书画为赝品的情况下,原审判决不支持吕昌礼相应退画主张并判令其限期取回相应书画并无不当。综上,吕昌礼的申请理由不能成立,不予支持。原审判决认定事实清楚,适用法律正确,依法应予维持。判决:维持二审判决。

吕昌礼不服再审判决,向检察机关申请监督。

三、最高人民检察院提出抗诉的理由

最高人民检察院认为:再审判决认定案件基本事实缺乏证据证明。

1. 再审判决对涉案书画的真伪这一关键事实未予查实。本案中,姜蓓、孙涛一方在诉讼中称所售书画系真迹,并且于再审过程中单方委托北京故博阁收藏品鉴定有限公司和北京善玉艺术品鉴定中心对退回的书画作品进行了鉴定。而吕昌礼一方在诉讼中称因怀疑书画是赝品,所以才退画。因此查实涉案书画的真伪是本案的关键。再审判决认为,"吕昌礼虽对姜蓓、孙涛单方委托鉴定机构及鉴定结论有异议,但原审中并未申请重新鉴定,该院再审中吕昌礼虽提出鉴定申请,但由于没有可供委托的鉴定机构,无法进行鉴定,在吕昌礼不能提供其他有效证据证明其他书画为赝品的情况下,原审判决不支持吕昌礼相应退画主张并判令其限期取回相应书画并无不当"。换言之,再审判决对涉案书画的真伪

并未查实。检察机关在办理本案过程中,司法部司法鉴定管理局根据 2015 年度全国司法鉴定机构情况统计,向我院提供了 9 家可以进行书画类作品真伪鉴定的鉴定机构信息,这 9 家鉴定机关分别是山西大学司法鉴定中心、山西省曲沃司法鉴定中心、黑龙江省博物馆司法鉴定所、上饶安信司法鉴定中心、河南珍宝艺术文物书画司法鉴定所、陕西文化艺术品司法鉴定中心、陕西当代书画艺术品司法鉴定所、陕西鑫石黄铂金宝玉石首饰检测司法鉴定中心和宁夏六维物证司法鉴定中心。由此可见,对书画类作品的真伪是可以进行司法鉴定的。再审判决在对涉案书画作品的真伪未予查实的情况下作出相关判决,证据并不充分。

2. 最高人民法院《关于民事诉讼证据的若干规定》第 2 条规定:"当事人对自己提出的诉讼请求所依据的事实或者反驳对方诉讼请求所依据的事实有责任提供证据加以证明。没有证据或者证据不足以证明当事人的事实主张的,由负有举证责任的当事人承担不利后果。"本案中,姜蓓、孙涛对书画系真迹负有举证责任。虽然再审过程中姜蓓、孙涛单方委托北京故博阁收藏品鉴定有限公司和北京善玉艺术品鉴定中心对退回的书画作品进行了鉴定,但由于上述两公司不属于鉴定管理部门备案的有鉴定资质的鉴定机构,鉴定人亦未出庭作证,且吕昌礼对上述两公司出具的鉴定意见不予认可并向再审法院提出了鉴定申请,因此上述两公司出具的鉴定意见不足以证实涉案书画的真伪。再审判决在对涉案书画真伪未予查明的情况下,将收条性质作为本案的审查重点并认为姜蓓、孙涛的主张更符合常理,法律依据不够充分。本案中,姜蓓、孙涛主张收回书画是为了作鉴定,吕昌礼在诉讼过程中亦提出了鉴定申请,即双方均有对涉案书画作品予以鉴定的意愿,在司法部司法鉴定管理局提供了可供选择的鉴定机构的情况下,应当由法院委托有资质的鉴定机构对涉案书画进行鉴定,以查明涉案书画的真伪,公平合理地解决双方当事人之间的纠纷。

四、案件评析

本案的审查重点是再审判决对涉案书画的真伪这一关键事实是否应当查实以及应当如何查实。第一,查实涉案书画的真伪是本案的关键。本案中,姜蓓、孙涛一方在诉讼中称所售书画系真迹,并且于再审过程中单方委托北京故博阁收藏品鉴定有限公司和北京善玉艺术品鉴定中心对退回的书画作品进行了鉴定，但由于上述两公司不属于鉴定管理部门备案的有鉴定资质的鉴定机构，鉴定人亦未出庭作证，且吕昌礼对上述两公司出具的鉴定意见不予认可并向再审法院提出了鉴定申请，因此上述两公司出具的鉴定意见不足以证实涉案书画的真伪。再审判决在对涉案书画真伪未予查明的情况下，将收条性质作为本案的审查重点并认为姜蓓、孙涛的主张更符合常理，法律依据不够充分。第二，涉案书面的真伪应当如何查实。检察机关在办理本案过程中，司法部司法鉴定管理局根据2015年度全国司法鉴定机构情况统计，向检察机关提供了9家可以进行书画类作品真伪鉴定的鉴定机构信息，这9家鉴定机关分别是山西大学司法鉴定中心、山西省曲沃司法鉴定中心、黑龙江省博物馆司法鉴定所、上饶安信司法鉴定中心、河南珍宝艺术文物书画司法鉴定所、陕西文化艺术品司法鉴定中心、陕西当代书画艺术品司法鉴定所、陕西鑫石黄铂金宝玉石首饰检测司法鉴定中心和宁夏六维物证司法鉴定中心。由此可见，对书画类作品的真伪是可以进行司法鉴定的。再审判决认为，"再审中吕昌礼虽提出鉴定申请，但由于没有可供委托的鉴定机构，无法进行鉴定"，缺乏事实依据。本案中，姜蓓、孙涛主张收回书画是为了作鉴定，吕昌礼在诉讼过程中亦提出了鉴定申请，即双方均有对涉案书画作品予以鉴定的意愿，在司法部司法鉴定管理局提供了可供选择的鉴定机构的情况下，应当由法院委托有资质的鉴定机构对涉案书画进行鉴定，以查明涉案书画的真伪，公平合理地解决双方当事人之间的纠纷。

（四）终审判决所采信的证据足以使人产生合理怀疑

此类情形主要是指终审判决所采信的证据存在明显瑕疵，足以使人产生合理怀疑，终审判决对此未予调查核实或在调查后仍片面采信，导致终审判决缺乏公信力。

案例十八：李花荣等7人申请监督案（高检民监〔2015〕15号）

一、案件来源

李花荣等7人因与李彩云借款合同纠纷一案，不服河南省高级人民法院（2011）豫法民提字第00318号民事判决，向河南省人民检察院申请监督，该院提请最高人民检察院抗诉。

二、诉讼过程和法院历次审理情况

2007年6月5日,李花荣等7人起诉李彩云至河南省新密市人民法院,请求:判令李彩云偿还欠款140万元及利息。

(一)一审情况

一审法院查明:2004年至2005年,李彩云因经营耐火材料厂,分4次向魏陆义借款140万元。其中,2004年11月21日借款40万元,同年12月8日借款60万元,同年12月24日借款30万元,2005年11月6日借款10万元。上述借款李彩云均向魏陆义出具了借条。2006年7月31日魏陆义因病去世,后魏陆义家人向李彩云催要欠款,但李彩云拒绝还款。2007年6月5日,魏陆义之妻李花荣、长女魏方贞、次女魏慧贞、三女儿魏素贞、四女儿魏芳卉、长子魏志超、次子魏子恩向新密市人民法院提起诉讼。李彩云应诉后,向新密市人民法院提交内容为"李彩云借款已全部还清,以前双方所写借款条和还款条自行撕毁,以此为据。2006.5.8立字据人:魏陆义"的字据(以下简称2006年5月8日字据)一份,并辩解其已将借款全部偿还完毕。

2007年7月9日,李彩云自行向河南检苑司法鉴定中心提出鉴定申请,对2006年5月8日字据进行鉴定。河南检苑司法鉴定中心于2007年7月17日作出豫检苑司鉴中心(2007)文鉴字第114号司法鉴定书,鉴定结论为:"1.'字据'中的'魏陆义'签名字迹,是魏陆义所写;2.'字据'中的'魏陆义'签名字迹上的指纹,是魏陆义捺印;3.'字据'中字迹,不具备书写时间的鉴定条件;4.'字据'中'魏陆义'签名字迹上的指纹是其落款时间(2006年5月)捺印形成。"2007年7月26日,李花荣等7人向新密市人民法院提出鉴定申请,申请对2006年5月8日字据予以司法鉴定,新密市人民法院委托西南政法大学司法鉴定中心进行鉴定。在鉴定期间中的2007年8月14日,有人冒用新密市人民法院名义向西南政法大学司法鉴定中心寄送内容为"李彩云原借款下欠20万元未还,因合作硅砖款未收回,收回后归还,其他借款已全部归还,原借款条作废。2006.5.4.魏陆义"的字据复印件一份。2007年9月4日,西南政法大学司法鉴定中心作出司鉴2007第1143号鉴定书,鉴定结论为:"1.送检的2006.5.8字据上'魏陆义'三字不是打印形成;不能确定'魏陆义'押名指印是否打印形成。2.上述送检字据上署名'魏陆义'三字不是魏陆义本人书写形成。3. 上述送检字据'魏陆义'押名指印是魏陆义的指印，但不能确定其形成方式。4. 不予受理送检字据正文、日期、署名字迹及指印形成时间鉴定事项。5. 上述送检字据上署名字迹与其他字迹的墨水成分不一致。"李彩云认为2006年5月4日字据系套模2006年5月8日字据形成，魏陆义从未向李彩云出具过2006年5月4日字据，李彩云也没见过该字据；李花荣等7人认为2006年5月8日字据系套模2006年5月4日字据形成，李花荣等7人通过朋友向李彩云催要借款时，李彩云曾出示过2006年5月4日字据的复印件，后其朋友也曾将该字据复印件交给过李花荣等7人，李花荣等7人当时就表示2006年5月4日字据是假的。

李彩云以西南政法大学司法鉴定中心采用来源不明的2006年5月4日字据复印件，鉴定程序违法为由，提出重新鉴定申请，经新密市人民法院审判委员会讨论，决定予以重新鉴定。2008年5月8日，新密市人民法院委托辽宁北方司法鉴定所重新鉴定。2008年5月21日，辽宁北方司法鉴定所作出辽北文鉴字（2008）第38号司法鉴定意见书，鉴定结论为："1. 2006.5.8字据上签名及字迹是签字笔直接书写形成。上述字迹有直接书写的特点，不具有打印、复印、扫描拓印等方式形成的印迹特征。2. 该字据上'魏陆义'签名与样本上'魏陆义'签名为同一人所写。3. 该字迹上正文、落款、签名形成时间，因不具备检验条件，不做检验。4. 该字据上签名与其他字迹的墨水，在色泽、笔迹粗细、可溶性、和光谱特性上无区别。"

一审法院认为：李彩云借魏陆义款140万元的事实，双方均无异议，予以确认。李彩云辩解已全部偿还，并提交了2006年5月8日字据一份，该字据历经河南检苑司法鉴定中心、西南政法大学司法鉴定中心、辽宁北方司法鉴定所三次鉴定。河南检苑司法鉴定中心所做鉴定，系李彩云单方委托，且该鉴定所采用的鉴定样本系未经双方当事人质证的复印件，李花荣等7人对此提出异议，该院已重新委托其他鉴定机构进行了鉴定，故对该鉴定结论不予采纳；对西南政法大学司法鉴定中心所作鉴定，因其在鉴定过程中采用了未经当事人质证且来源不明的2006年5月4日字据复印件作为鉴定依据，故该鉴定程序违法，不予采信；辽宁北方司法鉴定所所做鉴定，鉴定程序合法，鉴定依据充分，对该鉴定结论予以采信。依据该鉴定结论，2006年5月8日字据上"魏陆义"的署名系其本人所签,故对该字据的真实性予以认定。李花荣等7人提出辽宁北方司法鉴定所所作鉴定超出鉴定范围的意见,因辽宁北方司法鉴定所在接受该院委托时,已明确表示其鉴定资质仅能接受文书鉴定,本案委托的指纹鉴定属痕迹鉴定,其不予受理,故辽宁北方司法鉴定所所做鉴定,没有超出其鉴定范围,李花荣等7人的该反驳意见不成立,不予支持。对2006年5月8日字据上指纹的真伪问题,因本案进行鉴定的目的是为了确定2006年5月8日字据的真伪,该字据上"魏陆义"的签名或押名指印如有一项为真,即可确定该字据的真实性。因此,在确定2006年5月8日字据上"魏陆义"签名字迹系其本人所写后,再进行指纹鉴定已无必要。故对李彩云所作其已将140万元借款全部归还的辩解,该院予以采信。

一审法院判决:驳回李花荣等7人对李彩云的诉讼请求。

李花荣等7人不服一审判决,向郑州市中级人民法院提出上诉。

(二) 二审情况

二审法院对一审查明的事实予以确认。另外,根据李花荣等7人的鉴定申请,郑州市中级人民法院审判委员会研究决定重新鉴定。该院司法技术处委托北京华夏物证鉴定中心对本案的2006年5月8日字据进行了鉴定。北京华夏物证鉴定中心于2009年10月19日作出华夏物鉴中心(2009)文检字第263号《司法鉴定检验报告书》。该鉴定书中记录的委托鉴定事项为:"1. 对检材上的字迹、指印的形成方式(署名是否仿写、指印是否转印、扫描、拓印形成)进行鉴定;2. 对检材上的字迹是否魏陆义本人亲自书写进行鉴定;3. 对检材上的指印是否魏陆义用印油按捺形成进行鉴定;4. 对检材上的正文、落款时间、'魏陆义'署名字迹、指印的形成时间进行鉴定;5. 对检材上'魏陆义'署名字迹与其他字迹的墨水成分是否一致进行鉴定。"检验结果为:"1. 检材上的字迹是用黑色墨水硬笔书写;指印是用红色印油捺印形成。2. 检材上'魏陆义'签名字迹与样本上'魏陆义'签名字迹是同一人所写。因为没有魏陆义本人书写其他字迹样本,因此无法判断检材上其他字迹是否为魏陆义本人所写;3. 检材上的指印是魏陆义用印油按捺形成;4. 根据目前现有技术条件,无法对检材上的正文、落款时间、'魏陆义'署名字迹、指印的形成时间进行鉴定;5. 检材上'魏陆义'署名字迹与其他字迹的墨水成分不一致。"

二审法院认为：北京华夏物证鉴定中心进行重新鉴定时所提取的检材和样本经双方质证后均无异议，鉴定程序合法，鉴定依据充分，对该鉴定结论予以采信。依据该鉴定结论，2006年5月8日字据上"魏陆义"签名字迹与样本上魏陆义签名字迹是同一人所写，指印是魏陆义用印油按捺形成，故应对2006年5月8日字据的真实性予以认可。李花荣等7人认为北京华夏物证鉴定中心出具的《司法鉴定检验报告书》存在诸多不合法情形，不能作为定案依据的理由不足，不予采信。据此李花荣等7人主张原审判决认定事实错误和适用法律不当且程序违法，依法应当撤销并判令李彩云立即归还借款140万元及利息的上诉请求和理由，证据不足，不予支持。

二审法院判决：驳回上诉，维持原判。

李花荣等7人不服二审判决，向河南省高级人民法院申请再审。

（三）再审情况

再审法院对原审查明的事实予以确认。另查明，再审过程中，李花荣等7人提供的证据中：（1）魏芳员自行委托广东明鉴文书司法鉴定所对2006年5月8日字据上"魏陆义"签名字迹进行鉴定，鉴定结论为2006年5月8日字据不是魏陆义所写，拟证明2006年5月8日字据不真实，该院认为该鉴定与其应举证的范围没有关联性，且该鉴定中检材及样本均为复印件，李彩云不予认可，故对该鉴定结论不予采信。（2）新密市人民法院刑事案件出庭通知书两份及网络下载的刑事判决书一份，拟证明李彩云为赖账利用黑社会严重伤害申请再审人及司法鉴定人王成荣，该院认为李彩云对此予以否认，刑事判决书亦未认定李彩云指示黑社会人员伤害申请再审人及鉴定人王成荣，故该证据与李彩云是否还款没有关联性。（3）王振东的录音资料两份，拟证明李彩云未归还借款及2006年5月4日字据来源于李彩云，该院认为该证据与李彩云提供的录音资料及王振东的书面证明内容相悖。（4）2006年5月4日EMS邮件详情单一份，上有"被告辩称"字样，拟证明2006年5月4日字据复印件系李彩云向西南政法大学司法鉴定中心邮寄，因该字据来源清楚，应采信西南政法大学司法鉴定中心的鉴定结论。但李彩云否认，亦无其他证据证明，仅凭邮件详情单上的"被告辩称"字样不能认定2006年5月4日的字据复印件系李彩云邮寄。（5）北京市司法局出具的"北京市司法局关于魏芳员投诉北京华夏物证鉴定中心问题的答复"一份，拟证明北京华夏物证鉴定中心出具的检验报告书程序不合法，文书格式不合法，鉴定结论不合法，该院认为该答复并未认定该检验报告程序不合法，文书格式的瑕疵亦不影响鉴定结论的科学性。(6) 过路费收据6份，拟证明2006年5月8日魏陆义在焦作，不在新密市，不可能在新密市接受李彩云还款。该院认为，因人车可以分离，不能据此推断魏陆义不在新密市。

再审法院认为：李彩云向魏陆义借款140万元，事实清楚，证据充分，李彩云应履行还款义务。李彩云提供2006年5月8日字据证明其偿还魏陆义140万元借款，举证责任已经完成。鉴于李花荣等7人对本案的4份鉴定均有异议，该院认为：(1) 李彩云自行向新密市人民法院收集鉴定样本并委托河南检苑司法鉴定中心对2006年5月8日字据进行鉴定，不违反法律规定，但该鉴定采用的样本系未经双方当事人质证的复印件，李花荣等7人对此提出异议，原审法院不予采信正确。河南检苑司法鉴定中心在鉴定过程中对检材进行了剪裁，但不足以构成对样本的破坏，不影响鉴定，李花荣等7人认为2006年5月8日字据被破坏不具有证明力的理由不能成立。(2) 西南政法大学司法鉴定中心于鉴定过程中采用了未经当事人质证且来源不明的2006年5月4日字据复印件作为鉴定样本，鉴定程序违法，原审法院不予采信正确。李花荣等7人认为2006年5月4日字据原件由李彩云持有，是李彩云私自向西南政法大学司法鉴定中心邮寄的证据不足，不能证明李花荣等7人的主张，该院不予采信。(3) 辽宁北方司法鉴定所在接受一审法院委托时，明确表示其鉴定资质仅能接受文书鉴定，指纹鉴定属痕迹鉴定，不予受理。一审法院在征得双方当事人同意，特别是在李花荣等7人明确表示"能鉴定多少就鉴定多少"的情况下，委托辽宁北方司法鉴定所在其鉴定资质范围内进行鉴定，程序合法，李花荣等7人认为辽宁北方司法鉴定所不具有本案鉴定资质的理由不能成立。辽宁北方司法鉴定所接受委托时，辽宁省司法厅对该鉴定所的行政处罚期已届满，且沈阳市中级人民法院作出的暂停对该鉴定所的行政处罚期已届满，且沈阳市中级人民法院作出的暂停对该司法鉴定所委托鉴定6个月的决定对其他法院不具有约束力，李花荣等7人认为辽宁北方司法鉴定所不能接受本案委托的理由不能成立。辽宁北方司法鉴定所鉴定人刘稼民当庭陈述该鉴定中的特征比对表由其本人制作，但该鉴定结论还有鉴定人贾玉文的审核签字，鉴定人数符合法律规定，李花荣等7人认为该鉴定由一人所作出的理由不成立。李花荣等7人提供的该鉴定人员与李彩云电话频繁联系的证据，来源不明，不予认定，该项异议理由亦不能成立。原审法院采信辽宁北方司法鉴定所在鉴定资质范围内作出的鉴定结论，认定2006年5月8日字据上"魏陆义"的签名字迹系魏陆义本人所写并无不当。（4）二审法院经李花荣等7人申请及该院审判委员会决定，并在李彩云的同意的情况下，委托北京华夏物证鉴定中心作出的重新鉴定，虽与辽宁北方司法鉴定所的鉴定结论存在一定的差异，但主要内容相同，进一步印证了李彩云的主张。李花荣等7人认为北京华夏物证鉴定中心的《司法鉴定检验报告书》不能作为定案依据的理由不能成立，该院不予采纳。原审判决事实清楚，适用法律正确，结果妥当，应予维持。

再审法院判决：维持二审判决。

李花荣等7人不服再审判决，向检察机关申请监督。

三、最高人民检察院提出抗诉的理由

最高人民检察院认为，再审判决认定李彩云已经偿还借款的事实缺乏证据证明。理由如下：

1. 原审判决认定李彩云一方已经偿还借款的证据系孤证，且该证据自身存在重大瑕疵。一审中，李彩云为了证实其已经偿还借款，向法院提交了一份内容为"李彩云借款已全部还清，以前双方所写借款条和还款条自行撕毁，以此为据。2006.5.8 立字据人：魏陆义"的字据，该字据中"魏陆义"的签名被溶解，签名上的指纹被剪裁。导致该证据出现上述破坏的原因是，李彩云在将2006年5月8日字据向一审法院提交前，自行委托河南检苑司法鉴定中心对字据进行鉴定，并且鉴定机构在鉴定过程中对字据原件中"魏陆义"的签名和指印采取了溶解、剪切的破坏性检验方法。这次鉴定致使作为主要鉴定对象的签名和指印被坏，而且无法对相关内容作出进一步鉴定。一般而言，当事人举证时会直接向法院提交证据，只有其他当事人对证据的真实性提出异议时，法院才会依据一方的申请对证据进行鉴定。李彩云从事律师多年，其应当明知采取破坏性方式对证据进行鉴定会导致的法律后果，李彩云的这一行为明显与通常的诉讼行为不符，足以使人对其行为的目的产生合理怀疑。因此，在李花荣等人对该瑕疵证据的真实性提出异议的情况下，原审法院应当对李彩云的反常诉讼行为进行审查,并要求其提供其他能够证明还款事实的必要证据予以补强。原审判决在 2006 年 5 月 8 日字据存在明显瑕疵的情况下,仅依据该单一瑕疵证据确认还款事实,依据明显不足。

2. 再审判决采信的两份鉴定意见均存在瑕疵,且未采信西南政法大学司法鉴定中心的鉴定意见理由不够充分。首先,辽宁北方司法鉴定所出具的鉴定意见认为,字据上"魏陆义"签名与样本上"魏陆义"签名为同一人所写。但是,李花荣等人在一审中提交了在鉴定前及鉴定期间(2008 年 4 月 3 日至 2008 年 7 月 30 日)李彩云与该鉴定机构负责人曹树森及鉴定人贾玉文、刘稼民多次电话联系的证据线索,以证明该鉴定程序可能存在违法情形,并向一审法院提出调取李彩云 2008 年 3 月份至同年 7 月份的通话清单及 2008 年 5 月 11 日 3U8849 次航班的信息的申请。上述证据系当事人因客观原因不能自行收集的证据,原审法院对这一足以影响鉴定意见的证据未依据当事人的申请予以调查收集,而直接采信鉴定意见,明显不当。其次,北京华夏物证鉴定中心出具的鉴定意见认为检材上"魏陆义"签名字迹与样本上"魏陆义"签名字迹是同一人所写。但是,原审法院在送检时未说明该检材已经经过多次鉴定的情形。《司法鉴定程序通则》第 12 条第 4 款规定:"委托鉴定事项属于重新鉴定的,应当在委托书中注明。"原审法院在委托鉴定时未告知该鉴定属重新鉴定,违反了上述规定,再审判决采信该鉴定意见亦有瑕疵。最后,西南政法大学司法鉴定中心出具的鉴定意见认为,送检字据上署名"魏陆义"不是魏陆义本人书写形成。再审法院以鉴定过程中采用了未经当事人质证且来源不明的 2006 年 5 月 4 日字据复印件为由,认定鉴定程序违法,未予采信。但是,鉴定人王成荣在《出庭质证的书面说明》指出:"依据样本 1 和对检材分别检验,鉴定人已判断出检材具有仿写特征。"换言之,即使不采用 2006 年 5 月 4 日字据进行对比,也能够得出检材字迹"魏陆义"非本人所写的结论,且该鉴定中心接受委托程序合法,具有需要鉴定内容的各项资质,且没有其他违法情形。再审判决以鉴定过程中采用了 2006 年 5 月 4 日字据作为样本为由,不予采信该鉴定意见理由不够充分。根据上述分析,有必要委托权威鉴定机构对 2006 年 5 月 8 日字据进行重新鉴定,以进一步查明案件事实。

3. 在本案历次诉讼过程中,李彩云主张其还款的 100 万元款项来自承兑汇票贴息兑付,办理承兑汇票贴息兑付手续时李彩云必然会得到相关凭据，即使相关凭据灭失，李彩云也能从银行获取相关证明。由于李彩云提供的还款证据存在瑕疵，且对方当事人对还款来源提出异议，原审法院应当要求李彩云提供承兑汇票贴息兑付的相关凭据来证明还款款项的来源。这一举证责任对李彩云而言非常容易，但李彩云却以涉及商业秘密为由拒绝提供证据，理由明显不够充分。从本案的客观情况来看，款项来源对正确认定还款事实具有重要意义，在还款凭据这一主要证据存在瑕疵的情况下，原审法院应当要求李彩云提供相关证据对款项来源予以证明。

四、案件评析

本案中终审判决存在以下问题，足以使人对终审判决的合理性和公正性产生合理怀疑。

第一，终审判决认定李彩云一方已经偿还借款的证据系孤证，且该证据自身存在重大瑕疵。一审中，李彩云在将2006年5月8日字据向一审法院提交前，自行委托河南检苑司法鉴定中心对字据进行鉴定，且采取了溶解、剪切的破坏性检验方法。李彩云从事律师多年，其采取破坏性检验方法的行为明显与通常的诉讼行为不符，足以使人对其行为的目的产生合理怀疑。在李花荣等人对证据真实性提出异议的情况下，终审判决并未对李彩云的反常诉讼行为进行审查，亦未要求其提供其他补强证据。

第二，终审判决采信的两份鉴定意见均存在瑕疵，且未采信西南政法大学司法鉴定中心的鉴定意见理由不够充分。对于辽宁北方司法鉴定所出具的鉴定意见：李花荣等人在一审中提交了鉴定程序可能存在违法情形的初步证据并要求一审法院调取相关证据，但一审法院未予调查收集，而是直接采信鉴定意见，明显不当。对于北京华夏物证鉴定中心出具的鉴定意见：法院在送检时未说明该检材已经经过多次鉴定的情形，违反了《司法鉴定程序通则》第12条的相关规定，终审判决采信该鉴定意见亦有瑕疵。对于西南政法大学司法鉴定中心出具的鉴定意见：虽然终审判决以鉴定过程中采用了未经当事人质证且来源不明的2006年5月4日字据复印件为由，认定鉴定程序违法而未予采信，但根据鉴定人王成荣的《出庭质证的书面说明》，即使不采用2006年5月4日字据进行对比，也能够得出检材字迹"魏陆义"非本人所写的结论，故终审判决不予采信该鉴定意见理由并不充分。根据上述分析，有必要委托权威鉴定机构对 2006 年 5 月 8 日字据进行重新鉴定，以进一步查明案件事实。

第三，在本案历次诉讼过程中，李彩云主张其还款的 100 万元款项来自承兑汇票贴息兑付。从本案的客观情况来看，款项来源对正确认定还款事实具有重要意义，在还款凭据这一主要证据存在瑕疵的情况下，终审判决应当要求李彩云提供相关证据对款项来源予以证明。这一举证责任对李彩云而言非常容易，但李彩云却以涉及商业秘密为由拒绝提供证据，理由明显不够充分。

综上，在李彩云提交的相关证据存在明显瑕疵的情况下，终审判决应当要求李彩云对其证据予以补强，否则应承担相应的法律后果；在多次进行鉴定的情况下，终审判决应当在仔细辨别、分析的基础上作出取舍，不能对明显存在瑕疵的鉴定意见予以采信。

（五）终审判决对证据的采信明显不符合高度盖然性的证明标准

此类情形主要是指终审判决违反了最高人民法院《关于适用〈中华人民共和国民事诉讼法〉的解释》第 108 条关于"对负有举证证明责任的当事人提供的证据，人民法院经审查并结合相关事实，确信待证事实的存在具有高度可能性的，应当认定该事实存在。对一方当事人为反驳负有举证证明责任的当事人所主张事实而提供的证据，人民法院经审查并结合相关事实，认为待证事实真伪不明的，应当认定该事实不存在"的相关规定，对符合高度盖然性的证据不予确认或者对不符合高度盖然性的证据予以确认。

案例十九：应力申请监督案（高检民监〔2016〕241 号）

一、案件来源

应力因与乌鲁木齐绿洲汽车修理有限公司联营合同纠纷一案，不服新疆维吾尔自治区高级人民法院（2013）新民一提字第 70 号民事判决，向新疆维吾尔自治区人民检察院申请监督，该院提请最高人民检察院抗诉。

二、诉讼过程和法院历次审理情况

2010 年 4 月 19 日，应力起诉乌鲁木齐绿洲汽车修理有限公司（以下简称绿洲公司）至乌鲁木齐市沙依巴克区法院，请求：判令绿洲公司归还应力投入机器设备、厂房、地坪、锅炉及变压器等财产（约合人民币956098.15元），如不能归还则赔偿损失。

（一）一审情况

一审法院查明：2004年3月3日，应力与绿洲公司签订一份《联营协议》，约定应力对绿洲公司进行独立承包经营，期限5年。经营期间自担风险、自负盈亏，独立核算。2006年12月30日，此联营协议终止履行。同日，双方签订《借款协议》，约定应力向绿洲公司出借80万元资金，用于购修理设备（设施）及材料周转，绿洲公司承诺每年归还20万元。绿洲公司法定代表人张绿洲在借款协议上签字，未加盖单位公章。但该《借款协议》未实际履行。联营协议终止时，双方未对联营期间的资产进行交接。经应力申请，在第一次审理时，新疆华夏资产评估有限责任公司（以下简称华夏评估公司）对应力投入的所有资产进行了价值评估。华夏评估公司评估报告书载明，截至2006年12月30日应力投入绿洲公司资产价值为1365854.50元。评估范围和对象为：资产类型是固定资产，为应力提供资产清单。对应力是否投入资产绿洲公司始终持有异议，而在进行资产评估过程中，哪些资产属应力投入并未经双方当事人确认。为此，绿洲公司对评估报告有效性不认可。审理中，应力提供了打地坪、厂房收据、发货清单、发票、收条、工资表、借条等票据及证词，证实其对修理厂进行了投资，并陈述上述证据在评估报告中可以反映，评估报告也是依据上述证据所作。而绿洲公司在对上述票据质证时指出上述票据大都是白条，且票据反映均是应力经营过程中发生的经营费用，并非投资款项。

一审法院认为：当事人对自己提出诉讼请求所依据事实或者反驳对方诉讼请求所依据的事实有责任提供证据加以证明。没有证据或者证据不足以证明当事人的事实主张，由负有举证责任的当事人承担不利后果。应力起诉要求绿洲公司返还其联营期间投入的资产，但其提供证据不能证明其购置了资产并对绿洲公司进行了投入，且双方在联营协议终止时未对联营期间的资产进行交接。应力申请法院委托所做评估报告，在委托函中以"评估应力投入资产"为委托事项，评估资产前提应是先确定应力是否投入，才能对投入资产价值进行评估。但应力所提供的证据不能证明其进行了投入，故对评估报告不予采纳。应力在乌鲁木齐市天山区法院虽然以债权债务转让为由提起诉讼,但其在本案中所提供的证据均在天山区人民法院质证过,并经该院查明后认定其提供的证据不能证明其购置资产的事实。据此,应力主张绿洲公司返还其投入资产因证据不足,其应承担举证不能的不利后果。故对应力诉讼请求,不予支持。

一审法院判决：驳回应力的诉讼请求。

应力不服一审判决,向乌鲁木齐市中级人民法院提出上诉。

（二）二审情况

二审法院查明：双方于 2004 年 3 月 3 日,所签联营协议第四项第二条约定,应力所投入资产产权归应力所有；如将来处理投入时,按应力 70%,绿洲公司 30% 处理。2006 年 12 月 30 日,双方签订《借款协议》第六条约定,应力在绿洲公司投入资金,在政府征购时各自享有 50% 征购资金。在二审期间,应力提供了绿洲公司 2003 年度、2004 年度、2005 年度年检报告书。其 2003 年度资产总额为 40.33 万元；2004 年度资产总额为 109.15 万元；2005 年度资产总额为 141.86 万元；此外,在 2003 年度年检报告中,附有一份绿洲公司向新市区工商局递交的《关于道路运输经营许可证未年检的情况说明》,载明：因绿洲公司厂房正在修建中,故许可证暂未年检。该说明落款时间为 2004 年 3 月 12 日。上述证据以证明在联营期间,由于应力投入了大量资金,绿洲公司资产总额才大幅度增加,并且证明应力在联营期间修建了厂房的事实。绿洲公司对以上证据真实性认可,但对关联性不予认可。

二审法院认为：应力与绿洲公司在联营协议终止时,未对联营期间资产办理交接手续。此后,双方对应力在联营期间是否投入了资金产生争议。根据应力与张绿洲于 2006 年 12 月 30 日终止联营协议时所签订的《借款协议》第六条约定,即"应力在绿洲公司投入资金,在政府征购时各自享有 50% 的征购资金",可以认定张绿洲对应力在联营期间向绿洲公司进行了资金投入是认可的；并且在绿洲公司 2003 年度至 2005 年度年检报告书中反映,绿洲公司资产总额在联营期间大幅度增加。故二审法院认为,应力在此期间向绿洲公司进行资金投入事实是存在的。一审法院委托华夏评估公司作出评估报告书表明,应力投入绿洲公司资产价值为 1365854.50 元。绿洲公司虽对该报告书表示不予认可,但未依法申请复议或请求进行补充鉴定、重新鉴定,故应力在联营期间投入绿洲公司资产价值应以评估报告书为准。应力与张绿洲于 2006 年 12 月 30 日所签订借款协议第6条中写明了应力在绿洲公司投入资金在政府征购时各自享有50%。该约定虽附加了政府征购的条件，但亦表明双方已对先前在联营协议中"应力所投入产权归应力所有，如将来处理应力投入时按应力70%、绿洲公司30%"约定变更为各自享有50%。因此，对应力在联营期间向绿洲公司投入资金，应按此比例处理。应力上诉主张部分成立，予以部分支持。

二审法院判决：（1）撤销一审判决；（2）绿洲公司给付应力联营投入款682927.25元（1365854.50元×50%）；（3）驳回应力的其他诉讼请求。

绿洲公司不服二审判决，向乌鲁木齐市中级法院申请再审。

（三）再审（一审）情况

再审法院（中院）对二审法院查明的事实予以确认。

再审法院（中院）认为：应力与绿洲公司在本案中的核心争议系应力作为联营合同一方是否实际对联营主体绿洲公司履行了联营合同约定投资义务。应力诉求为主张联营终止按联营合同约定分割投资及联营期间收益。从已查明案件事实看，双方于2004年3月3日签订联营协议后，应力实际出资对联营体进行了投资建设。双方在联营协议第一条第二项中有明确约定，绿洲公司同意应力在绿洲公司经营场地进行厂房建设以及设备投资。协议第2条第1项约定：应力自筹资金投资厂房和设备，并对绿洲公司原有设施拥有使用权。应力对其投资提供了修建厂房、夯打地坪、购买材料设备的票据，并经厂长王军和（绿洲公司法人代表、张绿洲的妻弟）签字确认。时任绿洲公司会计张晋亦证实，应力依联营合同约定投资修建厂房、购置了设备。除双方签订联营协议外，另有应力提供投资绿洲公司明细表、2004年3月至6月的工资表、乌鲁木齐市沙区法院（2009）沙民二初字第470号案卷庭审笔录中褚衍喜证言、2004年绿洲公司给应力出具证明、绿洲公司2005年对王军和的任命书及王军和签字确认固定资产意见表及附表、绿洲公司工商档案及证明、双方在联营终止时就联营期间相关问题的处理签订借款协议等证据，能够形成证据锁链，证实应力与绿洲公司之间系联营关系并依联营协议约定对绿洲公司作出实际投入、进行联合经营客观事实。

绿洲公司坚持否认应力对联营体进行了出资，但就同一事实，绿洲公司在天山区法院起诉应力在双方联营期间欠款纠纷即（2008）天民二初字第2872号民事判决、（2009）天民二初字第869号民事判决两案中，提出双方系联营关系并认可双方联营终止后未就联营期间盈亏和分配进行清算，亦未对联营体的移交履行清点和交接手续。此亦可以证实双方联营协议确已实际履行。同时，该案还客观反映出绿洲公司法定代表人张绿洲在经营中也以个人名义对绿洲公司欠款向应力出具欠款白条的情形，对此也能证实绿洲公司在经营活动中部分财务凭证不合规范的事实。故本案中绿洲公司以应力提出联营出资证据多为白条，不能作为依据之抗辩理由不能成立。

双方在联营中止时，绿洲公司法人张绿洲曾就联营期间所投入的资产的分配，向应力出具了借条，后应力起诉张绿洲偿还该债务时，张绿洲抗辩双方未发生借款事实，该条据不是债务，而是在联营中止时绿洲公司按照联营合同约定向投资人应力出具的应当支付给应力的财产分配所得。由此可知，正是应力做出了投入，才有了联营终止时关于财产分配处置协议及借条。绿洲公司对抗上述证据主要观点为上述行为系承包经营期间开支，不属于履行联营合同投资，对此，并未举证予以证实。综上，原二审判决并无不当，绿洲公司申请再审理由不能成立。

再审法院（中院）判决：维持二审判决。

绿洲公司不服，向新疆维吾尔自治区高级人民法院申请再审。

（四）再审（二审）情况

再审法院（高院）查明：2004年3月3日，绿洲公司（甲方）与应力（乙方）签订联营协议，主要内容为：双方就共同经营汽车修理业务一事，达成了以下合作协议并共同遵守。甲方的权利义务：（1）负责提供绿洲公司合法、完全的注册经营和场地手续，以及位于过境公路1号的经营场地及其各种附着设施作为联营经营的必要条件。（2）甲方同意乙方在甲方经营场地进行厂房建设以及设备投资。（3）甲方同意由乙方对绿洲公司进行独立承包经营，甲方有义务配合乙方开展各项工作，甲方有权制止乙方违法经营行为，但不得干预乙方正常的生产经营活动。（4）甲方享有在乙方回收投资后的税后利润30%的受益权。（5）如甲方在乙方从事某项具体工作，由乙方安排、管理并发给相应的工资。乙方的权利和义务：（1）乙方自筹资金投资厂房和设备，并对甲方原有设施拥有使用权。（2）乙方对绿洲公司独立承包经营，自担风险、自负盈亏、独立核算。（3）乙方在经营期内不得以任何形式对甲方原有资产造成流失或损毁，否则应负责赔偿或恢复。（4）乙方拥有独立的经营管理权、财务管理权和人事调配权。乙方有义务向甲方通告财务预决算以及相关会计资料。分配与核算：（1）乙方收回全部投资后，甲乙双方按照税后利润的 30%、70%，并在一个经营年度终了之后实施决算和分配。（2）乙方在经营核算中应对双方固定资产提取折旧和大修基金，并承担日常维修费用。（3）双方决定解除协议时，按照各自投资分割资产，乙方负责向甲方加纳合作期内甲方固定资产的折旧费。（4）合作期内发生亏损由乙方全部承担，不涉及甲方资产的完好。其他：（1）乙方完成投资并正常经营后，甲方不得单方面中止联营协议。乙方经营发生困难，导致无法继续经营时，可以单方面解除协议终止联营。（2）乙方所有投入的产权归乙方自己所有，如将来处理投入时，按乙方 70%，甲方 30%处理当甲方原有设施的产权归甲方所有，双方都无权对对方资产进行处置或占有。（3）合作期内甲乙双方不得另行与双方之外的第三方建立与本协议相关合作关系，甲方不得向第三方出具任何形式的抵押和担保，乙方有义务确保甲方原有资产的完好与保值。（4）一方违约时，应负责赔偿守约方经济损失并承担一切违约责任。（5）联营期间双方应共同遵守本协议，产生问题及时沟通协商解决，协商不成时可移交法律机关裁定。（6）本协议自签订之日起生效，有效期为 5 年，期满后双方协商续订。2006 年 12 月 30 日，绿洲公司（甲方）与应力（乙方）订立借款协议，约定：（1）甲方独立经营并承担绿洲公司所有债权债务。（2）乙方向甲方出借资金 80 万元，用于购置修理设备（设施）及材料周转，甲方承诺每年归还乙方 20 万元。（3）乙方指派一名财务人员在甲方工作，负责按期还款的监督。（4）甲方发生亏损全部自行承担责任，不涉及乙方。（5）甲方借款，以绿洲公司自有土地所有权和使用权进行抵押和担保。（6）乙方在绿洲公司投入的资金，在政府征购时各自享有 50%的征购资金。（7）协议自签订之日起生效，双方以前所签订任何合同或协议均属无效。

2008 年，应力以借款合同纠纷将绿洲公司及张绿洲诉至乌鲁木齐市天山区法院。应力诉称双方曾订立联营协议，2006 年 12 月 30 日，应力退出合作，并签订借款协议，约定绿洲公司由张绿洲独立经营，以借款方式偿还应力债务 80 万元。绿洲公司及张绿洲至今未付，遂诉至法院。应力提供的证据是联营协议、借款协议、票据 86 张（收据、支票头、工资表、欠条、借条等,证明其投入154万元)、新疆元征修理设备有限公司购货单、应收明细账款清单、证人张晋的证言。庭审中,应力又称双方是债权债务转让关系,将诉讼标的变更为到356195.40元。天山区法院经审理认为,应力起诉张绿洲、绿洲公司是基于联营协议及借款协议,审理中,应力称本案不是借款合同纠纷,双方的法律关系应视为债权债务的转让。双方均认可借款协议未实际履行,应力称对绿洲公司进行了固定资产的投入,但因其提供的证据不能证明购置资产的状况,双方亦未对联营期间的资产进行交接,故应力以债权债务转让的法律关系提出诉讼于法无据。遂作出(2008)天民二初字第771号民事判决,驳回了应力的诉讼请求。应力不服,上诉至乌鲁木齐市中级法院,认为一审法院割裂了联营协议与借款协议的关系,其在一审提交的证据能够充分证明为绿洲公司提供了资产投入。乌鲁木齐市中级法院认为,应力称本案不是借款合同纠纷,双方的法律关系应视为债权债务转让。借款协议是基于解除联营协议而形成的,是其退出联营时,对方应给付自己投入资产的价值,但应力未提供证据证明。遂作出(2009)乌中民一终字第548号民事判决,维持了一审判决。

后来,应力又以民间借贷纠纷将张绿洲诉至乌鲁木齐市天山区法院。应力诉称,2006年9月11日,张绿洲欲购买车辆,向我借款323553.09元,要求张绿洲归还。张绿洲辩称,确实向应力出具过欠条,这是共同经营期间产生的欠款,不单纯是为购买车辆。经核对不欠应力钱,相反应力欠其344648.6元,故提出反诉,要求应力归还欠款。应力辩称,张绿洲所称欠款与本案无关,是联营协议中的债务,但没有涉及债权,债权的数额有30多万元,若两项相抵,张绿洲尚欠应力十几万元。法院查明,双方签订了联营协议,后终止履行。2006年9月11日,张绿洲出具欠条"欠应力323553.09元"。张绿洲为证实其反诉,提供了绿洲公司为应力垫付的2006年12月31日以前产生的材料款的票据、工资表、应力在绿洲公司维修车辆的结算单等,法院认为,张绿洲认可欠条的真实性,因此,应当偿还该欠款。张绿洲反诉的债权是绿洲公司的债权,其个人主张无法律依据。遂作出(2008)天民一初字第2872号民事判决:(1)张绿洲给付应力323553.09元;(2)驳回张绿洲的反诉。

绿洲公司以欠款纠纷将应力、新疆恒利新汽车运输有限公司、于琴诉至乌鲁木齐市天山区法院。绿洲公司诉称,绿洲公司与应力订立联营协议，应力独立承包经营其单位，后联营终止，应力在经营期间欠第三人材料费 204916 元、员工工资 25650 元，均由绿洲公司来支付。且恒利新公司在绿洲公司处修车，欠修理费 114737.6 元，合计 345303.6 元，要求予以偿还。法院经审理认为，绿洲公司所述属实，遂作出（2009）天民二初字第 869 号民事判决：（1）应力给付绿洲公司垫付人工工资 25650 元；（2）应力给付绿洲公司垫付材料费 204916 元；（3）恒利新公司给付绿洲公司修理费 114737.6 元；（4）驳回绿洲公司其他诉讼请求。应力及恒利新公司不服提出上诉，乌鲁木齐中级法院将此案发回重审。重审中，绿洲公司经合法传唤未到庭，该案按撤诉处理。

2009 年，应力在乌鲁木齐市沙区法院提起了本案联营合同纠纷之诉。沙区法院认为，应力主张的债权与（2008）天民二初字第 771 号、（2009）乌中民一终字第 548 号系同一笔债务，属重复诉讼，遂以（2009）沙民二初字第 470 号裁定，驳回了应力的诉讼请求。应力上诉至乌鲁木齐市中级法院后，该院认为两案法律关系不同，不属于重复诉讼，遂指令沙区法院审理。后沙区法院作出（2010）沙民二初字第 350 号民事判决，即本案一审判决。

绿洲公司 2003 年度工商年检报告书反映，绿洲公司经营范围是：汽车车身外表、电器、仪表、轮胎修理、货物运输，汽车配件、百货及建筑材料销售。2005 年 1 月 1 日，固定资产移交表显示，总价值 140 万元资产移交王军和，其中 212158 元为流动资金，其余为机修设备，并附设备清单（元征设备清单）。乌鲁木齐市中级法院再审期间，对王军和进行了询问，王军和对移交表上本人签名提出异议，认为系伪造。

绿洲公司再审期间提交了应力经营期间财务账册、资产负债表、企业所得税纳税申报表等。显示 2006 年 12 月 31 日，绿洲公司固定资产为 75366.25 元；且在应力经营期间绿洲公司每年亏损。应力对上述证据真实性认可，但认为存在手续不完备的情况，其投入没有转成固定资产入账。纳税申报表不能反映企业真实经营状况，存在为少纳税而规避法律现象。

再审法院（高院）认为：关于绿洲公司与应力之间的法律关系问题，从双方签订联营合同可以反映，绿洲公司提供场地、附属设施及经营手续，应力实际经营，同时约定了双方均参与利润分配。合同性质具备联营特征，原审认为双方属联营关系并无不妥，予以确认。应力称其在联营期间对绿洲公司进行了固定资产投入，要求绿洲公司归还，如不能归还则赔偿损失，但在几次诉讼中，应力对其投入资产数额主张并不一致。在（2008）天民二初字第771号判决中，应力认为借款协议中80万元就是双方对其投入资产价值的确认，后又变更为35万余元。原一、二审法院认为，应力提供证据不足以证实其主张，故驳回了应力的诉讼请求。应力此次诉讼依然是按借款协议金额80万元主张债权数额，所提供证据与前案相同。诉讼中，因评估报告评估价值为1365854.5元，其又将诉讼请求变更为956098.15元（上述评估值70%）。也就是说，如果此次应力诉讼主张能够得到支持，关键要看评估报告能否弥补证据不足缺陷，但由于评估报告本身就是在应力单方提供资产清单上作出的，其内容不具有客观性，因此，应力对其投入资产价值仍然缺乏直接证据证明。中级法院二审及再审采信了大量间接证据，认为能够证明绿洲公司资产总额在联营期间大幅增加的事实，但是绿洲公司提供财务账册、资产负债表等证据表明，应力在退出承包时，绿洲公司固定资产并没有大幅增加，这与中级法院所查明事实相互矛盾。绿洲公司该部分证据已在中级法院再审期间提交，但在判决书中并没有相关内容表述。原二审及再审判决认定事实错误，予以纠正。一审判决结果适当，予以维持。综上，判决：（1）撤销二审判决及中院再审判决；（2）维持一审判决，即驳回应力诉讼请求。

应力不服终审判决，向检察机关申请监督。

三、最高人民检察院提出抗诉的理由

最高人民检察院认为，终审判决认定案件基本事实缺乏证据证明。理由如下：

1. 现有证据能够证实双方签订联营协议后，应力已经实际出资对联营体进行了投资建设。第一，双方签订的联营协议中明确约定，绿洲公司同意应力在绿洲公司经营场地进行厂房建设以及设备投资，应力自筹资金投资厂房和设备，并对绿洲公司原有设施拥有使用权。第二，应力对其投资提供了修建厂房、夯打地坪、购买材料设备的票据，并经厂长王军和（绿洲公司法定代表人张绿洲的妻弟）签字确认。第三，时任绿洲公司会计张晋亦证实，应力依联营合同约定投资修建厂房、购置了设备。第四，绿洲公司于2004年10月31日给应力出具的证明，显示绿洲

公司收到应力投资款 140 万元（包括厂房设施 79 万元、设备 39 万元、流动资金 21 万余元）。第五，一审法院委托华夏评估公司作出的评估报告书载明，应力投入绿洲公司资产价值为 1365854.5 元。第六，本案中双方于 2006 年 12 月 30 日签订的《借款协议》约定：绿洲公司独立经营并承担自身所有债权债务；应力向绿洲公司出借资金 80 万元，用于购置修理设备（设施）及材料周转，绿洲公司承诺每年归还 20 万元；应力指派一名财务人员在甲方工作，负责按期还款的监督；绿洲公司发生亏损全部自行承担责任，不涉及应力；绿洲公司向应力借款，以绿洲公司自有土地所有权和使用权进行抵押和担保；应力在绿洲公司投入的资金，在政府征购时各自享有 50% 的征购金。上述协议虽名为借款协议，但绿洲公司的法定代表人张绿洲已在另案中承认，该协议不是基于借款关系而发生，而是联营终止时绿洲公司按照联营合同约定向投资人应力出具的应当支付给应力的财产分配所得。综上，上述证据能够形成有效的证据链接，证明应力已经实际出资对联营体进行了投资建设以及投资款的数额。

2. 终审判决仅依据绿洲公司在再审期间提交的财务账册、资产负债表等证据认定联营结束时存在亏损并驳回应力的诉讼请求，缺乏事实和法律依据。首先，双方在联营协议中约定，联营结束时绿洲公司向应力返还其投入的 70%，但并未约定若联营亏损时不应向应力返还相应投入。其次，联营协议约定应力对绿洲公司独立承包经营，自担风险，自负盈亏，独立核算。绿洲公司若在应力承包经营期间发生亏损，其后果应由应力承担。即使绿洲公司代为垫付了相关款项，亦可以向应力追偿。实际上，关于绿洲公司为应力垫付的第三人材料款 204916 元、员工工资 25650 元，以及恒利新公司欠付绿洲公司（应力）的修理费 114737.6 元，绿洲公司已另案起诉应力和恒利新公司并胜诉。综上，应力主张返还联营投入与绿洲公司主张联营亏损系不同的法律关系，两者之间并无必然联系。而且，现有证据能够证实绿洲公司资产在联营期间大幅增加，这与绿洲公司在再审期间单方提交的财务账册、资产负债表等证据相矛盾，终审判决对此既未予以查证，又未根据证据优势规则对优势证据予以采信，而是直接认定绿洲公司提交的财务账册、资产负债表等证据的效力，明显不当。

四、案件评析

本案审查重点是根据现有证据能否证实双方签订联营协议后，应力已经实际出资对联营体进行了投资建设。第一，双方签订的联营协议中明确约定，绿洲公司同意应力在绿洲公司经营场地进行厂房建设以及设备投资，应力自筹资金投资厂房和设备，并对绿洲公司原有设施拥有使用权。第二，应力对其投资提供了修建厂房、夯打地坪、购买材料设备的票据，并经厂长王军和（绿洲公司法定代表人张绿洲的妻弟）签字确认。第三，时任绿洲公司会计张晋亦证实，应力依联营合同约定投资修建厂房、购置了设备。第四，绿洲公司于 2004 年 10 月 31 日给应力出具的证明，显示绿洲公司收到应力投资款 140 万元（包括厂房设施 79 万元、设备 39 万元、流动资金 21 万余元）。第五，一审法院委托华夏评估公司作出的评估报告书载明，应力投入绿洲公司资产价值为 1365854.5 元。第六，本案中双方于 2006 年 12 月 30 日签订的《借款协议》约定：绿洲公司独立经营并承担自身所有债权债务；应力向绿洲公司出借资金 80 万元，用于购置修理设备（设施）及材料周转，绿洲公司承诺每年归还 20 万元；应力指派一名财务人员在甲方工作，负责按期还款的监督；绿洲公司发生亏损全部自行承担责任，不涉及应力；绿洲公司向应力借款，以绿洲公司自有土地所有权和使用权进行抵押和担保；应力在绿洲公司投入的资金，在政府征购时各自享有 50% 的征购金。上述协议虽名为借款协议，但绿洲公司的法定代表人张绿洲已在另案中承认，该协议不是基于借款关系而发生，而是联营终止时绿洲公司按照联营合同约定向投资人应力出具的应当支付给应力的财产分配所得。综上，上述证据能够形成有效的证据链接，证明应力已经实际出资对联营体进行了投资建设以及投资款的数额。换言之，应力提交的上述证据，已达到高度盖然性的证明标准，能够证实绿洲公司资产在联营期间大幅增加，但终审判决不仅对此未予采信，反而仅依据绿洲公司在再审期间提交的且并未予以查实的财务账册、资产负债表等证据认定联营结束时存在亏损并驳回应力的诉讼请求，明显缺乏事实和法律依据。

（六）终审判决所采信的主要证据证明力明显不足或足以被其他证据所否定

此类情形主要是指终审判决所采信的鉴定意见、交通事故认定书、火灾损失核定书等证据缺乏充分的事实依据而导致其证明力明显不足,或鉴定意见等证据足以被同案其他证据所否定。

案例二十:广瑞公司申请监督案(高检民监〔2015〕145号)

一、案件来源

广瑞公司因与七欣科公司、刘建、胡金钟、祝雯红、大丰瑞众公司、七欣亭公司股权转让纠纷一案,不服上海市高级人民法院(2011)沪高民二(商)终字第60号民事判决,向上海市人民检察院申请监督,该院提请最高人民检察院抗诉。

二、诉讼过程和法院历次审理情况

2009年8月5日,七欣科公司起诉至上海市第二中级人民法院,请求:(1)判令广瑞公司、刘建、胡金钟、祝雯红(上述四方简称为涉案四方)返还七欣科公司人民币16898680元;(2)判令涉案四方承担逾期利息人民币4393656.80元;(3)判令大丰瑞众公司对上述涉案四方不能履行部分承担补充清偿责任。审理中,七欣科公司于2011年5月23日变更诉讼请求为:(1)判令涉案四方赔偿七欣科公司因履行股权受让协议有瑕疵所造成的损失人民币9894300元;(2)判令涉案四方承担自2004年4月1日至判决生效之日的逾期利息;(3)判令大丰瑞众公司对上述涉案四方未能履行义务部分承担清偿责任。

(一)一审情况

一审法院查明:1. 2003年7月,大丰瑞众公司工商登记设立,注册资金为人民币1000万元,股东为:广瑞公司,出资人民币400万元,占股份比例为40%;刘建,出资人民币400万元,占股份比例为40%;胡金钟,出资人民币110万元,占股份比例为11%;祝雯红出资人民币90万元,占股份比例为9%。

2. 2003年2月28日,广瑞公司与江苏省大丰市经济技术开发区管委会(以下简称管委会)签订《协议书》一份,约定:管委会同意将其境内的四至六排1-6号田交由广瑞公司开发;出让的土地价格为每亩人民币8万元(包括地面建筑及地下障碍物的拆除、植物的清障和办理土地证及契税的相关费用);管委会将进水排水、电力、道路、电信、邮政、有线电视等配套至开发地块的用地红线;广瑞公司须在签订协议后15日内,向管委会指定账户缴纳人民币1000万元土地使用保证金,管委会在此款到账后45日内将346亩土地使用权证交给项目公司,75日内将首期开发的土地以净地交给广瑞公司(包括地面建筑物和桩基础以及植物的清障),免费提供施工用水、用电和施工便道至小区红线,其余各期土地的交付由管委会按广瑞公司开发实施进度在获取广瑞公司书面通知后45日内向广瑞公司交付。同日,广瑞公司向管委会支付土地使用保证金人民币1000万元。

2003年11月27日,广瑞公司与大丰市政府签订《国有土地使用权出让合同》一份,约定:大丰市政府出让给广瑞公司的宗地总面积为226613平方米,出让宗地的用途为住宅用地;大丰市政府同意在本合同签订后3个月内将出让宗地交付给广瑞公司,土地交付时该宗地应达到宗地外三通,即通水、通电、通路,宗地内自然平整;本合同项下宗地的土地使用权出让金为每平方米人民币111.93元,总额为人民币25364793元。2003年12月25日、2004年1月6日,大丰瑞众公司分别向国土局支付土地出让金人民币500万元、人民币10364793元。

2003年12月24日,管委会与广瑞公司、大丰瑞众公司签订《协议书》一份,约定:管委会与广瑞公司同意将2003年2月28日协议书中的各项权利、义务转让给大丰瑞众公司;同时将有关建设用地许可证、土地许可证、项目批复等有关文件全部更名转让给大丰瑞众公司,由大丰瑞众公司全权完成新天地高档住宅区的建设。

3. 2004年1月2日,广瑞公司、刘建与七欣亭公司签订《合作协议》,约定:广瑞公司与七欣亭公司及刘建就合作投资开发新天地居住小区(暂定名)在大丰市共同投资参股大丰瑞众公司;各方股东同意将新天地花园分独立的二个项目部进行,原一、二、五、六期归项目一部经营管理,原三、四期归项目二部经营管理,各项目部享有独立的人事、财务、经营管理权;七欣亭公司带资承包经营项目一部,广瑞公司、刘建带资承包经营项目二部;合资公司的合作期限为10年。同年3月10日,上述三方当事人签订《补充协议》一份,约定:各项目部独自负责各期地块内的总体配套费用,涉及水、电、气、通信、有线电视、智能等总线及设备的费用按项目部各自建筑面积所占比例分摊。

4. 2004年1月2日，广瑞公司（甲方）、刘建、胡金钟、祝雯红（三自然人为乙方）作为转让方，与作为受让方的七欣亭公司（丙方）签订《股权受让协议书》一份，约定：甲、乙方将其设立的大丰瑞众公司的部分股权转让给丙方；丙方同意受让甲、乙方在合营企业中合法拥有的20%和50%股权，转让后合营企业中甲方持股20%、乙方持股10%、丙方持股70%；甲、乙方一致同意以人民币700万元的股本原值和人民币2780万元的价格将甲、乙方在合营企业中合法拥有的70%股权转让给丙方，该价款用于该项目中239.9亩住宅用地的土地出让金、三通一平费用及前期开发费用和拆迁补偿费用；前述转让价格是甲、乙方所转让的合营企业股权权益的整体价格；甲、乙两方当丙方受让股权并付清上述股权权益价款后保证该项目中所有的土地出让金、前期开发费、三通一平费用均已支付；本协议正式签订后当天丙方向甲、乙方支付股权转让款人民币1200万元，其中人民币700万元作为丙方在合营企业中的注册资本金，其余资金注入合营企业用于前述土地出让金、三通一平费用、前期开发费用和拆迁补偿费用；本协议正式签订后10个工作日内转让方与受让方共同向合营企业所在地工商管理部门办理该合营企业股东变更、股权变更等事宜，待转让、受让程序结束后于2004年1月16日前，受让方向甲、乙方支付股权转让款人民币1000万元；本协议签订后20个工作日内，甲、乙方负责将该项目有关土地使用权证变更至合营企业名下，并办理土地评估手续后，受让方于2004年3月10日前向甲、乙方付清股权转让价款余额；甲、乙方在本协议正式签订后30个工作日内，承诺完成该项目土地评估工作和银行贷款协议落实工作，如土地评估价值低于人民币145000元/亩，按评估价格结算，高于等于人民币145000元/亩的，按人民币145000元/亩结算；丙方未能在本协议规定时限内按约定注入资金，则每延迟一天应支付转让方每日万分之五应付账款的违约金，甲方未按本协议规定日期办妥相应手续，向丙方支付违约金，金额与丙方向甲方支付违约金比例相等。其中广瑞公司将其所持大丰瑞众公司20%股份作价人民币200万元转让，刘建将其所持30%股份作价人民币300万元转让，胡金钟将其所持11%股份作价人民币110万元转让，祝雯红将其所持9%股份作价人民币90万元转让。上述协议签订后，各方办理了工商变更登记手续。2004年1月2日、1月16日、3月10日，七欣亭公司分别向广瑞公司支付股权转让款人民币1200万元、

1000 万元、1259.7 万元，共计人民币 3459.7 万元。2004 年 3 月 10 日，大丰瑞众公司就上述转让款向七欣亭公司出具收据一张，载明金额为人民币 3459.7 万元。

5. 2007 年 10 月 17 日，七欣科公司与上海七欣亭房地产开发有限公司（以下简称七欣亭公司）签订《股权转让协议书》一份，约定：七欣亭公司将其持有的大丰瑞众公司 70% 的股权转让给七欣科公司；转让价格为人民币 1400 万元；七欣科公司应于本协议生效之日起 60 日内一次性付清给七欣亭公司。协议签订后，双方办理了大丰瑞众公司的工商变更登记手续。同年 10 月 30 日，七欣科公司与七欣亭公司签订《股权转让之补充协议书》一份，约定：七欣科公司受让七欣亭公司在大丰瑞众公司所持 70% 的股份，针对该股权项下的房地产开发项目，在该项股权转让前尚存在七欣亭公司与涉案四方于 2004 年 1 月 2 日签订的《股权受让协议书》第 5 条中约定的"三通一平"、前期开发费用和拆迁补偿费用的追索事宜，该项事宜未列入本次股权转让的内容。本次股权转让后，就该事宜的解决，由七欣亭公司与七欣科公司共同向 4 位当事人进行追索，采取的追索方法可以选择包括协商、诉讼、仲裁在内的任一方式，因追索该项权益所发生的各项费用均由七欣亭公司承担。

6. 2008 年 4 月 17 日，七欣科公司与广瑞公司、大丰瑞众公司签订《协议书》一份，约定大丰瑞众公司成立后，划分为项目一部和二部，分别由广瑞公司和七欣科公司独立操作，各项目部享有独立的人事、财务、经营管理权并自负盈亏。

7. 本案所涉土地上房地产开发项目于 2005 年启动，截至目前，尚有第六期土地未开发完成。

8. 七欣亭公司于 2009 年 3 月 23 日向上海市松江区人民法院提起诉讼，要求本案涉案四方将未付的"三通一平"款、前期开发费共计人民币 969 万元及 5 年同期银行利息人民币 306 万元予以退还。本案七欣科公司作为第三人参加了该案诉讼。该案庭审中，本案涉案四方对于七欣亭公司已支付股权转让款人民币 3459.7 万元一节予以确认。此后，七欣亭公司撤回该案起诉。

9. 本案审理中，七欣科公司及涉案四方均不同意对本案所涉"三通一平"工程费用进行司法审计。

10. 本案庭审中，各方当事人均确认项目一部、二部分别独立开发的地块涉及的费用均是从大丰瑞众公司账户中对外支付。本案所涉房地产开发项目涉及的电力工程均由大丰隆盛实业有限公司完成。大丰市恒发道路工程服务部则完成了所涉土地的场地平整及小区内部道路铺设工作。对于七欣亭公司提供的付款凭证，大丰瑞众公司及七欣亭公司均表示因工程款项系分期支付，故与结算书上的金额无法一一对应，亦无法区分款项所对应的工程项目，但总额基本上与结算书一致。

一审法院认为：1. 关于七欣科公司的诉讼主体资格问题。七欣科公司作为股权受让方就股权转让中产生的争议享有提起本案诉讼的主体资格。对于涉案四方辩称七欣科公司主体不适格一节，缺乏事实和法律依据，该院不予采信。

2. 关于七欣科公司的起诉是否超过诉讼时效的问题。虽七欣亭公司于2004年1月2日与涉案四方签订了《股权受让协议书》，相关房地产项目也已于2005年开始运作，但由于该项目系分期开发，土地亦是分期交付，截至目前该项目所涉土地尚未全部开发完成，故七欣科公司就其因涉案四方转让股权存在瑕疵所造成的损失提起本案诉讼并未超过法定诉讼时效。对于涉案四方就此提出的抗辩理由，该院亦不予采信。

3. 关于各方被告是否应当承担赔偿责任的问题。当事人对自己提出的诉讼请求所依据的事实有责任提供证据加以证明。没有证据或者证据不足以证明当事人的事实主张的，由负有举证责任的当事人承担不利后果。根据《股权受让协议书》的约定，涉案四方收取的股权转让款由两部分组成，包括股本原值人民币700万元及用于支付土地出让金、"三通一平"费、前期开发费、拆迁补偿费的人民币2780万元。虽《股权受让协议书》中未明确完成"三通一平"义务的主体，但结合广瑞公司与管委会及大丰市政府所签订协议中，就管委会应向广瑞公司提供已完成"三通一平"土地的约定来看，涉案四方向股权受让方交付的应是具备"三通一平"的土地。涉案四方提出"三通一平"工作与本案无关，缺乏事实依据，法院不予采信。根据广瑞公司与管委会以及大丰市政府签订的相关协议，结合《股权受让协议书》的约定和工程建设的一般规定，本案所涉地块的"三通一平"是指项目工程施工前达到宗地外通水、通电、通路和宗地内土地自然平整，以满足工程施工的需要，该"三通一平"的标准与为满足施工期间及业主居住所要达到的宗地内的水、电、路等标准不同。现七欣科公司要求涉案四方及大丰瑞众公司承担赔偿其自行完成通电、平整土地以及拆迁补偿费用损失的责任,理应就此承担举证责任。对此,该院认为,首先,关于通电工程部分,管委会在回函中确认其所交付土地的临时通电及正式用电的综合线路由其完成配套到位。七欣科公司的主张与管委会回函的该项内容相悖。七欣科公司及七欣亭公司虽提供了相关供电工程的结算书和付款凭证,但结算书系由七欣科公司及七欣亭公司单方面出具,无法证明结算书项下工程属于本案系争的"三通一平"范畴。鉴于大丰隆盛实业有限公司实施了所涉土地内外的电力工程,而付款凭证与相关结算书在金额及内容上又无法一一对应,故凭结算书及付款凭证无法区分已支付款项所对应的工程项目。对于七欣科公司就通电工程部分主张的损失,难以支持。其次,关于土地平整工程部分,七欣亭公司虽提供了一、二、五期工程结算书及六期工程预算书,但结算书的附件与结算书存在不一致之处。其中,2005年6月11日工程总价为人民币834992.52元的结算书中所附部分工作联系单的时间为2005年7月至9月,晚于结算书出具的时间;2007年3月10日工程总价为人民币981767.35元的结算书中所附施工协议落款时间为2007年1月1日,而该结算书所附工作联系单均载明"根据2006年9月18日协议书……"由此可见,据以制作结算书的附件与结算书之间并不匹配。且七欣亭公司提供的相关付款凭证从金额及付款用途上亦无法与结算书一一对应。鉴于七欣科公司及七欣亭公司所提供的有关土地平整工程的结算书在内容上存在瑕疵,相关付款凭证与结算书之间又缺乏关联性,故该院对于七欣科公司就土地平整工程主张的损失不予认定。至于六期工程现尚未完成,七欣科公司及七欣亭公司提供的仅是预算书,无法证明其实际支出的费用,故对于七欣科公司主张的该部分损失,也不予认定。最后,关于拆迁补偿费部分,七欣亭公司为此提供了收条和情况说明,但收条的金额远低于七欣科公司主张的拆迁补偿费金额,且从收条的内容也不能显示获得拆迁补偿费的人员系本案所涉土地上的拆迁户。因七欣科公司或七欣亭公司未能进一步提供证据印证情况说明的内容,故七欣科公司就拆迁补偿费部分提出的损失主张,依法亦不能成立。

综上,鉴于七欣科公司及七欣亭公司提供的结算书、预算书系其单方面出具,涉案四方对此均不予确认,而七欣科公司又不同意对相关工程费用进行司法审计,就七欣科公司现已提供的证据尚不足以证明其主张的损失数额，故对于七欣科公司在本案中提出的诉讼请求，该院不予支持。

一审法院判决：驳回七欣科公司的诉讼请求。

七欣科公司不服一审判决，向上海市高级人民法院提出上诉。

(二) 二审情况

二审法院查明的事实与一审基本一致。另查明，二审期间七欣科公司申请对本案进行司法审计。经二审法院委托上海东方投资监理有限公司进行司法审计，上海东方投资监理有限公司出具的工程造价司法鉴定意见书表明：前期规划设计费100万元；一、二、五期动拆迁补偿费21.9万元；一、二、五期"三通一平"费608.4857万元；六期"三通一平"费88.1797万元；六期动拆迁补偿费235.6万元。

二审法院认为：2004年1月2日七欣亭公司与广瑞公司、刘建、胡金钟、祝雯红签订《合作协议》，约定：广瑞公司与七欣亭公司及刘建就合作投资开发新天地居住小区在大丰市共同投资参股大丰瑞众公司；各方股东同意将新天地花园分独立的二个项目部进行，原一、二、五、六期归项目一部经营管理，各项目部享有独立的人事、财务、经营管理权，七欣亭公司带资承包经营项目一部。同日，广瑞公司、刘建、胡金钟、祝雯红作为出让方与七欣亭公司作为受让方签订《股权受让协议书》，约定：广瑞公司、刘建、胡金钟、祝雯红同意以人民币700万元的股本原值和2780万元的价格将广瑞公司、刘建、胡金钟、祝雯红在大丰瑞众公司中合法拥有的70%股权转让给七欣亭公司，该价款用于该项目中239.9亩住宅用地的土地出让金、"三通一平"费用以及前期开发费用和拆迁补偿费用。协议还约定签约后当天七欣亭公司向出让方支付股权转让款1200万元，其中700万元作为七欣亭公司在合营企业中的注册资本金，其余资金注入合营企业用于前述土地出让金、"三通一平"费用、前期开发费用和拆迁补偿费用。上述协议的签订系各方当事人的真实意思表示，且并不违反相关法律的规定，各方理应恪守。现七欣亭公司已经向广瑞公司支付股权转让款34597000元，完全履行其合同义务并将其在大丰瑞众公司的全部股权转让给七欣科公司，故七欣科公司享有《合作协议》《股权受让协议书》的权利义务。根据《股权受让协议书》第5条、第16条（16.1）的约定，该院认为，3480万元系七欣亭公司受让大丰瑞众公司70%股权的对价，其享有的权利是一、二、五、六期

239.9 亩住宅用地的开发,同时广瑞公司、刘建、胡金钟、祝雯红交付的地块应当是土地出让金、前期开发费、"三通一平"费用、拆迁补偿费均应结清。

本案争议在于广瑞公司、刘建、胡金钟、祝雯红是否已经全面履行其合同义务,按约向七欣科公司交付系争地块。根据最高人民法院《关于民事诉讼证据的若干规定》第5条第2款之规定:对合同是否履行发生争议的,由负有履行义务的当事人承担举证责任。即本案中广瑞公司、刘建、胡金钟、祝雯红对是否已经全面履行其合同义务负有举证责任。鉴于本案系争地块的一、二、五期项目已经开发,其原始地貌已无法勘验。判断广瑞公司、刘建、胡金钟、祝雯红交付的土地是否符合约定,七欣科公司负有举证责任。而六期项尚未开发,故广瑞公司、刘建、胡金钟、祝雯红对按约交付的该土地是否符合合同约定承担举证责任。根据 2011 年 3 月 16 日管委会致函上海市第二中级人民法院及 2011 年 2 月 26 日管委会出具给大丰瑞众公司的证明,表述为现实状况是由于拆迁工作困难土地没有完全交付给大丰瑞众公司,通水、通路工作已经完成,临时通电由政府完成,满足小区设计用电要求的专项通电由大丰瑞众公司自行支付费用接通,已交付土地内沟壑、河流填土及地面增高工作由大丰瑞众公司完成。上述证据印证了七欣科公司收到广瑞公司、刘建、胡金钟、祝雯红交付的土地状况:土地上拆迁工作未全部完成;通水、通路、临时通电已经完成;土地一平工作未完成。根据上海东方投资监理有限公司依七欣科公司提供的证据进行的司法审计意见表明:前期规划设计费 100 万元;一、二、五期动拆迁补偿费 21.9 万元;一、二、五期"三通一平"费 608.4857 万元;六期"三通一平"费 88.1797 万元;六期动拆迁补偿费 235.6 万元。

关于 100 万元前期规划设计费的问题,根据 2003 年 10 月 22 日大丰瑞众公司与上海泛太建筑设计有限公司及上海弘亮建筑咨询有限公司签订的《"新天地花园"小区规划项目委托设计合同》、补充合同及付款凭证,该合同约定设计范围是小区总体规划方案、单体建筑方案及方案深化调整、配合施工图设计单位,景观设计方案,且该合同早于《股权受让协议书》签订,应属前期开发费用。按照约定应由广瑞公司、刘建、胡金钟、祝雯红负担。

关于一、二、五期动拆迁补偿费 21.9 万元问题,审计单位系依据大丰市经济技术开发区新民居委会的证明及被拆迁户收款签字的收条予以认定。该院认为，根据居委会的职能，其证明对辖区内居民是否居住在该区域内，具有直接的证明力，结合被拆迁户的收款签字和付款凭证，该院对 21.9 万元的拆迁补偿费予以确认。

关于一、二、五期"三通一平"费 608.4857 万元的问题，其中一、二、五期的场地内自然平整费用 331.3671 万元，审计依据原场地原始地貌图、七欣科公司提供的场地平整施工合同等相关资料，认定上述费用属"三通一平"的一平工作。另配电工程费用 277.1186 万元，审计依据现场测量、工程造价单、结算资料、供电工程等资料予以认定。且涉案四方已经支付其中一部分费用，应属交付土地的"三通一平"的通电费用。鉴于各方均确认涉案四方已经支付 189 万元，故该院确认一、二、五期"三通一平"费为 419.4857 万元。

关于六期"三通一平"费 88.1797 万元问题，因该块土地未开发，审计根据现场测量的数据及平整场地的造价，认定属"三通一平"的一平工作。之后，七欣科公司提供了相应的合同及支付凭证，故该院确认 88.1797 万元为六期"三通一平"费用。上述前期规划设计费、一、二、五期动拆迁补偿费，一、二、五期"三通一平"费，六期"三通一平"费合计 629.5654 万元，按照合同约定应由广瑞公司、刘建、胡金钟、祝雯红负担。如广瑞公司、刘建、胡金钟、祝雯红欲否定上述费用应负举证之责任。

关于六期动拆迁补偿费 235.6 万元的问题，虽然有管委会拆迁办公室和大丰市经济技术开发区新民居委会关于土地征用费的说明，但没有证据证明上述费用已实际发生，故该院不予支持。

另外，七欣科公司请求：由于广瑞公司、刘建、胡金钟、祝雯红的违约行为，造成七欣科公司支付上述费用而产生的利息损失，广瑞公司、刘建、胡金钟、祝雯红应予赔偿。该院认为，本案纠纷的发生系广瑞公司、刘建、胡金钟、祝雯红违反约定，未全面、实际履行《股权受让协议书》的结果，广瑞公司、刘建、胡金钟、祝雯红对此理应承担相应的法律责任。同时，该院注意到在本案一审诉请中已有该诉请，故七欣科公司关于赔偿利息的主张，符合相关法律规定，该院予以支持。其利息的计算应从七欣科公司实际支付上述各款项之日起算。

综上，根据七欣科公司提供的证据及司法审计意见，七欣科公司的上诉请求及其理由符合相关法律的规定,该院予以支持。

二审法院判决:(1)撤销一审判决;(2)广瑞公司、刘建、胡金钟、祝雯红应于本判决生效之日起10日内共同向七欣科公司支付违约赔偿金人民币629.5654万元;(3)广瑞公司、刘建、胡金钟、祝雯红应于本判决生效之日起10日内按照中国人民银行同期贷款基准利率共同向七欣科公司支付相应的利息;(4)驳回七欣科公司的其余诉讼请求。

广瑞公司、刘建、胡金钟、祝雯红不服二审判决,向最高人民法院申请再审。

(三)再审情况

最高人民法院裁定:驳回广瑞公司、刘建、胡金钟、祝雯红的再审申请。

广瑞公司不服,向检察机关申请监督。

三、最高人民检察院提出抗诉的理由

最高人民检察院认为,终审判决认定案件的基本事实缺乏证据证明,且超出当事人诉讼请求。理由如下:

1. 终审判决根据《工程造价司法鉴定意见书》认定"三通一平"的相关费用,证据明显不足。结合《股权受让协议书》的约定和工程建设的一般规定,本案所涉地块的"三通一平"是指项目工程施工前达到宗地外通水、通电、通路和宗地内土地自然平整,以满足工程施工的需要,该"三通一平"的标准与为满足施工期间及业主居住所要达到的宗地内的水、电、路等标准并不相同。具体分析如下:第一,关于通电工程部分,管委会在回函中已确认其所交付土地的临时通电及正式用电的综合线路由其完成配套到位,据此可以证明"三通一平"范畴内的通电工作已经完成。上述鉴定意见书中显示各项配电工程费用共计为277.1186万元,显然与管委会的回函内容相悖。另外,七欣科公司及七欣亭公司在鉴定中提供的相关供电工程的结算书和付款凭证系由七欣科公司及七欣亭公司单方面出具,无法证明结算书项下工程属于本案系争的"三通一平"范畴,且付款凭证与相关结算书在金额及内容上又无法相互对应,二审法院据此认定通电费用,缺乏事实依据。第二,关于土地平整工程部分,鉴定意见书载明一、二、五期场地内土地自然平整费用共计331.3671万元,因场地内原始地貌已经不存在,故鉴定依据为七

欣科公司及七欣亭公司提供的施工合同及工程造价、签证等资料,但经审查部分据以制作结算书的附件与结算书之间并不匹配(2005年6月11日工程总价为人民币834992.52元的结算书中所附部分工作联系单的时间为2005年7月至9月,晚于结算书出具的时间;2007年3月10日工程总价为人民币981767.35元的结算书中所附施工协议落款时间为2007年1月1日,而该结算书所附工作联系单均载明根据2006年9月18日协议书……),且七欣亭公司提供的相关付款凭证从金额及付款用途上亦无法与结算书相互对应。鉴于鉴定基础材料在内容上存在瑕疵,且相关付款凭证与结算书之间又缺乏关联性,终审判决据此认定一、二、五期场地内自然平整费为331.3671万元,亦缺乏事实依据。

2. 终审判决超出当事人诉讼请求。本案中,七欣科公司的主要诉讼请求为判令涉案四方赔偿七欣科公司因履行股权受让协议有瑕疵所造成的损失9894300元,七欣科公司对该项损失附有具体明确的赔偿项目,其中并不包括《工程造价司法鉴定意见书》中的规划设计费100万元,终审判决对此予以支持,明显超出了当事人的诉讼请求。

四、案件评析

本案中对"三通一平"相关费用的认定,主要系依据鉴定机构作出的《工程造价司法鉴定意见书》,而该意见书所得出的各项配电工程费用共计为277.1186万元、土地自然平整费用共计331.3671万元等结论,依据明显不足,同案其他证据亦可否定上述结论。具体分析如下:第一,关于通电工程部分,管委会在回函中已确认其所交付土地的临时通电及正式用电的综合线路由其完成配套到位,据此可以证明"三通一平"范畴内的通电工作已经完成。上述鉴定意见书中显示各项配电工程费用共计为277.1186万元,显然与管委会的回函内容相悖。另外,七欣科公司及七欣亭公司在鉴定中提供的相关供电工程的结算书和付款凭证系由七欣科公司及七欣亭公司单方面出具,无法证明结算书项下工程属于本案系争的"三通一平"范畴,且付款凭证与相关结算书在金额及内容上又无法相互对应,二审法院据此认定通电费用,缺乏事实依据。第二,关于土地平整工程部分,鉴定意见书载明一、二、五期场地内土地自然平整费用共计331.3671万元,因场地内原始地貌已经不存在,故鉴定依据为七欣科公司及七欣亭公司提供的施工合同及工程造价、签证等资料,但经审查部分据以制作结算书的附件与结算书之间并不匹配（2005年6月11日工程总价为人民币834992.52元的结算书中所附部分工作联系单的时间为2005年7月至9月，晚于结算书出具的时间；2007年3月10日工程总价为人民币981767.35元的结算书中所附施工协议落款时间为2007年1月1日，而该结算书所附工作联系单均载明根据2006年9月18日协议书……），且七欣亭公司提供的相关付款凭证从金额及付款用途上亦无法与结算书相互对应。鉴于鉴定基础材料在内容上存在瑕疵，且相关付款凭证与结算书之间又缺乏关联性，终审判决据此认定一、二、五期场地内自然平整费为331.3671万元，亦缺乏事实依据。

二、原裁判适用法律确有错误

《民事诉讼监督规则》第80条规定："有下列情形之一的，应当认定为《中华人民共和国民事诉讼法》第二百条第六项规定的'适用法律确有错误'：（一）适用的法律与案件性质明显不符的；（二）认定法律关系主体、性质或者法律行为效力错误的；（三）确定民事责任明显违背当事人有效约定或者法律规定的；（四）适用的法律已经失效或者尚未实施的；（五）违反法律溯及力规定的；（六）违反法律适用规则的；（七）适用法律明显违背立法本意的；（八）适用诉讼时效规定错误的；（九）适用法律错误的其他情形。"上述规定对原裁判适用法律确有错误的情形进行了重点列举与兜底规定。在监督实践中，随着审判人员整体素质的提升，诸如适用的法律已经失效或者尚未实施、违反法律溯及力规定、违反法律适用规则、适用法律明显违背立法本意、适用诉讼时效规定错误等"技术类"错误的比例逐渐减少。原裁判适用法律确有错误的情况一般集中在法律关系的认定和法律责任的确定等方面。

（一）适用的法律与案件性质明显不符

这种情况主要是指原裁判确定了错误的案由，进而导致适用了与案件性质不相符的法律条文。出现这种情况的主要原因是审判人员对案件所涉及的法律关系类型没有认识清楚。

案例二十一：陈德心、陈锦心申请监督案（高检民监〔2016〕134号）

一、案件来源

陈德心、陈锦心与陈直心、陈冰心、陈石心、陈莹心、陈恒心、陈愉心、陈琴心继承纠纷一案，广东省高级人民法院于2014年11月11日作出（2014）粤高法审监民提字第24号民事判决。广东省人民检察院审查后提请最高人民检察院抗诉。

二、诉讼过程和法院历次审理情况

2008年11月6日，陈德心、陈锦心起诉陈直心至佛山市禅城区人民法院，请求：（1）判令佛山市禅城区高基街3号房产为陈德心、陈锦心和陈直心共同继承，各占三分之一产权；（2）判令佛山市禅城区高基街3号房产拆迁补偿房产为陈德心、陈锦心和陈直心共同所有，各占三分之一产权；（3）本案诉讼费用由陈直心承担。一审法院追加陈琴心、陈冰心、陈石心、陈莹心、陈恒心、陈愉心参加本案诉讼后，陈德心、陈锦心变更诉讼请求为：（1）判令佛山市禅城区高基街3号房产由10名继承人共同共有，陈直心减少应分份额；（2）判令佛山市禅城区高基街3号房产补偿房产由10名继承人共同共有，陈直心减少应分份额；（3）本案诉讼费用由陈直心承担。

（一）一审情况

一审法院查明：黄意所有的房产位于佛山市高基街3号，原广东省佛山市人民委员会于1957年5月4日向该房产所有人黄意出具了上述房屋的房地产所有证（证号为证字第No.013740号）。黄意与陈瑞泉为夫妻关系，共生育陈基、陈甫英两个子女。陈基与关维青是夫妻关系，共生育陈方心、陈琴心、陈冰心、陈石心、陈莹心、陈恒心、陈直心、陈德心、陈锦心、陈愉心10个子女。黄意于1977年1月去世，陈瑞泉于1929年去世，陈基于1984年4月去世，关维青于1991年去世。

1987年12月15日，陈直心向佛山市公证处申请办理黄意名下的高基街3号房产的继承手续。同日，佛山市公证处向陈甫英、关维青、陈琴心、陈直心、陈愉心做了一份谈话笔录，其中陈甫英、陈琴心表示自愿放弃对涉案房产的继承,后关维青向佛山市公证处提供了陈方心、陈冰心、陈石心、陈莹心、陈恒心、陈德心、陈锦心、陈愉心8人的身份证及陈莹心、陈石心、陈锦心、陈冰心、陈恒心5人作出的放弃继承涉案房产份额的《声明书》。1988年5月20日,佛山市公证处作出了(88)佛市公证字第479号《继承权证明书》,证明"黄意遗下坐落佛山市高基街3号房屋一间。……黄意的女儿陈甫英、孙子女陈方心、陈石心等表示放弃继承权。……黄意遗下坐落佛山市高基街3号房屋产权,可由陈直心继承"。后来,陈直心依据(88)佛市公证字第479号《继承权证明书》在佛山市房地产管理局申请办理了高基街3号房产的产权所有人变更手续。1989年3月29日,佛山市房地产管理局将高基街3号房产所有人变更为陈直心,并向其出具了上述房屋的房地产所有证,房地产所有证号为0570944,所有权来源为1988年5月20日向黄意继承。

1994年4月12日,佛山市升平商业总公司(以下简称升平公司)与陈直心签订《佛山市房屋拆迁合同书》一份,约定陈直心将高基街3号房产交给升平公司拆除,升平公司在原拆迁区第二期新楼住宅用楼一厅三室一套给陈直心,房屋产权属陈直心所有。高基街3号房于1994年被拆迁,陈直心于2002年入住高基街3号房的补偿房——佛山市禅城区大塘正街20号501房,该房产由于整栋楼都没有验收,尚未能办理房产证。

2008年2月20日,陈德心到佛山市禅城区房地产档案馆查询高基街3号房产情况,发现该房产的所有权人已变更为陈直心后,陈德心、陈锦心认为其权利受到侵害,遂向法院提起本案诉讼。诉讼中,陈琴心再次声明放弃对高基街3号房产的继承。

一审法院认为:本案是继承纠纷。本案争议的焦点问题包括:(1)陈直心的继承公证书是否合法有效;(2)陈直心取得高基街3号房产的所有权是否合法有效;(3)陈德心、陈锦心的起诉是否超过诉讼时效期间;(4)高基街3号房的补偿房由何人继承,继承份额为多少。

1. 关于继承公证书的问题。高基街3号房产的原所有权人是黄意,黄意的丈夫先于黄意去世,黄意生前未立下遗嘱,故黄意去世后,该房产由黄意的法定第一顺序继承人陈基、陈甫英继承。陈基去世前未立下任何遗嘱。陈基去世后,陈甫英、陈琴心声明自愿放弃对高基街3号房产的继承。因此,高基街3号房产应由陈基的第一顺序法定继承人即其妻子关维青及其9个子女陈方心、陈冰心、陈石心、陈莹心、陈恒心、陈直心、陈德心、陈锦心、陈愉心共同继承。陈直心于1987年12月15日向佛山市公证处申请办理继承公证时，只有陈甫英、关维青、陈琴心、陈直心、陈愉心到场，并由公证处向其做询问笔录。陈方心、陈冰心、陈石心、陈莹心、陈恒心、陈德心、陈锦心7位继承人未到公证处，而是由关维青向公证处提供上述7人的身份证办理相关手续。诉讼中陈琴心陈述，公证处档案资料中陈莹心、陈石心、陈锦心、陈冰心、陈恒心作出的放弃继承黄意遗下高基街3号房屋份额的声明书均是由关维青、陈甫英提供给公证处的；陈方心在其身份证复印件上写的放弃继承高基街3号房屋的声明也是由关维青提供给公证处的。该院认为，双方均未能举证证明陈莹心、陈石心、陈锦心、陈冰心、陈恒心的声明书是由其本人签名确认，故该院对上述5份声明书及陈方心的放弃声明书的真实性不予确认。此外，公证档案中也没有关维青、陈德心、陈愉心放弃继承高基街3号房产的相关证据。佛山市公证处在未得到除陈直心外其他继承人放弃继承权的表示的情况下，出具《继承权证明书》确认佛山市高基街3号房屋产权全部由陈直心继承，是无效的。

2. 关于陈直心取得高基街3号房产的所有权是否合法的问题。佛山市公证处于1988年5月20日作出的《继承权证明书》载明黄意遗下坐落于佛山市高基街3号房屋产权可由陈直心继承，并未涉及陈直心购买该房产的任何事宜。而根据佛山市房地产管理局于1989年3月29日向陈直心出具的高基街3号房产的房地产所有证显示，该房产的所有权来源为1988年5月20日向黄意继承。因此，陈直心主张自己出资人民币5600元、港元2000元向母亲关维青购买了高基街3号房产并办理继承公证，以继承的方式确认其购买取得房产所有权的答辩意见，不予采信。该院认定陈直心对高基街3号房产的所有权来源系继承所得。根据上述论述，因确认佛山市高基街3号房屋产权全部由陈直心继承的公证书无效，故陈直心根据公证书取得高基街3号房产的全部所有权亦属无效。

3. 关于诉讼时效问题。因陈直心根据公证书取得高基街3号房产全部所有权的行为无效，该房产一直没有分割，故高基街3号房应由陈方心、陈冰心、陈石心、陈莹心、陈恒心、陈直心、陈德心、陈锦心、陈愉心9人共同共有。陈德心、陈锦心于2008年2月20日到佛山市禅城区房地产档案馆查询高基街3号房产情况，发现该房产的所有权人已变更为陈直心后，才知道自己的权利受到侵害。另，根据不动产物权登记主义和公示主义原则，其他8位继承人的权利受到侵害之日应当为陈直心将高基街3号房产所有人变更为陈直心之日，即1989年3月29日。依照《民法通则》第137条"诉讼时效期间从知道或者应当知道权利被侵害时起计算。但是，从权利被侵害之日起超过二十年的，人民法院不予保护"的规定，陈德心、陈锦心于2008年11月6日起诉，并未超出法律规定的诉讼时效期间。故认为陈德心、陈锦心的起诉已经超过了2年的诉讼时效，及20年的最长诉讼时效期间的答辩意见，该院不予采纳。

4. 关于高基街3号房产的继承份额问题。综上所述，高基街3号房由陈方心、陈冰心、陈石心、陈莹心、陈恒心、陈直心、陈德心、陈锦心、陈愉心9人共同共有，各占九分之一所有权。因高基街3号房于1994年被拆除，该遗产已灭失，故陈德心、陈锦心要求分割高基街3号房的诉讼请求，该院不予支持。高基街3号房被拆除后，拆迁单位已将佛山市禅城区大塘正街20号501房作为补偿安置房交付陈直心使用，故该院确认佛山市禅城区大塘正街20号501房由陈方心、陈冰心、陈石心、陈莹心、陈恒心、陈直心、陈德心、陈锦心、陈愉心9人共同共有，各占九分之一房屋产权。由于陈方心早年移民加拿大，双方均无法提交陈方心的住所，该院无法通知其本人到庭参加诉讼，故该院在分割高基街3号房产的补偿房佛山市禅城区大塘正街20号501房时，依法保留陈方心应继承的份额。

一审法院判决：（1）位于佛山市禅城区大塘正街20号501房由陈德心、陈锦心、陈冰心、陈石心、陈莹心、陈恒心、陈愉心、陈直心共同共有，各占九分之一的房屋产权；（2）驳回陈德心、陈锦心的其他诉讼请求。

陈直心不服一审判决，向佛山市中级人民法院提起上诉。

（二）二审情况

二审法院对一审法院查明的事实予以确认。

二审法院认为：本案系继承纠纷，处理的是各方对产权人原为黄意的涉讼房屋的继承问题。首先，黄意于1977年去世后，其遗产由黄意的第一顺序继承人即其子陈基和其女陈甫英继承，两人各占1/2份额。陈基1984年去世后，其占有的1/2房屋份额当中有一半即房屋份额的1/4

属于其配偶关维青所有,其余的一半即房屋份额的 1/4 为陈基遗产,由陈基的第一顺序继承人即其配偶关维青和 10 个子女共 11 人继承(每人可继承 1/44 房屋份额),因此,在 1987 年 12 月 15 日陈直心申请办理继承公证时,涉讼房屋的继承份额为:陈甫英占 1/2,关维青占 12/44(1/4 + 1/44),本案各方当事人各占 1/44。其次,关于《继承权证明书》的效力问题。虽然本案多个当事人作为涉讼房屋的继承人没有参与涉讼房屋处理的公证过程,但只能说明谈话笔录、继承权证明书的内容对没有参与公证过程的人员无法律约束力,并不影响陈甫英、关维青、陈琴心、陈愉心在公证过程中所作出的意思表示所产生的法律效果,原审判决认定继承权证明书对所有人员无约束力不当,该院予以纠正。尽管在谈话笔录中,陈甫英、陈琴心表示自愿放弃继承权的同时,未明确其放弃的份额给予陈直心,关维青、陈愉心在笔录中亦未明确表示放弃继承,但是该笔录首页载明陈直心作为申请人申请办理涉讼房屋的继承手续,参与公证的人员均在谈话笔录中签名,表明陈甫英、关维青、陈琴心、陈愉心是知晓制作谈话笔录的目的,再结合关维青向公证处提交声明书以及公证处其后作出内容为涉讼房屋由陈直心继承的继承权证明书这一事实,可知陈甫英、关维青、陈琴心、陈愉心在公证时是作出放弃其继承份额,由陈直心继承的意思表示,因此,陈直心享有的涉讼房屋继承份额合共为 37/44(陈甫英的 1/2 + 关维青的 12/44 + 陈直心的 1/44 + 陈琴心的 1/44 + 陈愉心的 1/44)。因陈方心、陈冰心、陈石心、陈莹心、陈恒心、陈德心、陈锦心未参与整个继承公证程序,亦没有证据显示其有事后追认继承权证明书内容的意思表示,且陈德心、陈锦心更为涉讼房屋的继承问题提起本案诉讼,因此,继承权证明书的效力仅及于陈甫英、关维青、陈琴心、陈直心、陈愉心,对陈方心、陈冰心、陈石心、陈莹心、陈恒心、陈德心、陈锦心并没有约束力,其基于陈基的去世而享有的涉讼房屋继承份额并未失去。最后,《继承法》第 2 条规定:继承从被继承人死亡时开始。第 8 条规定:继承权纠纷提起诉讼的期限为二年,自继承人知道或者应当知道其权利被侵犯之日起计算。但是,自继承开始之日起超过二十年的,不得再提起诉讼。据此,陈方心、陈冰心、陈石心、陈莹心、陈恒心、陈德心、陈锦心所享有的继承份额从 1984 年 4 月陈基去世时开始,直至 2004 年 4 月即陈基去世后的 20 年内,陈方心、陈冰心、陈石心、陈莹心、陈恒心、陈德心、陈锦心均无主张继承权利，即使陈德心、陈锦心在 2008 年 2 月通过查询涉讼房屋的权属状况从而得知自己的权利被侵犯，但是其于 2008 年 11 月起诉亦超过了前述法律规定的 20 年期限，因此，陈方心、陈冰心、陈石心、陈莹心、陈恒心、陈德心、陈锦心所享有的继承份额（合共 7/44）因诉讼时效的届满而失去。基于此，该院对陈德心、陈锦心提出笔迹鉴定的申请，不予准许，对陈直心二审期间提交的证据，亦不作审查。最高人民法院《关于贯彻执行〈中华人民共和国民法通则〉若干问题的意见（试行）》第 177 条规定，继承的诉讼时效按继承法的规定执行。原审判决没有依据《继承法》的规定，而是引用《民法通则》的相关规定认定本案诉讼时效未过，属适用法律不当。综上，陈直心基于陈甫英、关维青、陈琴心、陈愉心对继承份额的放弃以及其他继承人的起诉超过诉讼时效而取得整个涉讼房屋的继承份额。一审判决认定涉讼房屋由陈德心、陈锦心、陈冰心、陈石心、陈莹心、陈恒心、陈愉心、陈直心共同继承，各占有 1/9 房屋产权不当，该院予以纠正。综上，一审判决适用法律不当，应予纠正。陈直心的上诉请求，具有事实与法律依据，该院予以支持。

二审法院判决：（1）撤销一审判决；（2）驳回陈德心、陈锦心的全部诉讼请求。

陈德心、陈锦心不服二审判决，向广东省高级人民法院申请再审。

（三）再审情况

广东省高级人民法院于 2012 年 11 月 16 日作出裁定，驳回陈德心、陈锦心的再审申请。

陈德心、陈锦心不服，向检察机关申请监督。

广东省人民检察院于 2013 年 12 月 5 日以粤检民抗字〔2013〕262 号民事抗诉书，向广东省高级人民法院提出抗诉。

再审法院对二审法院查明的事实予以确认。再审中，陈德心、陈锦心称，一审认定的事实中说关维青向公证处提供了陈德心的身份证及陈石心的放弃继承《声明书》有误，实际上陈德心没有提供过身份证，陈石心没有签名放弃继承。另，陈德心、陈锦心提出，佛山市公证处 1987 年 12 月 15 日制作的谈话笔录中签名有不真实情况，放弃继承的《声明书》陈恒心的签名为陈直心冒签，因此申请委托鉴定。陈直心述称，当时在公证处签名时 5 人均在场。关维青、陈甫英的名字是陈甫英所签，陈愉心、陈琴心的名字是陈琴心所签，陈直心只签了自己的名字，《声明书》中的签名不是陈直心签的,是谁签的不清楚。鉴于一、二审均未认定陈德心、陈恒心放弃继承,陈直心又作了上述说明,陈德心、陈锦心当庭撤回鉴定申请。

再审法院认为:依照最高人民法院《关于适用〈中华人民共和国民事诉讼法〉审判监督程序若干问题的解释》第33条的规定,法院应在抗诉支持的范围内再审本案。根据检察机关的抗诉意见和被申诉人的答辩意见,本案争议焦点是:陈德心、陈锦心提起本案诉讼是否超过诉讼时效的问题。

《继承法》第8条规定:"继承权纠纷提起诉讼的期限为二年,自继承人知道或者应当知道其权利被侵犯之日起计算。但是,自继承开始之日起超过二十年的,不得再提起诉讼。"是否该适用该规定,首先得确定本案属继承权纠纷还是物权确权纠纷。本案讼争房产原属黄意所有,黄意去世后,属陈基、陈甫英所有。陈基于1984年4月去世后,陈基所有的部分房产在分出其与关维青的夫妻财产份额后,由关维青及其子女即本案各当事人继承。陈直心于1987年12月向佛山市公证处办理继承公证。当时陈甫英、关维青、陈琴心、陈愉心到场,同意由陈直心继承并登记为陈直心名下所有。实际上陈甫英是将从黄意处继承的份额赠与陈直心,关维青将陈基继承的份额的一半即房产的1/4份额即夫妻共有财产分得的份额赠与陈直心。其余1/4房产,属于陈基的遗产,本应由关维青及10个子女继承,但作为陈基的部分继承人,关维青、陈琴心、陈愉心、陈直心直接处分了陈基的遗产,侵害了陈德心、陈锦心、陈冰心、陈石心、陈恒心、陈莹心、陈方心的继承权。因此,本案应认定为遗产继承纠纷,而非单纯的共有财产确权纠纷,应适用《继承法》关于继承权纠纷的诉讼时效规定。陈直心在没有经所有继承人同意的情况下,将原佛山市高基街3号房产过户登记在其名下,并一直占有、使用拆迁安置补偿房产佛山市禅城区大塘正街20号501房,侵犯了陈德心、陈锦心等部分继承人的继承权。诉讼时效从陈基死亡时开始,不得超过20年。因陈德心、陈锦心的起诉超过了法律规定的诉讼时效,其诉讼请求应予驳回。检察机关抗诉认为本案属物权纠纷而非继承权纠纷,应适用《民法通则》或《物权法》关于诉讼时效的规定,缺乏依据,再审不予采纳。

再审法院判决:维持二审判决。

三、最高人民检察院提出抗诉的理由

最高人民检察院认为,再审判决适用法律确有错误。理由如下:

1. 再审判决认定本案属于遗产继承纠纷,属于适用法律确有错误。陈德心、陈锦心自被继承人黄意死亡后即与其他继承人取得涉案房屋的共有物权,本案应为共有物确认与分割纠纷而非继承权纠纷。

第一,《继承法》第 2 条规定:"继承从被继承人死亡时开始。"第 25 条规定:"继承开始后,继承人放弃继承的,应当在遗产处理前作出放弃继承权的表示。没有表示的,视为接受继承。"《物权法》第 29 条规定:"因继承或者受遗赠取得物权的,自继承或者受遗赠开始时发生效力。"第 103 条规定:"共有人对共有的不动产或者动产没有约定为按份共有或者共同共有,或者约定不明确的,除共有人具有家庭关系等外,视为按份共有。"依据上述法律规定,因继承产生的遗产分割纠纷有一个法律性质的转化过程:一是确认继承权的过程,遗产分割前未明示放弃的视为接受继承,继承人身份确定;二是确定继承之物权利状态的过程,继承人对于遗产享有物权(共有物权),受法律保护,遗产尚未分割的,不影响继承人取得遗产物权的效力;如有多个继承人的,按照《物权法》第 103 条的规定,继承人对遗产共同共有。遗产分割显然属于第二个阶段。

第二,本案争议之关键在于如何理解《继承法》第 8 条"继承权纠纷的诉讼时效为二年,自继承人知道或应当知道其权利被侵犯之日起计算。但是,自继承开始之日起超过二十年的,不得再提起诉讼"的规定。换言之,本案因继承而引发的遗产确认及分割之争是否属于继承权纠纷。本院认为,继承纠纷和继承权纠纷是不同概念,不应将全部与继承相关的纠纷全部归类为"继承权纠纷"。案件性质系基于纠纷所侵害的权利对象而确定。最高人民法院《民事案件案由规定》中的继承权纠纷,包括法定继承纠纷、遗嘱继承纠纷、被继承人债务清偿纠纷、遗赠纠纷、遗赠抚养协议纠纷五类。根据该案由的划分,继承权纠纷应当限定在享有继承权的自然人身份有争议、或者继承权的取得和丧失、继承人以外的自然人是否分得遗产、继承权受侵害等情形。遗产分割纠纷中,继承者因身份关系进而取得遗产物权,兼具人身权和财产权双重属性,存在继承与物权产生冲突的可能,但《继承法》设置的拟制继承,将未

表示放弃继承视为接受，从而加快了遗产物权的确认过程，将待定之物（遗产）变为确定之物（继承物权）。此时，继承权纠纷应转化为确认与分割共有物的共有权纠纷。如果将与遗产分割有关的纠纷全部归类为继承权纠纷并适用20年的最长时效，可能导致未分割的遗产永远处于权利不明确之状态，这与《物权法》第4条确立的物权受平等保护的原则相悖。

第三，最高人民法院《关于继承开始时继承人未表示放弃继承遗产又未分割的可按析产案件处理的批复》（〔1987〕民他字第12号）规定："诉争的房屋应属各继承人共同共有，他们之间为此发生之诉讼，可按析产案件处理。"以及最高人民法院《关于父母的房屋遗产由兄弟姐妹中一人领取了房屋产权证并视为已有发生纠纷应如何处理的批复》（〔1987〕民他字第16号）规定："一人领取房产证的行为认定为代表共有人登记取得的产权证明。"表明了最高人民法院对遗产分割案件一般按共有物确认和分割的处理原则，该两批复目前仍有效，应适用于本案。

综上，本案中被继承人黄意于1977年去世时，陈德心、陈锦心未放弃继承权，视为接受继承，陈德心和陈锦心的继承人身份，不是本案争议焦点。在黄意遗产禅城区高基街3号房产分割前，其与本案其他继承人对涉案房产享有共有权。陈德心、陈锦心诉讼请求是确认涉案房产共同共有，以及分割涉案房产被拆迁后补偿所得的房产，属于共有物确认及分割纠纷，即本案案由应为共有权纠纷，而非继承权纠纷。再审法院认为关维青、陈琴心、陈愉心、陈直心处分遗产侵犯了陈德心、陈锦心的继承权，故本案应认定为遗产继承纠纷，属于适用法律确有错误。

2. 再审法院认为陈德心、陈锦心的起诉超过了法律规定的诉讼时效，属于适用法律确有错误。共有物的分割请求权是否适用诉讼时效，目前相关法律法规和司法解释并没有明确规定，但可从诉讼时效的制度价值、立法原意等方面进行分析。最高人民法院《关于审理民事案件适用诉讼时效制度若干问题的规定》（法释〔2008〕11号）第1条规定："当事人可以对债权请求权提出诉讼时效抗辩。"该条款确立的原则是：诉讼时效制度的适用对象是债权请求权，而共有物的分割请求权是指共有人对其享有共有权的确认并以此为基础请求分割共有物，其本质应为形成权。形成权不属于债权请求权，不应适用诉讼时效的规定。因此，基于继承产生的遗产分割请求权不应受诉讼时效的限制。

四、案件评析

本案属于典型的"适用的法律与案件性质明显不符"。再审判决认定本案属于遗产继承纠纷,错误地确定了案由,进而错误地适用了法律条文。陈德心、陈锦心自被继承人黄意死亡后即与其他继承人取得涉案房屋的共有物权,本案应为共有物确认与分割纠纷而非继承权纠纷。一方面,依据相关法律规定,因继承产生的遗产分割纠纷有一个法律性质的转化过程:一是确认继承权的过程,遗产分割前未明示放弃的视为接受继承,继承人身份确定;二是确定继承之物权利状态的过程,继承人对于遗产享有物权(共有物权),受法律保护,遗产尚未分割的,不影响继承人取得遗产物权的效力;如有多个继承人的,按照《物权法》第103条的规定,继承人对遗产共同共有。遗产分割显然属于第二个阶段。另一方面,继承纠纷和继承权纠纷是不同概念,不应将全部与继承相关的纠纷全部归类为"继承权纠纷"。案件性质系基于纠纷所侵害的权利对象而确定。最高人民法院《民事案件案由规定》中的继承权纠纷,包括法定继承纠纷、遗嘱继承纠纷、被继承人债务清偿纠纷、遗赠纠纷、遗赠抚养协议纠纷五类。根据该案由的划分,继承权纠纷应当限定在享有继承权的自然人身份有争议、或者继承权的取得和丧失、继承人以外的自然人是否分得遗产、继承权受侵害等情形。遗产分割纠纷中,继承者因身份关系进而取得遗产物权,兼具人身权和财产权双重属性,存在继承与物权产生冲突的可能,但《继承法》设置的拟制继承,将未表示放弃继承视为接受,从而加快了遗产物权的确认过程,将待定之物(遗产)变为确定之物(继承物权)。此时,继承权纠纷应转化为确认与分割共有物的共有权纠纷。如果将与遗产分割有关的纠纷全部归类为继承权纠纷并适用20年的最长时效,可能导致未分割的遗产永远处于权利不明确之状态,这与《物权法》第4条确立的物权受平等保护的原则相悖。综上,本案中被继承人黄意于1977年去世时,陈德心、陈锦心未放弃继承权,视为接受继承,陈德心和陈锦心的继承人身份,不是本案争议焦点。在黄意遗产禅城区高基街3号房产分割前,其与本案其他继承人对涉案房产享有共有权。陈德心、陈锦心诉讼请求是确认涉案房产共同共有,以及分割涉案房产被拆迁后补偿所得的房产,属于共有物确认及分割纠纷,即本案案由应为共有权纠纷,而非继承权纠纷。再审法院认为关维青、陈琴心、陈愉心、陈直心处分遗产侵犯了陈德心、陈锦心的继承权，故本案应认定为遗产继承纠纷，属于适用法律确有错误。

（二）认定法律关系主体错误

这种情况主要是指原裁判将与案件无关的人错误认定为法律关系的主体，或者对真正的法律关系主体未予认定。出现这种情况的主要原因是审判人员对案件所涉及的法律关系主体的权限没有认识清楚。

案例二十二：临高县粮食局申请监督案（高检民监〔2014〕228号）

一、案件来源

临高县粮食局因与邱继坚买卖合同纠纷一案，不服海南省高级人民法院（2014）琼民提字第4号民事判决，向海南省人民检察院申请监督，该院提请最高人民检察院抗诉。

二、诉讼过程和法院历次审理情况

2010年，邱继坚起诉至临高县人民法院，请求：（1）确认其与临高县粮食局买卖马袅粮所资产合同成立、有效；（2）判令将马袅粮所资产即15603.14平方米土地使用权及3631平方米房屋过户至其名下。

（一）一审情况

一审法院查明：临高县粮食局于2007年对所属的33家国有粮企进行改制，除改建、重组2家（即临城粮食储备库、临高县军粮供应站）承担粮食政策性经营业务外，其余31家（包括马袅粮所在内）已基本停产、歇业的国有粮食企业，通过处置变现国有资产，支付职工补偿金和缴纳社保费。2007年5月29日，临高县粮食局经委托海南立信长江会计师事务所对变现粮企资产分别予以评估后，委托海南亚奥国际拍卖有限公司（以下简称亚奥公司）进行拍卖。2007年6月7日，亚奥公司对包括马袅粮所在内的14家粮所粮站的资产进行拍卖。其中马袅粮所的拍卖标的为16483.14平方米土地、3631平方米房屋，拍卖参考价（保留价）为70.09万元。此次拍卖中，马袅粮所资产流拍。2007年6月18日，粮食局再次委托亚奥公司对包括马袅粮所在内的7家粮所粮站的资产进行第二次拍卖。2007年6月27日，马袅粮所资产按原拍卖价下降

10%后，以60.48万元保留价进行拍卖，再次流拍。2007年7月16日，临高县粮食局召开局务会议，同意根据临高县政府2007年6月4日县长办公会议纪要精神执行，已经两次拍卖流拍，可以协议方式处置，决定谁先交钱谁优先协议成交。决定当日，临高县粮食局分管改制处置工作的副局长将该决定电话通知王某（系邱继坚同伙），称如同意按第二次拍卖保留价60.48万元购买，就将60.48万元汇入临高县粮食局指定的账户内，邱继坚当日将款项汇入临高县财政局处置国有粮食企业资产专户。随后，粮食局欲将两次拍卖均已流拍的马袅粮所资产列入第三次拍卖，因邱继坚异议而停拍。还查明：2006年12月12日，临高县政府办下发《临高县人民政府办公室转发县粮食局关于临高县国有粮食企业改革补充实施方案的通知》（临府办〔2006〕113号），成立临高县国有粮食企业改革领导小组，处置变现国有粮食企业资产。2007年6月1日，临高县政府召开县长办公会议，《临高县人民政府县长办公会议纪要》第25期于6月4日以《研究国有粮食企业资产拍卖有关问题》为题下发文件，就临高县粮食企业资产拍卖有关问题作出了六条规定。其中第4条规定：由县粮食局牵头，县财政局、县商务局、亚奥公司配合负责做好拍卖会场及相关工作，县公安局负责做好会场的安全保卫工作，县广电局、临高报社负责做好新闻宣传工作。第6条规定：国有资产第一次拍卖流拍，按评估价下调10%进行第二次拍卖，若第二次拍卖再流拍，以协议方式处置。

一审法院认为：马袅粮所资产属国有资产，按照《临高县人民政府县长办公会议纪要》第25期文件规定，国有资产第一次拍卖流拍，按评估价下调10%进行第二次拍卖，若第二次拍卖再流拍，以协议方式处置。马袅粮所资产确已经两次挂牌拍卖流拍，按照《临高县人民政府县长办公会议纪要》第25期文件规定可以协议方式处置。但协议方式处置该国有资产的主体，该文件未予以明确。临高县政府及其国有资产管理办公室是合法的主体，除此之外包括临高县粮食局在内的其他单位、组织应由临高县人民政府特别授权，否则不具备协议方式处置该国有资产的主体资格。本案中临高县人民政府没有特别授权临高县粮食局，因此临高县粮食局不具有协议方式处置该国有资产的主体资格。临高县粮食局某副局长电话通知邱继坚将60.48万元汇入临高县财政局处置国有粮食企业资产专户后，临高县粮食局也未将该情况报告临高县人民政府，未经临高县人民政府追认同意。因此可以认为,临高县粮食局与邱继坚之间的上述行动,因临高县粮食局不具有协议方式处置该国有资产的主体资格,同时未经报告临高县人民政府审批,不符合国有资产处置的有关程序而无效。

一审法院判决:驳回邱继坚的诉讼请求。

邱继坚不服一审判决,向海南省第二中级人民法院提起上诉。

(二) 二审情况

二审法院查明的事实与一审法院一致。

二审法院认为:本案所争议的马袅粮所资产系国有资产。我国法律明确规定,国有资产转让应当经过国有资产监督管理机构及本级人民政府批准。《临高县人民政府县长办公会议纪要》是此次临高县国有粮食企业资产处置问题的指导授权性文件,虽然其中规定若两次流拍,可以协议方式处置。但由于此规定只是抽象性的处理方向,而对于协议方式所应涵盖的价格、主体等具体内容并未作出明确规定。也就是说,《临高县人民政府县长办公会议纪要》并非协议转让的审批性文件,如果要协议处置马袅粮所的国有资产,必须经有审批权的临高县国有资产监督管理机构及临高县人民政府对以协议方式处置马袅粮所资产的具体内容进行审核批准。未经有权部门进行审核批准,临高县粮食局无权以协议形式处置马袅粮所资产。况且,《企业国有产权转让管理暂行办法》第18条明确规定,采取协议转让方式的,应签订产权转让合同,按规定程序进行审议;最高人民法院《关于审理与企业改制相关的民事纠纷案件若干问题的规定》第17条规定,以协议转让形式出售企业,企业出售合同未经有审批权的地方人民政府或其授权的职能部门审批的,人民法院在审理相关的民事纠纷案件时,应当确认该企业出售合同不生效。根据上述规定,邱继坚既未与临高县粮食局签订买卖合同,又未经有审批权的相关部门审批,其主张买卖马袅粮所资产的合同成立,缺乏事实根据和法律依据,亦不符合我国有关国有资产处置的强制性规定。

二审法院判决:驳回上诉,维持原判。

邱继坚不服二审判决,向海南省高级人民法院申请再审。

(三) 再审情况

再审法院对原审法院查明的事实予以确认。另查明,临高县粮食局召开局务会议讨论马袅粮所资产处置，已事先通过电话向临高县政府报告并取得了主管副县长同意。马袅粮所资产进行第二次公开拍卖时，因划出职工安置区土地面积，故其土地使用面积调整为15603.14平方米。马袅粮所资产第一次拍卖保留价为70.09万元，第二次下调10%为63.08万元，后因安置改制职工，划出部分土地，将拍卖保留价调整为60.48万元。

再审法院认为：本案的争议焦点是邱继坚与粮食局之间买卖马袅粮所资产的合同是否成立？若成立，合同是否有效？根据《合同法》第13条、第14条、第25条及第26条的规定，当事人订立合同，采取要约和承诺的方式，承诺生效时合同成立。本案中，经临高县政府批准，粮食局依法处置国有资产，对其管理的包括马袅粮所资产在内的14家粮所粮站通过拍卖方式进行处置。其中马袅粮所资产经拍卖两次流拍，按临高县政府县长办公会议的决定，以协议方式进行处置，即如同意按第二次拍卖保留价60.48万元购买，可将款汇至粮食局指定账户，谁先交钱谁优先协议成交，由粮食局负责人电话通知邱继坚。这是粮食局处置马袅粮所资产的一种明确的意思表示，对处置资产最为关键的价格、付款时间及成交条件作了明确的要求，完全符合《合同法》第14条对要约的规定；作为竞买人，邱继坚按粮食局的要求，当天将60.48万元汇入指定账户，履行了要约的全部内容，承诺即生效。至此，邱继坚与粮食局买卖马袅粮所资产的合同即告成立。《合同法》第52条规定了合同无效的五种情形，其中第（五）项关于违反法律、行政法规的强制性规定的合同无效的情形，是本案一、二审认定本案合同无效的法律依据。原判认为马袅粮所资产转让未经有审批权的相关部门审批属无效行为。包括本案标的马袅粮所资产在内的14家粮所粮站的处置，是落实国务院、海南省政府及临高县政府有关国有粮食企事业改革政策而采取的自上而下的改革行动，是依据《临高县人民政府办公室转发县粮食局关于临高县国有粮食企业改革补充实施方案的通知》（临府〔2006〕113号）及《临高县人民政府县长办公会议纪要》第25期（以《研究国有粮食企业资产拍卖有关问题》为题下发的文件）进行，且成立了以副县长为组长，县政府办主任、县商务局局长、粮食局局长为副组长，县发改局、财政局等负责人为成员的临高县国有粮食企业改革领导小组，对处置资产经评估后，委托亚奥公司进行拍卖，已完成处置12家；马袅粮所经两次公开拍卖流拍后,粮食局召开局务会,并向县主管领导汇报同意,决定按第 25 期县长办公会议纪要规定执行,即国有资产流拍,按评估价下调 10% 进行第二次拍卖,若第二次拍卖再流拍,以协议方式处置。故马袅粮所资产的处置经临高县国有资产管理机构和临高县政府批准,符合国有资产处置的相关程序,故合法有效。综上所述,该院认为邱继坚与粮食局之间就买卖马袅粮所资产的事宜虽然未签订正式确认国有资产转让的合同,但马袅粮所资产的处置符合国有资产处置的相关程序,临高县粮食局与邱继坚之间的买卖合同已成立且合法有效。该合同为双务合同,合同的主要条款即标的物与价款已经基本明确,具备履行的条件,且邱继坚已按约定履行了支付价款的义务,临高县粮食局应依法向其交付合同标的物。原判以粮食局与邱继坚的行为不符合国有资产处置的有关规定为由认定双方的买卖合同无效,存在认定基本事实缺乏证据证明及适用法律错误问题。

再审法院判决:(1)撤销一审、二审判决;(2)邱继坚与临高县粮食局买卖马袅粮所资产合同成立、合法有效,应当继续履行;(3)将马袅粮所资产即 15603.14 平方米土地使用权及 3631 平方米房屋依法过户至邱继坚名下。

临高县粮食局不服再审判决,向检察机关申请监督。

三、最高人民检察院提出抗诉的理由

最高人民检察院认为:再审判决认为临高县粮食局与邱继坚之间的买卖合同已成立且合法有效,属于适用法律错误。理由如下:

1. 临高县粮食局不是处置马袅粮所国有资产的适格主体,不具有处分马袅粮所国有资产的权利。2006 年 12 月 12 日,《临高县人民政府办公室转发县粮食局关于临高县国有粮食企业改革补充实施方案的通知》中明确记载:"五、组织领导为进一步加强对该项工作的领导,确保如期完成全县国有粮食企业的改革任务,县政府决定调整临高县国有粮食企业改革领导小组:组长曹文(县政府副县长),副组长吴志飞(县政府办主任)、张万康(县商务局局长)、邓超武(县粮食局局长)……领导小组下设办公室,邓超武兼任办公室主任,办公室设在县粮食局……"从上述内容来看,有资格处置马袅粮所国有资产的主体应当是临高县国有粮食企业改革领导小组,临高县粮食局只是领导小组的成员单位,其处分

马袅粮所国有资产应当得到该领导小组的授权。2007年6月4日，临高县政府的会议纪要中记载："六、国有资产第一次拍卖流拍，按评估价下调10%进行第二次拍卖，若第二次拍卖再流拍，以协议方式处置。"该会议纪要既没有对协议方式处置马袅粮所国有资产的具体程序、协议对象、协议价格等作出规定，也并未授权临高县粮食局以协议方式处置上述资产。《企业国有产权转让管理暂行办法》第18条明确规定："经公开征集只产生一个受让方或者按照有关规定经国有资产监督管理机构批准，可以采取协议转让的方式。采取协议转让方式的，转让方应当与受让方进行充分协商，依法妥善处理转让中所涉及的相关事项后，草签产权转让合同，并按照本办法第十一条规定的程序进行审议。"综上，临高县粮食局不是处置马袅粮所国有资产的适格主体，不具有处分马袅粮所国有资产的权利，临高县粮食局的副局长将县粮食局内部决定告知邱继坚一方的行为以及邱继坚随后打款的行为，均不能产生处分马袅粮所国有资产的法律效力。

2. 临高县粮食局处分马袅粮所土地使用权的行为未经有批准权的人民政府批准，应当依法认定无效。本案争议的马袅粮所土地使用权性质为划拨土地，对于划拨土地使用权转让的程序，我国法律和司法解释均有明确规定。《房地产管理法》第40条规定："以划拨方式取得土地使用权的，转让房地产时，应当按照国务院规定，报有批准权的人民政府审批。……"最高人民法院《关于审理涉及国有土地使用权合同纠纷案件适用法律问题的解释》第11条规定："土地使用权人未经有批准权的人民政府批准，与受让方订立合同转让划拨土地使用权的，应当认定合同无效。但起诉前经有批准权的人民政府批准办理土地使用权出让手续的，应当认定合同有效。"本案中，临高县人民政府已经明确表示不予批准临高县粮食局与邱继坚之间协议转让马袅粮所土地使用权的行为，根据上述法律和司法解释，应当认定临高县粮食局与邱继坚之间的转让行为无效。

四、案件评析

本案属于典型的"认定法律关系主体错误"。本案中，临高县粮食局不是处置马袅粮所国有资产的适格主体，不具有处分马袅粮所国有资产的权利。根据2006年12月12日《临高县人民政府办公室转发县粮食局关于临高县国有粮食企业改革补充实施方案的通知》，有资格处置马袅粮所国有资产的主体应当是临高县国有粮食企业改革领导小组，临高县粮食局只是领导小组的成员单位，其处分马袅粮所国有资产应当得到该领导小组的授权。2007 年 6 月 4 日，临高县政府的会议纪要中记载："六、国有资产第一次拍卖流拍，按评估价下调 10% 进行第二次拍卖，若第二次拍卖再流拍，以协议方式处置。"该会议纪要既没有对协议方式处置马袅粮所国有资产的具体程序、协议对象、协议价格等作出规定，也并未授权临高县粮食局以协议方式处置上述资产。《企业国有产权转让管理暂行办法》第 18 条明确规定："经公开征集只产生一个受让方或者按照有关规定经国有资产监督管理机构批准的，可以采取协议转让的方式。采取协议转让方式的，转让方应当与受让方进行充分协商，依法妥善处理转让中所涉及的相关事项后，草签产权转让合同，并按照本办法第十一条规定的程序进行审议。"综上，临高县粮食局不是处置马袅粮所国有资产的适格主体，不具有处分马袅粮所国有资产的权利，临高县粮食局的副局长将县粮食局内部决定告知邱继坚一方的行为以及邱继坚随后打款的行为，均不能产生处分马袅粮所国有资产的法律效力。再审判决由于对临高县粮食局是否具有处分马袅粮所国有资产的权利没有审查清楚，导致错误认定法律关系主体。

（三）认定法律关系性质错误

这种情况主要是指原裁判误将当事人之间存在的 A 法律关系性质认定为 B 法律关系，如将雇佣关系认定为加工承揽关系，将不当得利认定为合同关系等。出现这种情况的主要原因是审判人员在审查案件法律关系所涉及的基础事实时出现偏差，由此导致在对案件法律关系性质的认定上出现偏差。

案例二十三：陈刚申请监督案（高检民监〔2015〕27 号）

一、案件来源

陈刚因与风水沟煤矿医院医疗损害赔偿纠纷一案，不服内蒙古自治区高级人民法院（2008）内民再终字第 11 号民事判决，向内蒙古自治区人民检察院申请监督，该院提请最高人民检察院抗诉。

二、诉讼过程和法院历次审理情况

2004年9月23日,陈刚起诉风水沟煤矿医院、风水沟煤矿至赤峰市中级人民法院,请求:判令风水沟煤矿医院、风水沟煤矿赔偿精神抚慰金、医疗费等费用共计人民币1580813.90元。

(一) 一审情况

一审法院查明:1997年11月7日,陈刚在矿井工作时被钢丝绳将左小腿抽伤,被送至具有医疗资格的风水沟煤矿医院诊治。同年11月10日,风水沟煤矿医院对陈刚实施左小腿血管探查、截肢术,陈刚之父在手术议定书上签字同意。陈刚于同年12月31日出院。此后,陈刚依据相关规定享受工伤待遇,陈刚之父陪护问题亦由风水沟煤矿作了相应解决。陈刚认为其截肢系风水沟煤矿医院医疗措施不当而致,并申请医疗事故鉴定。赤峰市医疗事故技术鉴定委员会于2002年5月30日作出赤医鉴字 (2002) 第1号鉴定书,结论为不属医疗事故。陈刚认为风水沟煤矿医院病历虚假,申请技术鉴定。该院司法鉴定技术处于2002年11月30日作出 (2002) 文检字第4号鉴定书,结论为:(1)《X光报告单》中97年的"7"字是由"9"字改写形成,其余字迹无改动。(2) 1997年11月7目的麻醉记录,上面的1997年11月7日的"7"字是由"9"字改写而成的。(3) 其他三页送检材料,是否属于事后补写,我们无法确认,请通过其他途径加以解决。陈刚不服赤峰市医疗事故技术鉴定委员会赤医鉴字 (2002) 第1号鉴定书,申请重新鉴定。内蒙古医学会于2003年4月11日作出医鉴 (2003) 19号医疗事故技术鉴定书,结论为:根据医患双方所提供的资料和当面陈述,患者陈刚于1997年11月7日因工负伤,导致左小腿中下1/3骨折合并血管、神经损伤的事实成立。患者入院后,医方在诊断和处理原则上无明显失误,但终因肢体血管在初次手术吻合后血栓形成,导致肢体远端缺血坏死而不得已截肢。经专家组讨论认定,尽管医方在诊断过程中存在一些不足之处 [(1) 医方提供的病历资料不完整,如X光片丢失等。(2) 病历书写不规范。(3) X线报告单和麻醉记录单的日期有涂改。(4) 初次手术后的观察、处理措施不够完善],但与患者的伤害结果 (截肢) 不存在直接的因果关系。因此该争议不属医疗事故。其间,陈刚以风水沟煤矿医院医疗措施不当而致其截肢,风水沟煤矿医院属医疗事故,应负赔偿责任为由诉至法院,并对赤峰市元宝山区人民法院就该案作出的（2003）元民初字第217号民事判决不服而上诉至该院。该院于2003年12月16日作出（2003）赤民三终字第293号民事判决，驳回上诉，维持原判。该判决生效后，陈刚以风水沟煤矿医院在诊疗中有过错，虽不构成医疗事故，但应承担赔偿责任为由诉至该院，请求判令风水沟煤矿赔偿陈刚的经济损失总计1580813.90元。陈刚申请对其心功能不全、左臂肌肉萎缩、左小腿截肢与风水沟煤矿医院医疗行为之间的因果关系及陈刚的伤残、护理等级进行鉴定。

一审法院认为：陈刚认为风水沟煤矿医院的医疗行为有过错并给其造成损害，要求予以赔偿。但医疗行为是否存在过错，须以具有专门知识的机构和人员作出鉴定为依据。陈刚左小腿截肢与风水沟煤矿医院医疗行为之间的因果关系已经由内蒙古医学会作出鉴定结论，风水沟煤矿医院对陈刚的诊治行为无不当之处，该行为与原告左小腿截肢不存在直接的因果关系，且经该院已发生法律效力的（2003）赤民三终字第293号民事判决所确认。陈刚对鉴定结论虽有异议，并提出重新鉴定申请，但其不能提出证明该鉴定结论具有最高人民法院《关于民事诉讼证据的若干规定》第27条所规定的人民法院应予准许重新鉴定的四种情形之一，因此对陈刚的此项鉴定申请该院不予支持。陈刚的伤残、护理等级已经工伤鉴定，不应再次鉴定。陈刚提出的其心功能不全、左臂肌肉萎缩与风水沟煤矿医院行为有关的鉴定申请，因陈刚的诉讼请求及所述的事实和理由中未有此项请求，在举证期限内亦未增加此项请求，该鉴定申请缺乏依据，该院不予支持。综上，陈刚虽提出了具体的诉讼请求，但不能提供相应的证据，故其请求不能成立。

一审法院判决：驳回陈刚的诉讼请求。

陈刚不服一审判决，向赤峰市中级人民法院申请再审。

（二）再审情况

再审法院对原审查明的事实予以确认。

再审法院认为：双方当事人在医疗事故一案中，该院作出的（2003）赤民三终字第293号民事判决已经发生法律效力。在该判决中，陈刚截肢与矿医院医疗行为之间是否存在因果关系已经内蒙古医学会作出鉴定结论，即无直接因果关系。陈刚在申请再审中也未能提出足以推翻该判决的证据，故原判决认定事实清楚，适用法律正确，审判程序合法，应予维持。陈刚的申诉理由不能成立。

再审法院判决：维持中院一审判决。

陈刚不服再审判决，向内蒙古自治区高级法院提出上诉。

（三）重审（二审）情况

二审法院对原审查明的事实予以确认。

二审法院认为：关于风水沟煤矿医院及医生资质的合法性问题。经查，风水沟煤矿于1978年3月经当时的辽宁省煤炭管理局批准开始筹建。1984年亦成立了风水沟煤矿医院。该院的主管部门是平庄矿务局卫生处和平庄矿务局总医院。风水沟煤矿医院属于平庄矿务局总医院的派驻医院，没有独立的营业执照，由具备资质的平庄矿务局总医院管理。1999年平庄矿务局改制成立平庄煤业（集团）有限责任公司，撤销了原平庄矿务局卫生处等单位。自2002年平庄煤业（集团）有限责任公司辖属各医院的营业资质管理移交到地方政府卫生管理部门，重新核发了营业执照。上述事实说明风水沟煤矿医院是经过有关机关批准的，其设立符合国家当时的体制管理及政策法规，是具有合法资质的医院。陈刚提出"风水沟煤矿医院是非法行医，医务人员不具备合法资质"的上诉理由缺乏事实和法律依据不能成立。关于内蒙古医学会的鉴定报告的合法性的问题。陈刚受伤后煤矿医院对其实施左小腿血管探查、截肢术，陈刚之父在手术议定书上签字同意。后陈刚申请医疗事故鉴定。2002年5月30日，赤峰市医疗事故技术鉴定委员会作出鉴定报告，认为两次手术具备手术适应症，治疗符合医疗原则，结论为不属医疗事故。陈刚不服申请复议。2003年4月11日，内蒙古医学会作出鉴定报告，结论为：尽管医方在诊断过程中存在一些不足之处，但与患者的伤害结果（截肢）不存在直接的因果关系，该争议不属医疗事故。陈刚对该鉴定结论有异议，在再审时又提出重新鉴定。赤峰市中级人民法院委托北京法源司法科学证据鉴定中心进行鉴定，但因其不予配合，致鉴定无法进行，故其请求给予医疗事故赔偿无证据支持。赤峰市医疗事故技术鉴定委员会及内蒙古医学会出具的鉴定报告在程序、内容上均合法。陈刚受伤后于2001年4月19日向赤峰市劳动鉴定委员会申请工伤鉴定，经鉴定为四级伤残。此后，陈刚依据国家《工伤保险条例》的规定，享受工伤待遇，并由风水沟煤矿支付医疗费、假肢费、误工补助等相关费用共计40多万元。现上诉人陈刚继续要求风水沟煤矿赔偿其交通费、住宿费、医疗费、护理费、被抚养人生活费等共计1374888.70元的上诉理由于法无据，该院不予支持。原审判决认定事实清楚，适用法律正确。

二审法院判决：维持中院再审判决。

陈刚不服二审判决，向最高人民法院申诉。

（四）申诉情况

最高人民法院作出驳回申诉通知书，驳回陈刚的申诉。

陈刚仍不服，向检察机关申请监督。

三、最高人民检察院提出抗诉的理由

最高人民检察院认为，内蒙古自治区高级人民法院（2008）内民再终字第11号民事判决适用法律确有错误。第一，终审判决以未构成医疗事故为由驳回陈刚的医疗损害赔偿请求，适用法律确有错误。医疗损害赔偿纠纷包括因医疗事故引起的医疗损害赔偿纠纷和因医疗事故以外的原因引起的医疗损害赔偿纠纷。终审判决以未构成医疗事故为由驳回陈刚的医疗损害赔偿请求，显然混淆了因医疗事故引起的医疗损害赔偿纠纷与因医疗事故以外的原因引起的医疗赔偿纠纷两种情形，导致适用法律确有错误。最高人民法院《关于民事诉讼证据的若干规定》第4条第8项规定："因医疗行为引起的侵权诉讼，由医疗机构就医疗行为与损害结果之间不存在因果关系及不存在医疗过错承担举证责任。"根据该规定，风水沟煤矿应就医疗行为与陈刚损害结果之间不存在因果关系和医疗过错负举证责任，但风水沟煤矿未能就此举证证明，且根据内蒙古医学会出具的鉴定意见，医方在诊疗过程中确实存在病历资料不完整（如X光片丢失等）、初次手术后的观察和处理措施不够完善等过错。因此，风水沟煤矿应当对陈刚的医疗损害承担相应的赔偿责任。第二，终审判决以陈刚享受工伤待遇为由驳回陈刚的医疗损害赔偿请求，适用法律确有错误。本案中，陈刚享受工伤待遇系因在风水沟煤矿作业过程中发生工伤事故，根据《工伤保险条例》而应获得的待遇；陈刚主张医疗损害赔偿则是因风水沟煤矿医院在治疗过程中存在过错，根据《民法通则》而应获得的赔偿。两者基于不同的法律事实而产生，分别构成工伤保险法律关系和医疗损害赔偿法律关系，并不排斥。终审判决以陈刚享受工伤待遇为由而对陈刚的医疗损害赔偿请求不予支持，于法无据。

四、案件评析

本案中终审判决在适用法律方面存在两处错误，均涉及对涉案法律关系性质的认定。第一，终审判决以未构成医疗事故为由驳回陈刚的医疗损害赔偿请求，显然混淆了因医疗事故引起的医疗损害赔偿纠纷与因医疗事故以外的原因引起的医疗赔偿纠纷两种情形，适用法律确有错误。根据最高人民法院《关于民事诉讼证据的若干规定》第4条的相关规定，风水沟煤矿应就医疗行为与陈刚损害结果之间不存在因果关系和医疗过错负举证责任，但风水沟煤矿未能就此举证证明，而现有证据能够证明医方在诊疗过程中确实存在一定过错，故风水沟煤矿应当对陈刚的医疗损害承担相应的赔偿责任。第二，终审判决以陈刚享受工伤待遇为由驳回陈刚的医疗损害赔偿请求，适用法律确有错误。工伤待遇系因工伤事故而产生，其依据在于《工伤保险条例》的相关规定。医疗损害赔偿系因医院在治疗过程中存在过错而产生，其依据在于《民法通则》的相关规定。两者基于不同的法律事实而产生，分别构成工伤保险法律关系和医疗损害赔偿法律关系，并不排斥。

（四）认定法律行为效力错误

这种情况主要是指对法律行为是否成立、是否生效、是否变更、是否解除以及是否应当承担法律责任等问题的认定，因违反有关法律规定而出现错误。出现这种情况的主要原因是审判人员对涉案法律规定的主旨含义、立法目的、适用规则等把握不清或理解有误。"认定法律行为效力错误"是在监督实践中数量最多的一种适用法律错误类型。

案例二十四：秋皮沟矿业公司申请监督案（高检民监〔2016〕166号）

一、案件来源

秋皮沟矿业公司因与鸡西信用社、中信担保公司、亚沟水泥公司、吴丽华、李连宝、李翔丽、谭敏、马丽影、韩伟光、鲁洪刚借款、担保合同纠纷一案，不服黑龙江省高级人民法院（2013）黑高商终字第17号民事判决，向黑龙江省人民检察院申请监督，该院提请最高人民检察院抗诉。

二、诉讼过程和法院历次审理情况

2009年1月6日，鸡西信用社起诉至鸡西市中级人民法院，请求：（1）判令吴丽华偿还借款本息合计3360126元。（2）判令李连宝、李翔丽、谭敏、马丽影、韩伟光各偿还借款本息4480168元。（3）判令鲁洪刚、秋皮沟矿业公司、亚沟水泥公司对全部借款本息承担还款义务及连带清偿责任。（4）判令中信担保公司对全部借款本息承担连带清偿责任。

（一）一审情况

一审法院查明：2008年6月20日，吴丽华向信用社借款300万元，李连宝、李翔丽、谭敏、马丽影、韩伟光等5人各向信用社借款400万元。双方约定还款日期为2009年6月15日，月利为9.72‰，如贷款人未按期还款则在原利率基础上上浮50%计收罚息。吴丽华、李连宝、李翔丽、谭敏、马丽影、韩伟光的借款均由中信担保公司作连带责任担保。其后，鲁洪刚、秋皮沟矿业公司、亚沟水泥公司向信用社出具承诺书，承诺共同承担吴丽华、李连宝、李翔丽、谭敏、马丽影、韩伟光的还款义务和连带责任。接近还款日期时，信用社发现吴丽华、李连宝、李翔丽、谭敏、马丽影、韩伟光已无还款意向和能力，即提起诉讼。

一审法院认为：吴丽华向信用社借款300万元，李连宝、李翔丽、谭敏、马丽影、韩伟光各向信用社借款400万元。鲁洪刚、秋皮沟矿业公司、亚沟水泥公司、中信担保公司自愿承担连带偿付责任，事实清楚，证据充分。吴丽华、李连宝、李翔丽、谭敏、马丽影、韩伟光、鲁洪刚、秋皮沟矿业公司、亚沟水泥公司、中信担保公司应予偿付及承担连带责任。若担保人代偿后，有向各借款人即被担保人行使追偿的权利。信用社主张由吴丽华、李连宝、李翔丽、谭敏、马丽影、韩伟光、鲁洪刚、秋皮沟矿业公司、亚沟水泥公司、中信担保公司承担相应的律师费，无相关的事实依据及法律依据，该院不予支持。

一审法院判决：（1）吴丽华于判决生效后，立刻给付信用社欠款300万元，从2008年6月20日至付款日按月利率9.72‰给付的利息和按合同约定从逾期日起在执行利率基础上上浮50%的相应罚息。鲁洪刚、秋皮沟矿业公司、亚沟水泥公司、中信担保公司对此给付共同承担连带清偿责任；（2）李连宝、李翔丽、谭敏、马丽影、韩伟光于判决生效后,立刻给付信用社欠款各 400 万元,从 2008 年 6 月 20 日至付款日按月利率 9.72‰给付的利息和按合同约定从逾期日起在执行利率基础上上浮 50% 的相应罚息。鲁洪刚、秋皮沟矿业公司、亚沟水泥公司、中信担保公司对此给付共同承担连带清偿责任。

吴丽华、秋皮沟矿业公司、亚沟水泥公司不服一审判决,向黑龙江省高级人民法院申请再审。

(二)再审(一审)情况

黑龙江省高级人民法院于 2011 年 10 月 17 日作出裁定,指令鸡西市中级人民法院再审本案。

再审(一审)法院查明:2008 年 6 月 20 日,鲁洪刚以吴丽华的名义与信用社签订借款金额为 300 万元的借款合同,以李连宝、李翔丽、谭敏、马丽影、韩伟光的名义各与信用社签订金额为 400 万元的借款合同,借款用途为设备改造,还款日期为 2009 年 6 月 15 日,月利率 9.72‰。同时约定如贷款人未按期还款,则按照在原利率基础上浮 50% 的标准计收罚息。上述借款合同均由中信担保公司提供连带责任担保。2008 年 11 月 20 日,鲁洪刚、秋皮沟矿业公司、亚沟水泥公司向信用社出具承诺书一份,内容为:"吴丽华等 6 人的借款均由中信担保有限公司提供连带责任担保。由于上述借款未能按借款用途使用,因此应当提前履行还款义务,但由于资金未能及时回笼,现由鲁洪刚、秋皮沟矿业公司、亚沟水泥公司自愿为上述借款本金、利息、违约金及实现债权的一切相关费用与借款人共同承担还款义务,且提供连带责任保证,保证 2008 年 12 月 5 日前偿还所有贷款本息。"该院再审查明,2010 年 10 月 20 日,鲁洪刚因骗取贷款罪(本案所涉的 2300 万元)被牡丹江市阳明区人民法院以(2010)阳刑初字第 54 号刑事判决判处有期徒刑 5 年,并处罚金 50 万元。2011 年 5 月 3 日,亚沟水泥公司因单位行贿罪被绥芬河市人民法院以(2010)绥刑初字第 47 号刑事判决判处罚金 35 万元;鲁洪刚犯单位行贿罪,判处有期徒刑 3 年,与前罪有期徒刑 5 年、并处罚金 50 万元,决定执行有期徒刑 6 年 6 个月,并处罚金 50 万元。上述刑事判决确认,2006 年,亚沟公司董事长鲁洪刚为得到黑龙江省农村信用合作联社副主任于延年的帮助,向于延年行贿 170 万元。2008 年于延年授意下信用社违规为鲁洪刚经营管理的亚沟水泥公司三次发放贷款 5400 万元。在办理本案所涉贷款过程中,鲁洪刚虚构设备改造的事实,隐瞒真相，冒用他人名义共骗取信用社贷款 2300 万元。

再审（一审）法院认为：鲁洪刚以吴丽华、李连宝、李翔丽、谭敏、马丽影、韩伟光的名义向信用社贷款共计 2300 万元，该 6 份借款合同因以合法形式掩盖非法目的应确认为无效，信用社与中信担保公司签订的担保合同作为从合同亦应认定为无效。鲁洪刚、秋皮沟公司、亚沟水泥公司自愿承诺偿还吴丽华等 6 人在鸡西农村信用联社所贷 2300 万借款本息，并出具承诺书，该承诺书虽然系 6 份借款合同后续组成部分，但该承诺书系约定解决争议的方法，应认定为合法有效。鲁洪刚、秋皮沟矿业公司、亚沟水泥公司冒用他人名义贷款，吴丽华、李连宝、李翔丽、谭敏、马丽影、韩伟光自愿以自己的名义为他人贷款对造成合同无效负有主要责任，中信担保公司明知六份借款合同违法仍提供担保，对借款合同、担保合同无效亦负有主要责任。信用社违规发放贷款，对本纠纷亦负有次要责任。鲁洪刚、秋皮沟矿业公司、亚沟水泥公司作为实际贷款使用人，对给信用社造成的经济损失应承担赔偿责任。中信担保公司应对信用社未得到清偿部分承担三分之一的赔偿责任。

再审（一审）法院判决：（1）撤销原一审民事判决；（2）秋皮沟矿业公司、亚沟水泥公司、鲁洪刚与吴丽华、李连宝、李翔丽、谭敏、马丽影、韩伟光于判决生效后 10 日内连带返还信用社贷款本金 2300 万元；（3）秋皮沟矿业公司、亚沟水泥公司、鲁洪刚与吴丽华、李连宝、李翔丽、谭敏、马丽影、韩伟光于判决生效后 10 日内连带赔偿占用期间的利息损失；（4）中信担保公司对上述第二、三项中不能清偿部分承担三分之一的连带赔偿责任。

鸡西信用社、吴丽华、秋皮沟矿业公司、亚沟水泥公司不服再审判决，向黑龙江省高级人民法院提起上诉。

（三）再审（二审）情况

二审法院查明的事实与原审一致。

二审法院认为：本案争议的关键系鲁洪刚的犯罪行为是否影响案涉借款合同的效力。虽然案涉 2300 万元借款被鲁洪刚使用，牡丹江市阳明区人民法院（2010）阳刑初字第 54 号刑事判决亦因其使用包括该笔款项在内的贷款而认定鲁洪刚构成骗取贷款罪，但本案系因吴丽华等 6 名借款人不能按照借款合同的约定偿还借款所引发的民事纠纷，对于民事纠纷原则上还应按照民事案件关于合同效力判断以及相关法律规定来进行审理,即判断合同的效力应审查当事人之间合同约定本身是否违反法律、行政法规的效力性强制性规定。由于刑事诉讼与民事诉讼在诉讼目的、诉讼原则、责任构成要件、归责原则等方面存在本质差异,当事人承担责任的性质也不同,因此当事人一方的犯罪行为是否必然影响合同效力,尚需要具体分析,就本案而言,案涉借款合同、借款申请均为吴丽华等六名借款人本人在信用社所签,该6人对于借款的事实应属明知,且中信担保公司对于保证合同的真实性及提供保证的事实均未提出异议,该借款合同及保证合同均系各方当事人的真实意思表示,其内容不违反法律、行政法规的效力性规定。(2010)阳刑初字第54号刑事判决认定鲁洪刚采取虚构贷款用途等方式骗取信用社的贷款,但鲁洪刚该种捏造事实、隐瞒真相,诱使对方当事人作出错误意思表示的行为,在民事上构成欺诈,根据《合同法》第54条第2款关于"一方以欺诈、胁迫的手段或者乘人之危,使对方在违背真实意思的情况下订立的合同,受损害方有权请求人民法院或者仲裁机构变更或者撤销"的规定,案涉合同属于可变更或可撤销的合同。因信用社并未行使撤销权,案涉合同又无其他导致合同无效的情形,故应认定为有效。原审判决认定案涉借款、担保合同无效不当,该院予以纠正。信用社按照借款合同约定履行了发放借款的义务后,吴丽华等6人未按照合同约定还款,构成违约,应承担相应的违约责任,吴丽华等6人除应向信用社偿还案涉借款本金外,还应按照利率9.72‰的标准支付自2008年6月20日至2009年6月15日的利息,并按照合同约定利率上浮50%的标准支付自2009年6月16日起至实际给付之日的逾期罚息。由于中信担保公司为案涉借款提供连带责任保证,故其对上述判项应承担连带清偿责任。鲁洪刚、秋皮沟矿业公司、亚沟水泥公司2008年11月20日承诺对案涉借款与借款人共同承担还款义务,且提供连带责任保证,该承诺属于债的加入,鲁洪刚、秋皮沟矿业公司、亚沟水泥公司应与吴丽华等6人共同向信用社偿还案涉借款。综上,原审判决认定事实不清,适用法律不当,信用社的上诉主张成立,该院予以支持。吴丽华、鲁洪刚、秋皮沟矿业公司、亚沟水泥公司的上诉主张不能成立,该院不予支持。

二审法院判决:(1)撤销再审(一审)判决;(2)维持原一审判决。

秋皮沟矿业公司不服,向检察机关申请监督。

三、最高人民检察院提出抗诉的理由

最高人民检察院认为：终审判决适用法律确有错误。理由如下：

1. 终审判决认定涉案借款合同有效，属于适用法律确有错误。2010年10月20日，牡丹江市阳明区人民法院作出（2010）阳刑初字第54号刑事判决，判决认定鲁洪刚采取虚构贷款用途，冒用下属员工名义，骗取金融机构贷款2300万元，其行为已构成骗取贷款罪。2011年5月3日，绥芬河市人民法院作出（2011）绥刑初字第47号刑事判决，判决认定亚沟水泥公司、鲁洪刚为得到信用社副社长于延年帮助，向于延年行贿170万元，亚沟水泥公司和鲁洪刚犯单位行贿罪。2010年11月5日，绥芬河市人民法院作出（2010）绥刑初字第80号刑事判决，判决认定于延年利用国家工作人员的职务便利，非法收受他人财物，为他人谋取利益，其行为构成受贿罪。另有多份公安机关和检察机关办案人员对信用社工作人员韩波、李峰、周立琛、徐志国等询问笔录，笔录中均证实受于延年指派，违法、违规发放贷款2300万元。上述证据足以证实鲁洪刚、亚沟水泥公司与信用社副社长于延年等人恶意串通，通过合法形式（以他人名义，并以设备改造为理由）来掩盖骗取金融机构贷款的非法目的，且该非法目的已实现。根据《合同法》第52条第3项"以合法形式掩盖非法目的"的相关规定，涉案借款合同应属无效。据此，终审判决认为"鲁洪刚捏造事实，隐瞒真相，诱使对方当事人作出错误意思表示的行为，在民事上构成欺诈，案涉合同属于可变更或可撤销的合同"，亦不成立。

2. 终审判决认定涉案担保合同有效，属于适用法律确有错误。《担保法》第5条规定："担保合同是主合同的从合同，主合同无效，担保合同无效。担保合同另有约定的，按照约定。担保合同被确认无效后，债务人、担保人、债权人有过错的，应当根据其过错各自承担相应的民事责任。"本案中，涉案借款合同应确认为无效，信用社与中信担保公司签订的担保合同作为从合同，亦应认定为无效。最高人民法院《关于适用〈中华人民共和国担保法〉若干问题的解释》第8条规定："主合同无效而导致担保合同无效，担保人无过错的，担保人不承担民事责任；担保人有过错的，担保人承担民事责任的部分，不应超过债务人不能清偿部分的三分之一。"本案中，中信担保公司明知涉案借款合同违法仍

提供担保，按照上述规定，其承担民事责任的部分，不应超过债务人不能清偿部分的三分之一。终审判决中信担保公司对全部债务承担连带责任，适用法律确有错误。

3. 关于涉案借款合同和担保合同无效情况下各方当事人应如何承担法律责任的问题。《合同法》第58条规定："合同无效或者被撤销后，因该合同取得的财产，应当予以返还；不能返还或者没有必要返还的，应当折价补偿。有过错的一方应当赔偿对方因此所受到的损失，双方都有过错的，应当各自承担相应的责任。"第一，本案中，鲁洪刚、秋皮沟公司、亚沟水泥公司自愿承诺偿还吴丽华等6人在鸡西农村信用联社所贷2300万元借款本息，并出具承诺书，该承诺书系6份借款合同后续组成部分，在借款合同无效的情况下，该承诺书亦应认定为无效。鲁洪刚、秋皮沟矿业公司、亚沟水泥公司冒用他人名义贷款，对造成合同无效具有过错，其作为实际贷款使用人，对给信用社造成的经济损失应承担相应责任。但在涉案借款合同和担保合同应确认为无效的情况下，终审判决其仍按照合同约定的利率和罚息承担相应责任，有违法律规定。第二，吴丽华、李连宝、李翔丽、谭敏、马丽影、韩伟光自愿以自己的名义为他人贷款，对造成合同无效亦具有过错。但在涉案借款合同和担保合同应确认为无效的情况下，终审判决其仍按照合同约定的利率和罚息承担相应责任，亦有违法律规定。第三，关于中信担保公司应当如何承担责任，上文已作论述。第四，终审判决信用社在本案中不承担任何责任，明显不公。本案中信用社违规发放贷款，按照《合同法》第58条的相关规定，其应按照过错程度承担相应责任。

四、案件评析

本案属于典型的"认定法律关系效力错误"，主要表现在两方面：一是终审判决认定涉案借款合同有效，是错误的。本案中，牡丹江市阳明区人民法院作出的（2010）阳刑初字第54号刑事判决、绥芬河市人民法院作出的（2011）绥刑初字第47号刑事判决、绥芬河市人民法院作出的（2010）绥刑初字第80号刑事判决、公安机关和检察机关办案人员对信用社工作人员韩波、李峰、周立琛、徐志国的询问笔录等证据，足以证实鲁洪刚、亚沟水泥公司与信用社副社长于延年等人恶意串通，通过合法形式（以他人名义，并以设备改造为理由）来掩盖骗取金融机构贷款的非法目的，且该非法目的已实现。根据《合同法》的相关规定，涉案借款合同应属无效。二是终审判决认定涉案担保合同有效，亦是错误的。担保合同是主合同的从合同，主合同无效，担保合同无效。本案中，涉案借款合同应确认为无效，信用社与中信担保公司签订的担保合同作为从合同，亦应认定为无效。中信担保公司明知涉案借款合同违法仍提供担保，按照相关司法解释，其承担民事责任的部分，不应超过债务人不能清偿部分的三分之一。终审判决中信担保公司对全部债务承担连带责任，适用法律确有错误。

 案例二十五：黄洁明申请监督案（高检民监〔2015〕118号）

一、案件来源

黄洁明因与关永汉房屋买卖合同纠纷一案，不服广东省高级人民法院（2014）粤高法民一终字第24号民事判决，向广东省人民检察院申请监督，该院提请最高人民检察院抗诉。

二、诉讼过程和法院历次审理情况

2012年9月10日，关永汉起诉黄洁明至广东省江门市中级人民法院，请求法院判令：（1）黄洁明向关永汉返还已支付款项100万元。（2）黄洁明承担违约责任，向关永汉双倍返还定金4000万元。（3）黄洁明承担本案一切诉讼费用。2013年4月12日，在庭审过程中，关永汉增加一项诉讼请求：要求解除其与黄洁明分别于2012年3月8日、3月22日以及4月20日签订的《新华市场转让合同》《补充协议》《补充协议书》。黄洁明提起反诉，请求法院判令：（1）关永汉向黄洁明支付违约金2000万元。（2）关永汉承担本案全部的诉讼费用。2013年4月12日，在庭审过程中，黄洁明增加一项诉讼请求：要求解除其与关永汉分别于2012年3月8日、3月22日以及4月20日签订的《新华市场转让合同》《补充协议》《补充协议书》。

（一）一审情况

一审法院查明：关永汉与黄洁明于2012年3月8日签订《新华市场转让合同》，约定由黄洁明向关永汉转让其所有的鹤山市新华市场的6处房产及经营管理权，成交价格为1亿元。由于上述转让的标的物中有3

处房产，因黄洁明为案外人的银行贷款（总金额为：4601万元）提供担保并办理了抵押登记手续，故双方协定，本次交易以关永汉首先向黄洁明支付部分转让款（4600万元），后由关永汉负责替黄洁明偿还案外人的银行贷款（即赎楼）并注销上述3处转让房产的他项权登记后，再行将涉案全部标的物过户的方式进行。同时，双方还约定了通过银行资金监管的途径来保障本次交易的进行，双方应于本合同签订当天，共同前往银行签订《资金共管协议》。

双方关于转让款的支付方式及时间的主要约定有：（1）2012年3月22日前，关永汉应将第一期转让款2000万元支付到双方开设的银行共管账户中，并作为定金；（2）2012年3月30日前，关永汉应将第二期转让款2600万元支付到银行共管账户；（3）2012年4月9日前，关永汉应代替黄洁明偿还约定的4601万元银行贷款。

双方针对共管资金的解付、4601万元的银行贷款的偿还、存在抵押权房产的他项权注销登记以及转让房产的过户等问题的主要约定有：（1）黄洁明在关永汉支付第一期转让款4600万元到银行共管账户后，应于2012年4月2日与关永汉一起到鹤山市公证处办理《委托书》，授权关永汉负责办理抵押房产的他项权登记注销手续和涉案标的物的权属交易登记手续。《委托书》办理完毕后交由黄洁明保管。（2）在公证处办理完毕《委托书》后，由关永汉签署《委托付款通知书》，授权银行解付共管账户中的4400万元到黄洁明指定收款账户。在银行审查《委托付款通知书》且确认无误后，黄洁明将《委托书》移交给关永汉。（3）关永汉在取得《委托书》后应在2012年4月9日前负责偿还4601万元的银行贷款并注销他项权登记。（4）在关永汉履行完自己的前述义务后，双方应在2012年9月1日前完成本次交易全部房产的过户手续。

双方针对违约责任问题的主要约定有：若关永汉未支付定金或未足额支付定金的，则须向黄洁明支付违约金2000万元；若黄洁明逾期超过15天，未按约定办理移交《委托书》授权关永汉办理涉案房产的他项权登记注销及权属交易登记手续的，关永汉有权单方取消本协议，黄洁明应双倍返还定金。

此外，双方还针对涉案转让房产移交、转让标的租金的处理、违约责任等问题作出了具体约定。还约定了黄洁明应在本协议签订后的5个工作日内办理6处房产中3处没有设定抵押权房屋产权证的旧证换新证手续。

上述合同签订后,双方没有确定资金监管的银行,没有签订《资金共管协议》。关永汉也没有依照《新华市场转让合同》的约定履行相关的付款义务。在合同签订当日,黄洁明办理了约定的3处房产旧证换新证的手续。2012年3月13日,黄洁明提前与关永汉一起前往广东省鹤山市公证处办理了合同中约定的《委托书》,并由黄洁明保管。《新华市场转让合同》中约定的其他合同义务,双方均未实际履行。

2012年3月22日,黄洁明与关永汉签订《补充协议》,对《新华市场转让合同》中约定的部分内容进行了补充约定,主要是针对4601万元的抵押房产银行贷款的偿还问题。因上述银行贷款分两部分构成,其中一笔的贷款金额为2500万元,主债务人为鹤山市华大物业管理有限公司,债权人为中国工商银行鹤山市支行,抵押物为黄洁明所有的鹤山市沙坪前进路42号房产。另一笔的贷款金额为2101万元,主债务人为鹤山市华大发展有限公司,债权人为中国工商银行鹤山市支行,抵押物为黄洁明所有的鹤山市沙坪前进路44号、46号两处房产。故双方约定,由原来《新华市场转让合同》中约定的关永汉在2012年4月9日前负责偿还上述4601万元贷款变更为:关永汉先行支付转让款2000万元至银行监管账户并负责偿还2101万元的银行贷款,后由黄洁明以自己的财产为关永汉向银行贷款提供担保。关永汉取得银行贷款资金后,再行支付第二期转让款并负责偿还第二笔贷款2500万元。完成后,黄洁明再行提供财产为关永汉再次向银行贷款提供担保。《补充协议》中还针对黄洁明的收款账户变更、银行监管资金的支付等问题作出了约定。其中双方约定在2012年3月22日前,双方应与银行签订资金监管协议。

《补充协议》签订后,除于当日双方共同与广发银行江门分行签订了《交易资金托管协议》外,《补充协议》中约定的其他主要合同义务,双方也没有实际履行。2012年4月20日,黄洁明与关永汉再次就本次交易进行补充协商,并签订了《补充协议书》,双方当事人针对相关合同义务的履行再次作出约定,主要内容如下:(1)签订本《补充协议书》当天,关永汉应支付100万元转让款至黄洁明指定的账户。同时关永汉到鹤山市工商银行以自己或指定的公司名义开设保证金账户,并在2012年4月23日前支付2101万元到该账户。款项到账后,关永汉与鹤山市工商银行签订《质押合同》,该款项作为鹤山市沙坪前进路44号、46号两处存在抵押登记房产涉及的贷款债务的质押保证金。关永汉保证未经黄洁明同意，关永汉不得单方撤销该《质押合同》。(2) 2012 年 4 月 24 日前，关永汉应将 2000 万元转让款支付到广发银行江门分行建设支行的监管账户中。在前述转让款到位且《质押合同》签订后，黄洁明提供其所有的鹤山市沙坪镇新湖二巷 49 号之五、鹤山市沙坪镇新湖二巷 44 号 101 房、鹤山市沙坪镇新湖二巷 51 号之三、之四等 3 处房产（即本次交易的 6 处房产中原来没有设定抵押权的 3 处房产）为关永汉向银行申请贷款提供抵押担保，关永汉申请贷款的金额不超过 2300 万元。(3) 在前述黄洁明为关永汉申请贷款提供担保房产的相关抵押登记手续完成的同时，关永汉应将第一期转让款 2000 万元的《委托付款通知书》交付给黄洁明，由黄洁明前往相关银行办理款项的解付手续。(4) 2012 年 4 月 27 日前，黄洁明与关永汉应到银行签订《委托还款协议》，由关永汉偿还以鹤山市沙坪前进路 44 号、46 号两处房产作担保的 2101 万元贷款债务。(5)《补充协议书》中涉及的银行的工作由关永汉负责办理，黄洁明予以协助。

另外，《补充协议书》中针对关永汉应支付的第二期转让款的支付问题以及 2500 万元的抵押房产银行贷款的偿还问题约定的操作流程与前述方式基本一致。其中约定，2012 年 5 月 3 日前，关永汉应支付 2500 万元到鹤山市工商银行的保证金账户中并签订《质押合同》，该款项作为鹤山市沙坪前进路 42 号存在抵押登记房产涉及的贷款债务的质押保证金。此外，双方在《补充协议书》中还对本次交易标的物的过户、新华市场租户租金收益、税费等问题进行了约定。

《补充协议书》签订后，双方着手开始履行各自的相关义务。2012 年 4 月 20 日，案外人黄微珍、梁建雄分别向黄洁明的账户中划入款项共计 100 万元。黄洁明于同日向关永汉出具《收据》一份，载明："今收到关永汉关于新华市场转让合同款订金共壹佰万元整（该款项分别由梁建雄、黄微珍汇入伍拾万元整）。" 2012 年 4 月 26 日，中国工商银行鹤山支行与新粤公司签订《质押合同》一份，约定新粤公司为鹤山市华大发展有限公司的债务向债权人中国工商银行鹤山支行提供质押担保。在该《质押合同》的附件中载明：保证金账户开户行：鹤山工行、户名：鹤山市新粤纤维有限公司、账号：2012006041200×××××、质物价值为：人民币 2101 万元。2012 年 5 月 7 日，鹤山市沙坪前进路 44 号、

46号两处房产上的他项权登记办理了注销手续。2012年5月8日,关永汉往其在广发银行江门分行开设的资金监管账户中划入款项2000万元。后双方就《补充协议书》的履行问题产生争议。黄洁明认为因关永汉并未向其提供梁建雄、黄微珍以及新粤公司出具书面的同意代为付款、代为质押的手续,导致其交易安全不能得到保障,而且关永汉也没有提供办理相关银行贷款(2300万元贷款)的申请资料,其无法配合关永汉并提供抵押物作担保。关永汉则认为黄洁明不配合其办理银行贷款手续并提供抵押物进行担保的行为在先,导致其无法继续《补充协议书》中约定的其他义务。2012年5月22日,黄洁明重新以鹤山市沙坪前进路44号、46号两处房产为鹤山市华大发展有限公司2101万元的债务提供抵押担保,并办理了抵押登记手续。双方当事人各执一词,遂成本案诉讼。

另查明:2012年7月9日,因关永汉与江门市中盈融资担保有限公司之间存在追偿权纠纷,江门市新会区人民法院依据江门市中盈融资担保有限公司的申请冻结了上述监管账户中的2000万元款项。后江门市新会区人民法院作出(2012)江新法执字第1529-1号《执行裁定书》扣划了上述2000万元款项,并于2012年7月20日向关永汉、黄洁明发出(2012)江新法执字第1529-1号《通知书》。

还查明:一审庭审后,根据该院的要求,关永汉向该院提交一份由梁建雄、黄微珍于2013年4月13日出具的《证明》,载明梁建雄、黄微珍分别向黄洁明的账户中划入款项50万元系受关永汉委托。该院于2013年7月12日对梁建雄、黄微珍进行询问,二人均确认《证明》的真实性。黄微珍陈述其系关永汉开设公司的出纳人员,其根据关永汉的指示向黄洁明汇入50万元款项。梁建雄则向该院陈述其因与关永汉之间存在款项往来,其系受关永汉的委托向黄洁明的账户中划入款项50万元。

一审法院认为:本案为房屋买卖合同纠纷。关永汉与黄洁明签订的《新华市场转让合同》《补充协议》《补充协议书》系当事人在平等、自愿、协商一致基础上共同订立,为当事人的真实意思表示,内容不违反法律、行政法规的强制性规定,为有效合同,各当事人应当严格遵照履行。

1. 关于合同解除的问题。庭审中,关永汉、黄洁明均同意解除合同,并相应增加要求解除《新华市场转让合同》《补充协议》《补充协议书》的诉讼请求。根据《合同法》第93条"当事人协商一致,可以解除合同"之规定,该院对于关永汉、黄洁明分别在本诉与反诉中提出解除合同的诉讼请求均予以支持。

2. 关于合同解除的原因和责任问题。审查双方当事人的实际履行情况,在履行涉案合同过程中,关永汉和黄洁明均存在违约,导致涉案合同解除的过错不能单一归责于一方,双方均有责任。对此分析如下:

(1) 关永汉在本次交易过程中存在多处违约行为。《补充协议书》约定关永汉应于2012年4月20日当天到鹤山工商银行,根据银行的要求以自己或者指定公司的名义开设保证金账户,并在2012年4月23日前支付2101万元的质押款项到账,用以赎楼办理注销抵押登记手续。但关永汉则是于2012年4月26日才委托了新粤公司与中国工商银行鹤山市支行签订《质押合同》并汇入了2101万元质押款项,关永汉上述迟延履行行为构成违约。《补充协议书》约定关永汉应于2012年4月24日前将转让款2000万元支付至银行监管账户,而实际上关永汉亦逾期履行该项义务,迟至2012年5月8日才履行该项义务,构成违约。《补充协议书》约定,在关永汉履行支付2101万元的质押款用以赎楼办理注销抵押登记手续及向银行监管账户汇入2000万元转让款的合同义务后,由关永汉另行向银行贷款(不超过2300万元)用作资金周转,黄洁明则需提供房产抵押担保。虽然关永汉主张其曾经准备好了申请贷款的相关资料且通知了黄洁明,但未提供证据证实,亦构成违约。此外,关永汉于2012年5月8日向银行监管账户中汇入的转让款2000万元,于2012年7月被江门市新会区人民法院因案件的执行依法扣划。至本案起诉前,关永汉并未举证证实其仍有足够的合同履行能力,并且在被扣划了相关款项后其为能够继续履行合同作出了充分准备,应当认为,关永汉在购房款的支付问题上存在重大违约情形。

(2) 黄洁明于2012年5月22日将鹤山市沙坪前进路44号、46号两处房产重新设定抵押登记的行为,不属于为保障自身合法权益所采取的合理措施,构成违约。理由如下:

首先,虽然关永汉在本次交易过程中确实存在逾期签订《质押合同》用于办理银行赎楼手续、逾期支付2000万元监管资金的违约行为。但根据本案合同的性质及嗣后的实际履行情况,应当认为关永汉的上述违约行为并未达到致使合同目的不能实现的程度。且黄洁明也未提供证据证实其在关永汉迟延履行债务后进行过催告,关永汉上述两项合同义务的实际履行时间仍然超过了经催告后所确定的合理期限。因此并不存在合同可以法定解除的情形。同时，审查关永汉2000万元监管资金的实际支付时间（2012年5月8日），比照《补充协议书》中约定的履行期限（2012年4月24日），也未超过双方在《新华市场转让合同》约定的可以解除合同的15天期限，因此本案也不存在符合当事人约定的解除情形。故本案所涉及的一系列合同具备应当继续履行的条件。

其次，黄洁明主张在履行过程中因关永汉并未向其提供由梁建雄、黄微珍以及新粤公司出具的同意代为付款100万元、代为质押2101万元的手续，导致其交易安全无法获得保障，应视为关永汉没有履行上述两项义务，其有理由相信关永汉不具备继续履行合同的能力。该院认为，黄洁明的该项主张实质行使的是履行抗辩权。履行抗辩权性质上是当事人一方为对抗另一方履行义务请求而暂时不履行己方合同义务的抗辩权，但并非否定己方合同义务存在的抗辩权。

依据双方签订的一系列合同内容，关永汉的合同目的是获得涉案房屋，黄洁明的合同目的是通过出售房屋获得合同约定的价款。关永汉的主要合同义务是支付购房款，黄洁明的主要合同义务是通过赎楼消除设定于涉案房屋上的抵押权后，交付涉案房屋并协助关永汉将该房屋的产权过户登记。从双方对本次交易约定的整个流程来看，关永汉如要办理房屋过户登记手续、取得涉案房屋的所有权的前提是必须付清全部转让款（包括代为支付赎楼款用于注销设定于涉案房屋上的抵押权），即：关永汉付款在先，黄洁明转移房屋所有权在后。而本案双方发生争议，尚处在关永汉的第一期付款阶段。即便黄洁明关于关永汉没有适当履行合同义务的主张成立，但鉴于黄洁明已经实际领受了100万元的款项、新粤公司也已经实际与中国工商银行鹤山支行签订《质押合同》，鹤山市沙坪前进路44号、46号两处房产的抵押登记亦于2012年5月7日办理了注销登记手续，应当认为，截至此时，黄洁明的合法权益并未受到任何实质影响；相反，黄洁明还因此获得部分受益（即在未改变所有权登记的情况下原设定抵押的房屋消除了抵押手续、实际控制占有100万元的款项），黄洁明的合同目的并未受到影响。黄洁明若认为只有在第三人能够提供相关手续的情况下，才能保障其交易安全，完全可以在接下来的合同履行阶段继续与关永汉协商并提出要求，甚至还可以在最后的房产过户阶段通过行使履行抗辩权拒绝过户来保障。因此，黄洁明的该项主张不能成立。

综上，在本案出现关永汉违约但不影响本次交易继续进行的情况下，在黄洁明自身合同权利未受到实质性影响且有足够能力与条件对自身权益进行保障的情况下，黄洁明于 2012 年 5 月 22 日将已经从银行赎出的鹤山市沙坪前进路 44 号、46 号两处房产重新设定抵押，系对其负有赎楼合同义务的违反，明显阻碍了对方当事人合同目的的实现，依法应认定为构成违约。

3. 关于当事人提出的各项诉讼请求能否成立的问题。（1）关于关永汉本诉主张的 100 万元转让款的退还问题。2012 年 4 月 20 日，案外人黄微珍、梁建雄分别向黄洁明的账户中划入款项共计 100 万元。黄洁明也于同日向关永汉出具《收据》确认收到上述款项作为定金。加之，经该院询问黄微珍、梁建雄也明确表示其汇出款项系应关永汉的委托。故该 100 万元的款项性质系关永汉为履行《补充协议书》所支付的转让款。根据《合同法》第 97 条 "合同解除后，尚未履行的，终止履行；已经履行的，根据履行情况和合同性质，当事人可以要求恢复原状、采取其他补救措施，并有权要求赔偿损失" 的规定。在本案《新华市场转让合同》《补充协议》《补充协议书》已经双方当事人协商一致解除的情况下，关永汉要求黄洁明返还已经支付的转让款 100 万元，合法有据，予以支持。

（2）关于关永汉本诉主张的要求黄洁明双倍返还定金 4000 万元、黄洁明反诉主张要求关永汉支付违约金 2000 万元的问题。如前所述，在履行涉案合同过程中，关永汉和黄洁明均存在违约，导致涉案合同解除的过错不能单一归责于一方，根据《合同法》第 120 条的规定："当事人双方都违反合同的，应当各自承担相应的责任"，两方当事人作为违约方均不能要求对方承担合同解除的违约责任，本案黄洁明将收取的相关款项返还给关永汉即可。故黄洁明反诉主张要求关永汉支付违约金 2000 万元的诉讼请求，不予支持。至于关永汉本诉主张要求黄洁明双倍返还定金 4000 万元的问题。首先，基于前述理由，关永汉在本案中存在违约是导致涉案合同解除的原因之一，其无权请求适用定金罚则；其次，关永汉向监管账户中汇入的 2000 万元款项，根据其与黄洁明、广发银行江门分行三方签订的《交易资金托管协议》第 2 条 "在托管期间，托管账户内的资金所有权属于资金存入方……" 的约定，该 2000 万元款项作为定金，不能视为已经交付给了黄洁明，加之，该款项实际已于 2012 年 7 月被江门市新会区人民法院因案件的执行依法扣划，故关永汉要求返还定金，理据不足，对其诉讼请求，不予支持。

一审法院判决：（1）解除关永汉与黄洁明分别于 2012 年 3 月 8 日、3 月 22 日以及 4 月 20 日签订的《新华市场转让合同》《补充协议》《补充协议书》；（2）黄洁明应于该判决发生法律效力之日起 10 日内向关永汉返还已收取的转让款 100 万元；（3）驳回关永汉的其他诉讼请求；（4）驳回黄洁明的其他反诉请求。

关永汉、黄洁明均不服一审判决，向广东省高级人民法院提起上诉。

（二）二审情况

二审法院对一审法院认定的事实予以确认。另查明，二审时，关永汉出示其打印的 2012 年 5 月 9 日、11 日、16 日向黄洁明电子邮箱发送邮件的网络页面，证明其催促黄洁明办理抵押登记，并当庭登陆邮箱相应页面，显示的页面内容与打印内容一致。黄洁明表示无法确认电子邮件真实性，不确认收到该邮件，且邮件内容也无具体指向，未显示是向具体哪一家银行申请贷款，或者具体哪家银行同意贷款、出具了贷款通知材料。二审时，经向双方当事人释明，是否认为涉案合同所约定的违约金过高应予调整，双方均表示，如己方应承担违约责任，则请求调整约定违约金数额。此外，该院向黄洁明一方释明，按黄洁明一方主张，关永汉构成迟延履行，同时也构成根本违约，若经人民法院认定关永汉不构成根本违约，是否在本案中要求其承担迟延履行违约责任。黄洁明当庭表示，关永汉具体构成何种违约，由人民法院依法认定，就迟延履行应承担的责任，以书面意见明确要求关永汉按逾期付款每日千分之二计算违约金 2730300 元（9101 万元 × 15 天 × 0.002）。

二审法院认为：本案是房屋买卖合同纠纷，诉讼过程中，关永汉、黄洁明对涉案合同及补充协议的解除均无异议，对此予以确认。本案的争议焦点是，合同的解除原因是什么，也即双方当事人是否存在违约，以及违约方应如何承担违约责任。

双方为交易鹤山市新华市场的 6 处房产先后签订 3 份合同，交易房产中 3 处已由黄洁明为银行贷款办理抵押登记，购房款总额为 1 亿元，其中 4601 万元以代为偿还涉案房屋所担保的银行贷款的形式支付（贷款分两笔，一笔金额为 2101 万元，一笔为 2500 万元），799 万元作为买方办理过户时卖方应缴税费予以扣减。2012年4月20日双方签订的《补充协议书》对交易款项支付细节作了最后一次变更约定，引述该协议相关内容如下：

1. 签订协议当日，关永汉支付100万元转让款给黄洁明。

2. 签订协议当日，为代黄洁明偿还银行贷款一事，关永汉到鹤山市工商银行按照银行要求以其或其指定的公司名义开设保证金账户，并在2012年4月23日之前支付2101万元到此账户，将到账银行回单复印件给黄洁明，提供原件核对，与鹤山市工商银行签订《质押合同》，约定款项作为原以鹤山字第0100004121号、鹤山市0100003810号房产作抵押的贷款的质押保证金。关永汉保证未经卖方同意，不单方撤销该合同。

3. 2012年4月24日之前，关永汉将2000万元转让款支付到广发银行江门分行建设支行的监管账户。

4. 前述第2、3项完成当日，双方办理交易房产中3个无抵押登记的房产的他项权登记，作为关永汉贷款的抵押物，贷款金额不超过2300万元。

5. 在前述第4项完成后，由关永汉向黄洁明出具委托书，办理前述第3项2000万元监管资金的解付。

6. 2012年4月27日之前，关永汉替黄洁明偿还贷款2101万元。即前述第2项所涉银行贷款。

2012年5月3日前，为替黄洁明偿还银行贷款2500万元，关永汉需支付2500万元到保证金账户，并与贷款银行签订《质押合同》，具体细节与前述第2项相同。

完成上述事项后，黄洁明提供原作为2101万元银行贷款担保物的两个房产，为关永汉办理贷款提供担保。

7. 2012年5月8日前双方签订《委托还款协议》，关永汉当天替黄洁明偿还贷款2500万元，银行注销该贷款担保房产（也是交易6个房产之一）的他项权登记。

2012年5月8日前，黄洁明再支付2500万元到监管账户。当日双方办理前述2500万元贷款原担保房产的抵押登记，作为关永汉贷款的抵押物。

8. 在银行、房管部门确认上述第7条他项手续无误，黄洁明签名的同时，关永汉将监管资金2400万元的《委托付款通知书》交付给黄洁明。若因关永汉原因上述资金不能支付给黄洁明，则属关永汉违约，按关永汉逾期付款进行处理，黄洁明可取消所签的他项。若以上房产不能完全办理抵押他项则属黄洁明违约，按黄洁明违约责任处理。

9. 以上所有银行工作由关永汉负责办理，黄洁明给予配合。

结合《新华市场转让合同》以及3月22日补充协议的内容看，涉案合同就付款事宜经过两次变更，延迟原约定的付款时间，变更原约定的付款方式，从关永汉应分期直接付款，代为偿还贷款，变更为黄洁明陆续提供交易的6套房产为关永汉办理贷款提供担保，以保障交易资金，可以反映关永汉自身支付能力存在困难，但双方对此达成谅解，并且重新协商了付款时间和方式，以保障合同顺利履行完毕。变更后的合同约定合法有效，双方均应遵照履行。

经查，合同实际履行情况为：关永汉在签订合同当日支付了100万元，2012年4月26日由新粤公司与鹤山市工商银行签订《质押合同》，并支付2101万元保证金。2012年5月7日该2101万元银行贷款担保物鹤山市沙坪前进路44号、46号两处房产被抵押双方涂销了抵押登记。2012年5月8日关永汉向约定的资金监管账户划入2000万元。其后合同未继续履行，黄洁明于2012年5月22日重新以鹤山市沙坪前进路44号、46号两处房产为银行贷款办理了抵押登记。

黄洁明一方认为，第一笔100万元是由案外人梁建雄、黄微珍支付，为偿还贷款2101万元支付保证金并与银行签订质押合同的是案外人新粤公司，关永汉未能提供案外人代为付款、代为质押的证据，自身交易安全不能得到保障。就此问题分析如下，就合同履行的方式，关永汉有权在保障黄洁明一方利益不受影响的情况下选择由第三人代为履行，由案外人梁建雄、黄微珍支付的100万元已由黄洁明出具收据表示收到关永汉支付的款项，黄洁明再对该笔款项支付方式提出异议，不予支持。而新粤公司与鹤山市工商银行所签订的《质押合同》，也明确指向是为涉案合同中约定的2101万元银行贷款提供质押担保，并已支付2101万元保证金，黄洁明根据合同约定应获取的利益已经得到充分保障，黄洁明认为关永汉未能提交新粤公司受其委托办理质押事宜的证据，交易安全不能得到保障，缺乏理据。

关永汉签订质押合同代为偿还贷款，支付2000万元至监管账户时均迟于合同约定，分别迟延3天和14天，但根据《新华市场转让合同》约定,逾期15天卖方可解除合同,未超过15天的承担迟延履行的违约责任。黄洁明作为卖方,可以在保留追究对方迟延履行责任的前提下,继续履行合同,按照《补充协议书》的约定,在关永汉为2101万元银行贷款签订质押合同并支付保证金,支付2000万元至监管账户后,黄洁明应提供交易的3处无抵押登记的房产作为关永汉办理银行贷款的担保物。黄洁明一方表示未能提供是因关永汉不能提供办理银行贷款的申请资料,无法配合,但根据二审查明的事实,关永汉曾于2012年5月9日、11日、16日向合同载明的黄洁明电子邮箱发送邮件协商办理抵押登记事宜,黄洁明虽不认可收到该邮件,但未能给予充分理由予以反驳,应当认定关永汉就抵押登记事宜与黄洁明协商。黄洁明主张是因关永汉不能提供办理银行贷款申请资料而无法配合,二审时提出是因关永汉资信差无法贷款,应予以举证而未能举证,对其该项主张不予采信。

更重要的是,黄洁明在银行涂销了2101万元贷款两处担保房产的抵押权登记后,于2012年5月22日再次重新办理抵押权登记。该两处担保房产,是涉案合同标的,按照合同后续安排,也将作为关永汉办理贷款的担保物为关永汉提供担保,黄洁明重新办理抵押登记的行为,是以自己的行为明确表示拒绝继续履行合同,足以印证关永汉提出的黄洁明拒绝提供担保的主张。

最后一份《补充协议书》的约定环环相扣,每一环节都是下一步骤履行的前提。黄洁明一方重新办理抵押登记的行为,影响关永汉依约向银行融资,导致合同事实上无法顺利履行。关永汉支付到监管账户的2000万元资金被人民法院因其他纠纷扣划,是在合同事实上无法履行之后发生,不影响对黄洁明一方构成根本违约这一事实的认定。

关于违约责任的承担问题。根据《补充协议书》第8条的约定,"若因关永汉原因上述资金不能支付给黄洁明,则属关永汉违约,按关永汉逾期付款进行处理,黄洁明可取消所签的他项。若以上房产不能完全办理抵押他项则属黄洁明违约,按黄洁明违约责任处理"。根据《新华市场转让合同》第8条违约责任约定:"1.本协议签订后,若关永汉没按时支付定金,黄洁明有权单方终止本协议,因此产生的责任由关永汉承担。2.关永汉逾期付款,每逾期一天按未付金额的千分之二向黄洁明支付逾期违约金。若逾期超过十五天,黄洁明有权单方取消本协议并没收定金,若关永汉未支付定金或未足额支付定金的,关永汉须向黄洁明支付违约金2000万元。3. 若黄洁明未能按本协议第五条的约定办理及移交《委托书》授权关永汉负责办理上述房产的他项登记注销及权属交易登记手续,每逾期一天按4600万元的千分之二向关永汉支付违约金,若逾期超过十五天,关永汉有权单方取消本协议,黄洁明双倍返还定金。但非黄洁明的原因造成的除外。"该约定实质是双方若根本违约,另一方有权解除合同,并要求违约方按2000万元承担违约责任。若迟延履行未超过15天,则按未付款额或已收款额的每日千分之二支付逾期违约金。合同所约定的定金2000万元性质为违约定金。约定的定金数额并未违反《担保法》第91条不得超过主合同标的额百分之二十的规定,合法有效。双方在履行《补充协议书》时发生的违约行为,应适用前述约定承担责任。

黄洁明一方表示自己未实际收到定金2000万元,定金罚则不生效,但关永汉是根据合同约定将2000万元支付到银行监管账户,也即已经依约履行支付定金的义务。黄洁明一方违约的,应当按照合同约定承担双倍返还定金的违约责任,因该笔2000万元后被人民法院依法扣划,不存在返还问题,黄洁明应向关永汉按2000万元承担违约责任,关永汉要求黄洁明双倍返还4000万元以弥补损失,不能得到支持。关永汉就其迟延履行行为,包括签订质押合同,支付保证金2101万元代为偿还贷款迟延3天,支付2000万元至监管账户时迟延14天,其中签订质押合同虽非直接付款行为,但必然导致合同后续事项的迟延,故关永汉对该两项应当承担违约金126060元+560000元共计686060元(2101万元×3×0.002+2000万元×14×0.002)。因涉案房产交易合同标的金额较大,因违约造成的损失受房地产市场影响,难以估算,为引导市场交易主体诚实守信,维护合法有效的合同效力,在当事人未充分举证证实合同约定的违约金过分高于对方所受实际损失的情况下,对违约金数额不予调整。综上所述,一审判决认定事实清楚,但适用法律不当,予以部分改判。

二审法院判决:(1)维持一审判决第一项、第二项。(2)撤销一审判决第三、四项。(3)黄洁明应于本判决发生法律效力之日起10日内向关永汉支付2000万元违约金。(4)关永汉应于本判决发生法律效力之日起10日内向黄洁明支付686060元违约金。(5)驳回关永汉的其他诉讼请求。(6)驳回黄洁明的其他反诉请求。

黄洁明不服二审判决,向广东省高级人民法院申请再审。

（三）再审情况

广东省高级人民法院于2015年3月20日作出裁定，驳回黄洁明的再审申请。

黄洁明不服，向检察机关申请监督。

三、最高人民检察院提出抗诉的理由

最高人民检察院认为：二审判决适用法律确有错误。理由如下：

1. 二审判决认为对涉案部分房产"黄洁明一方重新办理抵押登记的行为，影响关永汉依约向银行融资，导致合同事实上无法顺利履行"，从而构成根本违约，属于适用法律确有错误。第一，黄洁明在关永汉逾期履行的情况下，为本已解除抵押的鹤山字第0100004121号、第0100003810号两处房产重新办理抵押登记的行为，并不影响关永汉依约向银行融资（金额不超过2300万元）。因为按照《补充协议书》的约定，为关永汉进行融资担保的是黄洁明未设定抵押的另外3处房产，即鹤山字第0100017469号、第0100017471号、第0100017472号房产，而非上述重新设定抵押的两处房产。二审判决认为黄洁明重新设定抵押的行为将影响关永汉依约向银行融资，无事实依据。第二，《补充协议书》的各条款有明确的先后履行顺序，黄洁明履行以鹤山字第0100004121号、第0100003810号两处房产为关永汉进行融资担保的义务，系在关永汉尚需履行下列三项主要义务之后：一是关永汉先办理银行监管资金2000万元的解付给黄洁明；二是关永汉替黄洁明偿还在工商银行鹤山支行的2101万元贷款；三是关永汉再支付2500万元到银行保证金账户，并与工商银行鹤山支行签订《质押合同》，作为原以鹤山市第0100003811号房产作抵押的贷款的质押保证金。在关永汉尚未履行上述三项义务的前提下，二审判决认为黄洁明重新设定抵押的行为将导致合同事实上无法履行，依据不足。第三，根据《补充协议书》第4条的约定，鹤山字第0100017469号、第0100017471号、第0100017472号3处房产设定抵押的目的系为关永汉本人购买涉案房屋进行融资，并未约定关永汉可以指定其本人以外的主体或基于其他目的向银行进行贷款。但本案中关永汉提交的建设银行新会支行两份《客户告知书》显示，申请贷款的主体分别为江门市荣信燃料物资有限公司和江门市新会耀翔贸易有限公司，且明示贷款不得用于固定资产或股本权益性投资，这与《补充协议书》约

定的贷款主体和贷款目的明显不符，黄洁明据此拒绝为关永汉进行融资担保有一定的合理性。综上，黄洁明将涉案两处房产重新设定抵押的行为，不足以导致合同无法继续履行以及合同目的无法实现，二审判决认定该行为构成根本违约，适用法律确有错误。

2. 二审判决黄洁明向关永汉支付 2000 万元违约金，属于适用法律确有错误。第一，涉案房屋转让协议相关内容经过两次变更后，原《新华市场转让合同》《补充协议》中约定的定金条款已经被《补充协议书》变更取消。双方当事人就合同的履行先后签订了 3 份协议，其中关于第一期转让款 2000 万元的内容在 3 份协议中均作出约定，前两份协议中均有"作为定金"的表述，而第三份协议却在其他表述不变的前提下删除了"作为定金"的内容，而且在协议的其他条款中也没有关于定金的表述。由于第三份协议签订在后，且 3 份协议关于第一期转让款 2000 万元的表述不一致，应当认定双方在第三份协议中取消了关于定金的约定。第二，关永汉存入资金监管账户的 2000 万元，在本案起诉之前已因另案被执行划走，应视为其支付定金的义务没有有效履行，故其要求黄洁明双倍返还定金的诉讼请求无事实依据。综上，二审法院援引《新华市场转让合同》《补充协议》中的定金条款进行判决，适用法律确有错误。

四、案件评析

本案属于典型的"认定法律关系效力错误"，主要表现在：二审判决认为黄洁明相关行为构成根本违约，是错误的。第一，黄洁明在关永汉逾期履行的情况下，为本已解除抵押的鹤山字第 0100004121 号、第 0100003810 号两处房产重新办理抵押登记的行为，并不影响关永汉依约向银行融资（金额不超过 2300 万元）。因为按照《补充协议书》的约定，为关永汉进行融资担保的是黄洁明未设定抵押的另外 3 处房产，即鹤山字第 0100017469 号、第 0100017471 号、第 0100017472 号房产，而非上述重新设定抵押的两处房产。二审判决认为黄洁明重新设定抵押的行为将影响关永汉依约向银行融资，无事实依据。第二，《补充协议书》的各条款有明确的先后履行顺序，黄洁明履行以鹤山字第 0100004121 号、第 0100003810 号两处房产为关永汉进行融资担保的义务，系在关永汉尚需履行下列三项主要义务之后：一是关永汉先办理银行监管资金 2000 万元的解付给黄洁明；二是关永汉替黄洁明偿还在工商银行鹤山支行的 2101 万元贷款；三是关永汉再支付 2500 万元到银行保证金账户，并与工商银行鹤山支行签订《质押合同》，作为原以鹤山市第 0100003811 号房产作抵押的贷款的质押保证金。在关永汉尚未履行上述三项义务的前提下，二审判决认为黄洁明重新设定抵押的行为将导致合同事实上无法履行，依据不足。第三，根据《补充协议书》第 4 条的约定，鹤山字第 0100017469 号、第 0100017471 号、第 0100017472 号 3 处房产设定抵押的目的系为关永汉本人购买涉案房屋进行融资，并未约定关永汉可以指定其本人以外的主体或基于其他目的向银行进行贷款。但本案中关永汉提交的建设银行新会支行两份《客户告知书》显示，申请贷款的主体分别为江门市荣信燃料物资有限公司和江门市新会耀翔贸易有限公司，且明示贷款不得用于固定资产或股本权益性投资，这与《补充协议书》约定的贷款主体和贷款目的明显不符，黄洁明据此拒绝为关永汉进行融资担保有一定的合理性。综上，黄洁明将涉案两处房产重新设定抵押的行为，不足以导致合同无法继续履行以及合同目的无法实现，二审判决认定该行为构成根本违约，适用法律确有错误。

（五）确定民事责任明显违背当事人有效约定或法律规定

这种情况主要是指在当事人之间有合法约定或者法律有明确规定的情况下，原裁判未依照当事人的约定或者法律规定确定义务人应承担的法律责任，而导致裁判结果出现错误。出现这种情况的主要原因是审判人员对涉案合同的相关条文理解有误或者忽略了法律关于合同事项的限制性规定。

案例二十六：昊华总公司申请监督案（高检民监〔2016〕192 号）

一、案件来源

昊华总公司因与太原轨道公司、原平化工公司、原平昊华公司、昊华资产公司合同纠纷一案，不服山西省高级人民法院（2011）晋民终字第 84 号民事判决书，向山西省人民检察院申请监督，该院提请最高人民检察院抗诉。

二、诉讼过程和法院历次审理情况

2009 年 10 月，太原轨道公司起诉原平化工公司、原平昊华公司、昊华总公司、昊华资产公司至太原市中级人民法院，请求：判令原平化

工公司、原平昊华公司、昊华总公司、昊华资产公司连带偿还欠款3661468.1元及利息179288.74元。

(一) 一审情况

一审法院查明：2007年7月15日，太原机车厂与原平化工公司签订罐车检修改造合同。合同约定，太原机车厂为原平化工公司改造自备罐车，并进行厂修和段修。合同签订后太原机车厂按约履行了自己的义务，并将已检修的罐车交付原平化工公司使用。双方结算费用为5127068.1元，原平化工公司（实际付款人为原平昊华公司）除支付部分修车款外，至今仍欠3661468.1元。2008年7月11日，原平昊华公司向太原轨道公司出函，承诺：我公司与贵公司签订自备车提速改造合同已全部改造完毕，由于资金周转困难，达成如下还款计划"2008年7月还款100万元，8、9、10三个月分别还款85万元"，并加盖"原平昊华化工有限公司资产财务部"的公章。

另查明，2004年9月17日，原平众通公司股东代表褚建亭与昊华总公司签订股权转让协议，协议约定：经原平众通公司全体股东同意，将原平众通公司占注册资本股金总额的80.02%的股权全部转让给昊华总公司，转让后原平众通公司的债权债务全部由昊华总公司承担。同日，原平众通公司与昊华资产公司签订股权转让协议，协议约定：经原平众通公司全体股东同意，将原平众通公司占注册资本股金总额的19.98%的股权全部转让给昊华资产公司，转让后原平众通公司的债权债务全部由昊华资产公司承担。2005年5月6日，原平众通公司与原平昊华公司商定：原平众通公司接收原平昊华公司全部债权债务、资产及职工，吸收合并原平昊华公司，原平昊华公司解散，办理注销登记，原平昊华公司的名称由原平众通公司使用。2005年7月13日，原平众通公司与原平昊华公司合并清算结束，原平昊华公司的名称由原平众通公司延用，债权债务由合并后的新公司承担。

2005年11月15日，原平化工公司与原平昊华公司签订财产租赁协议，约定：原平化工厂将所属生产设施、办公设施和其他附属设施以及企业土地使用权、企业无形资产租给原平昊华公司使用，租赁期限从2005年11月15日至2010年11月14日，租金每年1万元人民币，租赁期间租赁财产的维修保养由原平昊华公司负责。租赁协议签订后，双方均按协议履行了各自义务。

再查明，2009年8月9日，原平众通公司股东代表褚建亭与昊华总公司签订股权转让补充协议，将原协议中约定的"转让后原平众通公司的债权债务全部由昊华总公司承担"修正为"甲方的股权转让给乙方后，乙方成为原平众通公司的股东，承担股东的权利义务"。同日，原平众通公司股东代表刘天灵与昊华资产公司签订股权转让补充协议，将原协议中约定的"转让后原平众通公司的债权债务全部由昊华资产公司承担"修正为"甲方的股权转让给乙方后，乙方成为原平众通公司的股东，承担股东的权利义务"。并向工商登记部门备案。2010年1月20日，昊华总公司向北京东城区人民法院提起诉讼，要求确认自己与褚建亭2004年9月17日签订《股权转让协议》中"转让后原平众通公司的债权债务全部由昊华总公司承担"条款的效力，该诉讼现仍未审结。

一审法院认为：太原轨道公司与原平化工公司签订的罐车检修改造合同合法有效，太原轨道公司已履行合同约定的义务，原平化工公司未按合同约定支付罐车检修改造费用应承担违约责任。按照原平化工公司与原平昊华公司签订的财产租赁协议约定：租赁期间租赁财产的维修保养由原平昊华公司负责，原平化工公司仅是合同的名义主体，该合同所涉罐车的所有人是原平化工公司，原平昊华公司是该合同所涉罐车的承租使用人、受益人，原平化工公司没有支付任何检修改造费用，原平昊华公司给原平化工公司支付罐车检修改造费用1465600元并给原平化工公司出具还款承诺函，加盖的是公司财务专用章。原平昊华公司辩称与原平化工公司没有签订过任何合同，不存在合同法律关系，与原平化工公司是两个独立的企业法人，应各自承担民事责任，且承诺函盖章是内部章对外没有法律效力。因原平昊华公司在太原轨道公司起诉前未通过法律程序补救，故此原平昊华公司的答辩理由不能成立，该院不予支持，原平昊华公司应对原平化工公司的债务承担连带责任。原平众通公司接受原平昊华公司全部债权债务、资产及职工，吸收合并原平昊华公司，原平昊华公司解散，办理注销登记，原平昊华公司的名称由原平众通公司使用。原平昊华公司在与原平化工公司履行本案合同中所形成的债务，应由原平众通公司承担，而原平众通公司的债务也由昊华总公司和昊华资产公司全部承接。原平众通公司与昊华总公司、昊华资产公司签订的股权转让协议，原平众通公司的股权全部按比例转让给昊华总公司和昊华资产公司，转让后原平众通公司的债权债务全部由昊华总和昊华资产公司承担。昊华总公司和昊华资产公司作为原平昊华公司的股东只是对其认购的股权承担股东责任，不应再对原平昊华公司在经营活动中产生的债务承担责任，原化工公司要求昊华总公司和昊华资产公司对原平昊华公司在经营活动中形成该案所涉债务承担连带责任的理由，于法无据，该院不予支持。

一审法院判决：（1）原平化工公司一次性给付太原轨道公司修车改造费用共计 3661468.10 元及利息 179288.74 元；（2）原平昊华公司对原平化工公司的上述债务承担连带责任；（3）驳回太原轨道公司对昊华总公司、昊华资产公司的诉讼请求。

太原轨道公司不服一审判决，向山西省高级人民法院提出上诉。

（二）二审情况

二审法院对一审法院查明的事实予以确认。另查明，昊华总公司、昊华资产公司在北京东城区法院诉原众通公司股东确认之诉案已撤诉。

二审法院认为：本案争议的焦点主要是昊华总公司与昊华资产公司是否应当承担连带责任。首先，本案原平昊华公司作为租赁原平化工公司所有设备的承租方，是罐车的实际使用人与受益人，且出具了还款协议，虽然该协议上签章为财务章，但其意思表示真实，其对此没有行使撤销权，一审判决其承担债务也未提起上诉，故一审法院判令由其对原平化工公司欠太原轨道公司罐车改造检修费用承担连带责任该院予以维持。其次，原平昊华公司股东昊华总公司、昊华资产公司在2004年9月17日与原平众通公司股权转让协议中明确写有"转让后原平众通公司的债权债务全部由中国昊华承担""公司今后的经营活动等重大事宜由昊华总公司等其他股东共同负责"承担全部债权债务字样，同日与昊华资产公司签订一份内容相同的转让协议。该协议已实际履行。虽然2009年8月9日，昊华总公司和昊华资产公司与原平众通公司股东代表褚建亭、刘天灵签订补充协议将承担责任形式改为有限责任，但此时二人已不再是原平众通公司股东，也无有效授权，其与昊华总公司、昊华资产公司所签补充协议不产生法律效力。根据我国《公司法》的规定，股东只在其出资范围内承担责任，但昊华总公司、昊华资产公司在股权转让协议中自愿承担原平众通公司全部债权债务，该行为不违反法律强制性规定，属自己处分民事权利行为。原平众通公司后又兼并原平昊华成立新原平昊华公司，股东仍为昊华总公司与昊华资产公司，两股东始终未通过有效程序改变自己承担责任方式,则根据意思自治原则,应由昊华总公司与昊华资产公司对原平昊华公司欠太原轨道公司债务承担相应责任,因考虑公司法人原则,应先由原平昊华公司以自有资产对原平化工公司欠太原轨道公司债务承担连带责任,不足部分再由昊华总公司与昊华资产公司负责偿还,即承担补充给付责任,太原轨道公司要求二股东承担连带责任的理由于法无据该院不予支持。综上,一审判决部分认定事实不清,适用法律错误,该院予以改判。

二审法院判决:(1)维持一审判决第一项、第二项;(2)撤销一审判决第三项;(3)昊华总公司、昊华资产公司对原平昊华公司以上债务承担补充给付责任。

昊华总公司、昊华资产公司不服二审判决,向最高人民法院申请再审。

(三)再审情况

最高人民法院于2011年10月17日作出裁定,驳回昊华总公司、昊华资产公司的再审申请。

昊华总公司不服,向检察机关申请监督。

三、最高人民检察院提出抗诉的理由

最高人民检察院认为:终审判决适用法律确有错误。理由如下:
2004年9月17日,原平众通公司股东代表褚建亭与昊华总公司签订股权转让协议,协议约定:经原平众通公司全体股东同意,将原平众通公司占注册资本股金总额的80.02%的股权全部转让给昊华总公司,转让后原平众通公司的债权债务全部由昊华总公司承担。同日,原平众通公司股东代表刘天灵与昊华资产公司签订股权转让协议,协议约定:经原平众通公司全体股东同意,将原平众通公司占注册资本股金总额的19.98%的股权全部转让给昊华资产公司,转让后原平众通公司的债权债务全部由昊华资产公司承担。终审法院依据股权转让协议的上述约定,判决昊华总公司、昊华资产公司对涉案欠款承担补充给付责任,属于适用法律确有错误。

1. 上述股权转让协议中约定的"转让后原平众通公司的债权债务全部由昊华总公司承担""转让后原平众通公司的债权债务全部由昊华资产公司承担",其本意应为昊华总公司、昊华资产公司在受让股权的范

围内对公司债务承担责任。对此，以下证据可予以佐证。一是 2009 年 8 月 9 日，原原平众通公司股东代表褚建亭与昊华总公司签订股权转让补充协议，将原协议中约定的"转让后原平众通公司的债权债务全部由昊华总公司承担"修正为"甲方的股权转让给乙方后，乙方成为原平众通公司的股东，承担股东的权利义务"。二是 2009 年 8 月 9 日，原原平众通公司股东代表刘天灵与昊华资产公司签订股权转让补充协议，将原协议中约定的"转让后原平众通公司的债权债务全部由昊华资产公司承担"修正为"甲方的股权转让给乙方后，乙方成为原平众通公司的股东，承担股东的权利义务"。虽然终审判决对上述两份股权转让补充协议的效力未予认定，但在一定程度上可以佐证股权转让协议相关条款的本意应为昊华总公司、昊华资产公司在受让股权的范围内对公司债务承担责任。

2. 终审法院判决昊华总公司、昊华资产公司对涉案欠款承担补充给付责任，有违《公司法》"有限责任公司的股东以其认缴的出资额为限对公司承担责任；股份有限公司的股东以其认购的股份为限对公司承担责任"的相关规定。虽然终审法院并非因昊华总公司、昊华资产公司身为股东而依据《公司法》判决其承担连带责任，而是依据股权转让协议中的表述认定其自愿承担责任而判其承担补充给付责任。但即使如此，昊华总公司、昊华资产公司亦只应对其受让股权之前（2004 年 9 月 17 日）原平众通公司的债务承担补充给付责任，而不能要求其对股权变更之后原平众通公司的债务承担补充给付责任。本案中，涉案债权债务系基于 2007 年 7 月太原机车厂与原平化工公司所签订的罐车检修改造合同而产生，即原平众通公司的股权发生变更之后而产生（且原平众通公司此时已与原平昊华公司合并，另行组建了新的原平昊华公司）。对此，终审法院仍判决昊华总公司、昊华资产公司对涉案欠款承担补充给付责任，属于适用法律确有错误，且有违实体公平。

四、案件评析

本案中，终审法院机械理解股权转让协议相关约定的表面含义，判决昊华总公司、昊华资产公司对涉案欠款承担补充给付责任，明显违背当事人有效约定和法律规定，属于适用法律确有错误。第一，涉案股权转让协议中约定的"转让后原平众通公司的债权债务全部由昊华总公司承担""转让后原平众通公司的债权债务全部由昊华资产公司承担",其本意应为昊华总公司、昊华资产公司在受让股权的范围内对公司债务承担责任。对此,2009年8月9日,原平众通公司股东代表褚建亭与昊华总公司签订股权转让补充协议、原平众通公司股东代表刘天灵与昊华资产公司签订股权转让补充协议,可予佐证。第二,终审判决有违《公司法》"有限责任公司的股东以其认缴的出资额为限对公司承担责任;股份有限公司的股东以其认购的股份为限对公司承担责任"的相关规定。虽然终审法院并非因昊华总公司、昊华资产公司身为股东而依据《公司法》判决其承担连带责任,而是依据股权转让协议中的表述认定其自愿承担责任而判其承担补充给付责任。但即使如此,昊华总公司、昊华资产公司亦只应对其受让股权之前(2004年9月17日)原平众通公司的债务承担补充给付责任,而不能要求其对股权变更之后原平众通公司的债务承担补充给付责任。

（六）举证责任分配失当导致裁判结果存在错误

最高人民法院《关于民事诉讼证据的若干规定》第2条规定:"当事人对自己提出的诉讼请求所依据的事实或者反驳对方诉讼请求所依据的事实有责任提供证据加以证明。没有证据或者证据不足以证明当事人的事实主张的,由负有举证责任的当事人承担不利后果。"第73条规定:"双方当事人对同一事实分别举出相反的证据,但都没有足够的依据否定对方证据的,人民法院应当结合案件情况,判断一方提供证据的证明力是否明显大于另一方提供证据的证明力,并对证明力较大的证据予以确认。因证据的证明力无法判断导致争议事实难以认定的,人民法院应当依据举证责任分配的规则作出裁判。"举证责任分配失当,是指原裁判违反举证责任分配规则,将一方的举证责任错误分配于另一方,导致没有举证义务的另一方承担了不利的诉讼结果。这种情况多见于案件事实难以查清的案件中,出现这种情况的主要原因是审判人员对举证责任分配规则把握不清或为了达到一定的非法目的而刻意为之。

案例二十七:德天公司清算组申请监督案（高检民监〔2015〕182号）

一、案件来源

德天公司清算组因与正和公司、李宁、管玉霞、马军、郑天禄返还财产纠纷一案，不服青海省高级人民法院（2010）青民二终字第16号民事判决，向青海省人民检察院申请监督，该院提请最高人民检察院抗诉。

二、诉讼过程和法院历次审理情况

2009年3月，德天公司清算组起诉正和公司等至青海省海西州中级人民法院，请求：（1）判令正和公司及其股东立即搬出德天公司清算组的住所；（2）判令返还侵占的德天公司清算组全部资产，包括办公大楼、土地使用权、管网设备、办公设备等；（3）判令返还侵占的自2001年8月至今的全部经营利润及孳息；（4）判令赔偿德天公司清算组经济损失200万元；（5）判令承担本案的诉讼费用（含评估、鉴定等费用支出）。

（一）一审情况

一审法院查明：2000年12月19日，刘昌君、汤建忠等人以实物出资价值500万元的方式组建登记注册德天公司。公司法定代表人为刘昌君，刘昌君占公司投入资本比例的44%，刘真有占36%，汤建忠占10%，青海民生投资公司占10%。公司经营范围为天然气输配工程开发建设等。2000年12月6日，根据海西州计划经济委员会西计投字（2000）第383号《关于建设德令哈天然气输配项目的批复》，德天公司进行了前期申请、规划、勘察设计、招投标，并与四川省化工建设总公司川东工程公司、咸阳燃气工程建设有限公司等施工单位签订了相关的施工合同。工程施工至2001年7月31日，德天公司法定代表人刘昌君车祸遇难。2001年8月刘昌君的兄妹刘昌成、刘昌杰、刘昌荣经其父母授权出具委托书，委托管玉霞全权处理刘昌君在德天公司的一切业务及事务。2001年8月16日，经德天公司申请其法定代表人被德令哈市工商行政管理局变更为管玉霞。2002年8月14日原委托人刘昌成、刘昌杰、刘昌荣又出具终止委托决定书，终止了对管玉霞的委托。2002年12月12日，德天公司的股东由刘昌君、刘真有、汤建忠、青海民生投资公司变更为管玉霞、郑天禄、杨秀兰、刘昌君。2003年7月14日，德令哈市工商局根据德天公司的举报并查证，德天公司在成立注册时虚假出资属实，以德工商字（2003）第013号行政处罚决定书吊销了德天公司的《企业法人营业执照》。2003年12月1日，西宁海信联合会计师事务所向德天公司股东代表出具了西海会审字（2003）第097号审计报告书，该报告书显示截至2002年12月31日该公司总资产1990.2万元，其负债总额 1496 万元，该公司所有者权益总额 494.2 万元。2005 年 12 月 17 日，德令哈市人民政府以德政办〔2005〕87 号文件成立了德令哈市德天公司财务清算工作领导小组。2006 年 4 月 27 日德天公司原股东刘昌成、汤建忠、张月泉召开临时股东大会，决定成立德天公司清算组，刘昌成受原股东的委托，向德天公司财务清算工作领导小组递交了《关于申请撤销〈关于成立德令哈市德天公司财务清算领导小组的通知〉的报告》，据此，德令哈市政府撤销了已成立的德天公司财务清算工作领导小组。2006 年 4 月，经德令哈市公安局批准刻制了"青海德令哈天然气有限公司清算组"的印章，并在《人民法院报》等报纸上刊登清算公告，要求有关债权债务人进行债权债务登记，结果无一人向德天公司清算组登记债权债务，清算工作至今无结果。

另查明，2003 年 7 月，以发起人杨秀兰、管玉霞、郑天录、马军等 4 人注册 50 万元，申请成立了正和公司。2007 年 9 月，该公司的法定代表人变更为李宁并延续至今。成立后的正和公司向德令哈市政府出具了承诺函和保证书。2003 年 8 月 4 日，德令哈市发展计划局出具德政计字〔2003〕第 106 号文件《关于青海德令哈正和天然气有限公司的立项批复》载明："新成立的公司必须履行承诺，所有原德天公司所遗留的债权债务由新成立后的正和公司承担。"德令哈地区天然气管网工程完工后，因德天公司迟迟不给工程承建方付款，2004 年、2005 年四川省化工建设总公司川东工程公司、咸阳燃气工程建设有限公司分别在海西州中级人民法院和咸阳市中级人民法院以拖欠工程款纠纷为由将正和公司起诉，二法院分别判决正和公司败诉，支付四川省化工建设总公司川东工程公司、陕西咸阳燃气工程建设有限公司的工程款，此案正在执行中。2008 年 8 月，德天公司清算组以请求返还资产向海西州中级人民法院起诉，后经开庭审理，德天公司清算组认为自己证据不足而申请撤诉，海西州中级人民法院于 2008 年 11 月 20 日同意德天公司清算组撤诉并作出了（2008）西民二初字第 21 号民事裁定书。2009 年 1 月 12 日德天公司清算组再次向海西州中级人民法院提起诉讼。

一审法院认为：（1）德天公司被吊销营业执照后，是否进行了清算？结果如何？该院认为，德天公司因虚假出资被德令哈市工商行政管理局吊销营业执照后，刘昌成根据《公司法》第 184 条、第 185 条的规定，成立了德天公司清算组，在有关报纸上刊登公告，并对德天公司的债权债务进行了清算，但德天公司清算组负责人及委托代理人在庭审中明确表示至今仍无清算结果。另西宁海信联合会计师事务所的审计报告中亦无显示该公司有债权项的存在，其公司的所有者权益总额为该公司的注册资金。本案中德天公司清算组不能举证证明其在存续期有多少债权债务，有多少固定资产，对德令哈市天然气管网的建设支付了多少工程款项，属举证不能，按照《民事诉讼法》的相关规定，应承担相应的举证不能的法律责任。（2）德令哈市天然气管网的所有权归属问题，德天公司清算组的诉讼请求是否成立？该院认为，德令哈市天然气管网项目的前期申请、规划、勘察设计、招投标，签订施工合同等工作都是在德天公司存续期间以德天公司的名义进行的，2002年12月份德令哈天然气管网通气时，德天公司依然存在，到2003年7月，德天公司被吊销营业执照时，庭审中显示的德天公司法人财产权表现为对各承建单位的债务，无证据显示德天公司有债权存在。正和公司成立后，基于正和公司给德令哈市政府出具的承诺书，在各个承建单位索要工程款的过程中，正和公司均被列为被告，被该院和省高院及陕西咸阳法院判决为德令哈市天然气管网工程款的承担者，在此前的所有判决书中，均未判定德天公司与正和公司谁是德令哈市天然气管网的所有权人。德天公司在庭审中未能举证证明德天公司事实上对该管网建设实际的投入，不能提供该公司车辆购置的有关手续，也不能说明车辆的型号、车牌号、车辆购买人等，不能举证证明相关的办公设备的具体数目，属举证不能，德天公司要求确认财产权的诉求不能成立，该院不予支持。2001年迄今，正和公司使用该管网共产生多少经营利润及孳息，德天公司清算组未能提供任何证据予以证明，诉状中德天公司清算组要求法院判令被告赔偿其经济损失200万元，未向法庭提供任何证据予以证明，对此请求不予支持。德天公司清算组在诉讼中向法庭出示了很多证据材料，但均不能证明其诉讼请求，属举证不能，故其诉求不能成立，该院不予支持。

一审法院判决：驳回德天公司清算组的诉讼请求。

德天公司清算组不服一审判决，向青海省高级人民法院提起上诉。

（二）二审情况

二审法院查明：2000年12月6日，海西州计经委以西计投字（2000）第383号《关于建设德令哈天然气输配项目的批复》文件，欲在德令哈市建设天然气输配工程。2000年12月19日，刘昌君、汤建忠、刘真有、青海民生投资公司以实物出资的方式组建登记注册德天公司，工商行政管理档案记载注册资本 500 万元，公司法定代表人为刘昌君。刘昌君占公司投入资本比例的 44%，刘真有占 36%，汤建忠占 10%，青海民生投资公司占 10%。公司经营范围为天然气输配工程开发建设等。德天公司对德令哈地区天然气管网工程进行了前期申请、规划、勘察设计、招投标，并与四川省化工建设总公司川东工程公司、咸阳燃气工程建设有限公司等施工单位签订了相关施工合同。2001 年 7 月 31 日，德令哈地区天然气管网工程正在建设阶段，德天公司法定代表人刘昌君车祸遇难。2001 年 8 月刘昌君的兄妹刘昌成、刘昌杰、刘昌荣经其父母授权出具委托书，委托刘昌君的妻姐管玉霞全权处理刘昌君在德天公司的一切业务及事务。根据德令哈市工商行政管理局企业档案记载，2001 年 8 月 16 日，德天公司的公司变更登记申请书中有两项变更：法定代表人被变更为管玉霞，股东被变更为管玉霞、刘真有、汤建忠、张月泉；2002 年 4 月 9 日，德天公司的公司变更登记申请书中股东又变更为管玉霞、汤建忠、刘昌成。2002 年 8 月 14 日原委托人刘昌成、刘昌杰、刘昌荣又出具终止委托决定书，终止了对管玉霞的委托。2002 年 12 月 12 日，德令哈市工商行政管理局企业档案记载德天公司的变更登记申请书中股东又变更为管玉霞、郑天禄、杨秀兰、刘昌君。2003 年 3 月 13 日，青海省公证处出具继承权公证书，公证被继承人刘昌君的遗产（德天公司中的股权）由其父刘代礼、其母姚开喜、其女刘越共同继承。2003 年 7 月 14 日，德令哈市工商行政管理局根据德天公司的举报并查证，德天公司在成立注册时虚假出资属实，以德工商字（2003）第 013 号行政处罚决定书吊销了德天公司的《企业法人营业执照》。受德天公司股东代表的委托，2003 年 12 月 1 日，西宁海信联合会计师事务所出具了西海会审字（2003）第 097 号审计报告书，该报告书显示截至 2002 年 12 月 31 日该公司总资产 1990.2 万元，负债总额 1496 万元，所有者权益总额 494.2 万元。2005 年 12 月 17 日，德令哈市人民政府以德政办〔2005〕87 号文件成立了德令哈市德天公司财务清算工作领导小组。2006 年 4 月 27 日，德天公司原股东刘昌成、汤建忠、张月泉召开了临时股东大会，决定成立德天公司清算组，刘昌成受原股东的委托，向德天公司财务清算工作领导小组递交了《关于申请撤销〈关于成立德令哈市德天公司财务清算领导小组的通知〉的报告》，据此，德令哈市政府撤销了已成立的德天公司财务清算工作领导小组。2006年4月，经德令哈市公安局批准刻制了德天公司清算组印章，并在《人民法院报》等报纸上刊登清算公告，要求有关债权债务人进行债权债务登记，结果无一人向德天公司清算组登记债权债务，清算工作至今无结果。

另查明，2003年7月杨秀兰、管玉霞、郑天禄、马军等4人，申请成立了正和公司，注册资金50万元。2003年8月2日，正和公司向德令哈市政府出具了保证书，承诺"对德天公司所遗留的债权债务承担全部责任，德天公司原股东的出资将在三个月内依清算结果，按实际出资额退还出资人"。2003年8月4日，德令哈市发展计划局出具的德政计字〔2003〕第106号《青海德令哈正和天然气有限公司的立项批复》载明："正和公司（筹）：报来《关于青海德令哈正和天然气有限公司的立项报告》悉，经研究同意青海德令哈正和天然气有限公司立项，新成立的公司必须履行承诺，所有原青海德令哈天然气有限公司所遗留的债权债务，由成立后的青海德令哈正和天然气有限公司全部承担。根据德工商字〔2003〕第013号《关于吊销青海德令哈天然气有限公司〈企业法人营业执照〉的决定》，为保证德令哈地区供气正常运营，同意你公司在德令哈地区从事天然气输配设施、天然气供给等事项建设，接此复后，请抓紧办理相关手续，并严格按照《公司法》建设运营。原德政计字〔2003〕第96号废止。"2003年11月17日，正和公司刊登德天公司债权人债权确认公告，与有关管道施工建设单位签订了债权债务变更协议。德令哈地区天然气管网工程完工后，2004年、2005年四川省化工建设总公司川东工程公司、咸阳燃气工程建设有限公司分别在海西州中级人民法院和陕西省咸阳市中级人民法院以拖欠工程款为由将正和公司起诉，二法院分别判决正和公司支付四川省化工建设总公司川东工程公司、咸阳燃气工程建设有限公司工程款，案件正在执行中。

二审法院认为，本案争议焦点：一是正和公司是否非法侵占德天公司的全部资产及其对德令哈地区天然气管网的经营权，是否应当返还。二是正和公司是否应当返还侵占的自2001年8月以来至今的全部经营利润和孳息，是否应赔偿200万元经济损失。德天公司清算组认为，依据海西州中级人民法院生效判决，原德天公司是德令哈市区天然气管网及其配套设施的所有权人，该所有权没有发生转移，因此正和公司并未取得该天然气管网及其配套设施的所有权，正和公司应当返还全部财产并赔偿损失。正和公司认为，2003年8月4日，德令哈市发展计划局德政计字〔2003〕第106号《关于青海德令哈正和天然气有限公司的立项批复》文件已明确该管网设施由正和公司使用；原德天公司正在清算，主体消灭，其不具备主体资格。本案的事实证明了原德天公司是虚假出资，注册资本金为零，其取得天然气管网及其配套设施投资权，已经是过去的事了。此权利自德令哈市发展计划局〔2003〕第106号批复后即告结束。同时，正和公司即依法取得了该管网及其配套设施的投资权。正和公司对天然气管网及其配套设施的投资、经营行为完全符合《国务院关于投资体制改革的决定》中确定的"谁投资、谁决策、谁收益、谁承担风险"的原则。正和公司是通过房产局和土地局依法登记取得了《房屋所有权证》和《土地使用权证》。二审庭审中，德天公司清算组并没有向该院提交有效证据证明其对德令哈市天然气管网及设施、办公设备的资金投入及收益状况，也未提交其主张的200万元损失的证据。德天公司清算组以海西州中级人民法院及该院关于正和公司拖欠天然气管网承建单位工程款案中的生效判决所确定的内容，意欲证明德天公司是德令哈市区天然气管网及其配套设施的所有权人。正和公司也未向二审法院提交其已对德天公司资产及原始股东的出资进行清算，并将出资额退还出资人的证据。

1. 关于正和公司是否非法侵占了德天公司对德令哈地区天然气管网的经营权问题。城市管道天然气是特许经营行业，根据《市政公用事业特许经营管理办法》的规定，特许经营许可机关应为直辖市、市、自治州、县、自治县人民政府。本案德天公司清算组要求正和公司返还天然气管网经营权，其提出返还之诉的理由是认为德令哈地区天然气管网自立项审批至投资建设都是由德天公司进行的，正和公司无合法依据侵占并经营至今。本案查明的事实表明，2003年8月4日，德令哈市发展计划局以德政计字〔2003〕第106号《关于青海德令哈正和天然气有限公司的立项批复》文件已许可由正和公司对德令哈地区天然气管网进行投资建设并经营。该行政许可至今未被撤销。正和公司基于此开始对德令哈地区天然气管网投资建设并经营至今。正和公司取得德令哈市天然气管网投资建设经营是基于政府的行政许可，并未非法侵占德天公司对德令哈地区天然气管网的经营权并予以返还的诉求没有法律依据，不能成立，该院不予支持。

2. 关于正和公司是否侵占德天公司的全部资产问题。德天公司清算组主张返还资产的范围及具体数额是本案审理的难点。因本案所涉有关事实发生在 2001 年，距今已有十余年，对于有关事实的查明确实有一定的困难，这也是由于当时背景所致。德天公司清算组提出由正和公司返还天然气管网设施，经查，德天公司虽对德令哈地区天然气管网工程进行了前期申请、规划、勘察设计、招投标，并与施工单位签订了相关施工合同，但在履行合同中德天公司并未支付相应的工程款，致使天然气管网施工单位通过诉讼方式主张工程款时，因天然气管网经营主体发生变化，均被法院判决由正和公司承担管网施工的工程款，且该管网设施经德令哈市人民政府许可由正和公司经营后，该管网目前仍由正和公司投资经营，德天公司清算组诉求由正和公司原物返还天然气管网设施的主张不符合本案实际。关于德天公司清算组以生效判决文书确认其为德令哈市区天然气管网及其配套设施的所有权人的主张，经查，海西州中级人民法院及本院关于给付天然气管网工程款的生效判决中，并未确认天然气管网的所有权人，故德天公司清算组关于此节上诉理由不成立。该院在审理中，向德天公司清算组释明可以主张支付对价，但德天公司清算组表示不接受对价，要求原物返还。德天公司清算组提出正和公司返还办公大楼，土地使用权、办公设备，因德天公司清算组并未向该院提交其权利所依据的证据，该院亦不能自由裁量认定该数额。在德天公司清算组不能提供相关证据的情况下，为进一步查明案件事实，依法保护双方的合法权益，根据《民事诉讼法》第 64 条第 2 款、最高人民法院《关于民事诉讼证据的若干规定》第 15 条的规定，该院依职权委托该院技术室对德天公司天然气管网经营权价值、财产价值进行鉴定，技术室于 2012 年 10 月 15 日出具（2012）青法司技字第 56 号《关于德天公司清算组与正和公司返还财产纠纷一案中有关评估问题的说明》载明，"因经营权属于无形资产，被评估公司需要持续 3 至 5 年才可以评估，德天公司自 2000 年 12 月 19 日成立取得经营权至 2003 年 8 月 4 日德令哈市政府许可正和公司经营天然气不足三年，评估对象不满足评估条件，故无法进行评估"；对于德天公司财产评估，"因双方未按要求提交财产清单，根据评估规范，评估不能以账面记载和凭证进行，需在账、实物相符的条件下方能评估。故在本案，因诸多实物已灭失无法进行评估"。由于德天公司清算组不能举证且无法对公司资产进行评估，故该院对德天公司清算组主张正和公司返还全部资产的诉求不予支持。正和公司虽然基于政府许可经营德令哈地区天然气管网，但德天公司对德令哈地区天然气管网工程进行了前期申请、规划、勘察设计、招投标等具体工作，投入了财力和物力，正和公司应当对此支付对价。故德天公司清算组对德天公司成立至正和公司取得经营权期间的德令哈地区天然气管网经营权及实际投资价值仍有主张对价的权利，就此可另行诉讼。

3. 关于正和公司是否应当返还侵占自2001年8月以来至今的全部经营利润和孳息，是否应赔偿200万元经济损失的问题。正和公司于2003年7月注册成立，对此前的民事责任不应由正和公司及其股东承担。正和公司于2003年8月4日被德令哈市政府授权许可经营天然气，此后其行为合法，德天公司清算组要求正和公司及其股东返还经营利润及孳息的诉求没有法律依据，该院不予支持。原德天公司法定代表人刘昌君车祸遇难后，由管玉霞担任法定代表人并实际控制公司，作为德天公司原法定代表人管玉霞应当履行职责，对原德天公司的资产进行清算，但其没有完成该项工作，并在2003年7月筹划成立了正和公司经营德令哈地区城市天然气，使德天公司清算组对管玉霞侵占其经营利润产生合理怀疑，故德天公司清算组同时诉求原德天公司法定代表人管玉霞承担返还利润及孳息的诉求有理，管玉霞应当承担相应的民事责任。但德天公司清算组未向该院提交证据证明2001年8月至2003年8月期间德天公司经营利润及孳息数额，亦不能提供经济损失200万元的证据，故对德天公司清算组的此项诉求因未提供证据证明而不予支持。综上，该院认为，德天公司清算组对自己提出的主张未向该院提供充分的证据予以证明，应当承担举证不能的法律后果，对其诉求予以驳回。原审法院以证据不足驳回其诉求符合法律规定，应予维持。

二审法院判决：驳回上诉，维持原判。

德天公司清算组不服二审判决，向最高人民法院申请再审。

（三）再审情况

最高人民法院于2013年11月20日作出裁定，驳回德天公司清算组的再审申请。

德天公司清算组不服，向检察机关申请监督。

三、最高人民检察院提出抗诉的理由

最高人民检察院认为：二审判决认定案件的基本事实缺乏证据证明，

适用法律确有错误。理由如下：

1. 原审判决对涉案天然气管网设施的归属问题认定错误。第一，德天公司依据政府相关文件，对涉案天然气管网及配套设施工程进行了该项目前期申请、规划、选址、勘察设计、招投标等具体工作，并与四川省化工建设总公司川东工程公司等施工单位签订了该管网工程的建设施工合同，进行工程建设。在法院审查期间，正和公司及管玉霞自认2002年6月管网工程建设竣工，2002年9月30日正式通气投入使用。以上事实说明，涉案天然气管网在德天公司存续期间建成通气，故德天公司对涉案天然气管网享有所有权，正和公司对此并不享有所有权。第二，106号《立项批复》只是针对正和公司承担德天公司所遗留的债权债务，及同意正和公司在德令哈地区从事天然气输配设施、天然气供给等事项的建设所作出的批复，其并未对涉案天然气管网设施的所有权归属作出规定，且这一点已为另案生效民事判决所确认。正和公司诉咸阳燃气工程有限公司、四川省化工建设总公司川东工程公司建设工程质量纠纷一案，海西州中级人民法院于2007年5月13日作出的（2007）西民二初字第01号民事判决认定"经审理查明，德令哈市发展计划局德政计字（2003）第106号文件批复同意正和公司立项的批复，是对公司成立的批复，并没有对原德天公司的管网及配套设施进行处置，正和公司至今没有取得对原德天公司所有资产的所有权"。"原告（正和公司）现仍然对原德天公司天然气管网和设备等资产使用、收益。但该管网和资产的财产所有权仍归属于原德天公司的。原告至今没有向法庭提供对德令哈天然气管网及设施依法享有财产所有权的证据，原告对该管网及配套设施无财产所有权。"第三，正和公司（筹）于2003年9月28日向德令哈市政府出具的《关于德令哈市正和天然气有限公司经营情况反映》中述"经正和公司（筹）股东商议一致决定，以有偿使用的方式，暂使用现有天然气设备及地下管网设施，待原德令哈天然气公司清算时一并予以补偿、结算"。该《情况反映》证明正和公司自认其并未取得涉案天然气管网设施的所有权，仅是以有偿使用的方式，暂时使用涉案天然气管网。2003年9月29日德令哈市工商行政管理局研究正和公司注册登记的有关问题会议记录亦载明：正和公司是否使用涉案天然气管网，是正和公司与德天公司之间内部的事，如果正和公司使用涉案天然气管网，则两公司属原财产所有人与租赁人之间的关系。

2. 原审判决以德天公司清算组未能提交证据为由，对德天公司清算组主张正和公司返还财产的诉讼请求未予支持，确有错误。根据西海会审字（2003）第 097 号审计报告书，截至 2002 年 12 月 31 日，德天公司尚有所有者权益总额 494.2 万元。2003 年 7 月德天公司营业执照被吊销后，同月成立的正和公司承接了德天公司的全部资产。由于德天公司自 2001 年 8 月至被吊销营业执照时其经营活动及全部资产均处在管玉霞的控制之下，德天公司清算组客观上无法取得并向法院提交德天公司拥有财产的证据。而正和公司在成立时注册资本仅为 50 万元，在接收德天公司资产后，正和公司目前所实际拥有的资产已经远远大于公司注册资本，其有义务也有能力提交资产来源的证据，在此情形下，应当由正和公司对其控制下的超过注册资本的其他资产来源承担举证责任，否则应当推定为德天公司所有。原审判决将证明德天公司资产的举证责任分配给并未实际控制公司经营的德天公司清算组所承担，在举证责任分配上存在错误。

3. 原审判决就德天公司清算组主张正和公司及其股东返还自 2001 年 8 月至今的全部经营利润和孳息的问题，举证责任分配明显不当。原审判决虽然认为德天公司清算组诉求原德天公司法定代表人管玉霞承担返还利润及孳息的诉求有理，管玉霞应当承担相应的民事责任，但又以德天公司清算组未向该院提交证据证明 2001 年 8 月至 2003 年 8 月德天公司经营利润及孳息数额为由，驳回了德天公司清算组的该项诉讼请求。根据《民事诉讼法》的相关规定，当事人及其诉讼代理人因客观原因不能自行收集的证据，或者人民法院认为审理案件需要的证据，人民法院应当调查收集。本案中，原德天公司法定代表人刘昌君车祸遇难后，由管玉霞担任法定代表人并实际控制公司，公司相关会计账簿、凭证等资料均由管玉霞一方所掌握。为此，德天公司清算组在一审期间向法院申请证据保全，但一审法院未予准许，且一审、二审法院均将经营利润和孳息数额的举证责任分配至德天公司清算组一方，有失公允，明显不当。

四、案件评析

本案中原审判决在举证责任分配方面存在以下失当之处：第一，原审判决以德天公司清算组未能提交证据为由，对德天公司清算组主张正和公司返还财产的诉讼请求未予支持，确有错误。根据相关审计报告书，截至 2002 年 12 月 31 日，德天公司尚有所有者权益总额 494.2 万元。2003 年 7 月德天公司营业执照被吊销后，同月成立的正和公司承接了德天公司的全部资产。由于德天公司自 2001 年 8 月至被吊销营业执照时其经营活动及全部资产均处在管玉霞的控制之下，德天公司清算组客观上无法取得并向法院提交德天公司拥有财产的证据。而正和公司在成立时注册资本仅为 50 万元，在接收德天公司资产后，正和公司目前所实际拥有的资产已经远远大于公司注册资本，其有义务也有能力提交资产来源的证据，在此情形下，应当由正和公司对其控制下的超过注册资本的其他资产来源承担举证责任，否则应当推定为德天公司所有。原审判决将证明德天公司资产的举证责任分配给并未实际控制公司经营的德天公司清算组所承担，在举证责任分配方面明显失当。第二，原审判决就德天公司清算组主张正和公司及其股东返还自 2001 年 8 月至今的全部经营利润和孳息的问题，举证责任分配明显不当。原审判决虽然认为德天公司清算组诉求原德天公司法定代表人管玉霞承担返还利润及孳息的诉求有理，管玉霞应当承担相应的民事责任，但又以德天公司清算组未向该院提交证据证明 2001 年 8 月至 2003 年 8 月德天公司经营利润及孳息数额为由，驳回了德天公司清算组的该项诉讼请求。根据《民事诉讼法》的相关规定，当事人及其诉讼代理人因客观原因不能自行收集的证据，或者人民法院认为审理案件需要的证据，人民法院应当调查收集。本案中，原德天公司法定代表人刘昌君车祸遇难后，由管玉霞担任法定代表人并实际控制公司，公司相关会计账簿、凭证等资料均由管玉霞一方所掌握。为此，德天公司清算组在一审期间向法院申请证据保全，但一审法院未予准许，且一审、二审法院均将经营利润和孳息数额的举证责任分配至德天公司清算组一方，有失公允，明显不当。

（七）适用诉讼程序明显错误

这种情况主要是指原裁判违反法律关于诉讼程序的相关规定，违法剥夺当事人诉讼权利或者为了达到一定的非法目的，违法启动诉讼程序。例如对符合受理条件的案件不予受理或驳回起诉、对不符合再审条件的案件违法进行再审等。这种情况多见于针对民事裁定进行的监督，出现这种情况的主要原因是审判人员对法律关于诉讼程序的相关规定把握不清或为了达到一定的非法目的而刻意为之。

案例二十八：湘龙超市公司申请监督案（高检民监〔2015〕295号）

一、案件来源

湘龙超市公司因与湘聚公司、广通公司其他经营纠纷一案，不服湖南省高级人民法院（2008）湘高法民再终字第158-1号民事裁定，向湖南省人民检察院申请监督，该院提请最高人民检察院抗诉。

二、诉讼过程和法院历次审理情况

（一）原审情况

2002年，湘龙超市公司起诉湘聚公司（原湖南亚华高校产业投资有限公司）至湖南省高级人民法院称，请求：判令湘聚公司赔偿经济损失920万元，并解除双方合资经营协议。湖南省高级人民法院于2003年10月15日作出（2002）湘法民三初字第2号民事调解书。后案外人湘龙实业公司认为该调解书侵犯其合法权益，向湖南省高级人民法院申请再审。湖南省高级人民法院于2006年3月30日作出（2005）湘高法民监字第99号民事裁定，撤销（2002）湘法民三初字第2号民事调解书，指令长沙市中级人民法院进行审理。

（二）重审（一审）情况

重审（一审）法院查明：1998年1月2日，湘龙超市公司作为甲方（董事长罗武震）与乙方恒星公司（董事长盛建华）签订了一份《合资经营协议》，约定甲方以其现有全部资产入股，其资产包括原超市地产16.56亩，已建成房产2万平方米（裙楼1-4层），已完成的装修和采购、安装的设备等。乙方运作以大市场开业前的各项工作，包括原裙楼土建、安装、装修未完工程，原超市裙楼开业前必要的装修及设备资金，另为甲方承担800万元的债务等入股。同月6日，长沙市湘龙实业公司董事会作出了同意湘龙超市公司与恒星公司合资经营湘龙超级市场（裙楼）的批复。同月16日，湘龙超市公司作为甲方与乙方恒星公司又签订了《投资协议书》，约定合资成立广通公司。注册资金为700万元人民币，甲方股本为49%，股本总额为340万元；乙方为51%，股本为360万元。双方均以持股本数额分别享有权利和义务，承担风险责任。同年3月22日，马王堆乡政府（甲方）与湘龙实业公司（乙方）签订了

《终止合作经营长沙市综合贸易市场协议书的协议》，双方同意终止1993年5月18日签订的《合作经营长沙市综合贸易市场协议书》，从本协议签定之日，双方均再无任何经济往来及责任，甲方收回土地使用权，双方都愿意移交与恒星公司进行合作。次日，马王堆乡政府（甲方）与恒星公司（乙方）签订了《合作经营长沙市综合贸易市场协议书》，约定甲方提供湘龙超级市场17亩土地交乙方租赁经营50年，乙方每年向甲方上缴定额包干费，从1999年4月1日起，第一年到第五年每年50万元，第六年到第十年每年80万元，每5年递增一次。合作期内，市场房产的使用权、所有权及市场地产的使用权、管理权归乙方，甲方不得以任何理由转让、变卖和租借。同日，恒星公司（甲方）与湘龙实业公司（乙方）签订了《合作经营长沙市贸易市场协议书》，约定甲方提供湘龙超级市场17亩土地交乙方租赁经营28年，乙方每年向甲方上缴费用。第一年、第二年每年90万元，第三年120万元，第四年140万元。以后每年递增5%。合作期满，在合作的土地上建起的大市场的所有权归甲方。合作期内，市场房产的使用权、所有权及市场地产的使用权、管理权归乙方，甲方不得以任何理由转让、变卖和租借。1998年6月17日，长沙市立诚会计师事务所出具一份"长立内验（1998）第29号"验资报告对广通公司的注册资金到位予以验实，另注明，"湘龙超市公司将八一东路1号的房地产19200平方米及土地使用移交广通公司，正在办理有关手续，该房地产经评估现值8659.2万元，由于还需进行土建、装修、设备投资，本次投入资本，暂按双方协商的注册资本作价700万元。甲方（湘龙超市公司）340万元，乙方（广通公司）360万元"，并附有1998年6月18日的资产划拨清单［湖南省公安厅刑事侦查局于1999年6月2日作出（99）湘公刑技字第203号刑事技术鉴定书，结论为"资产划拨清单"上的签名"罗武震"不是罗武震本人所书写］。同年7月2日，恒星公司凭上述验资报告在湖南省工商行政管理局注册成立了"湖南省广通国际电子城有限公司"（董事长盛建华）。同年8月27日，长沙市计划委员会以"长计基〔1998〕287号"文件批复同意广通公司兴建广通电子城。同年12月，长沙市国土管理局作为甲方与乙方广通公司签订了《国有土地使用权出让合同》和《国有土地使用权出让合同补充协议》，约定甲方以现状出让给乙方的宗地位于远大一路五里牌，面积为10414.65平方米，年限为50年，乙方应在2003年12月30日前支付给甲方的土地使用权出让金共计人民币2463736元。同年12月4日,广通公司取得了八一东路1号的建设用地规划许可证。同月16日取得了该块土地的红线图。由于恒星公司以广通公司名义单方实施报批广通电子城、办理国土使用证等行为,对湘龙市场的投资承诺又没有兑现,湘龙超市公司与恒星公司在合作中出现纠纷。1999年2月3日,湘龙超市公司向恒星公司发出《关于加强友好合作的函》,一是对恒星公司以合资公司的名义行文不进行会签不满,二是对恒星公司以广通公司的名义在长沙市有关部门办理诸如报建等手续不协商不通报表示反对,三是对恒星公司答应承担的800万元债务和11万元的行政经费不兑现提出严正要求,四是对恒星公司3次均未在承诺开业的时间内开业,认为恒星公司未进行任何实质性的准备工作,特别是建设资金、注册资金和工程债务及其经营定向,没有正式措施,造成了严重后果,要求在10天内作出答复。1999年3月17日,广通公司取得了湘龙市场9888.58平方米的土地使用权证,由于广通公司办理国有土地使用证时应支付土地补偿费和安置费不到位,长沙市芙蓉区人民政府请求长沙市国土局停止办理湘龙市场土地有关手续,国土使用证没有正式颁发。1999年4月1日,湘龙超市公司与恒星公司协商,作出《启动湘龙市场工作联系会议纪要》,恒星公司承认投资未达到预定要求,给市政府领导的文件中有关"接管"湘龙等词语不当,并承诺投资建设资金尽快到位。1999年6月2日,湘龙超市公司向省检察院去函催促履约,省检察院函告,恒星公司已于1998年底与检察院脱离关系,其经营活动与检察院无关。1999年8月20日,湘龙超市公司以《假合资、真诈骗》对恒星公司进行举报。1999年8月21日,湘龙超市公司向湖南省工商行政管理局递交《关于请求支持依法中止广通公司经营活动的报告》,指出广通公司利用不正当手段获得原湘龙超市公司行政公章,仿造湘龙超市公司法定代表人罗武震的签名,制造虚假证件,盗取固定资产,虚报注册资本,采取欺诈手段通过验资报告办理了广通公司注册登记,又以广通公司名义办理了国土、规划、报建、报批等手续,要求中止广通公司的经营活动。1999年9月14日,湘龙超市公司向长沙市公安局递交《请求立案侦查报告》,要求追究恒星公司虚假出资、虚报注册资本刑事责任。1999年11月22日,湘龙超市公司向长沙市岳麓区工商分局递交《关于中止"湖南省广通电子城有限公司"经营活动的请示》。

2000年8月18日,湖南亚华高校产业投资有限公司与湘龙超市公司签订了一份《合资经营协议》,该协议内容和恒星公司与湘龙超市公司签订的合资经营协议相同。2000年8月22日,恒星公司与湖南亚华高校产业投资有限公司(湘聚公司)签订了《股权转让协议》,约定将广通公司51%的股份和广通公司相应的经营权,以双方共同认定的金额为准或共同委托审计机构审计结果为准进行转让,另由亚华高校公司向恒星公司对广通电子城一年的经营一次性补偿100万元。2001年,亚华高校公司以广通公司名义提起诉讼时,向马王堆乡政府缴纳了土地租金100万元,向长沙市国土局支付土地出让金100万元。2001年6月20日,岳麓区工商行政管理局对广通公司立案查处,在报省工商局的报告中,建议撤销广通公司的登记;对恒星公司处罚36万元;提请追究恒星公司法定代表人盛建华的经济诈骗的刑事责任。2001年9月,长沙市芙蓉区人民政府在调查湘龙市场的土地使用权没有进行任何补偿的情况下被广通公司非法取得,造成马王堆乡4个村200多村民闹事的事件中,发现广通公司注册资金验资不实,也发函请求工商行政管理部门查处广通公司涉嫌虚报注册资金行为。2002年12月16日,湖南省工商行政管理局作出《关于对湖南省广通电子城有限公司虚报注册资本一案的处罚决定》,认定恒星公司、湘龙超市公司以东区八一路1号的房地产及土地使用权移交广通公司,作价700万元作注册资本,湘龙超市公司为340万元,广通公司为360万元。事实上两股东并没有取得八一路1号土地使用权,也没有取得八一路1号地上附着物(房产)的所有权,其土地使用权属马王堆乡政府,土地上附着物(房产)是湘龙超市公司母公司湘龙实业公司于1993年没有办理任何报建审批手续开工建设的违章建筑。广通公司虚报注册资本的事实成立,罚款49万元,责令在6个月内改正。广通公司于2005年9月29日取得了湘龙市场的土地使用权证,于2006年3月14日取得了湘龙市场的建筑工程施工许可证,于2006年4月12日取得了湘龙市场的建设用地规划许可证,于2006年8月14日取得了湘聚大厦商品房预售许可证。

现湘龙市场由亚华高校公司单方控制,2003年2月14日,以广通电子城的名义将第一、二层出租给新一佳超市,租期为2003年9月10日至2023年9月9日。首年租金为550万元,第二年在上年度租金和装修返还金为基层上按3%递增。2003年9月,湖南亚华高校投资有限公司更名为湖南湘聚投资有限责任公司。

重审（一审）法院认为：湘龙超市公司按合同约定履行了相关义务。湘聚公司没有按合同投入注册资金，应对股东承担责任，同时，湘聚公司也没有按合同约定在规定的时间内开业，也应承担违约责任，故应赔偿湘龙超市公司的经济损失。湘龙超市公司原审时请求赔偿损失的数额为920万元，再审中变更为1325.5万元。湘龙超市公司的损失虽超过了其诉讼请求但根据最高人民法院的司法解释，再审中不能增加诉讼请求，因此只能以原审的诉讼请求为准，计算至湘龙超市公司起诉之日。之后的损失湘龙超市公司可另行提起诉讼。湘聚公司承接了恒星公司的权利义务，应由湘聚公司在本案中承担责任。因原审双方的主要合同义务已履行，湘龙超市公司请求解除合同的诉讼请求理由不能成立。

重审（一审）法院判决：（1）湘聚公司在判决生效后10日内赔偿湘龙超市公司经济损失920万元，逾期则按每日万分之二点一支付迟延履行金；（2）驳回湘龙超市公司的其他诉讼请求。

湘龙超市公司不服上述判决，向湖南省高级人民法院提起上诉。

（三）二审情况

二审法院认为：本案所涉标的湘龙大市场，涉及一系列纠纷，长沙市芙蓉区人民政府就处理该市场遗留问题已由区委政法委牵头成立专门办公室。为便于本案统一、全面、整体、协调地处理，本案交由该专门办公室即长沙市芙蓉区处理湘龙大市场遗留问题办公室统一处理为宜。

二审法院裁定：（1）撤销重审（一审）判决；（2）驳回湘龙超市公司的起诉。

湘龙超市公司不服，向检察机关申请监督。

三、最高人民检察院提出抗诉的理由

最高人民检察院认为：二审法院驳回起诉的民事裁定适用法律确有错误。理由如下：

本案符合《民事诉讼法》规定的起诉条件。《民事诉讼法》第119条（2012年修改前为第108条）规定："起诉必须符合下列条件：（一）原告是与本案有直接利害关系的公民、法人和其他组织；（二）有明确的被告；（三）有具体的诉讼请求和事实、理由；（四）属于人民法院受理民事诉讼的范围和受诉人民法院管辖。"本案中，湘龙超市公司与本案有直接

利害关系,有明确的被告即湘聚公司,湘龙超市公司的诉讼请求、事实与理由具体、明确,所争议的纠纷亦属于民事诉讼受理范围和受诉人民法院管辖,故湘龙超市公司的起诉符合《民事诉讼法》规定的起诉条件,湖南省高级人民法院以"本案所涉标的湘龙大市场,涉及一系列纠纷,长沙市芙蓉区人民政府就处理该市场遗留问题已由区委政法委牵头成立专门办公室。为便于本案统一、全面、整体、协调地处理,本案交由该专门办公室即长沙市芙蓉区处理湘龙大市场遗留问题办公室统一处理为宜"为由,驳回湘龙超市公司的起诉,缺乏法律依据,属于适用法律确有错误。

四、案件评析

本案符合《民事诉讼法》规定的起诉条件。二审法院以"本案所涉标的湘龙大市场,涉及一系列纠纷,长沙市芙蓉区人民政府就处理该市场遗留问题已由区委政法委牵头成立专门办公室。为便于本案统一、全面、整体地协调处理,本案交由该专门办公室即长沙市芙蓉区处理湘龙大市场遗留问题办公室统一处理为宜"为由,驳回湘龙超市公司的起诉,非法剥夺了湘龙超市公司的诉讼权利。根据调查核实,上述办公室已无人办公,相关问题并未得到解决。在这种情况下,通过抗诉启动再审程序来解决本案纠纷,更为适宜。

案例二十九:郑桂林申请监督案(高检民监〔2016〕211号)

一、案件来源

郑桂林因与青海鑫瑞建设工程有限公司买卖合同纠纷一案,不服青海省高级人民法院(2015)青民再终字第6号民事判决,向青海省人民检察院申请监督,该院提请最高人民检察院抗诉。

二、诉讼过程和法院历次审理情况

(一)原审情况

2014年6月,郑桂林起诉青海鑫瑞建设工程有限公司至青海省西宁市中级人民法院,请求:判令青海鑫瑞建设工程有限公司支付货款2070790元。后双方以达成调解协议为由,请求法院确认调解协议。

青海省西宁市中级人民法院于 2014 年 6 月 16 日作出（2014）宁民二初字第 243 号民事调解书。双方当事人自愿达成如下协议：(1) 青海鑫瑞建设工程有限公司拖欠郑桂林货款 2070790 元，于 2014 年 7 月 15 日前一次性付清全部货款，若逾期给付，每日支付郑桂林资金占用费 1 万元；(2) 本案案件受理费 23366 元，减半收取 11683 元，保全费 5000 元，均由郑桂林承担。

因青海鑫瑞建设工程有限公司未依约履行（2014）宁民二初字第 243 号民事调解书确定的义务，郑桂林于 2014 年 7 月 25 日向青海省西宁市中级人民法院申请强制执行。后双方达成执行和解协议，协议约定：(1) 双方当事人确认该案执行款项为 2536897.9 元（含执行费）；(2) 经双方当事人协商被执行人于 2014 年 8 月 29 日一次性以 227 万元解决此案，双方债权债务两清；(3) 申请执行人放弃资金占用费 24 万元、货款 790 元及逾期双倍利息；(4) 本案执行费 26107.9 元由被执行人承担。该执行和解协议达成后青海省西宁市中级人民法院从被执行人银行账户内扣划了执行款项 227 万元，款项已给付申请执行人，此案已全部执行完毕。青海省西宁市中级人民法院于 2014 年 9 月 1 日作出（2014）宁执字第 212-1 号执行裁定书，裁定：（2014）宁民二初字第 243 号民事调解书终结执行。

2014 年 12 月 15 日，青海鑫瑞建设工程有限公司以（2014）宁民二初字第 243 号民事调解书调解协议内容违反法律、郑桂林伪造相关证据、隐瞒已收货款为由向青海省西宁市中级人民法院申请再审。青海省西宁市中级人民法院于 2015 年 4 月 29 日作出（2015）宁民申字第 14 号民事裁定书，裁定本案由该院另行组成合议庭再审。

（二）再审（一审）情况

再审（一审）法院查明：2013 年 8 月 10 日，甲方郑桂林经营的西宁市城北联谊钢材经营部作为供货方与乙方青海鑫瑞建设工程有限公司茫崖项目部作为需货方签订《钢材买卖合同》，约定乙方承建的茫崖高通农贸市场工程所用的钢材全部由甲方提供，甲方应把每批次所需钢材计划提前 3~5 天告知甲方，以便甲方组织货源，乙方授权并委派周龙为现场货物验收员，签字生效；乙方以甲方的出库单为依据，数量、吨位、双方当场点清，经乙方验收无异议后，由乙方经办人签字生效；出库单或欠条与本合同具有同等法律效力；每批量钢筋 700 吨，乙方预付甲方每批量钢筋款 50 万元，甲方同意垫资给乙方的钢材数量限 700 吨之内，所垫的每批量钢筋款乙方必须在 2013 年 10 月 10 日前全部付清。除所垫资的钢材款外，每次钢材款自提货之日应以现金交易，如未能付清钢材款即视为违约；乙方如果未能按本合同约定履行义务，即视为违约，乙方愿意按本合同所欠的钢材款每日每吨附加 6 元作为违约金进行结算。郑桂林从 2013 年 7 月 16 日至 10 月 7 日向青海鑫瑞建设工程有限公司茫崖项目部供应钢材，郑桂林向原审提交供应钢材的 13 张出库单记载的金额共计 2661236 元。2014 年 1 月 13 日，青海鑫瑞建设工程有限公司茫崖项目部的投资人及项目部总负责人龙毅给郑桂林出具欠条一张，内容为"今欠到西宁城北联谊钢材经营部钢材款 2490790 元，愿支付因钢材款未及时支付造成的违约金 15 万元"。郑桂林以此欠条为依据提起诉讼，承认青海鑫瑞建设工程有限公司于 2014 年 1 月 23 日支付 45 万元，6 月 12 日支付 40 万元，又将 40 万元中的 28 万元作为资金占用费计入应付款中，即起诉的应付款为 2920790 元（钢材款 2490790 元 + 违约金 150000 元 + 资金占用费 28 万元），扣减两笔已付款 45 万元和 40 万元，郑桂林主张剩余货款 2070790 元。

再审（一审）法院认为：关于原审调解是否违反自愿原则的问题，从原审诉讼过程来看，郑桂林于 2014 年 5 月 19 日向该院申请诉前保全，要求青海鑫瑞建设工程有限公司支付剩余货款 2040790 元，违约金 60 万元，并保全青海鑫瑞建设工程有限公司等额的财产。5 月 22 日，该院作出（2014）宁民保字第 49 号民事裁定书，裁定冻结青海鑫瑞建设工程有限公司银行存款 2640790 元或查封、扣押等值财产。5 月 27 日，该院冻结青海鑫瑞建设工程有限公司的几个银行账户。6 月 13 日，该院进行调解时，郑桂林和青海鑫瑞建设工程有限公司的委托代理人谭永生陈述双方已达成和解协议，请求法院确认。于是，该院出具调解书对双方当事人达成的协议予以确认。从调解过程看，承办法官在征求当事人是否同意调解时，双方即主动说出自行达成和解协议，不存在当事人违心接受调解的情况，更不存在法官反复做调解工作或强行调解的情况。因此，原审调解没有违反当事人自愿原则。关于原审调解是否违反法律规定的问题，双方当事人之间是买卖合同关系，并非借贷关系，约定的资金占用费的性质应该是违约金。双方虽然在合同中约定了违约金的计算方式和货款的给付时间，但在 2014 年 1 月 13 日龙毅出具欠条时，约定欠款

2490790元和未及时支付钢材款的违约金15万元，应视为双方对欠付货款的数额及违约金进行了确定，此欠条没有约定还款时间。法院采取保全措施后，郑桂林收取青海鑫瑞建设工程有限公司违约金28万元。郑桂林起诉时又将15万元和28万元算入总货款2920790元（2490790元+15万元+28万元），减去已付款85万元，主张欠款2070790元。双方达成调解协议时，又约定逾期给付的违约金每日1万元。至执行和解协议时青海鑫瑞建设工程有限公司给付郑桂林欠付货款和违约金227万元，此次郑桂林又收取青海鑫瑞建设工程有限公司违约金199210元。由此可见，郑桂林不仅将违约金算入总货款后又重复收取违约金，而且在实际欠付货款只有1111236元的情况下，在2013年8月11日（出具欠条前最后一次付款）至执行和解的2014年8月29日这一年，收取违约金高达629210元。虽然此违约金数额接近双方合同约定计算的违约金（1111236元÷4100元/吨×6元×382天=621208元），但已达到货款本金的57%。无论参照违约金不超过实际损失的30%的规定来计算，还是参照民间借贷利率不超过银行同期贷款利率四倍的规定来计算，均已远远超过法定限度。因此双方当事人约定的违约金过高，原审没有向当事人释明要求核减的权利，尤其是在郑桂林隐瞒重要证据，即对当事人达成的协议予以确认，出具的调解书违反了《民事诉讼法》第93条关于"人民法院审理民事案件。根据当事人自愿原则在事实清楚的基础上，分清是非，进行调解"的规定。关于郑桂林在原审诉讼及调解时是否存在伪造证据的问题，郑桂林在原审提交的13张出库单均有周龙的签字，青海鑫瑞建设工程有限公司所持有的其中6张出库单上没有周龙的签字，但双方各自持有的出库单除了单据编号和书写笔迹不一致外，其他记载的日期、品名、规格型号、数量、单价、金额等内容完全一致。况且周龙对其余11张出库单上的签字既没有肯定也没有否定，只是不能确认，而青海鑫瑞建设工程有限公司也不申请笔迹鉴定，周龙也承认其有外出未能及时签字的情况和别人代签的情况。青海鑫瑞建设工程有限公司认可其实际上已收到12张出库单记载的货物。综合双方当事人陈述及证人证言，无论出库单上的签字是否系周龙本人所签，13张出库单记载的内容真实。因此，郑桂林在原审调解时出具的13张出库单不存在伪造的情形。关于郑桂林在原审诉讼中是否存在隐瞒证据和已收货款的问题，郑桂林再审庭审中陈述收到青海鑫瑞建设工程有限公司钢材款共计155万元,但其在原审诉讼及调解时仅承认收到青海鑫瑞建设工程有限公司钢材款85万元,隐瞒了2013年8月11日50万元和2013年7月16日20万元的交易凭证和已收货款的事实。关于涉案应付货款的问题,双方当事人均认可12张出库单记载的货款总额2657037元,应予确认,对于有周龙签字的编号为1368的出库单记载的货款4200元,青海鑫瑞建设工程有限公司虽不予认可,但该出库单在原审诉讼期间郑桂林就已提交法院,当时青海鑫瑞建设工程有限公司并未提出异议,而周龙在庭审作证时也未作出确定的回答,且青海鑫瑞建设工程有限公司又不申请笔迹鉴定,该笔货款应当认定为应付货款。至于郑桂林再审中提交的3张编号为2975、2976、2978出库单记载货款570857元,因该出库单没有周龙签字,青海鑫瑞建设工程有限公司不予认可,且郑桂林在原审诉讼期间并未提交,再审中郑桂林又无其他证据证明青海鑫瑞建设工程有限公司已收取了该出库单记载的钢材,故此项货款560857元不应认定为应付货款。因此,周龙签字的13张出库单记载的货款总额2661236元应当认定为应付货款。关于已付货款的问题,双方对于以下3笔已付款110万元(2013年7月16日20万元、2013年8月11日50万元、2014年6月12日40万元)没有争议,应予认定。根据郑金芳再审中的书面证词,2014年1月27日收到的80万元中的45万元为钢材款,其余35万元为木方、模板、水电、瓷砖材料费。因对于郑桂林在原审起诉时承认2014年1月23日收到货款45万元的主张,青海鑫瑞建设工程有限公司也已认可,但双方均提交不出相应的付款凭证或交易记录,结合郑桂林与郑金芳合伙关系以及二人与青海鑫瑞建设工程有限公司还存在木材买卖合同关系等事实,且双方对郑金芳书面证词内容不持异议,应当认定2014年1月27日郑金芳收到的80万元中的45万元为钢材款,此款与双方认可的2014年1月23日货款45万元应为同一笔款项,其余35万元和另外两笔各5万元均为木方、模板、水电、瓷砖等材料费用,与本案无关。因此,郑桂林在原审起诉前已收取青海鑫瑞建设工程有限公司支付的货款115万元,起诉后收取40万元,本案已付货款为155万元。关于欠付货款的问题,青海鑫瑞建设工程有限公司将执行款算作已付款不妥,此款应在执行程序解决。郑桂林不仅在原审诉讼和调解时隐瞒了两笔已收货款共计70万元的事实,而且两次诉讼中的陈述前后矛盾,甚至在双方提交证据比较齐全的再审中,郑桂林依据自己提交和认可的证据都无法计算出其主张的欠付款数额，计算过程和数额不能一一对应。其主张的欠付款数额与查明的事实与认定的证据不相符合，故其主张证据不足，不予支持。根据前述认定的应付货款 2661236 元，减去已付货款 155 万元，欠付货款为 1111236 元。综上，原审调解支持郑桂林重复计算的违约金且数额过高，违反法律规定，在郑桂林隐瞒了部分已付款的证据和付款事实的情况下进行调解，导致调解的案件事实不清，达成的调解协议显失公平，侵害了青海鑫瑞建设工程有限公司的合法权益，依法应予撤销。根据再审查明的事实，青海鑫瑞建设工程有限公司应给付郑桂林剩余货款 1111236 元。因双方合同关于"所欠钢材款每日每吨附加 6 元作为违约金进行结算"的违约金约定过高，青海鑫瑞建设工程有限公司已提出异议，依法应予核减。鉴于郑桂林没有证明因青海鑫瑞建设工程有限公司拖欠钢材款给其造成的实际损失，亦未主张按实际损失赔偿违约金，因此，青海鑫瑞建设工程有限公司应自双方约定的最后全部付清款项的 2013 年 10 月 10 日之次日至法院执行扣划的 2014 年 8 月 29 日，按照银行同期贷款利率的两倍向郑桂林赔偿逾期付款的违约损失 164950.17 元（按照 6% 的年利率以每次付款后的欠款数额分段计算）。

再审（一审）判决：（1）撤销（2014）宁民二初字第 243 号民事调解书；（2）青海鑫瑞建设工程有限公司于本判决生效后 10 日内给付郑桂林欠付钢材款 1111236 元；（3）青海鑫瑞建设工程有限公司按照银行同期同类贷款利息的两倍向郑桂林支付 2013 年 10 月 11 日起至 2014 年 8 月 29 日欠付钢材款的违约金 164950.17 元。

郑桂林不服再审（一审）判决，向青海省高级人民法院提起上诉。

（三）二审情况

二审法院对再审（一审）查明的事实予以确认。另查明，2014 年 6 月 12 日中国银行网上银行电子回单载明付款人龙毅，收款人郭雪，汇款 400000 元，其中注明用途为 12 万元本金，28 万元利息，时间为 2014 年 1 月 23 日至 2014 年 7 月 15 日。

二审法院认为：关于（2014）宁民二初字第 243 号民事调解书是否违反法律的相关规定应当被撤销的问题，从原审法院对案件的调解过程审查，不存在违背当事人自愿原则而反复强行调解的事实。一审法院在查清案件基本事实的基础上，认定该案调解时郑桂林隐瞒部分已付货款所进行的调解，导致案件事实不清，对此双方虽然达成了一致意见，但调解协议内容不真实，损害了一方当事人的利益，当事人可以就调解书申请再审。一审经审理认定郑桂林重复计算违约金，原调解支持的违约金数额过高违反法律规定，以郑桂林所称理由与案件事实不符为由，对其主张不予支持得当。一审根据查明事实认定该院未认真核实案件基本事实和证据，即对当事人达成的协议出具民事调解书，违反《民事诉讼法》第93条的规定，将（2014）宁民二初字第243号民事调解书予以撤销，符合法律规定。一审对应付货款、已付款及欠付款的认定是否得当的问题，双方当事人均认可12张出库单记载的货款总额2657036元。对于周龙签字的编号为1368的出库单在原审诉讼期间已由郑桂林作为证据提交，青海鑫瑞建设工程有限公司虽不认可，因有该公司周龙签字确认，该出库单能够证明4200元货款存在的事实，对此应予以认定，上述两笔应付款合计2661236元。郑桂林在原审起诉前已收取青海鑫瑞建设工程有限公司支付的货款1150000元，又根据2014年6月12日中国银行网上银行电子回单证明，郭雪收取的400000元中120000元为本金，280000元为支付的违约金，至此，应确认青海鑫瑞建设工程有限公司已付货款1270000元。前述应付货款2661236元，减去已付款1270000元，青海鑫瑞建设工程有限公司尚欠货款为1391236元。关于郑桂林主张的违约金应否由青海鑫瑞建设工程有限公司承担的问题，本案事实表明郑桂林就同一违约行为主张了三次违约金，合计629210元，是未付货款1391236元的45.2%；按双方合同中关于"所欠钢材款每日每吨附加6元作为违约金进行结算"的约定进行计算，所得出的违约金数额为777734元（1391236元÷4100元/吨×6元×382天=777734元），超过未支付货款1391236元的55.9%。《合同法》第114条第2款规定："约定的违约金低于造成的损失的，当事人可以请求人民法院或者仲裁机构予以增加；约定的违约金过分高于造成的损失的，当事人可以请求人民法院或者仲裁机构予以适当减少。"青海鑫瑞建设工程有限公司提出双方约定违约金过高要求核减，其理由符合法律规定。但青海鑫瑞建设工程有限公司截至2014年6月12日拖欠货款总额为1391236元，青海鑫瑞建设工程有限公司在银行电子回单中承诺以利息方式支付违约金280000元，其承诺的违约金数额与拖欠货款的数额比例为20.1%，未超过未付货款的30%，且双方已按违约金实际履行，对此不应再认定为已付货款。一审将该部分款项按货款本金计算并不符合双方原意和法律规定，予以纠正。

综上，对青海鑫瑞建设工程有限公司拖欠郑桂林钢材货款1391236元并支付违约金280000元的事实予以确认，该事实应视为对先前150000元违约金的重新约定。当青海鑫瑞建设工程有限公司已支付280000元违约金后，郑桂林就同一违约行为又主张199210元的违约金，属重复主张权利，该院不予支持。郑桂林在2014年5月19日对涉案纠纷已提起民事诉讼，而青海鑫瑞建设工程有限公司对2014年6月12日之前所欠货款已承担违约责任。据此，一审按照银行同期同类贷款利息的两倍认定青海鑫瑞建设工程有限公司向郑桂林支付自2013年10月11日至2014年8月29日欠付钢材款的违约金164950.17元不当，该院予以纠正。郑桂林关于不应按银行同期同类贷款利息的两倍认定违约金，而应按双方表明的合意认定青海鑫瑞建设工程有限公司承担违约责任的上诉理由成立。

二审法院判决：（1）维持再审（一审）判决第一项，即撤销青海省西宁市中级人民法院（2014）宁民二初字第243号民事调解书；（2）撤销再审（一审）判决第三项；（3）改判再审（一审）判决第二项为青海鑫瑞建设工程有限公司于本判决生效后10日内给付郑桂林欠付钢材款1391236元；（4）青海鑫瑞建设工程有限公司给付郑桂林违约金280000元（此款已履行）。

郑桂林不服二审判决，向检察机关申请监督。

三、最高人民检察院提出抗诉的理由

最高人民检察院认为：终审判决认定案件基本事实缺乏证据证明，适用法律确有错误。理由如下：

1. 本案中并不存在针对调解书启动再审程序的法定事由。《民事诉讼法》第201条规定："当事人对已经发生法律效力的调解书，提出证据证明违反自愿原则或者调解协议的内容违反法律的，可以申请再审。经人民法院审查属实的，应当再审。"本案中，双方在原审程序中达成调解协议，确定青海鑫瑞建设工程有限公司拖欠郑桂林货款2070790元。双方在执行阶段又达成执行和解协议，青海鑫瑞建设工程有限公司同意"于2014年8月29日一次性以227万元解决此案，双方债权债务两清"。综合审查本案相关情况，本案中并不存在针对调解书启动再审程序的法定事由。具体分析如下：第一，原审调解并不违反当事人自愿原则。经再审后的一审判决认定，"从调解过程看，承办法官在征求当事人是否

同意调解时，双方即主动说出自行达成和解协议，不存在当事人违心接受调解的情况，更不存在法官反复做调解工作或强行调解的情况。因此，原审调解没有违反当事人自愿原则。"经再审后的二审判决认定，"从原审法院对案件的调解过程审查，不存在违背当事人自愿原则而反复强行调解的事实"。换言之，再审后的一审、二审判决均认为原审调解并不违反当事人自愿原则。第二，调解协议的内容并不违反法律规定。首先，经再审后的一审判决认定，郑桂林在原审提交的13张出库单均有周龙的签字，青海鑫瑞建设工程有限公司认可其实际上已收到12张出库单记载的货物，因此，"郑桂林在原审调解时出具的十三张出库单不存在伪造的情形"。再审后的二审判决对此予以认可。其次，虽然《合同法》第114条第2款规定"约定的违约金低于造成的损失的，当事人可以请求人民法院或者仲裁机构予以增加；约定的违约金过分高于造成的损失的，当事人可以请求人民法院或者仲裁机构予以适当减少"，但在本案原审程序中，青海鑫瑞建设工程有限公司并未提出调整违约金的请求，而是与郑桂林在协商的基础上达成了调解协议和执行和解协议。再审判决以违约金数额过高违反法律规定为由启动再审，法律依据并不充分。最后，本案中郑桂林系以龙毅于2014年1月13日出具的欠条作为主要证据起诉的，即双方在2014年1月13日确定欠付钢材款数额为2490790元。而青海鑫瑞建设工程有限公司所称郑桂林隐瞒的两笔已收货款（2013年7月16日支付的20万元、2013年8月11日支付的50万元），均系在龙毅出具上述欠条之前支付的。故再审判决认定本案中郑桂林隐瞒已收货款，证据不足。

2. 本案启动再审程序后，再审判决在认定事实方面有两处错误。第一，上文已述，青海鑫瑞建设工程有限公司所称郑桂林隐瞒的两笔已收货款（2013年7月16日支付的20万元、2013年8月11日支付的50万元），均系在龙毅出具欠条之前支付的。故本案中计算欠付货款的正确方式为：龙毅于2014年1月13日出具的欠条所确认的欠款2490790元减去2014年1月23日支付的45万元减去2014年6月12日支付的40万元中的12万元，最后剩余1920790元。本案中，再审判决并未否定龙毅出具的欠条的效力，其应以该欠条作为确定应付货款的依据。再审判决一方面对上述欠条的效力予以认可，另一方面又在计算欠付货款时对上述欠条不予采纳，两者之间明显存在矛盾。第二，本案中郑桂林主张的3

次违约金（分别为龙毅于 2014 年 1 月 13 日出具欠条时约定的 15 万元、青海鑫瑞建设工程有限公司于 2014 年 6 月 12 日支付 40 万元中的 28 万元、执行和解时双方认可的 199219 元），系分段计算的（15 万元违约金为合同到期日 2013 年 10 月 10 日至结算出具欠条之日 2014 年 1 月 13 日的违约金；28 万元为青海鑫瑞建设工程有限公司在付款时的电子回单中注明的，且双方均认可的 2014 年 1 月 23 日至 2014 年 7 月 15 日的违约金；199210 元为双方调解书约定应付款时间 2014 年 7 月 15 日至实际履行完毕时间 2014 年 8 月 29 日的违约金），并不存在再审判决所认定的重复计算的问题。而且对于双方在执行和解阶段均予以认可的违约金 199219 元，因系在执行阶段所产生，并非在原审调解时所产生，故再审判决把各阶段的违约金相加后的数额作为认定原审调解时违约金是否过高的依据，明显不当。

四、案件评析

本案中并不存在针对调解书启动再审程序的法定事由。《民事诉讼法》第 201 条规定："当事人对已经发生法律效力的调解书，提出证据证明违反自愿原则或者调解协议的内容违反法律的，可以申请再审。经人民法院审查属实的，应当再审。"第一，原审调解并不违反当事人自愿原则。经再审后的一审判决认定，"从调解过程看，承办法官在征求当事人是否同意调解时，双方即主动说出自行达成和解协议，不存在当事人违心接受调解的情况，更不存在法官反复做调解工作或强行调解的情况。因此，原审调解没有违反当事人自愿原则"。经再审后的二审判决亦认定，"从原审法院对案件的调解过程审查，不存在违背当事人自愿原则而反复强行调解的事实"。第二，调解协议的内容并不违反法律规定。首先，经再审后的一审判决认定，郑桂林在原审提交的 13 张出库单均有周龙的签字，青海鑫瑞建设工程有限公司认可其实际上已收到 12 张出库单记载的货物，因此，"郑桂林在原审调解时出具的十三张出库单不存在伪造的情形"。再审后的二审判决对此予以认可。其次，在本案原审程序中，青海鑫瑞建设工程有限公司并未提出调整违约金的请求，而是与郑桂林在协商的基础上达成了调解协议和执行和解协议。再审判决以违约金数额过高违反法律规定为由启动再审，法律依据并不充分。最后，本案中郑桂林系以龙毅于 2014 年 1 月 13 日出具的欠条作为主要证据起诉的，即双方在 2014 年 1 月 13 日确定欠付钢材款数额为 2490790 元。而青海鑫瑞建设工程有限公司所称郑桂林隐瞒的两笔已收货款（2013 年 7 月 16 日支付的 20 万元、2013 年 8 月 11 日支付的 50 万元），均系在龙毅出具上述欠条之前支付的。故再审判决认定本案中郑桂林隐瞒已收货款，证据不足。

三、有新的证据足以推翻原裁判

《民事诉讼监督规则》第 78 条规定："下列证据，应当认定为《中华人民共和国民事诉讼法》第二百条第一项规定的'新的证据'：（一）原审庭审结束前已客观存在但庭审结束后新发现的证据；（二）原审庭审结束前已经发现，但因客观原因无法取得或者在规定的期限内不能提供的证据；（三）原审庭审结束后原作出鉴定意见、勘验笔录者重新鉴定、勘验，推翻原意见的证据；（四）当事人在原审中提供的，原审未予质证、认证，但足以推翻原判决、裁定的主要证据。"根据上述规定，新证据的类型可以分为新发现的证据、新取得的证据、新形成的证据、未质证的证据四类。需要说明的是，最高人民法院关于民事诉讼法的司法解释把新形成的证据扩大为"在原审庭审结束后形成，无法据此另行提起诉讼的"，这样的修改使上述第三项不再限定于鉴定、勘验领域，有利于对当事人权利的保障。

对新证据的采信标准是什么呢？笔者认为，应当是"足以推翻原裁判"。新证据能够证明原裁判认定的基本事实或者裁判结果错误的，该证据才可以被认定为是"足以推翻原裁判"。新证据如果只是证明原裁判存在一般瑕疵，就不应认定为"足以推翻原裁判"。同时，"足以推翻原裁判"采取的应当是盖然性的标准，而不是必然性的标准。在监督实践中，不能要求新证据必须推翻原裁判，因为这样可能导致应该再审的案件没有进入再审程序或者再审审理程序形式化。

从省级院的提请抗诉案件来看，新证据的类型主要有：

（一）人民法院依法作出的生效判决书

在监督实践中以刑事判决书作为新证据的情况较为普遍，以民事、行政判决书作为新证据的情况相对较少。一般情况下，已为生效判决书所确认的事实，当事人无须举证，除非当事人有相反的证据足以推翻该事实。换言之，以生效判决书作为新证据时其可信度相对较高，较易为检察机关所采纳。

案例三十：湖南省建总公司申请监督案（高检民监〔2016〕246号）

一、案件来源

湖南省建总公司因与金丰公司等买卖合同纠纷一案，不服山东省高级人民法院（2012）鲁民监字第137号民事判决，向山东省人民检察院申请监督，该院提请最高人民检察院抗诉。

二、诉讼过程和法院历次审理情况

2009年7月，金丰公司起诉湖南省建总公司、湖南省建总公司苏安分公司、湖南省建总公司苏安分公司金兴项目部和湖南省建总公司苏安分公司第三工程处至金乡县人民法院，请求：（1）判令4被告支付货款980097.5元及约定利息、逾期按日所承担的违约金；（2）判令4被告支付在未付清货款期间因使用其他单位混凝土应向金丰公司赔付的每立方米外加50元的可得利益损失163425元。后金丰公司将其第2项诉讼请求变更为可得利益损失636575元。

（一）一审情况

一审法院查明：2009年6月2日，金兴项目部与金丰公司签订《商品混凝土买卖合同》，合同约定金兴项目部向金丰公司购买混凝土16000立方米，结算方式以金兴项目部签收的混凝土方量为计算依据，每800立方米结算一次，如连续15天不使用商砼，应付清全部欠金丰公司的货款，金兴项目部逾期付款，从逾期之日起按逾期付款总额的3%支付逾期付款违约金。金兴项目部及金丰公司在合同上盖章，黄右防、李本斌、吴胜海在合同上签字。合同签订后，金丰公司按约向苏安分公司B7、B8区工地供应混凝土共计3268.5立方米，总价值为980097.5元，第三工程处经理李万里在结算单上签字。金兴项目部、第三工程处至今未付分文货款。另查明，2008年12月中国人民银行公布的6个月以内执行年利率为4.86%。

一审法院认为：本案的焦点问题为，（1）谁是本案适格的责任主体；（2）金丰公司要求可得利益损失是否支持。

对于焦点问题一，湖南省建总公司于2009年9月10日向该院提出申请，要求法院调查"湖南省建筑工程集团总公司徐州苏安分公司工商登记资料，特别是该分公司进行工商注册时使用的分支机构设立申请文书，授权文书等文件上所加盖的其公司名义的公章的印文，提出申请鉴定"。该院（2009）金商初字第147-1号通知书以其申请不符合最高人民法院《关于民事诉讼证据的若干规定》第17条的规定，不予准许。10月20日，湖南省建总公司提出复议申请，认为"本案纠纷系他人私刻我公司印章，假冒我公司名义设立所谓我公司分公司而承接工程所引发，调取该分公司设立时所使用的我司名义的印章印文，并将与我司公章印文进行司法鉴定，以确认真假对正确审理本案和确定各方民事责任至关重要"。对此，合议庭认为，被告湖南省建总公司的申请不属于本案调查范围，该院2009年10月25日下发（2009）金商初字第147-2号通知书，驳回了其复议申请，维持原决定。湖南省建总公司没有提出其他证据证明自己的观点。由此，该院认定，苏安分公司为湖南省建总公司设立的分支机构，金兴项目部及第三工程处为苏安分公司设立的临时机构。

对于焦点问题二，金丰公司以与金兴项目部签订的合同的第11条的规定"甲方没有付清乙方砼款，不论任何理由，不能使用其它厂家混凝土，否则，所用混凝土应赔偿我公司每立方米50元损失，其他执行原合同"为依据，要求4被告赔偿未履行合同部分的可得利益损失。对于该合同条款，该院经审查认为，该条款应为金兴项目部不履行合同时的惩罚性条款，不能作为计算可得利益损失的依据。对可得利益损失的确定应综合考虑纯利润规则、可预见规则、减轻损害规则和损益相抵规则确定。对于本案，金丰公司要求的可得利益损失应为转售利润，转售利润应为销售合同的价款与原合同价款的差额扣除必要的转售成本所得，金丰公司没有证据证明因金兴项目部的违约而转售合同未履行部分标的造成的与原合同的差额，即无证据证明自己遭受到可得利益损失，对金丰公司可得利益损失的请求不予支持。

该院认为，金兴项目部与金丰公司签订的《商品混凝土买卖合同》，是双方当事人真实的意思表示，且不违反法律规定，双方形成的买卖合同关系合法有效。根据双方结算清单，金丰公司已实际向金兴项目部供应商品混凝土3268.5立方米，但金兴项目部未能按照合同约定的每800立方米结算一次的付款期限履行付款义务，显属违约，理应向金丰公司支付所欠的混凝土货款980097.5元。金丰公司要求被告给付违约金，是其对自己诉讼权利的合法主张，故依法应予支持。对于违约金数额，合同约定："甲方逾期付款，从逾期之日起按逾期付款总额的3%支付逾期付款违约金"，该约定明显过高，金兴项目部要求予以降低的理由成立，予以支持。对于金丰公司请求的违约金可按所欠货款为本金，自最后一次供货时即2009年7月9日起按中国人民银行公布的同期贷款基准利率的4倍计算，超过的违约金部分，不予支持。

综上所述，该院认为，金兴项目部及第三工程处构成违约，其应承担偿还未付的货款，并应承担未付货款的4倍银行同期贷款利率的违约责任。金丰公司要求的其他违约金，该院不予支持。金丰公司要求可得利益损失，证据不足，该院不予支持。金兴项目部、第三工程处为苏安分公司设立的临时机构，其所签订的合同，后果应由苏安分公司承担。苏安分公司是湖南省建总公司设立的分支机构，不具有企业法人资格，其民事责任应由湖南省建总公司承担，在分公司不足以清偿时承担给付责任。第三工程处经本院传票传唤，无正当理由拒不到庭应诉，其行为是对金丰公司诉称事实及诉讼请求答辩权利的放弃。

一审法院判决：（1）苏安分公司偿还金丰公司货款980097.5元，并支付违约金68802.8元（违约金以980097.5元为本金，自2009年7月9日计算至2009年11月19日，按年利率4.86%的4倍计算），均于判决生效后10日内付清；（2）苏安分公司的财产不足以清偿本判决第一项确定的债务的，由湖南省建总公司以其他财产予以清偿；（3）驳回金丰公司对金兴项目部、第三工程处的诉讼请求；（4）驳回金丰公司的其他诉讼请求。

金丰公司和湖南省建总公司均不服一审判决，向济宁市中级人民法院提起上诉。

（二）二审情况

二审法院查明：二审诉讼中，湖南省建总公司为证明其不应向苏安分公司和金兴项目部承担责任，提供了7份证据。（1）湖南省人民政府办公厅的说明，证明公司已经备案及公章印文。（2）司法鉴定文书，徐州市泉山人民法院，证明涉案分公司申请工商注册资料中所加盖的总公司同名印章印文和备案的印文不符，系伪造。（3）涉案分公司的工商登记资料。（4）营业执照副本，证明涉案分公司申请工商登记注册时所使用的编号相同的公司营业执照副本复印件多处不符，系伪造。（5）《关于建议立案调查并依法尽快撤销虚假分支机构湖南省建筑工程集团总公司徐州苏安分公司的函》。证明徐州工商登记审查不严，程序明显错误。（6）泉公刑立字（2010）第544号立案决定书。证明公安机关对刘国阳等人的涉嫌犯罪行为已立案侦查。（7）复函。证明注册苏安分公司的工商部门已对刘国阳的骗取工商登记行为立案查处。以上均证明，总公司和本案纠纷无关。经质证，金丰公司认为：湖南省建总公司提供的办公厅说明，是文电处的说明，是政府管理文电的科室，并非是刻制印章的部门。刻制印章据国务院国法（1993）第21号文对印章刻制有明确规定。对司法鉴定文书中的鉴定结论并没有对印文真伪作出鉴定。对涉案分公司的工商登记资料真实性、合法性无异议，能够表明分公司系非法人单位。对营业执照副本并不是经营以来的唯一执照，且更换多次，不能证明其上述观点。对金丰公司的函不能证明金丰公司的观点，印文刻制据国务院的文件是公安局，至于企业设立分公司是否经过正规渠道，不影响企业的民事责任的承担。对立案决定书，由于湖南省建总公司拒不配合，所以泉山分局撤销案件。对复函没有否定出现在工商局档案中印文的虚假性。苏安分公司质证认为：同意金丰公司的质证意见，其证据不属于新证据，不应组织质证。金兴项目部经质证同意金丰公司的质证意见。

二审诉讼中，金丰公司为证明其要求湖南省建总公司赔偿可得利益损失，提供了4份证据。（1）金兴项目部与金丰公司签订的混凝土合同；（2）2009年7月4日李万里写的保证书。证明在未付清砼款之前也用了其他单位的混凝土。（3）一审庭后调取的由济宁经纬工程造价咨询有限公司对被上诉人承建的B7、B8区楼截止到施工日期2009年9月15日时的工程造价编制报告。证明金兴项目部大量使用其他单位的混凝土。按照双方合同第11条手写的约定，每立方米赔偿50元的损失，应该赔偿未履行部分。（4）2010年2月3日济宁经纬工程造价咨询公司对苏安分公司的回复。经质证，湖南省建总公司对金丰公司的证据真实性不清楚，认为这些证据与其无关。苏安分公司对金兴项目部与金丰公司签订的混凝土合同、济宁经纬工程造价咨询有限公司工程造价编制报告不予认可。二审法院查明的其他事实与一审法院一致。

二审法院认为：本案有两个争议焦点，（1）湖南省建总公司是不是应当对该笔欠款承担还款责任？（2）金丰公司要求湖南省建总公司赔偿未履行合同部分可得利益损失是否成立。

1. 关于湖南省建总公司是不是应当对该笔欠款承担还款责任的问题。该院认为,根据苏安分公司的工商登记档案资料显示,苏安分公司是非法人企业,系法人单位湖南省建总公司所设立。因此,原审判决湖南省建总公司对苏安分公司承担法人民事责任并无不当。湖南省建总公司上诉称其从未设立过苏安分公司,也未承接过涉案工程项目,本案纠纷系他人私刻公司印章设立的苏安分公司承接工程而引发的,湖南省建总公司不应承担任何责任。在金丰公司提供的苏安分公司的工商登记中,明确注明其开办单位为湖南省建总公司。湖南省建总公司二审提供的证据,证明苏安分公司私刻公司印章以湖南省建总公司的名义进行工商登记。金丰公司及苏安分公司对此不予认可,徐州市公安局泉山分局对苏安分公司的负责人刘国阳涉嫌伪造公司印章立案侦查后,于2010年3月31日作出撤销案件决定书。因此,湖南省建总公司的上诉理由,证据不足,该院不予支持。

2. 关于金丰公司要求湖南省建总公司赔偿未履行合同部分可得利益损失是否成立的问题。该院认为,金丰公司要求苏安分公司及湖南省建总公司赔偿经济损失的事实清楚,证据充分。有金丰公司与金兴项目部签订的砼买卖合同,该合同第11条明确约定"甲方没有付清乙方砼款,不论任何理由,不能使用其他厂家混凝土,否则,所用混凝土应赔偿我公司每立方米50元损失,其他执行原合同"。金兴项目部负责人李万里,在2009年7月4日给金丰公司出具保证书,证明在未付清金丰公司货款之前使用了其他单位的混凝土。济宁经纬工程造价咨询有限公司报告书显示,苏安分公司承建的B7、B8区楼,截至施工日期2009年9月15日,主体工程未施工完毕时所使用的砼数量共计11744.9078立方米,而其中使用金丰公司的砼数量为3268.5立方米。该报告证明苏安分公司和金兴项目部大量使用其他单位的混凝土。合同约定砼量为16000立方米,实际履行了3268.5立方米,未履行部分为12731.5立方米。根据《合同法》有关规定及双方合同约定,苏安分公司应赔偿金丰公司经济损失为:12731.5立方米×50×30%＝190972.50元。原审以双方签订的合同第11条约定为惩罚性条款,未支持金丰公司的诉请欠妥,该院应予纠正。综上分析,金丰公司上诉部分有理,该院应予支持。湖南省建总公司上诉证据不足,该院不予支持。

二审法院判决：（1）维持一审判决第一、二、三项；（2）撤销一审判决第四项；（3）苏安分公司赔偿金丰公司可得利益损失190972.50元。

湖南省建总公司不服，向检察机关申诉。2010年6月30日，山东省人民检察院以该判决认定苏安分公司系湖南省建总公司设立缺乏证据证明且本案已经公安机关立案侦查、不宜作为民事案件审理为由提出抗诉。2010年7月5日，山东省高级人民法院以（2010）鲁民抗字第61号民事裁定指令济宁市中级人民法院对本案进行再审。

（三）再审情况

再审法院（济宁中院）关于双方当事人买卖合同的签订、履行等事实的认定与原审相同。还查明，徐州市公安局泉山分局印章被伪造案尚未结案。2010年8月11日，徐州市工商局对苏安分公司的工商登记情况进行调查，作出（2010）00056号行政处罚决定书，认为当事人在申请登记时向登记机关提交了伪造的企业法人营业执照、负责人身份证和伪造法定代表人签名的《营业单位开业登记申请书》，其隐瞒真实情况、弄虚作假的行为目的明显，系主观故意，吊销苏安分公司的营业执照。除原审提交的证据外，再审中，湖南省建总公司提交如下证据：（1）泉公（永）公告字〔2010〕第148号立案告知单，证明公安机关已对刘国阳的涉嫌犯罪行为立案侦查。（2）《关于建议立案调查并依法尽快撤销虚假分支机构"湖南省建筑工程集团总公司徐州苏安分公司"的函》徐工商函〔2010〕2号复函。（3）2010年6月21日衡阳市公安局珠晖分局广东路派出所向徐州市工商局提供的协查材料：户籍证明复印件、公安部门出具的关于刘国阳身份证情况的《证明》的复印件、公安部门出具的关于刘国阳日常表现情况的《证明》。（4）2010年6月30日的鉴定书。（5）2010年7月16日的听证告知通知书及2010年8月25日的处罚决定公告。（6）行政处理告知记录。金丰公司提交如下证据：（1）《工商行政管理暂行规定》第14条，据此规定我国对企业的经营资格是采取的核准制度，对社会就具有公信力，作为交易对方有充分的理由相信。（2）苏安分公司于2009年6月向金丰公司提供的核实登记的营业执照、组织机构代码证及工商档案。（3）公安机关执法细则。（4）金丰公司在徐州市工商局调查到湖南省建总公司2009年7月在徐州又注册了另一分公司。（5）金乡县公安局进行鉴定的送检资料要求。（6）调取证据申请书。（7）印章管理办法，根据该规定，要求法院调取原始印鉴的印模。

该院并未调取到湖南省建总公司的原始印模备案情况。

再审法院（济宁中院）认为：原一、二审审理期间，苏安分公司是工商机关核准注册的公司，该公司具备一切合法经营的形式要件。金丰公司基于对工商机关登记的信赖，与苏安分公司签订买卖合同，其利益依法应予保护。原审依据工商机关核准登记的资料认定申诉人承担责任并无不当。二审生效后，徐州市工商局对苏安分公司进行处罚，认定苏安分公司申请工商注册时使用了虚假的资料"企业法人营业执照、负责人身份证和伪造法定代表人签名的《营业单位开业登记申请书》"，吊销了公司的营业执照，未认定公司的行政印章系伪造。目前，苏安分公司未被依法注销，湖南省建总公司印章被伪造一案尚没有侦查结论。因此，湖南省建总公司依据工商部门所作出的处罚决定书等证据免除自己的责任依据不足，依法不予支持。检察机关抗诉理由不能成立，该院不予采纳。原审判决认定事实清楚，适用法律正确，依法应予维持。

再审法院（济宁中院）判决：维持二审判决。

湖南省建总公司不服，向山东省高级人民法院申诉。

（四）申诉情况

再审法院（山东高院）确认了一审、二审法院认定的事实。另查明，湖南省建总公司在承担了本案苏安分公司所欠金丰公司的债务后，于2012年6月21日就苏安分公司所施工的金兴商贸城B7、B8两区及B5、B6商住楼工程的工程款行使追偿权，向济宁市中级人民法院提起诉讼，请求判令金兴商贸城的开发建设单位山东金亚房地产开发有限公司（以下简称金亚公司）支付工程款暂计500万元及迟延履行金。该案正在审理中。

再审法院（山东高院）认为：本案争议的焦点问题是湖南省建总公司应否对苏安分公司的行为承担民事责任。首先，苏安分公司在徐州市工商局于2010年8月11日作出行政处罚决定书之前，系工商机关核准注册的公司，该核准登记具有公示性，金丰公司基于对登记机关的信赖与苏安分公司签订买卖合同，其利益依法应予保护。其次，徐州市工商局作出的处罚决定书并未认定申请资料上的公章系伪造，且湖南省建总公司公章被伪造案并未有侦查结论，故湖南省建总公司主张不应承担责任证据不足。最后，湖南省建总公司在承担了本案债务后就苏安分公司所施工工程的工程款已行使了追偿权，即对本案判令其承担的债务的确认。故其在本案中再行主张不应承担涉案债务自相矛盾。综上所述，原审判决认定事实清楚，适用法律正确，该院予以维持。

再审法院（山东高院）判决：维持济宁市中级人民法院再审判决。

湖南省建总公司不服，向检察机关申请监督。

三、最高人民检察院提出抗诉的理由

最高人民检察院认为：有新的证据足以推翻终审判决。理由如下：

1. 本案中有新的证据足以认定刘国阳系利用伪造的湖南省建总公司印章骗取注册登记了苏安分公司，苏安分公司不是湖南省建总公司依法注册成立的分支机构，湖南省建总公司不应作为苏安分公司的法人单位承担责任。第一，在本案原审期间，湖南省建总公司主张苏安分公司负责人刘国阳在申请注册登记苏安分公司时伪造了湖南省建总公司的公章，违法注册了苏安分公司。为此，湖南省建总公司在2010年以刘国阳涉嫌伪造公司印章、非法成立虚假分支机构苏安分公司为由向工商管理机关举报并向公安机关报案。2010年3月16日，徐州市公安局泉山分局对刘国阳涉嫌伪造公司印章案进行立案侦查。后经调查，刘国阳的身份证与苏安分公司在工商管理机关注册登记档案材料里留存的身份证复印件不符，公安机关撤销了该案。2010年4月24日，公安机关告知湖南省建总公司，其举报的湖南省建总公司印章被伪造一案已立案侦查。据此，在本案原审期间，湖南省建总公司举报其印章被伪造一案始终处于侦查过程中，终审判决以该案并未有侦查结论为由认定湖南省建总公司应当承担责任，证据不足。第二，在终审判决作出之后，2014年9月22日，衡阳市公安局以衡公（经）立字〔2014〕0738号立案决定书决定对刘国阳涉嫌伪造、变造居民身份证案立案侦查。2016年4月13日，湖南省衡阳县人民法院作出（2016）湘0421刑初31号刑事判决，以变造居民身份证罪判处刘国阳拘役6个月并处罚金2000元、以伪造企业印章罪判处刘国阳有期徒刑1年并处罚金3000元，该判决已生效。该判决查明，刘国阳私刻了"湖南省建筑工程集团总公司""湖南省建筑工程集团总公司财务专用章"及该总公司法定代表人"刘运武"的私章。刘国阳利用变造的身份证和伪造的湖南省建总公司印章及该公司相关文件资料，于2009年1月19日在江苏省徐州市工商局骗取注册登记成立苏安分公司。换言之，已经生效的刑事判决认定刘国阳系利用伪造的湖南省建总公司

印章骗取注册登记了苏安分公司,该新的证据足以证明苏安分公司不是湖南省建总公司依法注册成立的分支机构,湖南省建总公司不应作为苏安分公司的法人单位承担责任。

2. 本案中有新的证据足以证明湖南省建总公司通过行使追偿权未实际获取工程款。关于湖南省建总公司起诉涉案工程金兴商贸城的发包人金亚公司行使追偿权的诉讼,在原审过程中该诉讼正在审理,尚未有结果。但在终审判决作出之后,2013年12月12日,山东省高级人民法院以(2014)鲁民一终字第228号民事判决维持了济宁市中级人民法院(2012)济民初字第61号民事判决,该判决查明,金亚公司已支付苏安分公司工程款8039492.03元,已超过湖南省建总公司起诉所依据的编制报告中载明的数额(7537907.92元),遂驳回了湖南省建总公司的诉讼请求,该判决已生效。换言之,有新的生效判决驳回了湖南省建总公司行使追偿权的诉讼请求,该判决同时查明苏安分公司已领取了金兴商贸城8039492.03元的工程款,而金丰公司供应的混凝土正是用于该工程。因此,终审判决认定"湖南省建总公司以实际行为承接了苏安分公司对涉案工程的债权,根据债权债务相一致的原则,也应承担涉案工程中苏安分公司的债务",并不成立。

四、案件评析

本案中的新证据主要是湖南省衡阳县人民法院作出的(2016)湘0421刑初31号刑事判决书和山东省高级人民法院作出的(2014)鲁民一终字第228号民事判决书。第一,作为新证据的刑事判决书可以认定刘国阳系利用伪造的湖南省建总公司印章骗取注册登记了苏安分公司,苏安分公司不是湖南省建总公司依法注册成立的分支机构,湖南省建总公司不应作为苏安分公司的法人单位承担责任。2016年4月13日,湖南省衡阳县人民法院作出(2016)湘0421刑初31号刑事判决,以变造居民身份证罪判处刘国阳拘役6个月并处罚金2000元、以伪造企业印章罪判处刘国阳有期徒刑1年并处罚金3000元,该判决已生效。该判决查明,刘国阳私刻了"湖南省建筑工程集团总公司""湖南省建筑工程集团总公司财务专用章"及该总公司法定代表人"刘运武"的私章。刘国阳利用变造的身份证和伪造的湖南省建总公司印章及该公司相关文件资料,于2009年1月19日在江苏省徐州市工商局骗取注册登记成立苏安分公司。第二，作为新证据的民事判决书可以证明湖南省建总公司通过行使追偿权未实际获取工程款。2013年12月12日，山东省高级人民法院作出（2014）鲁民一终字第228号民事判决。该判决查明，金亚公司已支付苏安分公司工程款8039492.03元，已超过湖南省建总公司起诉所依据的编制报告中载明的数额（7537907.92元），遂驳回了湖南省建总公司的诉讼请求。因此，终审判决认定"湖南省建总公司以实际行为承接了苏安分公司对涉案工程的债权，根据债权债务相一致的原则，也应承担涉案工程中苏安分公司的债务"，并不成立。

（二）检察机关依法作出的起诉书和公安机关作出的侦查终结阶段性意见

由于尚未经法院审判程序认定，以检察机关作出的起诉书或公安机关作出的起诉意见书等作为新证据时其证明力相对较弱。此时，较为适宜的做法是中止对监督案件的审查，待刑事判决书作出并生效后再恢复对监督案件的审查，并根据刑事判决结果作出抗诉与否的决定。当然，如果结合其他证据，已经能够达到抗诉标准的监督案件，仍然可以作出抗诉决定。

案例三十一：黑胡子公司申请监督案（高检民监〔2016〕256号）

一、案件来源

黑胡子公司因与杨乃、贺引利、杨二宝、杨宝（以下简称杨乃等4人）房屋拆迁安置补偿合同纠纷一案，不服内蒙古自治区高级人民法院（2012）内民一终字第230号民事判决，向内蒙古自治区人民检察院申请监督，该院提请最高人民检察院抗诉。

二、诉讼过程和法院历次审理情况

2008年11月，杨乃等4人起诉黑胡子公司至鄂尔多斯市中级人民法院，请求：判令解除双方所签合同，并判令由黑胡子公司赔偿因未能按期履行合同给其造成的所有损失。

（一）一审情况

一审法院查明：杨乃等4人与黑胡子公司于2006年4月14日签订《拆迁安置补偿协议》，又于2006年5月9日签订《补充协议》，协议约定：黑胡子公司拆迁杨乃等4人所有的建筑物1500平方米，并占用杨乃等4人商业用地3600平方米，黑胡子公司向杨乃等4人回迁商业3层面积1800平方米连体楼（每层600平方米），回迁交房时间为2007年11月30日。因黑胡子公司迟迟未能开工建设，导致其不能按期履行协议，杨乃等4人为此多次对黑胡子公司进行催告，但黑胡子公司至今未能履行协议。故杨乃等4人诉至法院，请求判令解除双方签订的《拆迁安置补偿协议》及《补充协议》，并判令黑胡子公司赔偿因其未能按期履行协议给杨乃等4人造成的各项损失。杨乃等4人于2009年3月30日向一审法院提出鉴定其损失的请求，该院委托内蒙古正一信司法会计鉴定所对杨乃等4人请求鉴定事项进行了鉴定。内蒙古正一信司法会计鉴定所评估鉴定于2009年6月9日作出内正信司鉴定（2009）第3号评估报告书。因黑胡子公司对鉴定结论提出异议并申请重新鉴定，一审法院责令内蒙古正一信司法会计鉴定所作出书面答复并于2010年3月2日组织杨乃等4人、黑胡子公司及内蒙古正一信司法会计鉴定所在评估报告上签字的注册评估师到庭进行了质证。黑胡子公司以内蒙古正一信司法会计鉴定所不是专业的房地产评估机构，且评估师不是房地产估价师，没有资质进行房地产评估为由，向一审法院申请重新鉴定，该院准许黑胡子公司提出的重新鉴定申请，并委托内蒙古正翔房地产评估公司进行鉴定。2011年5月23日内蒙古正翔房地产评估公司作出鉴定结论，出具内正翔字第0308号《房地产评估报告书》一份，鉴定报告书显示：因黑胡子公司未按时交房，其违约行为给杨乃等4人造成各项损失共计51781783元。

一审法院认为：双方签订的《拆迁安置补偿协议》及《补充协议》，为双方当事人真实意思表示，协议内容不违反国家法律、法规的强制性规定，故该协议自双方当事人签字之日即成立并具有法律效力。双方应当按照合同约定履行各自义务，杨乃等4人在签订协议后按照约定将其房屋交予黑胡子公司拆除并将其占有的土地供黑胡子公司开发，黑胡子公司亦应当按照协议约定的期限将回迁房屋给付杨乃等4人。但是黑胡子公司签订协议后一直未能开工建设，导致迟迟不能将协议约定的回迁房屋交予杨乃等4人，经杨乃等4人多次催告，至今仍不能履行，黑胡子公司之行为导致合同目的不能实现，已构成根本违约。依照《合同法》第94条第1款第3项、第4项、第97条之规定，杨乃等4人有要求解除双方之间签订的协议并要求被告赔偿相应损失的请求权。杨乃等

4人为确定其因合同未履行所遭受实际损失之具体数额，于2009年3月30日向一审法院提出申请，要求对黑胡子公司拆迁的房屋及占用的土地价值进行鉴定，该院委托内蒙古正一信司法会计鉴定所进行了评估，2009年6月9日内蒙古正一信司法会计鉴定所作出评估报告，鉴定杨乃等4人请求的各项补偿、赔偿损失共计32934485元。评估报告作出后黑胡子公司提出异议认为，根据《城市房地产管理法》和《建设部房地产估价管理办法》的规定，内蒙古正一信司法会计鉴定所及在报告上签字的注册资产评估师不具备专业房地产估价资质，该鉴定报告不应当被采纳，要求重新进行评估鉴定。后经该院委托，由内蒙古自治区高级人民法院选定内蒙古正翔房地产评估公司进行重新鉴定。2011年5月23日，内蒙古正翔房地产评估公司作出内正翔评字第0308号《房地产评估报告书》，鉴定结论为：因黑胡子公司违约给杨乃等4人造成的损失及被拆迁房屋的价值共计51781783元。该《评估报告书》作出后，一审法院组织双方当事人及鉴定机构进行了当庭质证，黑胡子公司提出因鉴定部门所采交易案例不是真实发生的交易案例，故其估价依据不可靠，造成估价过高，故对鉴定报告不认可。对此杨乃等4人虽有部分异议，但是对于鉴定结论表示认可。一审法院认为，尽管黑胡子公司认为鉴定部门所采用案例并非真实交易案例，但《评估报告书》不因此而无效，黑胡子公司没有足够的依据能够推翻该鉴定报告作为定案的依据，因此该院对《评估报告书》予以采纳，对黑胡子公司的抗辩理由不予支持。关于黑胡子公司以双方因签订《借款协议》达成新的交房期限向后顺延协议之抗辩理由，经该院审查，黑胡子公司向法庭提供的《借款协议》仅能证明双方曾经发生过借贷关系，不能表明双方因该笔借款达成新的交房期限协议，黑胡子公司亦无其他足够、有效的证据予以佐证，因此对黑胡子公司的这一抗辩理由不予支持。对于杨乃等4人提交的鉴定费发票，黑胡子公司认为发票写明的是其他服务费而不是鉴定费，应当不予认可，经该院与内蒙古正一信司法会计鉴定所核实，该发票确是本案杨乃等4人申请评估鉴定的鉴定费，黑胡子公司对鉴定费发票提出的抗辩理由不能成立。

一审法院判决：（1）解除双方签订的《拆迁安置补偿协议》及《补充协议》；（2）黑胡子公司于本判决生效之日起10日内赔偿杨乃、贺引利、杨二宝、杨宝各项损失共计51781783元；（3）驳回杨乃、贺引利、杨二宝、杨宝的其他诉讼请求。

黑胡子公司不服一审判决，向内蒙古自治区高级人民法院提出上诉。

(二) 二审情况

二审法院查明的事实与一审法院一致。

二审法院认为：1. 关于《拆迁安置补偿协议》和《补充协议》是否应当解除的问题。双方签订的《拆迁安置补偿协议》和《补充协议》，是双方的真实意思表示，合法有效，应受国家法律保护。协议签订后，杨乃等4人依约履行了其应尽义务，将房屋及相关权属证书及时交付给黑胡子公司，但黑胡子公司拆除房屋后，长达6年中经几次催告，仍未能将回迁房交付给杨乃等4人，已构成根本违约，致使《拆迁安置补偿协议》及《补充协议》的合同目的无法实现。依照《民法通则》第94条第1款第3项、第4项之规定，"当事人一方迟延履行主要债务，经催告后在合理期限内仍未履行、当事人一方迟延履行债务或者有其他违约行为致使不能实现合同目的，当事人可以解除合同"，一审法院判决解除《拆迁安置补偿协议》及《补充协议》于法有据。

2. 黑胡子公司应如何对杨乃等4人承担赔偿责任的问题。对黑胡子公司拆迁的房屋及土地价值的问题，一审法院依法委托了内蒙古正一信司法会计鉴定所。黑胡子公司对于该所作出的评估报告提出异议，申请重新评估。一审法院又依法委托了内蒙古正翔房地产评估公司，评估结果为"被拆迁的房屋及土地市场价值为47581159元、被拆迁房屋的租赁费为4100624元，共计51781783元"。黑胡子公司认为内蒙古正翔房地产评估公司作出的评估报告存在诸多问题，不能作为定案依据。该院认为，(1) 一审法院组织双方到涉诉房地产现场实地勘察，以勘察日作为评估基准日，并无不当；(2) 杨乃等4人提交的房产证、土地证显示的涉案房地产的性质为"营业和商业"，虽然黑胡子公司对此有异议，提起了行政诉讼，但诉讼结果没有改变涉案房地产的性质，故黑胡子公司诉称"评估公司未按照涉诉房地产登记簿记载的房地产用途进行评估"，没有法律和事实依据；(3) 估价对象"土地使用权总面积为3600平方米，总建筑面积1500平方米"，是依据双方《拆迁安置补偿协议》中双方实际测量的平方米数，评估报告中的评估面积正确。故内蒙古正翔房地产评估公司的评估报告程序合法，结果正确，能够作为本案上诉人黑胡子公司对于杨乃等4人的赔偿依据。

二审法院判决：驳回上诉，维持原判。

黑胡子公司不服二审判决，向最高人民法院申请再审。

（三）再审情况

最高人民法院于 2013 年 10 月 24 日作出裁定，驳回黑胡子公司的再审申请。

黑胡子公司不服，向检察机关申请监督。

三、最高人民检察院提出抗诉的理由

最高人民检察院认为：终审判决适用法律确有错误且有新的证据足以推翻原判决。理由如下：

1. 终审判决仅以涉案土地证为依据认定涉案土地性质为商服业用地，属于适用法律确有错误，并由此导致对于案件基本事实认定错误。《物权法》第 14 条规定："不动产物权的设立、变更、转让和消灭，依照法律规定应当登记的，自记载于不动产登记簿时发生效力。"第 16 条规定："不动产登记簿是物权归属和内容的根据。不动产登记簿由登记机关管理。"第 17 条规定："不动产权属证书是权利人享有该不动产物权的证明。不动产权属证书记载的事项，应当与不动产登记簿一致；记载不一致的，除有证据证明不动产登记簿确有错误外，以不动产登记簿为准。"本案中，达拉特旗国土资源局于 2016 年 1 月 22 日出具的《达拉特旗国土资源局关于达国用（1994）字第 0003803 号等七本土地证性质的说明》载明："经我局调查核实档案，现就达国用（1994）字第 0003803 号等七本土地证有关情况作如下说明：1. 达国用（1994）字第 0003803 号土地证的档案里国有土地使用权登记卡内面积为 280 平方米，用途为住宅，土地使用者为杨乃。2. 达国用（1994）字第 0003805 号土地证的档案里国有土地使用权登记卡内面积为 280 平方米，用途为住宅，土地使用者为杨宝。3. 达国用（1994）字第 0003807 号土地证的档案里国有土地使用权登记卡内面积为 800 平方米，用途为住宅，土地使用者为杨宝。4. 达国用（2001）字第 0001958 号土地证的档案里国有土地使用权登记卡内面积为 448 平方米，建设用地现场勘测表用途填写为住宅，土地使用者为杨二宝。5. 达国用（2001）字第 0001959 号土地证的档案里国有土地使用权登记卡内面积为 398.8 平方米，用途填写为住宅，土地使用者为杨乃（曹文清转杨乃）。6. 达国用（1994）字第 0003338 号的土地证，档案里居民建房和用地登记卡内填写用地面积770平方米，其中营业232平方米，土地使用者为贺永利。7. 达国用（2001）字第0001956号的土地证未找到档案。"达拉特旗人民政府于2016年8月17日向黑胡子公司出具的《达拉特旗人民政府关于黑胡子公司撤销达国土资字〔2012〕373号文件申请的答复意见》载明："诉争《土地证》的性质，以国土局2016年1月22日出具的《达拉特旗国土资源局关于达国用（1994）字第0003803号等七本土地证性质的说明》为准。"由此可见，涉案土地的性质应认定为住宅而非商服业用地。终审判决仅以涉案土地证为依据认定涉案土地性质为商服业用地，属于适用法律确有错误，由此亦导致对于案件基本事实认定错误。

2. 本案有新的证据足以推翻原判决。申请人黑胡子公司向检察机关申请监督期间，提交了《达拉特旗国土资源局关于达国用（1994）字第0003803号等七本土地证性质的说明》《达拉特旗人民政府关于黑胡子公司撤销达国土资字〔2012〕373号文件申请的答复意见》、达拉特旗人民检察院起诉书（达检公诉刑诉〔2015〕297号）等新证据。其中，《达拉特旗人民政府关于黑胡子公司撤销达国土资字〔2012〕373号文件申请的答复意见》载明："涂改《土地证》的行为，以检察院达检公诉刑诉〔2015〕297号《起诉书》认定的事实为准。"达拉特旗人民检察院起诉书（达检公诉刑诉〔2015〕297号）载明：张成和在达拉特旗国土资源局地籍股工作期间，于2004年5月应杨乃的请求，在未经单位相关领导审批的情况下，私自对杨乃持有的达国用（94）字第0003803号、达国用（2001）字第0001958号、达国用（2001）字第0001956号、达国用（2001）字第0001959号四本国有土地使用证内容进行了变造，将用途一栏由"居住用地"涂改为"商服业用地"。该院认为，张成和犯罪事实清楚，证据确实充分，应当以变造国家机关证件罪追究刑事责任。由此可见，涉案部分土地性质发生变更，系达拉特旗工作人员张成和私自涂改所致，达拉特旗人民政府并不认可上述涂改行为的效力。上述新证据足以推翻终审判决关于涉案土地性质的认定。一方面，鄂尔多斯市中博房地产价格评估有限责任公司系按照商服业用地的价值对涉案房屋作价评估，而黑胡子公司又系依据评估报告与杨乃等4人签订《拆迁补偿安置协议》与《补充协议》，在有新证据证明涉案土地性质为住宅的情况下，黑胡子公司与杨乃等4人签订的《拆迁补偿安置协议》与《补充协议》明显存在权利义务不对等的问题，依法应予纠正。另一方面，为确定黑胡子公司应当向杨乃等4人赔偿损失的数额，内蒙古正翔房地产价格评估有限责任公司作出的《房地产估价报告书》亦系按照商服业用地的价值对损失数额作出评估，在有新证据证明涉案土地性质为住宅的情况下，该评估报告亦不足以作为确定补偿数额的依据。

四、案件评析

本案涉及检察机关作出的起诉书能否单独作为新证据予以采信的问题。本案中，达拉特旗人民检察院作出的起诉书（达检公诉刑诉〔2015〕297号）载明：张成和在达拉特旗国土资源局地籍股工作期间，于2004年5月应杨乃的请求，在未经单位相关领导审批的情况下，私自对杨乃持有的达国用（94）字第0003803号、达国用（2001）字第0001958号、达国用（2001）字第0001956号、达国用（2001）字第0001959号4本国有土地使用证内容进行了变造，将用途一栏由"居住用地"涂改为"商服业用地"。该院认为，张成和犯罪事实清楚，证据确实充分，应当以变造国家机关证件罪追究刑事责任。据此可知，涉案部分土地性质发生变更，系达拉特旗工作人员张成和私自涂改所致。但上述事实尚未经过法院判决所确认，单独以此作为新证据其证明力相对不足。但申请人黑胡子公司向检察机关申请监督期间，还提交了《达拉特旗国土资源局关于达国用（94）字第0003803号等七本土地证性质的说明》《达拉特旗人民政府关于黑胡子公司撤销达国土资字〔2012〕373号文件申请的答复意见》等新证据，载明："诉争《土地证》的性质，以国土局2016年1月22日出具的《达拉特旗国土资源局关于达国用（94）字第0003803号等七本土地证性质的说明》为准"，"涂改《土地证》的行为，以检察院达检公诉刑诉〔2015〕297号《起诉书》认定的事实为准"等。据此可知，达拉特旗人民政府并不认可上述涂改行为的效力。综合来看，上述新证据足以推翻终审判决关于涉案土地性质的认定。

（三）公安机关的讯问笔录

公安机关的讯问笔录本质上属于当事人陈述或者证人证言，相较于起诉意见书，其证明力更为薄弱。特别是在刑事案件最终作撤案处理或者当事人主张遭受刑讯逼供的情况下，讯问笔录所记载事实的可信度更低。在监督实践中，应当杜绝仅仅以讯问笔录作为新证据而提出抗诉。此时，较为适宜的做法仍然是中止对监督案件的审查，待刑事案件结案后再作出抗诉与否的决定。当然，如果结合其他证据，已经能够达到抗诉标准的监督案件，仍然可以作出抗诉决定。

案例三十二：天合公司申请监督案（高检民监〔2016〕231号）

一、案件来源

天合公司因与朱会彪借款合同纠纷一案，不服吉林省高级人民法院（2012）吉民三终字第2号民事判决，向吉林省人民检察院申请监督，该院提请最高人民检察院抗诉。

二、诉讼过程和法院历次审理情况

2011年，朱会彪起诉天合公司至吉林省长春市中级人民法院，请求：（1）判令天合公司将凯悦花园小区的外网工程大包、4栋楼的对外发包给朱会彪所有的吉林省金山建筑工程有限公司承包建设；（2）归还朱会彪借款人民币1000万元及利息50万元；（3）判令天合公司从2010年9月21日开始按中国人民银行同期贷款利率给付原告利息，直至履行完毕还款义务之日；（4）全部诉讼费用由天合公司承担。

（一）一审情况

一审法院查明：2010年5月18日，天合公司因开发凯悦花园小区中途缺少资金，与朱会彪签订借款合作协议，约定朱会彪借给天合公司1000万元人民币，天合公司同意额外给付朱会彪50万元并将凯悦花园小区4栋大包施工工程包给朱会彪作为回报，还款期限为2010年9月20日，该协议上有张春丽签字并加盖了天合公司公章。当日朱会彪、天合公司签订了凯悦花园天合公司开发建设的9－2号公建102、103、104、105、106、108、109、110八套商品房买卖合同，约定如天合公司不能如期还款，欠款视为朱会彪购买该八套房屋的购房款，协议签订后，朱会彪依约将钱款借给天合公司，天合公司给朱会彪出具了借条一份，张春梅及经手人会计李文波在该借条上签字并加盖了吉林省天合公司现金收讫章。2010年9月20日后，天合公司未能还款，没有将凯悦花园小区4

栋大包施工工程包给朱会彪，引发朱会彪诉讼，朱会彪现要求天合公司还款承担逾期付款利息并主张要求天合公司将4栋大包工程发包给朱会彪所属的吉林省金山建筑工程有限公司。

另查明：2006年8月至2010年7月22日，张春丽是天合公司的法定代表人及股东。2010年7月27日，天合公司在报纸发表公告，内容为：因法人变更，将法定代表人为张春丽的营业执照作废，张春丽担任法定代表人期间的公章、财务章、法人名章、合同章以及所有与天合公司有关事项全部声明作废。此后发生的债务与天合公司无关。2008年11月10日，天合公司出具的关于凯悦花园合作开发项目管理工作中的几点要求的书面材料载明天合公司的公章、财务专用章，由张春丽管理，张春丽与天合公司现任董事长刘向德均签字，并加盖了天合公司章。2010年6月7日，天合公司在长春市宽城区地税局办理纳税申报手续时使用过本案借款合作协议上加盖的公章（代码为2201051002020）。2011年1月，天合公司原法定代表人张春丽因为吉林省恒业房地产开发有限公司虚报注册资本案涉嫌经济犯罪被长春市公安局立案侦查。

天合公司于2011年6月21日，向该院提出鉴定申请，请求：（1）对"借款合作协议及借条中天合公司公章的实际加盖具体日期及张春丽、李文波、朱会彪的签字实际书写具体日期"进行鉴定；（2）对"借款合作协议及借条中天合公司公章的真伪"进行鉴定。后因天合公司认为鉴定费太高，未交纳鉴定费，该院司法技术辅助办公室于2011年7月26日将该案退回。在本案2011年9月27日的庭审中，天合公司对借条上及借款合作协议上张春丽的签字无异议并放弃对公章进行鉴定。同日，朱会彪向该院提出申请，请求对朱会彪提供的借款协议上的公章与天合公司在2010年宽城地税局报表中的公章同一性进行鉴定。2011年10月18日吉林津科司法鉴定中心出具文书校验司法鉴定意见书，结论为：借款合作协议上的天合公司公章与《各税纳税申报表》上的天合公司公章印文是同一枚公章所盖印。

一审法院认为：2010年5月18日，即朱会彪、天合公司签订合作协议及借条时，张春丽为天合公司工商备案的法定代表人，其代表公司经营管理使用公司的公章、财务章、合同章。天合公司举证的证据六《关于凯悦花园（原天合花园）合作开发项目管理工作中的几点要求》中载明，天合公司的公章、财务专用章由张春丽管理。该证据证明了张春丽任法定代表人期间管理过天合公司的公章、财务专用章，2010年7月22日天合公司发布的公告宣布张春丽手中的公章予以作废亦可以证明这个事实。庭审中，天合公司对借款合作协议及借条上张春丽的签订并无异议，原法定代表人张春丽任职期间代表公司从事经营行为，包括为天合公司出具借条及借款合作协议，由张春丽签字并加盖公章的行为，应是代表公司的法人行为，而非个人行为。因而对外形成的债务天合公司应当承担偿还义务并承担违约责任。朱会彪要求天合公司偿还借款人民币1000万元及利息的主张应予支持。

经鉴定，天合公司在宽城区地税局的纳税报表上呈现的公章（代码为2201051002020）与借款合作协议上的公章代码是同一枚印章所盖印的。该公章虽未在天合公司工商档案中体现，但可以证明该公章天合公司经营过程中曾经使用过。天合公司在经营过程中使用过多枚公章，但均未在相关部门备案，足见天合公司司内部公章管理混乱，监督不力，由此产生的后果，天合公司对外应承担相应的法律责任。

朱会彪向法庭举证了2010年5月18日与天合公司签订的《借款合作协议》及盖有天合公司现金收讫章，法定代表人张春丽和经手人李文波签名的借条。虽然天合公司一直称该借款合作协议上的公章不是其单位用章，并申请对上述公章加盖时间及字迹手写时间进行司法鉴定。在司法鉴定程序中，因为天合公司拒绝缴纳鉴定费用导致鉴定不能。天合公司对此应该承担相应的法律后果。

关于朱会彪主张利息50万元的问题，朱会彪、天合公司双方在借款合作协议中约定借款金额为1000万元，借款期限从2010年5月18日至2010年9月20日，借款时间为125天，约定利息50万元。该约定不违反最高人民法院关于人民法院审理借贷纠纷案件的若干意见法民发〔1991〕21号的规定，即未超过银行同类贷款利率的4倍，故朱会彪主张的利息50万元的请求应予支持。

关于朱会彪主张要求天合公司将凯悦花园小区4栋大包施工工程发包给朱会彪所属的吉林省金山建筑工程有限公司的主张，虽然双方在借款协议中约定了发包给朱会彪，但因建筑施工工程的发包必须具备一定的资质，必须经过招投标等一系列行业管理程序，并且鉴于凯悦花园小区目前不具备继续施工条件，无法实现合同目的等因素，朱会彪该主张，该院不予支持。

天合公司原法定代表人张春丽因为吉林省恒业房地产开发有限公司虚报注册资本案涉嫌经济犯罪而被长春公安局立案侦查。吉林省恒业房地产开发有限公司与天合公司均是不同的独立法人单位，张春丽被立案侦查的事由与本案并无关联，故天合公司因张春丽涉嫌经济犯罪而要求本案中止审理的请求不符合法律规定的中止审理的法定事由，天合公司该主张不予支持。

一审法院判决：（1）天合公司在本判决生效后10日内偿还朱会彪借款人民币1000万元，并给付2010年5月18日至2010年9月20日约定利息50万元；（2）天合公司于本判决生效后10日内给付朱会彪借款人民币1000万元利息（从2010年9月21日起至本判决生效之日止，按中国人民银行同期贷款利率计算）；（3）驳回朱会彪的其他诉讼请求。

天合公司不服，向吉林省高级人民法院提起上诉。

（二）二审情况

二审法院对一审法院查明的事实予以确认。

二审法院认为：1.关于合同效力问题。虽天合公司对2010年5月18日双方形成的借款合作协议及借条持有异议，但从天合公司提供的证据《关于凯悦花园（原天合花园）合作开发项目管理工作中的几点要求》来看，自2008年11月10日起，天合公司的公章、财务专用章均由原法定代表人张春丽管理。另外，再从天合公司于2010年7月27日在报纸上发表公告看，载明："因法人变更，将法定代表人为张春丽的营业执照作废，张春丽担任法定代表人期间的公章、财务章、法人名章、合同章以及所有与天合公司有关事项全部声明作废。此后发生的债权债务与天合公司无关，特此说明。"因而，能够证明2010年5月18日的借款合作协议及借条是张春丽担当天合公司法定代表人期间形成，其行为为职务行为。又，虽然天合公司原审中向原审法院提出鉴定申请，请求对"借款合作协议及借条中天合公司公章的实际加盖具体日期及张春丽、李文波、朱会彪的签字实际书写具体日期"及对"借款合作协议及借条中天合公司公章的真伪"进行鉴定，但由于其自身原因放弃鉴定申请，尤其在2011年9月27日的原审庭审中，天合公司对借条及借款合作协议上张春丽的签字表示无异议，故依照《合同法》第32条关于"当事人采用合同书形式订立合同的，自双方当事人签字或盖章时合同成立"及第44条关于"依法成立的合同，自成立时生效"的规定，该借款合作协议及借条成立并生效,现无证据证明借款合作协议及借条为当事人恶意串通所形成,没有关于合同无效的情形,因而,该协议及借条是双方当事人的真实意思表示,应当认定有效。

2. 关于合同履行问题。因本案不但有借款合作协议而且还有借据,因而,在无相反证据证明的情况下应当认定其借据是对借款合作协议的履行。本案虽然没有证据证明出借人朱会彪从自己的银行卡里直接打入张春丽银行卡1000万元,但朱会彪主张其全部为现金支付,且该借据加盖了现金收讫章。另,从公安经侦部门委托鉴定机关所作了《司法鉴定审计报告》可以看出,其借据中的1000万元已有600万元落入天合公司的财务账中,故可以证明张春丽已将其中600万元现金存入天合公司,至于另400万元即使天合公司没有收讫,也不能证明张春丽没有收讫。在天合公司无法否认借条真实性的情况下,该400万元有没有收讫及收讫后如何使用是天合公司的内部事宜,不能对抗第三人。如果天合公司认为原法定代表人张春丽侵害公司利益,可以根据《公司法》的相关规定,向张春丽另行主张权利。综上,依照《民法通则》第43条关于"企业法人对他的法定代表人和其他工作人员的经营活动,承担民事责任"的规定及《民事诉讼法》第153条第1款第1项之规定,判决:驳回上诉,维持原判。

天合公司不服二审判决,向最高人民法院申请再审。

(三) 再审情况

最高人民法院于2013年9月6日作出裁定,驳回天合公司的再审申请。

天合公司不服,向检察机关申请监督。

三、最高人民检察院提出抗诉的理由

最高人民检察院认为:二审判决认定案件的基本事实缺乏证据证明,且有新的证据足以推翻原判决。理由如下:

1. 现有新的证据足以推翻二审判决关于天合公司与朱会彪之间存在1050万元真实借款关系的认定。第一,天合公司原法定代表人张春丽因涉嫌犯罪被依法逮捕后,于2014年4月29日供述,朱会彪借给公司本金600万元,利息450万元,是按照本金和利息一起出具的借条。天合公司时任财务人员李文波,于2014年5月26日在长春市公安局预审处被询问时证实："1050万元是借款600万元加上利息450万元。我当时说收到600万元就写600万元，出借方朱会彪不同意，坚决要求写1050万，我就请示张春丽，开始张春丽也说收到多少钱就写多少钱，出借方朱会彪不同意，最后张春丽让我按照朱会彪的要求写了这张借条。"由此可以证明，天合公司与朱会彪之间仅存在600万元的真实借款关系，而非二审判决认定的1050万元借款关系。第二，受长春市公安局委托，吉林金石会计师事务有限责任公司于2013年12月24日作出的吉金石鉴字〔2013〕第81号《司法会计鉴定报告书》载明："我们经过专业判断分析，怀疑张春丽以职权之便勾结朱会彪等十一人以非法占有为目的，在签订、履行合同过程中，骗取天合公司财物，采用向法院告诉、取得民事判决书或民事调解书手段进行合同诈骗，实施职务侵占。"上述内容可对天合公司与朱会彪之间不存在1050万元借款关系的事实予以印证。

2. 二审判决原有认定天合公司与朱会彪之间存在1050万元真实借款关系的证据亦不充分。第一，天合公司与朱会彪之间的纠纷属于民间借贷纠纷，朱会彪作为出借方应当就已向天合公司交付了全部款项承担举证责任。最高人民法院《关于依法妥善审理民间借贷纠纷案件，促进经济发展维护社会稳定的通知》（法〔2011〕336号）第7条规定："人民法院在审理民间借贷纠纷案件过程中，要依法全面、客观地审核双方当事人提交的全部证据，从各证据与案件事实的关联程度、各证据之间的联系等方面进行综合审查判断。对形式有瑕疵的'欠条'或者'收条'，要结合其他证据认定是否存在借贷关系；对现金交付的借贷，可根据交付凭证、支付能力、交易习惯、借贷金额的大小、当事人间关系以及当事人陈述的交易细节经过等因素综合判断。"本案中，二审判决已查明涉案借据中的1000万元只有600万元落入天合公司的财务账中，但其在没有其他证据佐证的情况下，直接根据借条认定另外400万元也已收讫，证据并不充分。第二，张春丽与朱会彪签订借款协议的时间为2010年5月18日，而早在2009年的12月16日，长春市中级人民法院已就王璐、刘志彬诉张春丽合资、合作开发房地产纠纷一案作出（2009）长民一初字第59号民事判决，判决解除王璐、刘志彬与张春丽签订的股权转让协议及《关于"天合花园"合作协议的补充条款》；张春丽将其持有的天合公司60%的股权返还给王璐和刘志彬。2010年6月1日，吉林省高级法院作出（2010）吉民一终字第58号民事判决维持原判。因此，在此期间张春丽仍以为"天合花园"项目筹款为由与朱会彪等多人签订借款合同，有违常理，不能排除其利用职权之便勾结朱会彪进行合同诈骗和实施职务侵占的嫌疑。

四、案件评析

本案涉及公安机关作出的讯问笔录能否单独作为新证据予以采信的问题。本案中，天合公司原法定代表人张春丽因涉嫌犯罪被依法逮捕后，于2014年4月29日供述，朱会彪借给公司本金600万元，利息450万元，是按照本金和利息一起出具的借条。天合公司时任财务人员李文波，于2014年5月26日在长春市公安局预审处被询问时证实："1050万元是借款600万元加上利息450万元。我当时说收到600万元就写600万元，出借方朱会彪不同意，坚决要求写1050万元，我就请示张春丽，开始张春丽也说收到多少钱就写多少钱，出借方朱会彪不同意，最后张春丽让我按照朱会彪的要求写了这张借条。"据此可初步判断，天合公司与朱会彪之间仅存在600万元的真实借款关系，而非二审判决认定的1050万元借款关系。而且，受长春市公安局委托，吉林金石会计师事务有限责任公司作出的司法会计鉴定报告书载明："我们经过专业判断分析，怀疑张春丽以职权之便勾结朱会彪等十一人以非法占有为目的，在签订、履行合同过程中，骗取天合公司财物，采用向法院告诉、取得民事判决书或民事调解书手段进行合同诈骗，实施职务侵占。"上述内容可对天合公司与朱会彪之间不存在1050万元借款关系的事实予以印证。加之二审判决原有认定天合公司与朱会彪之间存在1050万元真实借款关系的证据亦不充分。综合来看，上述新证据足以推翻二审判决关于天合公司与朱会彪之间存在1050万元真实借款关系的认定。

（四）行政机关及其职能部门作出的具有公信力的决定书或证明文件

行政机关及其职能部门作出的决定书或出具的相关证明文件，具有一定的公信力，可以作为新证据而提出抗诉。但在监督实践中，检察机关应适当地对决定书或证明文件的内容及作出程序进行审查，确保文件内容的真实性和作出程序的合法性，防止当事人为启动再审程序而伙同行政机关相关人员出具非法文件。

案例三十三：黄金标申请监督案（高检民监〔2015〕244号）

一、案件来源

黄金标因与陈钻石民间借贷纠纷一案，不服福建省高级人民法院（2013）闽民终字第1205号民事判决，向福建省人民检察院申请监督，该院提请最高人民检察院抗诉。

二、诉讼过程和法院历次审理情况

2012年9月，陈钻石起诉黄金标至泉州市中级人民法院，请求：判令黄金标偿还借款人民币300万元。后因陈钻石未按期缴纳案件受理费，泉州市中级人民法院作出（2012）泉民终字第882号民事裁定，按陈钻石自动撤诉处理。2013年4月，陈钻石再次诉至泉州市中级人民法院，请求：判令黄金标偿还借款人民币300万元。

（一）一审情况

一审法院查明：（1）2010年9月25日，黄金标出具一张借款条给陈钻石，载明黄金标向陈钻石借款人民币300万元，借款期限一个月，月利率3%，债务人如未按期还款，债权人有权就该债权向泉州市中级人民法院起诉。（2）2012年9月18日，陈钻石就本案借款向该院起诉，该院依法受理，后因陈钻石未按期缴纳案件受理费，该院依法作出（2012）泉民终字第882号民事裁定书，裁定按陈钻石自动撤诉处理。（3）陈钻石通过陈森林的建行账户6227001833420179067转账汇款到黄金标账户：2010年6月23日转账20万元、2010年7月29日转账30万元、2010年3月22日转账50万元、2010年12月9日转账40万元。（4）黄金标于2010年3月29日转账汇款504000元、2011年1月5日转账汇款40万元进入陈森林上述建行账户。（5）2012年10月9日至2013年3月26日，陈钻石与黄金标之间有多次短信往来。其中2013年3月16日陈钻石发短信给黄金标："兄弟啊在哪里？怎么不联系了，我这边切实很难过，我想这样安排你看如何，从下个月开始每个月还五十万，其中三十万可以当母钱，二十万还利息，请答复。"黄金标回复："大哥我在香港，头部受伤在医院，我也知道你的难处，你也要理解我日子比你更难过，现在也没有收入，我会在想办法。"陈钻石回复："请尽快。"（6）黄金标向泉州市中级人民法院申请调查其本人的出入境记录，欲以此证明在双方达成借款协议的时间（2010年9月25日），黄金标并没有在大陆境内，300万元不可能以现金方式交付给黄金标。2013年5月22日，泉州市中级人民法院向泉州边防检查站发出《出入境记录查询函》，查询2010年8月到2010年10月期间黄金标的出入境记录。泉州边防检查站向泉州市中级人民法院出具的《出入境记录查询结果》显示，2010年9月19日黄金标出境离开中国内地，2010年9月29日入境到中国内地。

一审法院认为：本案争议焦点为诉争借款是否实际交付，以及黄金标是否应偿还陈钻石借款300万元及相应的利息。陈钻石一方认为，诉争的300万元借款的支付时间是2010年开始到2010年9月间，其中转账50万元，其余250万元是陆续以现金方式支付，所以黄金标出具了落款时间为2010年9月25日的300万元借条给陈钻石。黄金标一方认为，双方借款协议成立但未实际履行，其向陈钻石出具借款协议后返回香港，陈钻石并未按约定时间将借款汇入其账号；因黄金标人在香港，陈钻石无法以现金方式履行付款义务；黄金标与陈钻石之间存在其他经济往来，通过陈森林建设银行账户的汇款记录与本案无关。该院认为，陈钻石提供的借款条、汇款凭证、短信及证人陈森林的证言，可以形成一个完整的证据链，证明本案中陈钻石主张的借款已实际支付，黄金标应依法偿还相应的借款本息。本案借款约定的借款期限为2010年9月25日至2010年10月24日止，月利率为3%，起诉时陈钻石已主动调整，请求支付从2010年9月25日起至实际还款之日止按照中国人民银行同期同类贷款利率计算的利息。根据最高人民法院的相关规定，陈钻石主张借款本金300万元及按银行同期同类贷款利率的四倍计算的利息，于法有据，应予支持。黄金标提供的证据不足以证明其关于本案借款未实际发生的抗辩，该院不予采纳。

一审法院判决：黄金标应于本判决生效后十日内偿付陈钻石借款本金300万元及相应利息（自2010年9月25日起至本判决确定的还款之日止按中国人民银行同期同类贷款利率的四倍计算）。

黄金标不服一审判决，向福建省高级人民法院提起上诉。

（二）二审情况

二审法院查明：黄金标对出具《借款条》的时间是 2010 年 9 月 25 日有异议，其认为陈钻石对时间进行了篡改。双方对一审认定的其他事实没有异议，二审法院依法予以确认。

二审法院认为：本案是民间借贷纠纷，陈钻石一审据以起诉的主要证据是 300 万元的《借款条》、2010 年 6 月 23 日转账 20 万元和 2010 年 7 月 29 日转账 30 万元的转账凭证以及双方的往来短信，陈钻石另主张其余 250 万元借款系现金支付，黄金标主张双方未发生本案《借款条》项下的借款法律关系，以上转账是双方之间其他的经济往来，但未提供相应证据佐证。相反，黄金标一审提供的转账证据与陈钻石补充提供的转账证据，恰恰说明了双方之间经常发生款项往来。一审综合以上证据及证人证言，认为陈钻石所举证据形成证据链，并从自然人之间多次借款、部分现金交付部分转账，后结算形成总借款条并约定还款时间和相应的利息，并不违背常理的角度，最终认定本案借款真实，一审认定并无不当。黄金标主张本案的借款未实际发生，与事实不符，不予支持。黄金标在本案一、二审均对《借款条》的证据真实性予以确认，仅是以此证据只能证明双方达成借款协议、并不能证明陈钻石实际支付该款项为由进行抗辩。但黄金标在二审中却主张一审时未予仔细辨认，该《借款条》上的"2010 年 9 月 25 日"的时间中"9"系陈钻石篡改，并申请对"9"上的"0"是否系黄金标本人同一时间书写进行司法鉴定。该院认为，黄金标在原审中已经对《借款条》发表了真实性无异议的质证意见，而且在借贷法律关系纠纷中，借款时间或《借款条》的落款时间与借款金额等要素一样，是一个理性的借款人所首要关注的重要因素，黄金标以当时未仔细辨认为由否认《借款条》上的时间，显然有违常理，亦有悖诚实信用。因此，黄金标二审中以此为由提出鉴定，理由不能成立，不予照准。对黄金标据此提出的时效抗辩理由，不予采纳。另，陈钻石于 2012 年 9 月 18 日就本案借款法律关系向泉州市中级人民法院起诉，因未缴交案件受理费被按自动撤诉处理，构成对本案债权诉讼时效的中断，其实体权利的法律保护并未受到实质影响，黄金标主张陈钻石就此已经放弃本案债权胜诉权，于法无据，不予支持。

二审法院判决：驳回上诉，维持原判。

黄金标不服二审判决，向福建省高级人民法院申请再审。

（三）再审情况

福建省高级人民法院于 2014 年 10 月 17 日作出裁定，驳回黄金标的再审申请。

黄金标不服，向检察机关申请监督。

三、最高人民检察院提出抗诉的理由

最高人民检察院认为：二审判决认定案件的基本事实缺乏证据证明，且有新的证据足以推翻二审判决。理由如下：

1. 有新的证据足以否定原审判决关于涉案《借款条》形成时间的认定。涉案《借款条》落款日期为 2010 年 9 月 25 日，但泉州边防检查站出具的《出入境记录查询结果》显示，黄金标于 2010 年 9 月 19 日出境，2010 年 9 月 29 日入境，证实 2010 年 9 月 25 日黄金标并不在中国内地境内。针对上述出入境记录，一审法院询问陈钻石一方"借条是在什么地方形成的"。陈钻石一方回答"25 日前后在香港去找被告拿借条，原告有去香港"。一审法院要求陈钻石一方在庭审后将出境记录提交给法庭，陈钻石一方表示同意提交，但在泉州市中级人民法院一审诉讼卷宗中，没有发现陈钻石的出境记录。因 2010 年 9 月 25 日陈钻石是否出境到香港，对查明本案事实有重要影响，检察机关于 2015 年 7 月 22 日向泉州边防检查站发出《查询函》，查询 2010 年 8 月 1 日至 2010 年 10 月 31 日期间陈钻石的出入境记录。2015 年 8 月 7 日泉州边防检查站向检察机关提交的《出入境记录查询结果》显示：陈钻石于 2010 年 9 月 22 日入境回到中国内地，2010 年 10 月 2 日离开中国内地出境到香港，即 2010 年 9 月 25 日陈钻石并不在香港。据此可以认定，陈钻石一方主张涉案《借款条》系形成于 2010 年 9 月 25 日前后的香港，缺乏证据证明，据此足以导致对涉案《借款条》的真实性产生合理怀疑。

2. 本案中二审法院认定借款本金数额为 300 万元且已经交付，证据不足。最高人民法院《关于民事诉讼证据的若干规定》第五条规定："在合同纠纷案件中，主张合同关系成立并生效的一方当事人对合同订立和生效的事实承担举证责任；主张合同关系变更、解除、终止、撤销的一方当事人对引起合同关系变动的事实承担举证责任。对合同是否履行发生争议的，由负有履行义务的当事人承担举证责任。"因此，在民间借贷纠纷案件中，出借方对双方之间存在借贷关系以及出借方已经将

借款提供给借款人负有举证责任。第一，陈钻石主张讼争 300 万元借款的支付时间是从 2010 年开始到 2010 年 9 月间，其中 6 月 23 日、7 月 29 日通过其父陈森林建设银行账户分别转账 20 万元、30 万元到黄金标账户，其余 250 万元系陆续以现金方式支付，黄金标于 2010 年 9 月 25 日出具了 300 万元的借条给陈钻石。但是对于现金支付的 250 万元，陈钻石一方在庭审时未能陈述具体支付的时间、金额及相关支付凭证，故二审判决认定黄金标现金支付 250 万元借款的证据并不充分，且双方其他资金往来主要是通过银行转账，陈钻石关于现金支付的主张亦不符合双方交易习惯。第二，陈钻石在诉讼中提供了其与黄金标之间的多次短信往来作为起诉依据，但短信的内容并不能证明讼争 300 万元借款已经实际支付。一方面，陈钻石在短信中从未正面要求黄金标偿还 300 万元欠款，双方之间的短信也从未确认黄金标欠陈钻石 300 万元。另一方面，综合陈钻石提供的短信内容看，黄金标与陈钻石所称的"公司"之间存在经济纠纷，故相关短信内容与本案讼争的 300 万元借款亦缺乏关联性。

四、案件评析

本案涉及泉州边防检查站作出的《出入境记录查询结果》能否作为新证据予以采信的问题。本案中，涉案《借款条》落款日期为 2010 年 9 月 25 日，但泉州边防检查站出具的《出入境记录查询结果》显示，黄金标于 2010 年 9 月 19 日出境，2010 年 9 月 29 日入境，证实 2010 年 9 月 25 日黄金标并不在中国内地境内。针对上述出入境记录，一审法院询问陈钻石一方"借条是在什么地方形成的"。陈钻石一方回答"25 日前后在香港去找被告拿借条，原告有去香港"。因 2010 年 9 月 25 日陈钻石是否出境到香港，对查明本案事实有重要影响，检察机关于 2015 年 7 月 22 日向泉州边防检查站发出《查询函》，查询 2010 年 8 月 1 日至 2010 年 10 月 31 日期间陈钻石的出入境记录。2015 年 8 月 7 日泉州边防检查站向检察机关提交的《出入境记录查询结果》显示：陈钻石于 2010 年 9 月 22 日入境回到中国内地，2010 年 10 月 2 日离开中国内地出境到香港，即 2010 年 9 月 25 日陈钻石并不在香港。据此可以认定，陈钻石一方主张涉案《借款条》系形成于 2010 年 9 月 25 日前后的香港，缺乏证据证明。而且二审法院认定本案借款本金数额为 300 万元且已经交付的证据并不充分。综合来看，上述新证据足以推翻二审判决。

（五）当事人自行委托鉴定机构作出的鉴定意见

在监督实践中，当事人对案件审理过程中由法院委托鉴定机构作出的鉴定意见不服，在案件审结后又自行委托其他鉴定机构作出新的鉴定意见，以此来否定原鉴定意见并欲达到抗诉目的的，一般不予支持。如果当事人能够提交其他证据证明原鉴定意见存在鉴定机构或者鉴定人员不具备相关的鉴定资格、鉴定程序严重违法、鉴定意见明显依据不足等情形，应当根据其他证据而申请抗诉。此时，当事人自行委托鉴定机构作出的新鉴定意见，可作为补强理由予以说明。

案例三十四：潘士春申请监督案（高检民监〔2015〕9号）

一、案件来源

潘士春因与新野县中医院医疗损害赔偿纠纷一案，不服河南省高级人民法院（2012）豫法民提字第00052号民事判决，向河南省人民检察院申请监督，该院提请最高人民检察院抗诉。

二、诉讼过程和法院历次审理情况

2006年12月，潘士春起诉新野县中医院至新野县人民法院，请求：判令新野县中医院一次性赔偿残疾赔偿金等费用30万元；诉讼费、文书资料费由新野县中医院承担。

（一）一审情况

一审法院查明：2001年5月21日5时30分，在确内线188KM+500M处，曲良柱驾驶豫R66×××货车由北向南行使与同向行使的骑自行车人朱克法相撞，后又与周大林驾驶的属于梅华峰所有的鄂F20×××货车相撞，造成朱克法受伤、自行车乘坐人朱军死亡、鄂F20×××货车的乘坐人潘士春受伤。经交警部门认定，曲良柱负此事故的主要责任，朱克法负此事故次要责任，周大林负此事故次要责任。在交通事故处理过程中，潘士春在新野县公安交警大队领走曲良柱所交的事故押金8000元，在新野县法院刑事审判庭领走4400元。因曲良柱被依法追究刑事责任，在刑事诉讼过程中，潘士春向新野县法院提起刑事附带民事诉讼，后申请撤诉，放弃追究曲良柱的民事责任。其后，潘士春仍放弃追究曲良柱、朱克法的民事责任，仅以梅华峰为被告向新野县人民法院提起民

事诉讼，新野县人民法院经审理依法判令梅华峰赔偿潘士春医疗费9993.64元，住院103天的误工费1323元、护理费1280元、伙食补助费412元，伤残补助费15322.84元，交通费876元，通信费208元，二次手术费9000元，以上共计38415.48元的20%计款7683元，该判决已生效。

潘士春在交通事故发生后被送往新野县中医院住院治疗，经诊断为：（1）脑震荡；（2）左股骨颈骨折；（3）右股骨开放性骨折；（4）右膝关节僵直。新野县中医院对潘士春行钢板内固定术，潘士春2001年9月2日出院，住院103天，出院时医嘱要求：注意加强锻炼，定期进行X线片检查，骨折愈合后才能负重行走；到正规医院进行康复治疗，否则容易造成骨折不愈合及内固定物松动、折断等并发症的发生；一年后骨折愈合，二次手术取出钢板。2001年8月30日潘士春伤情经新野县法院法医鉴定认定：潘士春交通事故后出现右下肢股骨干下段骨折，膝关节间隙改变致膝关节功能丧失达52%，其右下肢伤残程度为九级。

2006年3月19日，潘士春在宁乡县汾山医院作X线检查时，显示其伤处有骨痂形成，可见钢针、钢板内固定。2006年6月2日，潘士春在宁乡县汾山医院复查时发现内固定材料断裂，骨折形成角畸形，对位不良。潘士春于2006年7月向新野县卫生局反映此事，新野县卫生局委托南阳市医学会作出医疗事故鉴定，该鉴定认为医方存在以下医疗过失行为：（1）右股骨干骨折加压钢板固定后即行右股骨髁上骨牵引欠妥；（2）不能提供患者住院期间X线片。因医方不能提供患者住院期间X线片，故医方的医疗过失行为与患者目前状态有无因果关系不能确定，是否构成医疗事故不能确定。新野县卫生局又委托河南省医学会医疗事故鉴定办公室再次鉴定，河南省医学会医疗事故鉴定办公室因鉴定材料不完整，作出了不予受理决定。

2007年1月16日潘士春的伤情经南阳古城法医临床司法鉴定所鉴定认定：潘士春右股骨转子间骨折远端向上移位存在。右股骨中段骨折内固定术后，钢板断裂，骨折未愈合，假关节形成的事实存在。两者的原因造成右下肢缩短7cm，构成八级伤残。2007年6月14日，潘士春经湖南省湘雅司法鉴定中心鉴定认定：（1）潘士春因右股骨骨折，右下肢短缩7cm，构成八级伤残。（2）潘士春右膝关节僵直构成九级伤残。

一审法院认为：公民享有生命健康权。潘士春在新野县中医院治疗过程中，新野县中医院存在医疗过失，造成潘士春人身受到伤害，依法应当承担相应的民事责任。潘士春出院后未按医嘱定期检查，导致内固定钢板断裂，对于目前的状况潘士春存在一定的过错，也应承担相应的责任。根据本案双方的过错程度，潘士春承担40%的责任，新野县中医院承担60%的责任。潘士春的护理费按住院104天，1人护理，每天20元计算为2080元。潘士春的误工时间从住院至起诉之日共计2043天，每天20元计算为40860元。潘士春伤残八级，残疾赔偿金为4942元×20×30%=29652元。潘士春的两个孩子已满18岁，能独立生活，因此对其请求的孩子抚养费不予支持。潘士春的母亲现年82岁，赡养费每年按3588元计算5年的五分之一为3588元。潘士春的交通费、住宿费实际支出5209.5元，现其请求赔偿5000元，以其请求数为准。对于鉴定费3000元，依法予以支持。对其请求的医疗费2000元，因未提供证据，故不予支持。以上损失共计84180元，由新野县中医院赔偿60%为50508元。对于精神抚慰金，新野县中医院应赔偿1万元为宜。对假肢安装费，可待实际发生后另行主张权利。

一审法院判决：新野县中医院于本判决生效后10日内赔偿潘士春护理费2080元，误工费40860元，残疾赔偿金29652元，被扶养人生活费3588元，交通费、住宿费5000元，鉴定费3000元，共计84180元的60%，为50508元及精神抚慰金1万元。

新野县中医院不服一审判决，向南阳市中级人民法院提起上诉。

（二）二审情况

南阳市中级人民法院于2007年8月31日作出裁定，撤销原判，发回重审。

（三）重审（一审）情况

重审（一审）法院对原审查明的事实予以确认。

重审（一审）法院认为：第一，潘士春知道自己的内固定钢板断裂是在2006年6月2日，潘士春起诉时间为2006年12月，未超过法律规定的人身损害赔偿的诉讼时效1年的期间。第二，从南阳市医学会认定的情况可以看出，新野县中医院在对潘士春的治疗过程中存在医疗过失，应承担相应的责任。第三，潘士春在交通事故发生后住院期间的医疗费、误工费、护理费、交通费、住院伙食补助费等费用已得到补偿，不应再支付。潘士春在新野县中医院住院治疗，新野县中医院的治疗行为存在过失，潘士春请求的各项费用应从 2001 年 9 月 3 日出院后第一天开始计算。潘士春请求的误工费从 2001 年 9 月 3 日计算至潘士春右腿钢板锻炼后第二次定残之日前一天 2007 年 1 月 15 日，共计 1959 天，每天按 26 元计算为 50934 元。潘士春请求护理费 18000 元，因住院期间的护理费已经得到赔偿，潘士春没有提供出院后需要护理的证据，对护理费暂不认定。潘士春请求的交通费、住宿费 9000 元，根据其提供的票据，其实际支出 7628 元，应支付 7628 元。潘士春请求出院后的伙食补助 3500 元于法无据，不予支持。潘士春请求的鉴定费 3500 元有票据为证予以支持。潘士春请求的残疾器具费 5500 元、后续治疗费 20000 元因没有提供有效证据予以证实，暂不支持，待费用实际发生后，潘士春可另行起诉主张权利。潘士春请求的残疾赔偿金，潘士春在 2001 年交通事故发生后经鉴定为伤残九级，伤残补助费已得到赔偿，2007 年 1 月 16 日经鉴定为伤残八级。对潘士春在住院手术后伤残加重的损失，由于新野县中医院存在过失，应承担相应的责任。潘士春现年 54 周岁，农村户口，其残疾赔偿金为 3904.26 元 × 20 × 30% − 3904.26 元 × 20 × 20% = 7808.52 元。潘士春请求的被抚养人生活费，潘士春母亲刘雪牧生于 1925 年 12 月 27 日，潘士春兄弟姐妹 5 人，其抚养费为 3377.38 元 ÷ 5 × 5 × 30% = 1013.21 元。潘士春女儿潘利红生于 1986 年 11 月 14 日、儿子潘建文生于 1989 年 11 月 2 日，潘士春出院时其女儿 14 周岁、儿子 11 周岁，二人的抚养费为 3377.38 元 × (4 + 7) ÷ 2 × 30% = 5572.68 元，潘士春伤残八级与新野县中医院的医疗过失有一定关系，给潘士春的精神造成一定的痛苦，新野县中医院赔偿潘士春精神损害抚慰金 5000 元为宜。综上所述，潘士春在新野县中医院治疗过程中，新野县中医院存在医疗过失，潘士春在出院后未按医嘱定期检查，亦存在一定的过错，结合双方的过错程度，认定潘士春承担 40% 的责任，新野县中医院承担 60% 的责任较为适宜。

重审（一审）法院判决：新野县中医院于判决生效后 10 日内赔偿潘士春误工费 50934 元，交通费、住宿费 7628 元、鉴定费 3500 元、残疾赔偿金 7808.52 元，被扶养人生活费 6586.89 元，共计 76456.41 元的 60%，为 45873.85 元及精神损害抚慰金 5000 元。

新野县中医院不服重审判决，向南阳市中级人民法院提起上诉。

(四) 重审 (二审) 情况

二审法院对原审查明的事实予以确认。

二审法院认为：原审对误工费的计算是从潘士春出院计至伤残鉴定作出之日的前一天，符合法律规定，并无错误之处；因医院的过失行为在潘士春治疗时即已存在，故一审对子女抚养费的计算，依据潘士春出院时子女的年龄也无错误，新野县中医院的上诉理由无任何事实与法律依据。原审认定事实清楚，适用法律正确。

二审法院判决：驳回上诉，维持原判。

潘士春不服二审判决，向南阳市中级人民法院申请再审。

(五) 再审情况

南阳市中级人民法院于2009年11月17日作出裁定，再审本案。

再审法院（中院）对原审查明的事实予以确认。

再审法院（中院）认为：潘士春在新野县中医院治疗过程中，因新野县中医院存在医疗过失，造成潘士春人身受到损害，且其不能提供医疗过程中的X线片，导致医疗事故鉴定无法进行，依法应当承担相应的民事责任。潘士春本身由于交通事故致伤在新野县中医院治疗，出院医嘱载明"定期进行X线片检查，骨折愈合后才能负重行走。到正规医院进行康复治疗，否则容易造成骨折不愈合及内固定物松动、折断等并发症的发生"。但潘士春并未严格遵照医嘱定期检查和进行康复治疗。同时，南阳市医学会医疗事故鉴定书中载明，"患者潘士春于出院后7个月余在当地老粮仓医院拍股骨正侧位X光复查显示：股骨干骨折内固定钢板弯曲，骨折不愈合。自述曾服用中药治疗，未做其他特殊处理"。说明潘士春在骨折长期不愈且发现弯曲后在长达4年的时间里未采取相应的补救措施，最终导致内固定钢板断裂，潘士春对自身的损伤后果存在一定的过错，也应承担相应的责任，一审确定新野县中医院承担主要责任，对新野县中医院和潘士春按6：4比例划分责任是适当的。关于潘士春称新野县中医院不能提供原始X光片应按医疗事故承担全部责任的问题，因南阳市医学会医疗事故鉴定认为是否构成医疗事故不能确定，此后新野县卫生局委托进行再次鉴定时河南省医学会医疗事故鉴定办公室因鉴定材料不完整不予受理，本案已无法确定是否属于医疗事故。而且相对于医疗事故损害赔偿标准而言，人身损害赔偿标准给予受害人的保护更为充分，并不因此影响潘士春的权利。关于潘士春称其残疾等级认定错误的问题，潘士春曾进行过二次伤残鉴定，第一次是2007年1月11日新野县人民法院委托南阳古城法医临床司法鉴定所鉴定，第二次是2007年6月9日新野县12348法律服务所委托湖南省湘雅司法鉴定中心鉴定，两份鉴定结论都认定潘士春伤残等级为八级，且由潘士春作为支持其诉请的证据在一审时提交法庭，并获法院认可。现潘士春并无证据能够证实存在着需要重新鉴定的情形，故对其称原鉴定有误的主张不予采信。关于潘士春称其残疾治疗费用、护理费、误工费、残疾赔偿金、残疾器具费、被扶养人生活费、交通费、住宿伙食补助费、精神损害抚慰金等费用计算错误问题。因潘士春没有证据证明已发生后续治疗费和残疾器具费，可待费用实际发生后另行起诉主张权利。潘士春因交通事故入住新野县中医院治疗，其住院期间产生的医疗费、误工费、护理费、交通费、住院伙食补助费等费用已由另案得到赔偿，一审对此不予重复计算是正确的。本案误工费应从潘士春出院后计算至第二次定残前一日，一、二审对此认定正确。出院后的护理费因潘士春没有提供需要护理的证据，且结合潘士春的伤残等级和身体状况，一审不认定其护理费是适当的。残疾赔偿金应扣除交通事故中已经认定的部分后对加重的损失予以赔偿，一审对此计算正确。一、二审对被扶养人生活费计算时间适当，且残疾赔偿金、被扶养人生活费采用的是湖南省农村居民人均标准，均高于同期河南省农村居民人均标准，故对潘士春此项请求不予支持。交通费、住宿费一审根据潘士春已提供票据全部予以认定。关于精神损害抚慰金，考虑到潘士春与新野县中医院的责任比例，一审法院的处理比较合理。潘士春请求的住宿伙食补助费于法无据，不予支持。综上，一、二审判决认定事实清楚，程序合法，适用法律正确。

再审法院（中院）判决：维持一审、二审判决。

潘士春不服，向河南省高级人民法院申请再审。

河南省高级人民法院于2011年11月25日作出裁定，提审本案。

再审法院（高院）对原审查明的事实予以确认。

再审法院（高院）认为：1.关于潘士春的伤残责任承担问题。潘士春因交通事故致身体受到伤害在新野县中医院住院治疗，就交通事故而言，潘士春已得到赔偿并已放弃追究车辆肇事者的民事责任；对于本案的医疗损害赔偿纠纷，新野县中医院在一审中向法庭提交了4组证据，潘士春对新野县中医院提交的4组证据中的3组证据均无异议,该3组证据证明,新野县中医院在给潘士春治疗过程中没有过失,潘士春出院时医嘱要求定期复查、一年后取出钢板,潘士春出院时关节僵硬属于正常现象,若遵医嘱锻炼可以消除。而潘士春提交的证据证明,潘士春自2001年9月2日出院后至2006年3月19日其腿上的钢板都未断裂,直至2006年6月2日看病时才发现自己腿上的钢板断裂。其没有证据证明按医嘱要求定期复查、一年后取出钢板。南阳市医学会医疗事故技术鉴定认为:新野县中医院存在右股骨干骨折加压钢板固定后即行右股骨髁上骨牵引欠妥以及不能提供患者治疗期间X线片的医疗过失行为;造成潘士春目前状态的原因,首先是新野县中医院因缺乏潘士春在其治疗过程中X线片,不能确定新野县中医院的医疗过失行为与潘士春目前状况是否有因果关系,其次就是潘士春出院后未及时复查,发现钢板弯曲、骨折不愈合时未积极采取补救措施。由此,新野县中医院对潘士春的治疗过程中存在医疗过失,应承担相应的责任。结合双方的过错程度,原再审对新野县中医院与潘士春按6:4的比例划分责任适当,应予维持。

2. 关于潘士春再审提交的重新鉴定结论应否予以采信以及相关赔偿数额应否重新确定的问题。本案一审原告潘士春依据南阳古城法医临床司法鉴定所和湖南省湘雅司法鉴定中心均认定其伤残的等级为八级的两份鉴定结论,作为支撑起诉讼请求的证据在一审时提交法庭,并获法院认可。现潘士春在无证据证实存在需要重新鉴定的情形下,又以湖南省人民医院司法鉴定中心出具的〔2010〕临床字第181号和〔2010〕临鉴字第494号司法鉴定意见书,向该院申请变更增加诉讼请求。新野县中医院对上述两份重新鉴定结论的合法性、真实性提出异议,且该重新鉴定结论系潘士春自行委托,违反了最高人民法院《关于民事诉讼证据的若干规定》的相关规定,该院不予采信。潘士春以此申请再审重新确定相关赔偿数额的主张不应予以支持,潘士春一审起诉时诉讼请求是30万元,现再审赔偿请求变更增加至1484622.29元,已明显超出原审范围。根据最高人民法院《关于适用〈中华人民共和国民事诉讼法〉审判监督程序若干问题的解释》第33条之规定,潘士春超出原审范围增加、变更的诉讼请求,不属于本案再审审理范围。原再审判决依据关于人身损害赔偿的相关规定,对潘士春一审起诉时的各项赔偿请求的确认及计算数额正确,予以维持。对潘士春请求改判新野县中医院承担其全部经济损失1484622.29元的再审申请不予支持。综上,潘士春的再审申请理由不能成立,原再审认定事实清楚,适用法律正确。

再审法院(高院)判决:维持南阳市中级人民法院再审判决。

潘士春不服,向检察机关申请监督。

三、最高人民检察院不支持监督申请的理由

最高人民检察院认为:该案不符合监督条件。理由如下:

1. 关于潘士春与新野县中医院的责任划分问题。一方面,根据南阳市医学会作出的医疗事故鉴定书,新野县中医院存在以下医疗过失行为:(1)右股骨干骨折加压钢板固定后即行右股骨髁上骨牵引欠妥;(2)不能提供患者住院期间X线片。据此,新野县中医院对潘士春的诊疗活动存在过错,应承担相应责任。另一方面,潘士春于2001年9月2日从新野县中医院出院时医嘱要求:注意加强锻炼,定期进行X线片检查,骨折愈合后才能负重行走;到正规医院进行康复治疗,否则容易造成骨折不愈合及内固定物松动、折断等并发症的发生;一年后骨折愈合,二次手术取出钢板。南阳市医学会医疗事故鉴定书中载明:"患者潘士春于出院后7个月余在当地老粮仓医院拍股骨正侧位X光复查显示:股骨干骨折内固定钢板弯曲,骨折不愈合。自述曾服用中药治疗,未做其他特殊处理。"潘士春无证据证明其遵医嘱定期进行X线片检查并到正规医院进行康复治疗,且在骨折长期不愈、固定钢板弯曲后长达4年的时间里未采取相应的治疗措施,最终导致内固定钢板断裂。潘士春对于自身伤情加重存在过错,亦应承担相应责任。综上,再审法院结合双方的过错程度,对新野县中医院与潘士春按6∶4的比例划分责任并无不当。

2. 关于潘士春伤残等级重新鉴定及相关赔偿数额应否重新确定问题。首先,本案中关于潘士春的伤残等级曾进行过二次鉴定,第一次是2007年1月16日新野县人民法院委托南阳古城法医临床司法鉴定所进行的鉴定,第二次是2007年6月14日新野县12348法律服务所委托湖南省湘雅司法鉴定中心进行的鉴定,两份鉴定意见都认定潘士春伤残等级为八级,且两份鉴定意见由潘士春作为支持其诉请的证据在一审时提交法庭,并获法院采信。现潘士春并无证据能够证实存在需要重新鉴定的情形,且其申请再审时提交的2010年自行委托湖南省人民医院司法鉴定中心作出的两份鉴定意见书,均是对其2010年申请重新鉴定时的伤情作

出的评定，不能作为推翻原鉴定意见的依据。其次，最高人民法院《关于适用〈中华人民共和国民事诉讼法〉审判监督程序若干问题的解释》第33条第1款规定："人民法院应当在具体的再审请求范围内或在抗诉支持当事人请求的范围内审理再审案件。当事人超出原审范围增加、变更诉讼请求的，不属于再审审理范围。但涉及国家利益、社会公共利益或者当事人在原审诉讼中已经依法要求增加、变更诉讼请求，原审未予审理且客观上不能形成其他诉讼的除外。"本案中，潘士春依据2010年自行委托湖南省人民医院司法鉴定中心作出的两份鉴定意见书，向再审法院申请将诉讼请求由一审起诉时的30万元变更增加至1484622.29元，明显超出原审范围，不属于本案再审审理范围。因此，再审法院对于潘士春的该项再审诉求不予支持，并无不当。

四、案件评析

本案涉及当事人自行委托鉴定机构作出的鉴定意见书能否作为新证据予以采信的问题。本案再审（高院）过程中，潘士春提交了其自行委托湖南省人民医院司法鉴定中心作出的两份鉴定意见书。其中，湖南省人民医院司法鉴定中心于2010年5月19日作出的（2010）临鉴字第181号司法鉴定意见书载明：潘士春右股骨颈骨折，右股骨干开放骨折并内固定术后，目前遗留有右股骨干手术后内固定断裂，右膝关节僵直，右髋关节部分功能障碍及右下肢缩短约15.5cm，综合评定为五级伤残；其后期治疗费用预计需要人民币10万元左右（不含关节置换费用）；伤后医疗治疗时限预计需要12个月，终身需要护理，属部分护理依赖，护理人数按1人计算。湖南省人民医院司法鉴定中心于2010年9月25日作出的（2010）临鉴字第494号司法鉴定意见书载明：潘士春右髋关节置换手术费用预计需要人民币8万元左右。本案原审过程中，关于潘士春的伤残等级曾进行过二次鉴定，第一次是2007年1月16日新野县人民法院委托南阳古城法医临床司法鉴定所进行的鉴定，第二次是2007年6月14日新野县12348法律服务所委托湖南省湘雅司法鉴定中心进行的鉴定，两份鉴定意见都认定潘士春伤残等级为八级，且两份鉴定意见由潘士春作为支持其诉请的证据在一审时提交法庭，并获法院采信。现潘士春并无证据能够证实存在需要重新鉴定的情形，且其自行委托湖南省人民医院司法鉴定中心作出的两份鉴定意见书，均是对其2010年申请重新鉴定时的伤情作出的评定,不能作为推翻原鉴定意见的依据。综上,潘士春自行委托湖南省人民医院司法鉴定中心作出的两份鉴定意见书不能达到"足以推翻原裁判"的证明标准,再审法院对此未予采信,并无不当。

四、虚假诉讼审查标准研究

虚假诉讼是指当事人以规避法律、法规或国家政策谋取非法利益为目的,通过恶意串通并虚构事实,借用合法的民事程序骗取法院文书,从而侵害国家利益、社会公共利益或案外人合法权益的行为。虚假诉讼不仅扰乱了正常的诉讼秩序,而且严重损害了司法权威和司法公信力。检察机关对虚假诉讼的监督涉及对民事裁判结果的监督、对审判人员违法行为的监督、对虚假诉讼行为人或者审判人员犯罪线索的移送等监督内容。此处仅从民事裁判结果监督的角度来论述。

在监督实践中,虚假诉讼多发领域为民间借贷、离婚析产、以物抵债、劳动争议、公司分立与合并、企业破产等。审查上述领域民事案件是否涉及虚假诉讼,应特别注意以下情形:一是当事人为夫妻、朋友等亲近关系或者关联企业等共同利益关系;二是原告诉请司法保护的标的额与其自身经济状况严重不符;三是原告起诉所依据的事实和理由明显不符合常理;四是双方当事人并无实质性民事权益争议;五是案件证据不足,但双方仍然主动迅速达成调解协议,并请求法院出具调解书;六是诉讼中一方对另一方提出的于己不利的事实明确表示承认或自愿以不合理价格的财产折抵债务;七是同一案件中,同一律师事务所的不同律师分别接受双方当事人委托;等等。

现阶段全国检察机关办理虚假诉讼监督案件的基本情况为:"2012年至2014年,全国检察机关民行检察部门共办理虚假诉讼监督案件6000余件,向法院提出抗诉、检察建议4000余件。从办理案件来源看,依职权发现是最主要的案件来源渠道,占74%,当事人申请监督和案外人控告举报分别占15%和11%。从虚假诉讼法律文书类型来看,调解书和判决书系两种主要类型,占比分别为61%和20%。从案件类型看,主要是逃避管理类、逃避债务类和获取其他非法利益类,占比分别为34%、18%和48%。从监督方式看,再审检察建议、其他检察建议和抗诉是主要的监督方式,占比分别为 45%、21% 和 14%。"① 目前虽不掌握 2015 年至 2017 年关于虚假诉讼监督的相关数据，但随着各地检察机关虚假诉讼专项监督活动的开展，虚假诉讼监督案件的办理数量应该呈逐年递增趋势。在省级院提请抗诉案件中，虚假诉讼监督案件数量较少，近年来较为典型的主要有以下两件。

案例三十五：应贤喜案（高检民监〔2014〕217号）

一、案件来源

应贤喜因与百花医药公司、黄文荣、天脉实业公司、杨友利、李显鹤借款合同纠纷一案，重庆市高级人民法院于 2013 年 1 月 24 日作出（2012）渝高法民终字第 00253 号民事判决。贵州省遵义市公安局红花岗分局在侦办贵州百花医药股份有限公司内部员工内外勾结职务侵占一案过程中，发现相关事实与重庆市高级人民法院（2012）渝高法民终字第 00253 号民事判决所认定的事实存在矛盾，并于 2014 年 3 月 4 日就应贤喜等人涉嫌犯罪的情况向检察机关作了通报。因涉及虚假诉讼，重庆市人民检察院依职权对本案进行审查后，提请最高人民检察院抗诉。

二、诉讼过程和法院历次审理情况

2012 年 2 月，应贤喜起诉百花医药公司、黄文荣、天脉实业公司、杨友利、李显鹤至重庆市第三中级人民法院，请求：（1）判令百花医药公司偿还借款 270 万元及利息、律师费 3.5 万元。（2）黄文荣、天脉实业有限公司、杨友利、李显鹤承担连带偿还责任。

（一）一审情况

一审法院查明：2010 年 10 月 8 日，应贤喜与百花医药公司签订借款协议，约定：百花医药公司向应贤喜借款 270 万元，期限为 3 个月，借款期限内按借款金额以每月 1.4% 计算利息；如逾期还款，则按人民银行同期贷款利息四倍计算利息，而且还需从借款之日起按逾期还款额每日千分之三向应贤喜支付违约金，黄文荣、杨友利、李显鹤在该协议上作为担保人提供连带责任保证。同日，应贤喜与天脉实业公司签订《连带保证责任保证书》，约定：天脉实业公司为百花医药公司向应贤喜借

---

① 郑新俭等：《民事虚假诉讼检察监督问题研究》，载《人民检察》2016 年第 6 期。

款 270 万元提供连带责任担保，担保期为 3 年。当日，应贤喜与百花医药公司、四川省岳池送变电工程公司合川分公司（以下简称岳池变电合川公司）签订《协议书》，约定：岳池变电合川公司代应贤喜向百花医药公司支付借款 270 万元。同年 12 月 3 日，岳池送变电工程公司出具 270 万元的转账支票（开户行：中国银行九龙园区支行，账号：110205392707，支票号：10263279），然后交给百花医药公司签收，百花医药公司同时出具收到借款确认书。根据岳池送变电合川公司在中国银行九龙园区支行开设账号 110205392707 的账户交易记录显示，该账户于 2010 年 12 月 6 日以凭证号码 10263279 发生一笔支出业务 270 万元。借款到期后，百花医药公司未履行还款义务，黄文荣、天脉实业公司、杨友利、李显鹄亦未承担保证义务，应贤喜遂提起诉讼。

　　一审法院认为：应贤喜与百花医药公司于 2010 年 11 月 8 日签订的借款协议以及应贤喜与黄文荣、天脉实业公司、杨友利、李显鹄就该笔借款所签订的保证担保协议，均系双方当事人的真实意思表示，且未违反法律、行政法规的强制性规定，合法有效，应受法律保护。在借款合同生效后，应贤喜委托第三方岳池变电合川公司以转账方式支付给百花医药公司借款 270 万元。对第三人是否支付借款的事实，根据中国银行重庆九龙园区支行现保存的 10263279 号转账支票所记载的内容，其上面的收款人为百花医药公司，转账支出金额为 270 万元，结合岳池变电合川公司在该行开设的银行账户于 2010 年 12 月 6 日以凭证号为 10263279 号支出 270 万元等信息，可以认定岳池变电合川公司所出具的 10263279 号转账支票所载明的款项已实际支付给百花医药公司，故对百花医药公司、黄文荣、天脉实业公司、杨友利、李显鹄辩解应贤喜未实际支付借款 270 万元的理由不予采纳。百花医药公司作为借款人，其在收到借款后，负有按照约定期限承担返还借款及支付利息的义务，其至今未偿还借款本金及利息，应依法承担违约责任，故对应贤喜请求百花医药公司偿还借款 270 万元及利息的请求予以支持。虽然应贤喜为向百花医药公司主张本案的合法债权而委托律师代为诉讼，并因此支付了律师费用，客观上造成了一定损失，但是因双方在借款协议中对此未作明确约定，该损失与百花医药公司的违约行为之间没有必然的联系，因此应贤喜请求百花医药公司赔偿该损失没有相应的事实及法律依据，故对应贤喜的这一诉讼请求不予支持。黄文荣、天脉实业公司、杨友利、李显鹄自愿为百花医药公司向应贤喜借款270万元提供连带责任保证,且约定担保范围为借款本金、利息以及其他实现债权的费用,故黄文荣、天脉实业公司、杨友利、李显鹄应对百花医药公司向应贤喜借款270万元及利息承担连带保证责任。

一审法院判决:(1) 百花医药公司于本判决生效后10日内偿还应贤喜的借款270万元及利息(利息自2010年12月3日至2011年3月2日,按月息1.4%计算;自2011年3月3日按中国人民银行同期贷款利率的4倍计算至付清时止)。(2) 黄文荣、天脉实业公司、杨友利、李显鹄对百花医药公司偿还应贤喜的借款270万元及利息承担连带清偿责任。(3) 驳回应贤喜的其他诉讼请求。

百花医药公司不服一审判决,向重庆市高级人民法院提起上诉。

(二) 二审情况

二审法院查明:(1) 岳池变电合川公司于2009年4月21日被依法注销工商登记。(2) 岳池变电合川公司于2010年12月3日出具270万元转账支票一张,支票号为10263279,付款行为中国银行九龙园区支行,出票人账号110205392707,收款人为百花医药公司。该支票后被百花医药公司背书转让给重庆大通电器厂。(3) 百花医药公司在二审中陈述,公司的财务专用章和公章已交由案外第三人实际控制。二审法院对一审法院查明的其他事实予以确认。

二审法院认为:本案争议焦点是应贤喜是否向百花医药公司支付借款270万元。应贤喜与百花医药公司签订的借款协议合法有效,应贤喜已经按约向百花医药公司支付借款270万元,百花医药公司应当按约偿还借款并支付利息。主要事实和理由:(1) 岳池变电合川公司虽然在签订代付协议前已经被工商局注销,该分公司的主体资格归于消灭,但是该事实并不影响分公司的实际控制人或清算人通过分公司尚未被注销的银行账户履行代付借款的义务。(2) 代付借款的主体在法律上是否实际存在,与代付借款的义务是否实际履行无关。借款270万元已从分公司的银行账户实际划出,百花医药也出具了加盖有其公司公章和财务专用章的收款确认书,确认其已收到借款270万元。故代付借款的主体资格是否实际存在,不影响代付借款协议的履行。(3) 岳池变电合川公司主体不存在,其签订的代付协议即使无效,合同无效的法律后果影响的也只是应贤喜与分公司之间的利益,与百花医药公司权利义务的行使无关。

(4) 百花医药公司将公司公章和财务专用章交由他人保管使用，表明其同意他人享有公司相关资产的管理权、处分权。百花医药公司将银行转账支票背书转让给案外第三人，客观上使公司的对外债务减少，百花医药公司也从中实际受益。

二审法院判决：驳回上诉，维持原判。

因涉及虚假诉讼，检察机关依职权对本案进行了审查。

(三) 检察机关审查情况

检察机关查明：1. 百花医药公司与应贤喜并未发生真实的借贷关系，而且百花医药公司与刘仕刚之间缺乏 270 万元借款的真实意思。应贤喜系刘仕刚的姐姐刘仕群的丈夫。据公安机关对应贤喜的讯问材料及应贤喜的书面说明证实：百花医药公司与应贤喜并未发生真实的借贷关系，应贤喜仅代刘仕刚在借款合同上签字。上述事实得到刘仕刚在公安机关所作的询问笔录的印证。同时，百花医药公司与刘仕刚之间也缺乏 270 万元借款的真实意思。公安机关在 2014 年 4 月 24 日询问刘仕刚："应贤喜为什么要借款给贵州百花医药股份有限公司？"刘仕刚答："实质上是：通过朋友杨友利介绍百花医药股份有限公司向我借钱，金额是 400 万元。我当时对百花医药股份有限公司不了解，是重庆人，我的朋友杨友利拿出了套房产证作担保所作出借款 400 万元给百花医药股份有限公司，借款期限为 15 天。利息按借款协议，每月百分之壹点肆计算。借款居间服务合同约定每月按百分之肆点陆收取居间服务费，违约金按借款之日起按千分之叁计算。借款的时间从 2010 年 6 月 23 日至 2010 年 11 月 23 日，共计 5 个月（150 天）。总共欠我利息和违约金 270 万元。黄文荣口头认可，并有遵义市忠庄大道土地［产权号为（2006）07 号］作抵押。双方相商，将利息和违约金 270 万元变更为借贷关系。首先谈好我与百花医药股份有限公司签订 270 万元借款协议，考虑到要到遵义去办理相关抵押手续，我当时无时间，就委托我姐哥应贤喜出面与百花医药股份有限公司于 2010 年 11 月 8 日签订 270 万元借款协议。"另外，公安机关在 2012 年 9 月 10 日询问刘仕洪（系刘仕刚之弟，曾任大通电器厂法定代表人），在回答这笔款为什么通过百花医药公司背书转给重庆市大通电器厂，刘仕洪表示："百花医药公司老总黄文荣欠我哥刘仕刚的利息和违约金，共计 270 万元。刘仕刚为了防止黄文荣事后不认账，找我出钱，给四川岳池变电工程公司合川分公司，借款的方式给百花医药公司一张转账支票，再通过百花医药股份有限公司背书，转入重庆大通电器厂，由大通电器厂职工应贤喜办理。"

2. 刘仕刚与百花医药公司之间形成本案借条之基础来源于双方400万元的真实借贷，而400万元的借款纠纷已经重庆市高级人民法院另案判决。2013年11月8日，重庆市高级人民法院作出（2013）渝高法民终字第00179号民事判决。该院查明：2010年6月23日，刘仕刚与百花医药公司等签订《借款协议》一份，约定：由百花医药公司向刘仕刚借款400万元，借款期限15天，借款期内的利息按月1.4%计算，逾期按中国人民银行同期贷款利率四倍计算，并从借款之日起按逾期还款额每日3‰支付违约金……该院判决，由百花医药公司支付刘仕刚借款利息（计算公式为：15天借款期按月利率1.4%的标准，其他期间为按中国人民银行公布的同期贷款利率的四倍标准）。

3. 四川岳池变电工程公司合川分公司在中国银行重庆市分行九龙园区支行设立的银行账户系他人冒用该公司名称所为。四川省岳池送变电工程公司合川分公司已于2009年4月被工商部门注销，公章也已上交。经公安机关调查，四川省岳池送变电工程公司及合川分公司均未在中国银行重庆市分行九龙园区支行开立过银行账户，以四川省岳池送变电工程公司合川分公司名义设立的银行账户系他人冒用该公司名称所为。刘仕刚和刘仕洪曾挂靠了四川省岳池送变电工程公司合川分公司，并每年缴纳管理费。

4. 百花医药公司未收到借款协议约定的270万元款项。岳池变电合川分公司开具的以百花医药公司为收款人的270万元转账支票后，并未将款转入百花医药公司账户，而是加盖百花医药公司财务专用章后将支票背书转让给重庆大通电器厂。为查明百花医药公司背书转让支票的真实性，公安机关从该公司财务档案中调取时间为2010年12月前后的相关凭证的财务专用章印鉴，同时到银行调取涉案转账支票原件进行鉴定，经重庆市公安局物证鉴定中心鉴定，涉案支票背书栏中加盖的给重庆大通电器厂的百花医药公司财务专用章与百花医药公司同期使用的财务专用章不是同一印章。另据百花医药公司董事长黄文荣在公安机关陈述称为尽快得到借款的款项，借款收条及收款确认书均系在签订借款协议当日书写，但未填写内容和时间。

5. 应贤喜自愿放弃执行申请书和刘仕刚撤回执行情况说明。应贤喜于 2014 年 4 月 29 日向重庆市第三中级人民法院提交自愿放弃执行申请书，载明："本人自愿放弃重庆市第三中级人民法院对百花医药公司判决执行的所有债权债务关系。因为本人没有借钱给百花医药公司，并且没有向人民法院提起诉讼，更没有向人民法院申请强制执行。"刘仕刚于 2014 年 4 月 22 日向重庆市公安局北部新区分局经侦大队作出情况说明："2014 年 4 月 22 日北部新区公安分局经侦大队的陶支队、管警官向我了解了'关于黄文荣告我诈骗贵州百花医药公司 270 万元'案子的相关情况并作了笔录后，我认识到虽然经过重庆市高级人民法院终审判决应贤喜胜诉的 270 万元的案件背后问题的复杂性，于 2014 年 4 月 23 日上午通知重庆向道律师事务所的李应德律师向重庆市第三中级人民法院提交撤回执行百花药业公司的强制执行申请书……"

三、最高人民检察院提出抗诉的理由

最高人民检察院认为：本案涉及虚假诉讼，本案主要证据系伪造且有新的证据足以否定原判决。理由如下：

1. 本案中应贤喜与百花医药公司之间并不存在真实的借款关系。据公安机关对应贤喜及刘仕刚的询问材料及应贤喜自愿放弃执行申请书等证据证实，应贤喜本人并没有与百花医药公司协商借款事宜，也没有参与实施行为，而仅仅是根据刘仕刚的委托在协议文本上签署了自己的名字（应贤喜系刘仕刚的姐夫）。

2. 本案中刘仕刚与百花医药公司之间亦不存在真实的借款关系。刘仕刚系与百花医药公司的黄文荣将另案中 400 万元真实借款的利息、逾期贷款利息和违约金，共计 270 万元变更为借贷关系，所谓借贷意思表示并不真实。事实上，此借条的目的是为了固定双方所约定的远远超过国家所允许的利率和违约金的款项，为了掩盖刘仕刚高利贷的非法利益。

3. 本案中四川省岳池送变电工程公司合川分公司并未代为履行涉案借款协议。经公安机关查实，四川省岳池送变电工程公司合川分公司在签订该代付借款协议前已被工商局注销，该分公司的主体资格归于消灭，且四川省岳池送变电工程公司及合川分公司均未在中国银行九龙园区支行开立过银行账户。以四川省岳池送变电工程公司合川分公司名义在中国银行九龙园区支行开设账户并开出 270 万元转账支票系应贤喜、刘仕刚等人冒用，且根据刘仕洪的陈述，开出涉案转账支票 270 万元所需的

钱系由大通电器厂的法定代表人刘仕洪所支出。

4. 本案中百花医药公司并未实际收到应贤喜、刘仕刚履行270万元"借款"的转账支票,也未从中实际获益。一方面,经重庆市公安局物证鉴定中心鉴定,涉案支票背书栏中加盖的给重庆大通电器厂的百花医药公司财务专用章与百花医药公司同期使用的财务专用章并不是同一印章。涉案收款确认书亦系黄文荣在签订借款协议当日书写的空白文件,未填写内容和时间。另一方面,重庆大通电器厂是刘仕刚和刘仕洪的私人企业,百花医药公司与重庆大通电器厂无任何经济往来。本案所涉"借款"并未与另案400万元借款所抵扣,且最终又背书流转给重庆大通电器厂,百花医药公司对外债务并没有减少。换言之,百花医药公司并未从中实际受益。综观全部的履行环节,270万元的转账支票系在加盖了虚假的百花医药公司财务专用章后将支票背书转让给重庆大通电器厂,使该270万元的转账支票顺利地回到了刘仕刚和实际出钱人刘仕洪所控制的私人企业,其真实目的是使刘仕刚取得借以向百花医药公司主张270万元"借款"的虚假证据。

四、案件评析

本案属于典型的虚假诉讼案件。其虚假之处主要表现在四个方面:一是本案中应贤喜与百花医药公司之间并不存在真实的借款关系。据公安机关对应贤喜及刘仕刚的询问材料与应贤喜自愿放弃执行申请书等证据证实,应贤喜本人并没有与百花医药公司协商借款事宜,也没有参与实施行为,而仅仅是根据刘仕刚的委托在协议文本上签署了自己的名字(应贤喜系刘仕刚的姐夫)。二是本案中刘仕刚与百花医药公司之间亦不存在真实的借款关系。刘仕刚系与百花医药公司的黄文荣将另案中400万元真实借款的利息、逾期贷款利息和违约金,共计270万元变更为借贷关系,所谓借贷意思表示并不真实。事实上,此借条的目的是为了固定双方所约定的远远超过国家所允许的利率和违约金的款项,为了掩盖刘仕刚高利贷的非法利益。三是本案中四川省岳池送变电工程公司合川分公司并未代为履行涉案借款协议。经公安机关查实,四川省岳池送变电工程公司合川分公司在签订该代付借款协议前已被工商局注销,该分公司的主体资格归于消灭,且四川省岳池送变电工程公司及合川分公司均未在中国银行九龙园区支行开立过银行账户。四是本案中百花医药公司并未实际收到应贤喜、刘仕刚履行270万元"借款"的转账支票,也未从中实际获益。综观全部的履行环节,270万元的转账支票系在加盖了虚假的百花医药公司财务专用章后将支票背书转让给重庆大通电器厂,使该270万元的转账支票顺利地回到了刘仕刚和实际出钱人刘仕洪所控制的私人企业,其真实目的是使刘仕刚取得借以向百花医药公司主张270万元"借款"的虚假证据。

案例三十六:金家工贸公司申请监督案(高检民监〔2016〕97号)

一、案件来源

金家工贸公司、怡乐公司因与华乐股份公司、壮众达公司债权债务纠纷一案,不服广东省高级人民法院(2012)粤高法审监民提字第6号民事判决,向广东省人民检察院申请监督,该院提请最高人民检察院抗诉。

二、诉讼过程和法院历次审理情况

(一)原审情况

2002年7月,壮众达公司起诉华乐股份公司至深圳市福田区人民法院,请求:判令华乐股份公司立即偿还借款4474411元。

深圳市福田区人民法院于2002年11月22日作出(2002)深福法经初字第1920号民事调解书,确认壮众达公司与华乐股份公司达成如下协议:(1)双方确认壮众达公司于2001年12月14日及12月17日分别替华乐股份公司垫付土地费及土地开发基金共计4474411元。华乐股份公司以其拥有的位于深圳市福田区车公庙工业区B107-11号地块(面积为9324.47平方米)的土地使用权折抵还款(该房地产证编号为深房地字第0103230号);(2)双方共同确认B107-11号地的土地使用权作价人民币11404100元(深圳市房地产估价中心评估价),该地除抵偿华乐股份公司所欠壮众达公司的4474411元后,壮众达公司应向华乐股份公司返还6929689元;(3)华乐股份公司应保证抵偿给壮众达公司的土地使用权不存在转让的瑕疵,双方在该调解生效后15天内申请办理完毕上述抵债土地的过户手续。因过户登记所发生的税费按土地登记管理部门的规定负担,其余费用由壮众达公司负担;(4)在办理完毕土地过户登记手续之后 3 天内，壮众达公司将人民币 6929689 元付清给华乐股份公司。

2004 年 6 月，案外人金家工贸公司、怡乐公司以深圳市福田区人民法院（2002）深福法经初字第 1920 号民事调解书的内容违反了法律强制性规定、侵犯其对涉案土地使用权的共有权合法权益为由，向深圳市福田区人民法院申请再审。

（二）再审情况

深圳市福田区人民法院于 2004 年 11 月 25 日作出（2004）深福法民二再字第 8-1 号民事裁定，以原审调解认定事实可能有错为由提起再审，并追加华乐工贸公司、广保公司、深圳建行作为第三人参加诉讼。

深圳市福田区人民法院于 2005 年 12 月 30 日作出（2002）深福法经初字第 1920 号民事判决。该院再审查明：2001 年 11 月 23 日，华乐股份公司、壮众达公司和广保公司同一天签订《出资协议书》《股权转让协议》《补充协议》各一份。《出资协议书》的内容是：三方约定共同出资设立"深圳市丰硕汽车实业有限公司"（以下简称丰硕公司），丰硕公司的总投资为 4600 万元，华乐股份公司出资 1380 万元，广保公司出资 2189.6 万元，壮众达公司出资 1030.4 万元；丰硕公司的注册资本 1500 万元，其中华乐股份公司认缴的出资额为 450 万元，持有丰硕公司 30% 的股份，广保公司认缴的出资为 714 万元，持有公司 47.6% 的股份，壮众达公司认缴的出资额为 336 万元，持有公司 32.4% 的股份；出资方式由华乐股份公司以其拥有的位于深圳市福田区车公庙工业区的土地使用权折价 1380 万元作为出资；壮众达公司和广保公司则以现金出资；合同签订后 10 天内，壮众达公司和广保公司应将各自认缴的出资额付至丰硕公司临时账户上，华乐股份公司应同时开始办理土地使用权变更过户手续。《股权转让协议》的内容是：华乐股份公司同意将其持有丰硕公司的 30% 股份全部转让给壮众达公司和广保公司，其中 20.4% 转让给广保公司，9.6% 转让给壮众达公司；转让价格以华乐股份公司原出资额 1380 万元转让，广保公司应支付华乐股份公司转让款 938.4 万元，壮众达公司应支付华乐股份公司转让款 441.6 万元；在转让款支付方式上约定，本协议签订后，壮众达公司和广保公司应在 7 个工作日内向华乐股份公司支付 800 万元，2001 年 12 月 28 日办好车公庙房产证交接手续后支付 500 万元，余款 80 万元在办理完过户手续后支付。《补充协议》的内容是：华乐股份公司以位于深圳市福田区车公庙工业区一块面积为9325.47平方米的土地使用权作价1380万元投入丰硕公司，壮众达公司和广保公司以现金投入丰硕公司，丰硕公司成立后，华乐股份公司将其持有的股份转让给壮众达公司和广保公司，壮众达公司和广保公司以现金方式收购华乐股份公司的股权，三方应同时办理付款、收款及股权转让手续。

2001年11月29日，壮众达公司、华乐股份公司、广保公司和深圳建行签订了一份《信用中介协议》，内容是：为保护壮众达公司、华乐股份公司、广保公司在交易过程中的合法权益，深圳建行接受委托，向壮众达公司、华乐股份公司、广保公司提供信用中介服务，华乐股份公司在深圳建行下属上步支行开设履约账户008010020002469，壮众达公司和广保公司作为一方由壮众达公司代表在上步建行开设履约账户008010020002515，在履约保证期内，壮众达公司和广保公司不得以本协议之外的任何理由转出资金，华乐股份公司承诺拥有福田区车公庙工业区宗地号为B107-11号的工业用地，房地产证号为深房地字第0103230号，拥有深圳市上步工业区振华西路1—6层厂房，土地使用权宗地号为B112-7号（以下简称华乐楼）；壮众达公司和广保公司承诺严格、全面履行已签合同及协议，根据本协议，按时将全部约定款项存入在上步建行开立的履约账户，建行首期操作资金为800万元，约定款项存入壮众达公司和广保公司的履约账户后，壮众达公司和广保公司根据国土局出具的缴费通知单，开出转账支票，注明付款账户为壮众达公司和广保公司的履约账户，收款人为国土局，并由壮众达公司和广保公司在上步建行办理转账手续，将所需款项打入国土局指定账户，用于补交华乐楼的地价，以办妥华乐楼的《房地产证》；华乐股份公司取得国土局出具的华乐楼的付清地价款证明后，壮众达公司和广保公司向华乐股份公司支付首期操作资金800万元减去已支付国土局款项后的余额，壮众达公司和广保公司开出的支票由华乐股份公司即时背书予建行，以清偿华乐股份公司系列企业所欠建行的利息；华乐股份公司、壮众达公司和广保公司办好车公庙工业用地的土地使用权证的交接手续，壮众达公司和广保公司在其履约账户内存留80万元，其余款项转付给华乐股份公司；车公庙工业用地的土地使用权过户至丰硕公司后，壮众达公司和广保公司将其履约账户内的80万元转付给华乐股份公司的履约账户。

2001年12月12日，华乐股份公司、壮众达公司和广保公司又签订了一份《补充协议书》，内容是：本补充协议书是作为《股权转让协议》《出资协议书》的补充，华乐股份公司股权转让或资产处理必须是合法有效的；如华乐股份公司股权转让及资产处分需上级与政府主管部门审批等问题，应由华乐股份公司全权负责解决，如因华乐股份公司原因导致股权转让不能按时完成，华乐股份公司应承担1300万元的银行同期贷款利息给壮众达公司和广保公司，如有争议，协商解决无效交由中国国际贸易仲裁委员会深圳分会仲裁。之后，壮众达公司截至2001年12月11日在履约账户存入1380万元，同年12月13日壮众达公司代华乐股份公司从履约账户向深圳市福田国土局汇付753483元，12月14日向深圳市国土局汇付3720928元，华乐工贸公司受华乐股份公司委托分别于同年12月14日、12月17日向壮众达公司出具2张收款收据，注明收到壮众达公司交来借周转金753483元和3720928元。

深圳市福田区人民法院再审认为：壮众达公司、华乐股份公司、广保公司于2001年11月23日签订的《出资协议书》《股权转让协议》《补充协议》及12月2日签订的《补充协议书》，从内容表述的形式看，是三方共同出资成立丰硕公司，出资方式为华乐股份公司以其拥有的深圳市福田区车公庙土地使用权作价1380万元出资，占公司30%的股份，壮众达公司、广保公司各以现金出资。而后，华乐股份公司立即将其所占丰硕公司的30%的股份转让给壮众达公司和广保公司。这几份合同反映的实质更符合土地使用权转让的性质，是以合资成立公司的形式，掩盖土地使用权转让的事实。因此，该院认为依据这几份合同，当事人之间确立了土地使用权转让关系。土地使用权转让应当符合法律法规的有关规定。华乐股份公司的企业性质是集体所有制，依据有关规定，其转让土地使用权应当在深圳市土地房产交易中心通过招标、拍卖和挂牌交易方式公开进行，但壮众达公司、华乐股份公司和广保公司却通过签订出资、股权转让的方式来进行规避。因此，这几份协议应是无效协议。按照壮众达公司、华乐股份公司、广保公司签订的《出资协议书》《股权转让协议》《补充协议》《补充协议书》及壮众达公司、华乐股份公司、广保公司、深圳建行签订的《信用中介协议》约定，土地使用权转让款的支付方式为，壮众达公司、广保公司作为一方，由壮众达公司代表按约定在建行上步支行开设履约账户，并存入1380万元，然后按约定根据国土部门的缴费通知单向国土局付款。事实上壮众达公司也是在上述协议签订的 12 天后，于 2001 年 12 月 14 日、12 月 17 日向国土局付款。原审时壮众达公司诉华乐公司的借款也是在履行上述协议的过程中形成的。华乐股份公司也认可该二笔款的支付是因为要办理华乐楼的房产证。且二笔款的付出账户是壮众达公司和广保公司按《信用中介协议》中约定的在建行开设的履行账户。据此，可以认定壮众达公司诉华乐股份公司的"借款"实际是壮众达公司为履行他们的一系列土地使用权转让协议以及《信用中介协议》所产生的。为此，该院认为原审诉讼中壮众达公司与华乐股份公司的借款不是事实，本案应系土地使用权转让合同纠纷所产生的债权债务关系。而壮众达公司和华乐股份公司在原审时故意隐瞒土地使用权转让事实，不举证陈述清楚该付款事实，导致原审未能查明诉讼事实而予以调解，违反《民事诉讼法》有关调解的规定，责任应当由壮众达公司和华乐股份公司负责。对壮众达公司与华乐股份公司及广保公司辩解称他们虽签订了一系列协议，但没有履行，壮众达公司与华乐公司确系借款关系的理由不予采纳。

壮众达公司与华乐股份公司虽然隐瞒了土地使用权转让的事实，导致原审调解对事实认定有错，但壮众达与华乐股份公司的债权债务关系确实存在。华乐股份公司依法应当向壮众达公司清偿这一债务。原审案件虽然有误，但调解的结果并没有背离这一具体的债权债务，是在确定了双方当事人这一具体债权债务的基础上达成以地抵债协议。而涉案土地在调解时在国土局登记的权利人只有华乐股份公司，没有证据证实有其他共有人，按照物权公示、公信的原则，就应推定华乐公司享有真实的土地使用权，善意的受让人基于对物权公示形式的信任，而与出让人发生物权变动的法律关系，即使登记是错误的，也不影响其取得物权。华乐公司因不能以款项形式向壮众达公司清偿债务，自愿用涉案土地来抵偿，而壮众达公司也同意接受此种履行方式，原审据此作成调解书并未违反自愿原则，其内容也未违反法律或损害国家利益、公共利益和他人利益。并且原审调解书确定的内容现已依法执行完毕，涉案土地现已过户至壮众达公司名下，从保护交易安全的角度出发，原审调解书也应以维持为宜。综上，判决：维持深福法经初字第 1920 号民事调解书。

2006 年 11 月 28 日，深圳市人民检察院以原调解协议虽未违反自愿原则，但其内容违反了相关法律，损害国家、社会和公共利益，再审没有改判属适用法律不当为由,向深圳市中级人民法院提起抗诉。

(三) 指令再审情况

深圳市中级人民法院指令深圳市南山区人民法院对该案进行再审。深圳市南山区人民法院立案受理后,追加金家工贸公司和怡乐公司为本案第三人。

深圳市南山区人民法院于 2007 年 7 月 29 日作出 (2007) 深南法民再字第 2 号民事判决。该院对深圳市福田区人民法院原再审查明的事实予以采纳。另查明:

1. 1988 年 12 月 29 日,深圳市人民政府就 B107-1 号地块使用权 (面积为 1154954 平方米) 与深圳市工业区开发公司签订深地合字 (88) 119 号《土地使用合同书》,地价款为人民币 4000 万元;

2. 1989 年 5 月 6 日、7 月 3 日,深圳市工业区开发公司就涉案 B107-11 号地块 (面积为 9325.47 平方米) 使用权与深圳市家用工业公司 (后更名为华乐股份公司) 分别签订《合同书》《补充合同书》,地价款为人民币 2098230 元、港币 490918 元;

3. 1989 年 7 月 27 日,深圳市家用工业公司 (后更名为华乐股份公司) 就涉案 B107-11 号地块使用权,分别与金家工贸公司、深圳市胶制品厂 (后更名为怡乐公司)、深圳市华深开关厂签订《用地协议》,金家工贸公司占 25%、怡乐公司占 25%、深圳市华深开关厂占 12.5%;

4. 1989 年 8 月 16 日,华乐股份公司分别向金家工贸公司、怡乐公司发出《关于使用车公庙工业用地有关规定的通知》,确认金家工贸公司已向其交付地价人民币 524557.50 元、港元 122729.50 元,确认怡乐公司已向其交付地价人民币 524557.50 元、港元 122729.50 元;通知金家工贸公司、怡乐公司"各用地单位应共同负责按比例分摊的小区规划设计费用和其他合理费用";

5. 1992 年 4 月 20 日,深圳市家用工业公司取得涉案 B107-11 号地块使用产权证书,编号为深房地字第 0080145 号,"权利人性质:集体,所有权性质:国有,权属来源:购买,用途:工业";

6. 1996 年 7 月 17 日,华乐股份公司取得涉案 B107-11 号地块《房地产证》变更登记,编号为深房地字第 0103230 号,"权利人性质:股份制",所有权性质、权属来源及用途同上;

7. 2003 年 11 月 19 日,深圳市规划与国土资源局福田分局深规土函第 FT0304689 号《承办文件》载明:"深房地字第 0103230 号《房地产证》登记的 B107-0011 宗地的性质有误,该地应为商品房性质的工业用地";

8. 1991 年 12 月 3 日,深圳市人民政府办公厅出具深府办复〔1991〕977 号《关于深圳市家用工业公司改组为深圳市华乐实业股份有限公司的批复》,该批复载明"同意公司改组,……股权结构为:金家工贸公司职工集体股为 246.6659 万股,占总股份的 1.54%;深圳市胶制品厂(后更名为:怡乐公司)职工集体股 68.9394 万股,占总股份的 0.43%";

9. 深圳市工商物价信息中心《工商登记资料》显示,华乐股份公司的"经济性质:股份制,主管单位:深圳市集体资产管理办公室(托管)";金家工贸公司、怡乐公司的"经济性质:集体"。

深圳市南山区人民法院再审认为:本案主要涉及以下三个问题。

1. 关于壮众达公司与华乐股份公司之间是否存在债权债务关系的问题。壮众达公司、广保丰田公司为履行《出资协议书》《股权转让协议》《补充协议》《信用中介协议》及《补充协议书》,由壮众达公司代表在深圳建行上步支行开设履约账户并存入 1380 万元,按照约定依据国土部门的缴费通知分别于 2001 年 12 月 14 日、12 月 17 日支付涉案华乐楼的土地费用 753483 元、3720928 元,导致壮众达公司与华乐股份公司之间存在事实上的债权债务关系。深圳市福田区人民法院在原再审中对上述事实的认定,于法有据,故该院对原再审针对该部分的认定予以采信。金家工贸公司、怡乐公司以出具《收款收据》的是华乐工贸公司而非华乐股份公司为由否认壮众达公司与华乐股份公司之间存在事实上的债权债务关系的意见,不能成立,故该院不予采信。

2. 关于涉案 B107-11 号地块使用权权属的问题。深圳市福田区人民法院调查的证据显示,在原一审诉讼期间,涉案 B107-11 号地块使用权在国土部门登记的权利人仅为华乐股份公司,按物权公示、公信的原则,即推定华乐股份公司为该地块使用权的唯一用益物权人。深圳市福田区人民法院在原再审中对上述权利的认定,于法有据,故该院对原再审针对该部分的认定予以采信。金家工贸公司、怡乐公司在再审期间向原审法院提交的《用地协议》《关于使用车公庙工业用地有关规定的通知》等出资的事实证据,并不能推翻华乐股份公司作为涉案 B107-11 号地块使用权唯一权属人的法律认定,即金家工贸公司、怡乐公司认为其出资致使其共有权人身份确立的意见,不能成立,故该院不予采信。

3. 关于检察机关抗诉理由是否成立的问题。首先,华乐股份公司对壮众达公司存在事实上的债务;其次,华乐股份公司作为涉案 B107-11 号地块使用权的唯一权属人,有权处分其名下的财产包括涉案 B107-11 号地块的使用权。虽然华乐股份公司有权处分其名下的涉案地块使用权,但是对涉案地块使用权的处分必然涉及金家工贸公司、怡乐公司的利益,所以,民事活动必须遵守法律法规的规定,特别是禁止性的规定,不得损害国家、集体的利益,不得破坏社会的经济秩序,即权利的使用和处分必须在法律法规限令的范围内进行。参照《深圳市土地交易市场管理规定》第 5 条中关于土地使用权转让应在交易中心通过招标、拍卖和挂牌交易方式公开进行,不得私自转让的规定,壮众达公司与华乐股份公司拟通过合意协商达到转让土地使用权的目的,违反了调解的合法性原则,应予撤销。检察机关的抗诉意见成立,应予以采信。生效的法律文书必须执行,即使该文书存在瑕疵,也只能在启动审判监督程序后予以矫正,壮众达公司、华乐股份公司在原一审过程中未充分提供证据,导致案件性质定性错误;而后,又以违法的形式达成调解协议,导致生效法律文书的执行,壮众达公司与华乐股份公司双方当事人对上述行为及产生的后果应当承担责任。

综上所述,依据《民法通则》第 6 条、第 86 条、第 108 条,参照《深圳市土地交易市场管理规定》第 5 条的规定,判决:(1) 撤销(2002)深福法经初字第 1920 号民事调解书和(2004)深福法民二再字第 8 号民事判决书;(2) 华乐股份公司应于该判决生效之日起 15 日内向壮众达公司返还 4474411 元。

壮众达公司不服,向深圳市中级人民法院提起上诉。

(四)再审(二审)情况

深圳市中级人民法院于 2008 年 6 月 26 日作出(2007)深中法民二终字第 1678 号民事判决。该院二审对深圳市南山区人民法院再审查明的事实予以确认。另查明:

1. 2000 年 3 月 30 日,深圳市集体资产管理办公室给深圳市工商行政管理局的文件《关于深圳市华乐实业股份公司脱钩问题的意见》:"深圳市华乐实业股份公司是集体资产控股的企业……我办同意作为该企业的主管部门,暂时托管该公司的集体资产,待产权界定工作完成后,按企业的产权关系重新登记。在托管期内，该公司的集体资产发生合并、分立、解散；产权转让；重大投资等重要事项须报我办批准。"

2. 2001年5月18日，华乐股份公司董事会作出公司章程修改决定，将章程第5条增加以下内容：集体资产管理办公室作为我司的主管部门，暂时托管我公司的集体资产，待产权界定工作完成后，按企业的产权关系重新登记。

3. 1989年7月27日，深圳市家用工业公司（后更名为：华乐股份公司）就涉案B107-11号地块使用权，分别与金家工贸公司、深圳市胶制品厂（后更名为：怡乐公司）、深圳市华深开关厂签订《用地协议》，在协议中约定，家用公司负责与开发公司办理一切购地有关手续，并根据金家工贸公司、怡乐公司的实际情况和使用功能要求联系设计单位做好小区规划上报工作并负责整个小区的协调工作，协助金家工贸公司、怡乐公司做好设计、施工准备施工质量检查工作。其中金家工贸公司、怡乐公司占涉案B107-11号地块总面积9325.47平方米的比例是25%，两公司应付地价均为人民币524557.50元、港元122729.50元，深圳市华深开关厂占12.5%；1989年8月16日，华乐股份公司分别向金家工贸公司、怡乐公司发出《关于使用车公庙工业用地有关规定的通知》，确认两公司均已向其交付地价人民币524557.50元、港元122729.50元，并约定金家工贸公司、怡乐公司应缴纳土地使用费等其他政府规定的费用，并直接到市政府有关单位办理。

4. 2002年7月8日，深圳市工商行政管理局《责令改正通知书》内容：深圳市华乐实业股份有限公司：……你公司应在1996年12月31日前依法进行规范登记。但你公司未在此限期内完成股份有限公司的规范登记。根据……规定你公司不得在名称中使用"股份有限公司"字样。现责令你公司在30日内改正上述行为，向我局办理变更登记手续。

深圳市中级人民法院二审认为，本案争议的焦点为：（1）壮众达公司与华乐股份公司之间借款的事实是否存在；（2）南山区人民法院以检察院抗诉受理本案是否符合法律规定；（3）壮众达公司与华乐股份公司之间达成的调解协议内容是否违反了调解的合法性原则。

1. 关于壮众达公司与华乐股份公司之间借款的事实是否存在的问题。由于壮众达公司、华乐股份公司及广保公司于2001年11月23日同时签订了《出资协议书》《股权转让协议》《补充协议》，从协议表述的内容看，华乐股份公司以涉案土地使用权折价人民币1380万元出资获得丰硕公司股权后，华乐股份公司再将该股权以同样价格人民币1380万元转让给壮众达公司和广保公司。上述协议内容形式上是三方共同出资成立丰硕公司，实质上是以三方共同出资成立公司的形式，掩盖涉案土地使用权转让的事实。按照以上几个协议及壮众达公司、华乐股份公司、广保丰田公司三方当事人和深圳建行签订的《信用中介协议》约定，壮众达公司和广保丰田公司作为一方，由壮众达公司做代表，在深圳建行开设履约账户并存入人民币1380万元，然后由壮众达公司按照约定依据国土部门的缴费通知单从该账户内代华乐股份公司向国土局支付"华乐楼"土地费及土地开发基金共计人民币4474411元。上述事实证明，壮众达公司起诉华乐股份公司主张的"借款"人民币4474411元，事实上是壮众达公司的部分购地款，按约用于支付华乐股份公司应向国土局缴纳的华乐楼土地费及土地开发基金。在涉案土地使用权未过户至壮众达公司的情况下，壮众达公司有权起诉华乐股份公司，并要求华乐股份公司偿还壮众达公司人民币4474411元，该款应属于壮众达公司与华乐股份公司在实际进行土地使用权转让过程中所产生的债权债务关系。且壮众达公司起诉后，华乐股份公司对欠壮众达公司人民币4474411元的事实也予以认可，因此，应认定华乐股份公司与壮众达公司之间存在债权债务关系。虽然华乐股份公司主张华乐工贸公司是受华乐股份公司委托分别于同年12月14日、12月17日向壮众达公司出具2张收款收据，注明收到壮众达公司交来借周转金753483元和3720928元。但该两份收款收据的证明力不足以证明壮众达公司与华乐股份公司之间存在借款的事实。综上，对壮众达公司提出与华乐股份公司存在借款事实的主张，不予支持。

2. 关于南山区人民法院以检察院抗诉受理本案是否符合法律规定问题。依据《民事诉讼法》第187条规定，上级人民检察院对下级人民法院已经发生法律效力的判决、裁定发现有本法第179条规定情形之一的，应当提出抗诉。深圳市人民检察院对深圳市福田区人民法院（2004）深福法民二再字第8号民事判决，以原调解协议虽未违反自愿原则，但其内容违反了相关法律，损害国家、社会和公共利益，再审没有改判属适用法律不当为由，向深圳市中级人民法院提起抗诉，该院指令南山区人民法院进行再审，南山区人民法院立案受理后，依法组成合议庭进行再审,符合《民事诉讼法》的相关规定。壮众达公司提出检察院的抗诉请求不应受理的上诉理由,没有法律依据,不予支持。

3. 关于壮众达公司与华乐股份公司之间达成的调解协议内容是否违反了调解的合法性原则问题。2002年7月22日,壮众达公司向福田区人民法院起诉华乐股份公司,在诉讼中,双方达成协议:华乐股份公司以其拥有的位于深圳市福田区车公庙工业区B107-11号地块(面积为9325.47平方米)的土地使用权折价抵偿华乐股份公司所欠壮众达公司的款项人民币4474411元。经南山区人民法院再审查明,涉案B107-11号土地是华乐股份公司更名前的深圳市家用工业公司与深圳市工业区开发公司签订合同购买的,地价款为人民币2098230元、港元490918元。由于深圳市家用工业公司是集体所有权性质的企业,因此其购买的涉案B107-11号土地也应属公司集体所有,虽然在1991年12月3日,深圳市家用工业公司经过股份制改革名称变更为深圳市华乐实业股份有限公司,但华乐股份公司的股权结构中包括职工集体股,其中金家工贸公司职工集体股为246.6659万股,占总股份的1.54%;深圳市胶制品厂(后更名为怡乐公司)职工集体股68.9394万股,占总股份的0.43%,深圳市工商物价信息中心《工商登记资料》显示,华乐股份公司的经济性质是股份制,主管单位是深圳市集体资产管理办公室(托管),华乐股份公司是集体资产控股的企业,深圳市集体资产管理办公室托管公司集体财产。深圳市工商物价信息中心《工商登记资料》显示金家工贸公司、怡乐公司的经济性质是集体。虽然在原一审诉讼期间,涉案B107-11号地块使用权在国土部门登记的权利人仅为华乐股份公司,但由于深圳市家用公司改组为深圳市华乐股份有限公司的工作并没有完成,深圳市华乐股份有限公司的集体资产产权界定工作也未完成。涉案B107-11号地块使用权仍应为集体所有性质。1989年7月27日,深圳市家用工业公司(后更名为华乐股份公司)就涉案B107-11号地块使用权,曾经分别与金家工贸公司、深圳市胶制品厂(后更名为怡乐公司)、深圳市华深开关厂签订了《用地协议》,在协议中明确约定金家工贸公司与怡乐公司各占涉案B107-11号地块总面积9325.47平方米的比例是25%,两公司应付地价均为524557.50元、港元122729.50元,深圳市华深开关厂占12.5%;1989年8月16日,华乐股份公司分别向金家工贸公司、怡乐公司发出《关于使用车公庙工业用地有关规定的通知》,确认两公司均已向其交付地价人民币 524557.50 元、港元 122729.50 元，上述证据证明，金家工贸公司与怡乐公司对涉案 B107-11 号土地，享有部分权益。而 2002 年 7 月 22 日，壮众达公司与华乐股份公司之间达成调解协议，以偿还借款为名将涉案 B107-11 号的土地（面积为 9325.47 平方米）使用权折价抵偿给壮众达公司，由于该调解协议内容，没有经金家工贸公司与怡乐公司的同意，现金家工贸公司与怡乐公司对调解协议内容也不予认可，所以该调解协议的签订与履行，致使金家工贸公司、怡乐公司与深圳市家用公司签订的《用地协议》的合同目的无法实现。根据《民法通则》第 58 第 1 款第 4 项、第 7 项的规定，该调解协议内容属于壮众达公司与华乐股份公司之间恶意串通损害集体和第三人（金家工贸公司、怡乐公司）利益、以合法形式掩盖非法目的情形，该调解协议内容违反了法律规定，应属无效协议。福田区人民法院（2002）深福法经初字第 1920 号民事调解书，确认了壮众达公司与华乐公司达成调解协议的法律效力，违反了《民事诉讼法》规定的调解协议的内容不得违反法律规定的规定。故（2002）深福法经初字第 1920 号民事调解书应予以撤销。因福田区人民法院作出的（2004）深福法民二再字第 8 号民事判决，维持了深福法经初字第 1920 号民事调解，也属不当，也应一并予以撤销。壮众达公司的上诉理由，没有事实和法律依据，不予支持。南山区人民法院的再审判决认定事实清楚，虽在法律适用方面存在不妥之处，但处理结果正确，应予维持。综上，判决：驳回上诉，维持原判。

壮众达公司不服，向广东省高级人民法院申请再审。广东省高级人民法院指令深圳市中级人民法院再审本案。

（五）二次指令再审情况

深圳市中级人民法院于 2010 年 5 月 31 日作出（2010）深中法民二再字第 4 号民事判决。该院再审对原审认定的基本事实予以认可。该院再审认为：本案的核心是深圳市福田区人民法院 2002 年 11 月 22 日因本案壮众达公司起诉华乐股份公司借款未还而作出的以地抵债的（2002）深福法经初字第 1920 号民事调解书是否违法，对其应否撤销的问题。

第一，2001 年 3 月 6 日《深圳市土地交易市场管理规定》虽然从形式上属深圳市人民政府制定的地方政府规章，但作为被授权有立法权的市，深圳市人民政府制定的规章在辖区内实施，土地交易参与及管理各方应当给予尊重并遵照执行。因此，壮众达公司认为该规定不适用本案的意见，不能成立，不予支持。

第二，《深圳市土地交易市场管理规定》第 5 条规定土地交易应当通过招标、拍卖和挂牌交易方式公开进行，而本案壮众达公司与华乐股份公司在（2002）深福法经初字第 1920 号民事调解书中以非招标、拍卖、挂牌的估价抵债的不公开形式转让涉案土地使用权，违反了上述规定，不符合调解应当合法的原则，该调解书应予撤销。

第三，华乐股份公司 1989 年 8 月 16 日分别向金家工贸公司和怡乐公司发出涉案土地《通知》，认可该两公司已向其交付地价人民币 524557.5 元，港元 122729.5 元。虽然涉案土地使用权登记在华乐股份公司名下，但华乐股份公司在以地抵债的调解过程中既未征得金家工贸公司和怡乐公司的同意，也未清偿他们的款的情况下，损害了二者的权益。因此，壮众达公司与华乐股份公司在（2002）深福法经初字第 1920 号案中形成的调解协议符合《民法通则》第 58 条第 4 项、第 5 项规定的情形，该协议违背了法律规定，属无效协议。为此，（2002）深福法经初字第 1920 号民事调解书应予撤销。

第四，如前所述，本案的焦点是以地抵债的涉案调解书是否合法的问题，而非股权纠纷、公司性质认定，亦非股份制改制中的审批问题。因此，原审对这些问题的认定和论述，虽无必需，但也并非不可。涉案抗诉针对的是福田区人民法院的维持判决，并非调解书，因此，人民法院受理抗诉无误。为此，壮众达公司请求再审改判的事实和理由，难以成立，应予驳回。

综上，（2002）深福法经初字第 1920 号民事调解书应予撤销；深圳市福田区人民法院（2004）民二再字第 8 号判决错误地维持了（2002）深福法经初字第 1920 号民事调解书，亦应一并撤销。深圳市南山区人民法院（2007）深南法民再第 2 号民事判决及（2007）深中法民二终字第 1678 号民事判决认定的基本事实清楚，处理结果正确，依法应予维持。申请人再审理由不成立，应予驳回。判决：维持（2007）深中法民二终字第 1678 号民事判决。

华乐股份公司、华乐工贸公司、壮众达公司均不服，向广东省高级人民法院申请再审。

（六）提审情况

广东省高级人民法院于 2013 年 4 月 11 日作出（2012）粤高法审监

民提字第 6 号民事判决。该院再审对原审法院查明的事实予以确认。该院再审认为：根据原审法院查明的事实结合华乐股份公司、华乐工贸公司、壮众达公司的申请再审理由及金家工贸公司、怡乐公司的答辩意见，本案争议的焦点在于华乐股份公司与壮众达公司达成的以地抵债的调解协议是否有效的问题。

第一，关于华乐股份公司是否具有处分权问题。从华乐股份公司自 1992 年 4 月取得涉案土地使用产权书、1996 年 7 月取得涉案土地《房地产证》变更登记直至华乐股份公司与壮众达公司达成以地抵债的调解协议时，涉案土地在土地管理部门登记的权利人只有华乐股份公司一人，金家工贸公司、怡乐公司亦一直均未向相关土地管理部门提出异议。华乐股份公司与金家工贸公司、怡乐公司等签订的《用地协议》及其向金家工贸公司、怡乐公司出具的《关于使用车公庙工业用地有关规定的通知》并不能证明金家工贸公司、怡乐公司就是涉案土地的当然共有使用权人，并不能推翻华乐股份公司作为涉案土地使用权唯一权属人的法律认定。

第二，关于华乐股份公司与壮众达公司之间是否存在恶意串通损害第三人利益问题。华乐股份公司与壮众达公司之间确实存在债权债务关系，华乐股份公司作为涉案土地的唯一使用权人有权处分其名下的财产，包括转让涉案土地的使用权，其与壮众达公司达成以地抵债的还款方式是其行使处分权的表现，也是其了结与壮众达公司之间未了债务的内部安排；根据物权公示、公信的原则，壮众达公司有理由相信华乐股份公司是涉案土地使用权的唯一权属人，其与华乐股份公司达成以地抵债的调解协议以消灭双方之间的债权债务关系，不存在双方恶意串通损害第三人（金家工贸公司、怡乐公司）利益的问题。

第三，关于土地使用权转让未经招拍挂程序是否有效问题。虽然华乐股份公司与壮众达公司达成的以地抵债调解协议确实系以非招标、拍卖、挂牌的不公开形式转让了涉案土地的使用权权属，而《深圳市土地交易市场管理规定》第 5 条规定土地交易应当通过招标、拍卖和挂牌交易方式公开进行，但根据最高人民法院《关于适用〈中华人民共和国合同法〉若干问题的解释（一）》第 4 条关于"合同法实施以后，人民法院确认合同无效，应当以全国人大及其常委会制定的法律和国务院制定的行政法规为依据，不得以地方性法规、行政规章为依据"的规定，该调解协议的内容并未违反法律、行政法规规定。《合同法》第52条规定，"有下列情形之一的，合同无效：……（五）违反法律行政法规的强制性规定"。最高人民法院《关于适用〈中华人民共和国合同法〉若干问题的解释（二）》第14条规定，"合同法第五十二条第'（五）项规定的'强制性规定'，是指效力性强制性规定"。换言之，即使合同违反法律、行政法规的管理性规定，该合同也不因此而无效，其法律后果仅涉及合同的履行问题，不涉及合同的订立问题，因此，本案争议的以地抵债协议应当确认为合法有效的调解协议。从调解协议的履行情况看，华乐股份公司在与壮众达公司达成以地抵债调解协议前，涉案土地的价格经深圳市房地产估价中心依法评估；涉案土地的使用权被转让后亦经土地管理部门审核，依法过户登记到壮众达公司名下，并由壮众达公司使用。该事实说明，调解协议的订立和履行均符合法律规定。

本案为债权债务纠纷，华乐股份公司的企业性质、股权结构、改制和集体资产产权工作是否完成、公司股东的企业性质以及股东是否同意公司处分涉案土地使用权等事实与本案并无关联；金家工贸公司、怡乐公司认为华乐股份公司侵犯其对涉案土地使用权的共有权益，可另循法律途径解决。

综上所述，（2002）深福法经初字第1920号民事调解书确认华乐股份公司与壮众达公司达成的以地抵债调解协议的自愿性、合法性，并无不当；相应地，（2004）深福法民二再字第8号民事判决从保护交易安全的角度出发，维持（2002）深福法经初字第1920号民事调解书正确。原再审判决认定事实清楚，但在有相关法律未认定确认金家工贸公司、怡乐公司对涉案土地享有共有使用权的情况下，认定（2002）深福法经初字第1920号民事调解书的内容违反法律规定，缺乏充分的事实和法律依据，导致实体判决不当，予以纠正。华乐股份公司、壮众达公司申请再审的理由成立，予以支持。判决：（1）撤销深圳市中级人民法院（2010）深中法民二再字第4号、（2007）深中法民二终字第1678号和深圳市南山区人民法院（2007）深南法民再字第2号民事判决；（2）维持深圳市福田区人民法院（2004）深福法民二再字第8号民事判决和（2002）深福法经初字第1920导民事调解书。

金家工贸公司、怡乐公司不服，向检察机关申请监督。

三、最高人民检察院提出抗诉的理由

最高人民检察院认为:终审判决认定案件基本事实缺乏证据证明,适用法律确有错误,且有新的证据足以否定原判决。理由如下:

1. 深圳市福田区人民法院于2002年11月22日作出的(2002)深福法经初字第1920号民事调解书涉及虚假诉讼,终审判决对该调解书的效力予以确认,显属错误。

第一,华乐股份公司、壮众达公司、广保公司曾欲以股份转让的形式达到土地使用权转让的目的(以合法形式掩盖非法目的),但该意图未能实现。本案中,华乐股份公司、壮众达公司、广保公司于2001年11月23日签订的《出资协议书》《股权转让协议》《补充协议》及12月2日签订的《补充协议书》,从内容表述的形式看,是三方共同出资成立丰硕公司,出资方式为华乐股份公司以其拥有的深圳市福田区车公庙土地使用权作价1380万元出资,占公司30%的股份,壮众达公司、广保公司各以现金出资。而后,华乐股份公司立即将其所占丰硕公司的30%的股份转让给壮众达公司和广保公司。这几份合同反映的实质更符合土地使用权转让的性质,是以合资成立公司的形式,掩盖土地使用权转让的事实。但因违反土地使用权要依法公开交易的相关规定,华乐股份公司、壮众达公司、广保公司的上述意图未能实现。

第二,在华乐股份公司、壮众达公司、广保公司以股份转让的形式达到土地使用权转让的意图未能实现的情况下,华乐股份公司、壮众达公司又基于"壮众达公司于2001年12月14日及12月17日分别替华乐股份公司垫付土地费及土地开发基金共计4474411元"的事实,通过虚假调解(以地抵债),欲达到土地使用权转让的目的。一方面,对此有华乐股份公司向检察机关出具的《关于(2012)深福法经初字第1920号民事调解书存在虚假诉讼、虚假调解情况的报告》予以证明。该报告载明:"华乐股份公司时任领导班子为了与壮众达公司达到买卖车公庙工业区B107-11号土地的目的,编造虚构了华乐股份公司向壮众达公司借款的事实,通过虚假诉讼,取得深圳市福田法院的民事调解书。然后策划由壮众达公司申请强制执行,从而将涉案土地过户给壮众达公司。在深圳市检察院提起抗诉,深圳市中级人民法院判决撤销民事调解书之后,华乐股份公司时任领导班子不仅没有采取措施利用已发生法律效力

的成果保护企业利益，未经董事会、股东大会批准，擅自决定与壮众达公司联手上诉广东省高院，申请将价值数亿元的车公庙土地转还给壮众达公司，其所作所为无法用常理来解释。"另一方面，根据华乐股份公司与壮众达公司转让涉案土地的结算账目往来账，在法院达成以地抵债调解协议之后，双方实际履行的仍是2001年11月23日同一天签订的系列《出资协议书》《股权转让协议书》及《补充协议》，双方最后土地转让的价格仍按1380万元进行结算，而非民事调解书中确定的1140.41元。因此，可以认定双方在法院达成的民事调解协议并未履行，仅系作为强制政府土地管理部门办理涉案土地过户登记的方式。综合本案相关证据材料，足以证明深圳市福田区人民法院于2002年11月22日作出的（2002）深福法经初字第1920号民事调解书涉及虚假诉讼。华乐股份公司、壮众达公司、广保公司采用虚假诉讼手段在法院主持下达成的"以地抵债"调解协议应属无效协议。

2. 深圳市福田区人民法院于2002年11月22日作出的（2002）深福法经初字第1920号民事调解书违反了调解合法性原则，损害了国家利益。《民事诉讼法》第96条规定："调解达成协议，必须双方自愿，不得强迫。调解协议的内容不得违反法律规定。"

第一，本案中华乐股份公司与壮众达公司达成的"以地抵债"的调解协议违反了土地使用权须依法公开交易的规定。《国务院关于加强国有土地资产管理的通知》（国发〔2001〕15号）规定，"四、加强土地使用权转让管理。土地使用权要依法公开交易，不得搞隐形交易"。《广东省土地使用权交易市场管理规定》第5条规定，"下列土地使用权交易，必须在土地交易机构公开进行：……（二）国有企业、集体企业和公有经济成分占主导地位的公司、企业土地使用权转让；……（五）判决、裁定需要拍卖的土地使用权转让"。《深圳市土地交易市场管理规定》第5条规定，"下列土地交易（包括分割转让）应在交易中心通过招标、拍卖和挂牌交易方式公开进行：……（九）人民法院、执法机关裁定、决定处分的土地使用权及地上建筑物、构筑物、附着物转让"。华乐股份公司、壮众达公司的相关行为，规避了国家对土地使用权交易的法律限制，应为无效。并且，其行为规避了土地转让时所产生的增值税费，明显损害了国家利益。

第二，华乐股份公司与壮众达公司达成的"以地抵债"的调解协议是否有效,与土地使用权转让合同是否有效,两者属于不同范畴。一方面,华乐股份公司与壮众达公司之间并不存在所谓土地使用权转让合同,而是欲通过虚假调解达到非法转让土地使用权的目的;另一方面,在调解协议明显违反调解合法性原则并应确认为无效的情况下,终审判决以华乐股份公司与壮众达公司达成的所谓土地使用权转让合同未违反法律强制性规定为由,认定在法院主持下达成的调解协议合法有效,明显存在逻辑错误。

四、案件评析

本案起因于深圳市福田区人民法院于2002年11月22日作出的(2002)深福法经初字第1920号民事调解书。综合本案相关证据来看,该调解书涉及虚假诉讼,终审判决对其效力予以确认,显属错误。第一,华乐股份公司、壮众达公司、广保公司曾欲以股份转让的形式达到土地使用权转让的目的(以合法形式掩盖非法目的),但该意图未能实现。本案中,华乐股份公司、壮众达公司、广保公司于2001年11月23日签订的《出资协议书》《股权转让协议》《补充协议》及12月2日签订的《补充协议书》,从内容表述的形式看,是三方共同出资成立丰硕公司,出资方式为华乐股份公司以其拥有的深圳市福田区车公庙土地使用权作价1380万元出资,占公司30%的股份,壮众达公司、广保公司各以现金出资。而后,华乐股份公司立即将其所占丰硕公司的30%的股份转让给壮众达公司和广保公司。这几份合同反映的实质更符合土地使用权转让的性质,是以合资成立公司的形式,掩盖土地使用权转让的事实。但因违反土地使用权要依法公开交易的相关规定,华乐股份公司、壮众达公司、广保公司的上述意图未能实现。第二,在华乐股份公司、壮众达公司、广保公司以股份转让的形式达到土地使用权转让的意图未能实现的情况下,华乐股份公司、壮众达公司又基于"壮众达公司于2001年12月14日及12月17日分别替华乐股份公司垫付土地费及土地开发基金共计4474411元"的事实,通过虚假调解(以地抵债),欲达到土地使用权转让的目的。一方面,对此有华乐股份公司向检察机关出具的《关于(2012)深福法经初字第1920号民事调解书存在虚假诉讼、虚假调解情况的报告》予以证明。另一方面,根据华乐股份公司与壮众达公司转让涉案土地的结算账目往来账,在法院达成以地抵债调解协议之后,双方实际履行的仍是 2001 年 11 月 23 日同一天签订的系列《出资协议书》《股权转让协议书》及《补充协议》，据此可以认定双方在法院达成的民事调解协议并未履行，仅系作为强制政府土地管理部门办理涉案土地过户登记的方式。综上，华乐股份公司、壮众达公司、广保公司采用虚假诉讼手段在法院主持下达成的"以地抵债"调解协议应属无效协议。

第二节 民事裁判结果监督方式的选用标准

一、民事裁判结果的监督方式

《民事诉讼法》第 208 条规定："最高人民检察院对各级人民法院已经发生法律效力的判决、裁定，上级人民检察院对下级人民法院已经发生法律效力的判决、裁定，发现有本法第二百条规定情形之一的，或者发现调解书损害国家利益、社会公共利益的，应当提出抗诉。地方各级人民检察院对同级人民法院已经发生法律效力的判决、裁定，发现有本法第二百条规定情形之一的，或者发现调解书损害国家利益、社会公共利益的，可以向同级人民法院提出检察建议，并报上级人民检察院备案；也可以提请上级人民检察院向同级人民法院提出抗诉。各级人民检察院对审判监督程序以外的其他审判程序中审判人员的违法行为，有权向同级人民法院提出检察建议。"《民事诉讼监督规则》第 76 条规定："人民检察院发现人民法院已经发生法律效力的民事判决、裁定有《中华人民共和国民事诉讼法》第二百条规定情形之一的，依法向人民法院提出再审检察建议或者抗诉。"第 77 条规定："人民检察院发现民事调解书损害国家利益、社会公共利益的，依法向人民法院提出再审检察建议或者抗诉。"第 112 条规定："有下列情形之一的，人民检察院可以提出改进工作的检察建议：（一）人民法院对民事诉讼中同类问题适用法律不一致的；（二）人民法院在多起案件中适用法律存在同类错误的；（三）人民法院在多起案件中有相同违法行为的；（四）有关单位的工作制度、管理方法、工作程序违法或者不当，需要改正、改进的。"自此，法律和司法解释确认对民事裁判结果的监督方式包括抗诉（提请抗诉、提出抗诉）、再审检察建议、检察建议三种。

二、民事裁判结果监督方式的选用标准

在民事裁判结果的监督方式中,抗诉是刚性最强的监督方式,再审检察建议的刚性相对不足,检察建议的刚性普遍较弱。前文已述,民事裁判结果监督的适当性标准,主要是指检察机关在对民事裁判结果进行监督时应当区分抗诉、再审检察建议和检察建议等监督方式的适用情形,在综合考量的基础上选取最为适当的监督方式,以实现最好的监督效果。如何区分抗诉、再审检察建议和检察建议等监督方式的适用范围?从政策引导方面来看,最高人民检察院在《关于深入推进民事行政检察工作科学发展的意见》中指出:"检察机关发现人民法院已经发生法律效力的民事行政判决、裁定确有错误或者发现民事调解书损害国家利益、社会公共利益的,应当提出抗诉或者再审检察建议;不宜提出抗诉或再审检察建议以及不适用再审程序的,可以通过检察建议等方式进行监督。""应当区分不同情形,合理运用提请抗诉和再审检察建议:提请抗诉一般适用于案件比较重大或者裁判确实明显不公、发生了重大错误的情形;再审检察建议主要适用于已经发生法律效力的判决、裁定虽有错误,但实体处理上错误并不严重或突出等情形。"

《民事诉讼监督规则》第83条规定:"地方各级人民检察院发现同级人民法院已经发生法律效力的民事判决、裁定有下列情形之一的,可以向同级人民法院提出再审检察建议:(一)有新的证据,足以推翻原判决、裁定的;(二)原判决、裁定认定的基本事实缺乏证据证明的;(三)原判决、裁定认定事实的主要证据是伪造的;(四)原判决、裁定认定事实的主要证据未经质证的;(五)对审理案件需要的主要证据,当事人因客观原因不能自行收集,书面申请人民法院调查收集,人民法院未调查收集的;(六)审判组织的组成不合法或者依法应当回避的审判人员没有回避的;(七)无诉讼行为能力人未经法定代理人代为诉讼或者应当参加诉讼的当事人,因不能归责于本人或者其诉讼代理人的事由,未参加诉讼的;(八)违反法律规定,剥夺当事人辩论权利的;(九)未经传票传唤,缺席判决的;(十)原判决、裁定遗漏或者超出诉讼请求的;(十一)据以作出原判决、裁定的法律文书被撤销或者变更的。"第84条规定:"符合本规则第八十三条规定的案件有下列情形之一的,地方各级人民检察院应当提起上一级人民检察院抗诉:(一)判决、裁定是经同级人民法院再审后作出的;(二)判决、裁定是经同级人民法院审判委员会讨论作出的;(三)其他不适宜由同级人民法

院再审纠正的。"第 85 条规定："地方各级人民检察院发现同级人民法院已经发生法律效力的民事判决、裁定具有下列情形之一的,应当提请上一级人民检察院抗诉:(一)原判决、裁定适用法律确有错误的。(二)审判人员审理该案件时有贪污受贿,徇私舞弊,枉法裁判行为的。"从上述规定来看,再审检察建议在适用范围上排除了实体法上的"适用法律确有错误"和"审判人员审理该案件时有贪污受贿,徇私舞弊,枉法裁判行为"两种情形,在程序上排除了"判决、裁定是经同级人民法院再审后作出"和"判决、裁定是经同级人民法院审判委员会讨论作出"两种情形,但是在多数情况下,再审检察建议与提请抗诉的适用范围是重合的,因而在监督实践中有必要对其作出适当的区分。

第一,从《民事诉讼法》第 200 条关于监督事由的规定来看,民事裁判结果的监督事由大致可以分为适用法律错误类、事实认定错误类、程序违法类以及审判人员违法类等四类。根据《民事诉讼监督规则》第 85 条的规定,对涉及适用法律错误类与审判人员违法类监督事由的案件,应当提请上一级人民检察院抗诉。

第二,对涉及事实认定错误类和程序违法类监督事由的案件,原则上以向同级人民法院提出再审检察建议为宜,但以下两种情况除外:一是案件比较重大或者裁判确实明显不公、发生了重大错误的情形,一般应当提请上一级人民检察院抗诉;二是原裁判是经同级人民法院再审后作出的、或者原裁判是经同级人民法院审判委员会讨论作出的,应当提请上一级人民检察院抗诉。再审检察建议旨在加强同级监督,合理配置司法资源,解决民行检察业务"倒三角"的问题。对涉及事实认定错误类和程序违法类监督事由的案件适用再审检察建议,由同级人民法院在查清事实或认清程序违法性的基础上自行纠错,既有利于发挥同级人民法院在查清事实等方面的相对优势,又有利于减少检察监督过程中的对抗性,符合我国司法权运行的规律和实际情况。

第三,从民事裁判结果监督的角度而言,检察建议的性质类似于一般的工作建议,旨在提醒审判机关以相关案件为鉴,在今后的审判工作中注意修正实体和程序方面的瑕疵,并不具有启动再审程序的强制性。在监督实践中,对于不宜提出抗诉或再审检察建议的瑕疵案件以及不适用再审程序的案件,可以通过检察建议的方式进行监督。

案例三十七：李宣申请监督案（高检民监〔2016〕154号）

一、案件来源

李宣因与中元矿业公司劳务承包合同一案，不服内蒙古自治区高级人民法院（2015）内民再二字第00013号民事判决，向内蒙古自治区人民检察院申请监督，该院提请最高人民检察院抗诉。

二、诉讼过程和法院历次审理情况

2010年6月，中元矿业公司起诉李宣至乌兰察布市兴和县人民法院，李宣提出管辖权异议，兴和县人民法院裁定将本案移送乌兰察布市中级人民法院受理。中元矿业公司的诉讼请求为：（1）判令解除双方的工程承包合同；（2）判令李宣赔偿中元矿业公司经济损失300万元。李宣提起反诉，请求：（1）判令中元矿业公司继续履行工程承包合同；（2）判令中元矿业公司给付李宣工程余款1969240.75元；（3）判令中元矿业公司赔偿李宣经济损失582400元。

（一）一审情况

乌兰察布市中级人民法院于2011年12月29日作出（2010）乌民初字第32号民事判决，判决：解除双方之间的工程承包合同，中元矿业公司给付李宣工程款100460元，驳回双方其他诉讼请求。

李宣不服一审判决，向内蒙古自治区高级人民法院提出上诉。

内蒙古自治区高级人民法院于2012年11月20日作出（2012）内民一终字第107号民事裁定，撤销原判，发回重审。中元矿业公司重审时变更诉讼请求为：（1）判令解除双方的工程承包合同；（2）判令李宣返还多收取的工程款717809.21元；（3）判令李宣赔偿中元矿业公司经济损失1732170.06元；（4）判令李宣向中元矿业公司开具已收取工程款的发票。李宣重审时变更诉讼请求为：（1）判令中元矿业公司继续履行工程承包合同；（2）判令中元矿业公司给付李宣工程余款2258240.8元。

（二）重审情况

重审法院查明：2009年10月11日，中元矿业公司作为甲方与河北凯隆建筑公司张家口分公司（以下简称凯隆分公司）作为乙方签订《工程承包合同书》，合同约定："工程地点：兴和县店子镇北沙滩不散沟东沙河沟。工程量：结算时以实际完成工程量为准。工程内容：土方挖、筛选供料、回填平整。工程造价：单价为每自然立方米3.3元。工程期限：本工程进场时间2009年9月29日，总工期为一年。"同时对付款方式、违约责任等事项作了约定。双方在合同上均加盖公章，中元矿业公司签字人为王金国，凯隆公司签字人为吴全忠。

2010年2月3日，中元矿业公司作为甲方与凯隆分公司作为乙方签订《工程承包合同书》，中元矿业公司在合同上加盖公章，签字人为王金国，凯隆分公司未盖章，签字人为李宣。合同约定："工程地点：兴和县店子镇北沙滩不散沟东沙河沟。工程量：结算时以实际完成工程量为准。工程内容：土方挖、筛选供料、回填平整、精矿装车；选出的精矿装车运输到选场料场1.6元/吨。每自然立方用柴油0.633升，油价格每月由乙方提供原始票据复印件，甲方确认作为依据确定本月每升油价。工程基础造价：平均油价在5.5元/升时每自然立方米5.3元，平均油价在7.05元/升时每自然立方米6.28元。工程期限：本工程进场时间2010年2月1日，总工期为一年。付款方式：工程进度款每月25日乙方向甲方呈报月工程量，经甲乙双方审核确认后下月5日前支付。甲方每月付一次油料款。甲方负责工程款项的落实，按时把工程款落实到位。乙方必须保证附表中机械台数及土方工程量，保证甲方筛选正常供料，由于机械设备不足或故障原因影响甲方工程进度由乙方承担违约责任。"合同签订后，李宣开始施工。至2010年5月26日，双方因土方量的测量产生分歧，中元矿业公司通知李宣解除合同。

2010年5月，受中元矿业公司委托，田园公司出具《内蒙古兴和县中元矿业有限公司土方量计算报告》，结论为总平均挖方量为21.2576万立方米。由于李宣对所测区域内的土方量数据提出异议，2010年5月28日，第二次对该区域内的起算数据、起算标高进行确定。2010年7月12日，中元矿业公司与田园公司双方签订了《终止协议书》，终止履行双方于2010年5月19日签订的《矿山测量委托协议书》。2010年12月30日，田园公司声明：法院调取的测量数据不是本单位出具，以该数据为依据得出的任何结论不予确认，不承担法律责任。

2010年6月30日，中元矿业公司向兴和县人民法院提起本案诉讼。兴和县人民法院委托内蒙古国土资源勘查开发院进行测量，2010年7月12日，内蒙古国土资源勘查开发院作出《中元矿业土石方测量报告》，结论为土堆土方量 335883.80 立方米。李宣对此结论不予认可，并提出管辖异议，该案移送乌兰察布市中级人民法院审理。2011 年 2 月 26 日，经李宣申请，乌兰察布市兴正工程造价咨询事务所有限公司（以下简称兴正公司）依据一审法院调取的田园公司测量数据，作出乌兴造鉴报字（2011）第 3 号《司法鉴定报告》，结论为该项目采挖土石方工程量为 468142.50 立方米。同年 8 月 26 日，经中元矿业公司申请，乌兰察布国诚资产评估事务所作出乌国资评报字（2011）第 191 号《评估咨询报告书》，结论为 1 万立方米原矿在评估假设前提下于 2011 年 5 月 28 日所表现的销售利润价值为 17667 元。

2009 年 12 月至 2010 年 5 月，中元矿业公司已付李宣工程款为 1881404 元，其中在 2010 年 2 月 3 日合同签订前付款 458130 元。

另查明，采矿权人为北京中元龙港矿业科技有限公司，开采矿种为建筑用沙，生产规模为每年 1.45 万立方米。中元矿业公司营业执照的经营范围为铁粉加工、销售。

重审法院认为：本案双方不是以形成不动产工程项目为合同目的，与建设工程合同性质不符。合同约定由李宣提供设备、技术和劳力去完成中元矿业公司要求的挖、筛、选矿工作，符合承揽合同的特征，故案由应变更为承揽合同纠纷。双方均已终止对合同的履行，且经法庭询问，该施工场地已被征用，无继续履行合同之条件，故中元矿业公司请求解除合同的请求，予以支持。对李宣继续履行合同的反诉请求，不予支持。

实际完成工程量是确定付款的主要依据。双方均向法庭提交了各自申请的鉴定结论，但两个鉴定结论均存在瑕疵。中元矿业公司申请内蒙古国土资源勘查开发院出具的《中元矿业土石方测量报告》，因测量结果未经李宣指认，也未按最高人民法院《关于民事诉讼证据若干规定》第 26 条的规定，先由双方协商确定鉴定机构和鉴定人员。且结论是对土方堆方作出的，挖方与堆方之间本身就存在差异，也会因堆放时间和气候影响等因素而流失。故该鉴定结论在程序和结论上均存在明显瑕疵，不予采信。由李宣申请兴正公司作出的乌兴造鉴报字（2011）第 3 号《司法鉴定报告书》，该鉴定结论是依据田园公司二次测量数据作出，因田园公司已书面声明，故该数据不具有权威性，依此作出的鉴定结论亦不具有证明力，不予采信。在无其他证据佐证的情况下，依双方合同约定，"工程进度款每月 25 日乙方向甲方呈报月工程量，经甲乙双方审核确认后下月 5 日前支付。甲方每月付一次油料款。甲方负责工程款项的落实，按时把工程款落实到位"，双方已对工程量和付款进行评估并确定，且已实际履行完毕。故对中元矿业公司要求返还工程款的请求和李宣要求支付工程余款的反诉请求，双方均未提供有力证据予以证实，不予支持。

合同第 3 条第 3 项约定，"乙方必须保证附表中机械台数及土方工程量保证甲方筛选正常供料，由于机械设备不足或故障原因影响甲方工程进度"，中元矿业公司未能举证证明存在该事实。李宣主张中元矿业公司承担违约责任，赔偿损失，亦未提供证据证明其不能正常生产是由中元矿业公司造成的。故双方主张对方违约并赔偿经济损失的诉讼请求均无事实和法律依据，不予支持。中元矿业公司要求李宣出具发票的主张，双方在合同中并无约定，该诉讼请求无事实和法律依据，不予支持。

重审法院判决：（1）解除双方之间的《工程承包合同》；（2）驳回中元矿业公司其他诉讼请求；（3）驳回李宣的反诉请求。

中元矿业公司与李宣不服重审判决，均向内蒙古自治区高级人民法院提起上诉。

（三）二审情况

二审法院查明的事实与原审基本一致。

二审法院认为：1. 关于两份《工程承包合同书》的性质、效力。2010 年 2 月 3 日，中元矿业公司与李宣签订《工程承包合同书》，约定工程内容为土方挖、筛选供料、回填平整、精矿装车，李宣自备挖掘机、装载机等机械完成上述劳务，采出的铁矿砂归中元矿业公司，因此该合同的性质应为劳务承包合同。关于合同效力，虽然兴和县店子镇北沙滩不散沟东砂河沟两侧含铁砂石矿采权人为北京中元龙港矿业科技公司，根据该公司于 2010 年 5 月 26 日给中元矿业公司的通知证明其知晓并同意中元矿业公司与李宣签订合同，中元矿业公司取得签订有关该矿经营生产合同的权利，因合同性质属于劳务承包合同，对劳务主体法律无强制性规定，因此中元矿业公司与李宣签订的合同应为有效合同。2009 年 10 月 11 日《工程承包合同书》的性质与效力与 2010 年 2 月 3 日《工程承包合同书》相同。一审判决将本案定性为建设工程施工合同与合同内容不符，应予纠正。

2. 关于李宣实际完成工程量及价款数额。中元矿业公司主张依据内蒙古国土资源勘查开发院作出的《中元矿业土石方测量报告》确定李宣已完成工程量。李宣则主张应当以一审法院委托兴正公司作出的《司法鉴定报告书》为依据。《中元矿业土石方测量报告》是内蒙古国土资源勘查开发院接受兴和县人民法院委托作出的测量,2010 年 7 月 7 日,该院测量时李宣未在现场,李宣亦对测量结果提出异议,因此该报告不能作为确定李宣实际完成工程量的依据。兴正公司出具的《司法鉴定报告书》虽是一审法院委托作出,但该报告依据的资料、数据是一审法院从田园公司调取的数据,2010 年 12 月 30 日,田园公司出具的《对乌兰察布市中院调取的数据的声明》称,由于兴和矿业公司发现数据不真实,终止了测绘协议,田园公司对法院调取数据的真实性和法律效力不承担任何法律责任。因此《司法鉴定报告书》依据的基础数据真实性不能确认,故兴正公司出具的《司法鉴定报告书》亦不能作为认定李宣实际完成工程量的依据。因双方在合同履行过程中,李宣实际完成工程量未按合同约定履行结算确认的程序,且双方提交的证据均不能证明李宣实际完成土方量是多少,因此中元矿业公司主张李宣返还工程款的上诉请求和李宣主张中元矿业公司给付工程款的上诉请求均依据不足,该院不予支持。李宣主张中元矿业公司使用其机械产生机械使用费、铁精粉运费、油料费的请求,因其提交的相关证据,无中元矿业公司的签字确认,中元矿业公司均不认可。因此,李宣该项上诉请求依据不足,该院不予支持。关于李宣主张的洪水淤泥及土方回填费用,其提交的《洪水淤泥及土方回填测量记录》虽有中元矿业公司副经理李向军签字,但李宣未能提供其实际完成工程量整体结算的证据,在工程款总额尚未确定的情形下,仅凭《洪水淤泥及土方回填测量记录》主张工程款依据不足,因此该项上诉请求该院不予支持。

3. 中元矿业公司、李宣主张经济损失的依据及数额构成。双方签订的《工程承包合同书》第 3 条虽然对双方违约责任作了约定,但中元矿业公司未能提交李宣提供的机械台数或设备不足影响其生产进度的相关证据,因此其主张李宣赔偿因违约行为造成经济损失 1732170.06 元的上诉请求依据不足,该院不予支持。李宣亦未能提交因中元矿业公司的原因导致其无法正常施工并造成经济损失的相关证据,因此其主张中元矿业公司应赔偿损失 708700 元的上诉主张依据不足,该院不予支持。

4. 李宣就中元矿业公司已付工程款应否出具发票。双方在合同中并无约定，且中元矿业公司明知李宣为个人承包该工程，一审判决驳回中元矿业公司的该项诉讼请求正确。双方当事人应按照国家相关规定办理开具发票事宜。

综上，一审判决对案件性质认定有误，适用承揽合同法律规定不当，应予纠正。一审判决认定的其他事实清楚，适用法律正确，应予维持。中元矿业公司的上诉请求和李宣的上诉请求无事实和法律依据，该院不予支持。

二审法院判决：驳回上诉，维持原判。

李宣不服二审判决，向最高人民法院申请再审。

（四）再审情况

最高人民法院于2014年11月27日作出裁定，指令内蒙古自治区高级人民法院申请再审本案。

再审法院查明的事实与二审一致。

再审法院认为：本案再审期间双方争议的焦点：一是李宣实际完成的工程量及价款；二是李宣主张经济损失的依据及数额构成。

1. 关于李宣实际完成工程量及价款数额的问题。涉案两份鉴定结论均不能作为认定案件事实的依据。理由：（1）内蒙古国土资源勘查开发院接受兴和县人民法院委托作出的《中元矿业土石方测量报告》，因施工前未测原地貌大比例尺地形图和土堆形成时间较长，该院按照现状及裸露的原地貌进行测算不当。且测量时李宣未在现场，李宣对该报告测量的是沙石堆方、不是挖方的测量结果提出异议。因此，该报告不能客观完整反映李宣完成的工程量。（2）兴正公司受乌兰察布市中级人民法院委托作出《司法鉴定报告书》所依据的数据是向田园公司工作人员调取的，田园公司已声明对法院调取数据的真实性和法律效力不承担任何法律责任，该报告书依据的基础数据的真实性不能确认，兴正公司出具的《司法鉴定报告书》亦不能作为认定李宣实际完成工程量的依据。经查，因开采、挖方矿区被征拆，诉争工程量不具备再行鉴定的条件，导致案件事实无法查清，中元矿业公司、李宣应各自承担举证不能的不利后果。据此，李宣主张中元矿业公司给付工程款的再审请求依据不足，该院不予支持。

关于中元矿业公司使用燃油、机械设备的使用费问题。燃油及机械设备使用均不在李宣与中元矿业公司签订的《工程承包合同书》约定的工程内容项下，依照最高人民法院《关于民事诉讼证据的若干规定》第5条的规定，李宣对合同关系成立并生效的事实应承担举证责任。李宣为支持其诉讼请求提交的中元矿业公司工作人员签字的使用车辆及油料的相关凭证不能证明双方形成燃油、机械设备使用的法律关系及工作人员的签字属职务行为或构成表见代理，未完成举证责任。依照《民事诉讼法》第64条、最高人民法院《关于民事诉讼证据的若干规定》第2条的规定，李宣应承担举证不能的法律后果。对于李宣请求中元矿业公司支付上述使用费的主张，该院不予支持。李宣作为权利人可依据相关凭证另行向相关义务人主张权利。

关于李宣主张的洪水淤泥、土方回填、铁精粉运输费用的问题。虽然双方合同约定中有土方回填、精矿装车的内容，《洪水淤泥及土方回填测量记录》也有中元矿业公司副经理李向军的签字，但因李宣实际完成工程量无法查清，在工程款总额尚未确定及不能排除已付款中是否含上述费用的情形下，李宣主张结算上述费用依据不足，二审判决不予支持并无不当。

2. 关于李宣主张经济损失的依据及数额构成。李宣主张中元矿业公司违约缺乏事实依据，且原审判决判令解除合同是基于该施工场地已被征用，无法继续履行合同，李宣在二审期间也放弃继续履行合同的上诉请求，解除合同不是归责于当事人的原因。故原审对李宣赔偿损失的请求不予支持并无不当，应当予以维持。综上，该院二审判决认定基本事实清楚，适用法律并无不当，阐述理由虽有瑕疵，但裁判结果正确，应予维持。李宣的再审请求缺乏证据证实，不应支持。

再审法院判决：维持二审判决。

李宣不服再审判决，向检察机关申请监督。

三、最高人民检察院不支持监督申请的理由

最高人民检察院认为：该案不符合监督条件。理由如下：

1. 再审判决对李宣主张工程款的诉讼请求未予支持，并无不当。关于李宣实际完成的工程量及价款数额，李宣主张应当以一审法院委托兴正公司于2011年2月26日作出的《司法鉴定报告书》为依据，但该鉴定报告所依据的资料是一审法院从田园公司调取的数据。2010年12月30日，田园公司作出《对乌兰察布市中院调取的数据的声明》，内容为：

"2010年10月，乌兰察布市中级人民法院法官来我单位调取对中元矿产公司铁矿区的测绘数据。由于中元矿产公司发现上述数据有假，遂中止了与我单位的测绘协议，故我单位没有保存上述数据，未向法院提供相应的数据。后乌兰察布市中院的法官从负责测绘的工程师处调取了相应的数据。对此我单位发表如下声明：1. 该数据不是我单位出具，我单位对该数据的真实性和法律效力不承担任何法律责任；2. 以该数据为依据得出的任何结论，我单位不予确认，不承担任何法律责任。"再审判决据此认为上述鉴定报告依据的基础数据真实性不能确认，兴正公司出具的《司法鉴定报告书》不能作为认定李宣实际完成工程量的依据，并无不当。最高人民法院《关于民事诉讼证据的若干规定》第2条规定："当事人对自己提出的诉讼请求所依据的事实或者反驳对方诉讼请求所依据的事实有责任提供证据加以证明。没有证据或者证据不足以证明当事人的事实主张的，由负有举证责任的当事人承担不利后果。"再审判决认为"因开采、挖方矿区被征拆，诉争工程量不具备再行鉴定的条件，导致案件事实无法查清，中元矿业公司、李宣应各自承担举证不能的不利后果"，并据此驳回了李宣关于工程款的诉讼请求，亦无不当。

2. 再审判决对李宣主张机械使用费、燃油费的诉讼请求未予支持，并无不当。本案中，李宣与中元矿业公司签订的《工程承包合同书》中并未约定机械使用费和燃油费。李宣在民事抗诉申请书中称，关于机械设备和燃油的使用，双方有口头约定，但并未提交充分证据予以证实。再审判决认为，李宣为支持其诉讼请求提交的中元矿业公司工作人员签字的使用车辆及油料的相关凭证不能证明双方形成燃油、机械设备使用的法律关系，李宣亦不能证明相关工作人员的签字属职务行为或构成表见代理，故李宣未完成举证责任，应承担举证不能的法律后果，同时认为李宣作为权利人可依据相关凭证另行向相关义务人主张权利，并无不当。

四、案件评析

本案虽然最终作不支持监督申请处理，但申请人的部分主张，特别是关于燃油费、机械设备使用费的主张并非完全没有证据。第一，关于机械设备使用费。李宣提供了有中元矿业公司负责人王尚飞、张建签字的36份证明，证实使用了李宣的机械。时间从2010年3月7日至5月

27日，与双方所供认的李宣于2010年5月28日撤离场地的时间相吻合。第二，关于油料使用费。李宣提供了"王尚飞使用其油款24143元"的证明一份，靳大军、王尚飞签字的单据三份，以证实其主张。中元矿业公司在再审时辩称李宣提供的由靳大军出具的一份证明中明显造假以及李宣在工地使用的油料由第三方向其供应，中元矿业公司负责结款，不存在中元矿业公司需向李宣支付油料款的问题，李宣提供了相应证据并作出了合理解释。此外，李宣所雇用的工人王清出具《证明材料》证实，中元矿业公司在履行劳务承包合同的过程中，又大量抽调李宣的机械设备帮助其建设工作。综上，李宣关于燃油费、机械设备使用费的主张有一定的证据予以支持。本案虽然最终作不支持监督申请处理，但最高人民检察院要求省检院向省法院提出再审检察建议，就该问题进行同级监督。

案例三十八：中国人保长宁支公司申请监督案（高检民监〔2017〕62号）

一、案件来源

中国人保长宁支公司因与邹德超、魏仁明、周刚、李代彬、周铁军、宋学友等机动车交通事故责任纠纷一案，不服四川省高级人民法院(2015)川民提字第141号民事判决，向四川省人民检察院申请监督，该院提请最高人民检察院抗诉。

二、诉讼过程和法院历次审理情况

2011年11月23日，邹德超、魏仁明起诉中国人保长宁支公司至长宁县人民法院，请求：判令周刚、李代彬、周铁军、人保公司宜宾中心支公司共同赔偿各项损失380476元，并承担本案诉讼费用。2012年4月12日，邹德超、魏仁明向长宁县人民法院递交了追加和变更诉讼主体申请书，追加宋学友为本案被告，变更人保公司宜宾中心支公司为中国人保长宁支公司。

（一）一审情况

一审法院查明：2011年7月10日晚，周亮（周铁军、宋学友之子）驾驶川Q79××号海马牌轿车（车内乘坐邹平、陈毅、周军、李代彬、向元江）从宜宾经宜长路往长宁方向行驶，7月11日0时30分，该车行至 308 省道 151KM+830M 右转弯时，驶出公路左侧撞上电杆坠于坎下，造成周亮当场死亡，邹平、周军、向元江、李代彬受伤，其中邹平经医院抢救无效死亡及车辆、电杆和农作物损坏的道路交通事故。该川 Q79×××号海马牌轿车的法定车主系周刚，李代彬向周刚借用该车，事故发生时由周亮驾驶。对该起交通事故，2011 年 7 月 18 日，长宁县公安局交通管理大队作出宜公交认字（2011）第 002381 号《道路交通事故认定书》，认定川 Q79×××号海马牌轿车的驾驶人周亮承担此次事故的全部责任，当事人邹平、陈毅、周军、李代彬、向元江无责任，认定该起交通事故形成原因为，"当事人周亮夜间、雨天驾驶机动车行经弯道未确保安全驾驶、行驶速度过快，且载人超过核定人数是此次事故形成的原因"，各方当事人对此交通事故的责任认定、原因分析均无异议。审理还查明，周刚的川 Q79××海马牌轿车，核定载客 5 人，并于 2010 年 7 月 24 日，在中国人保长宁支公司投保交通事故责任强制保险 122000 元、500000 元第三者责任保险及不计免赔、车上人员责任险 100000/座、交通事故精神损害赔偿责任保险 30000 元/人，此次交通事故在保险期内。邹德超于 2011 年 7 月 22 日，在长宁县公安局交警大队领到保险公司预付赔偿款 60000 元，7 月 26 日在长宁县救助基金管理中心领到垫付款 10000 元。在庭审中，双方确认，李代彬给付邹德超、魏仁明 30000 元。

一审法院认为：2011 年 7 月 10 日晚，川 Q79×××号海马牌轿车发生交通事故，造成周亮当场死亡，邹平、周军、向元江、李代彬受伤，其中邹平经医院抢救无效死亡及车辆、电杆和农作物损坏的后果。长宁县公安局交通管理大队作出宜公交认字（2011）第 002381 号《道路交通事故认定书》叙述事实清楚、认定责任准确，予以采信。根据《侵权责任法》第 49 条规定，因租赁、借用等情形机动车所有人与使用人不是同一人时，发生交通事故后属于该机动车一方责任的，由保险公司在机动车强制保险责任限额范围内予以赔偿。不足部分，由机动车使用人承担赔偿责任；机动车所有人对损害的发生有过错的，承担相应的赔偿责任。该川 Q79××海马牌轿车的法定车主是周刚，在本次交通事故中，没有过错不应承担责任。但该车在第三人中国人保长宁支公司投保了车上人员责任险 100000 元/座，除驾驶员外，该事故车核定载人 4 人，事发时超载 1 人，故车上人员责任险 100000 元/座×4 座＝400000 元，应由5人分摊，计每座80000元，交通事故精神损害赔偿责任保险30000元/人，共计30000元×5人=150000元，亦应由6人分摊，计25000元/人，保险公司在本案承担105000元（8万元+2.5万元）。李代彬借车主周刚川Q79×××海马牌轿车，在发生交通事故时超载核定载人5人，没有尽到阻止超载核定人员义务，在主观上存在过错，在本案中应承担已支付的30000元的责任，其余责任由周亮的财产继承人在其遗产继承范围内承担。死者邹平生前属农村居民，邹德超等主张按城镇居民标准计算，不符合法律规定，不予支持。邹德超、魏仁明之子邹平的赔偿应为：丧葬费26952元÷12月×6个月=13476元、死亡赔偿金5140元×20年=102800元、护理费300元、参加事故处理人员交通费酌情支持5000元、误工费1260元、精神损害抚慰金30000元，共计152836元。保险公司未向法院提交证据对邹德超、魏仁明的主张予以抗辩，开庭时亦未到庭，应视为保险公司对抗辩权的放弃，故保险公司在保险范围内承担105000元，李代彬承担30000元，余款由周铁军、宋学友在死者周亮的遗产范围内予以承担。

一审法院判决：（1）邹德超、魏仁明之子邹平的赔偿费用，丧葬费13476元，死亡赔偿金102800元、护理费300元、参加事故处理人员交通费5000元、误工费1260元、精神损害抚慰金3000元，共计152836元。由第三人中国人保长宁支公司在10日内给付105000元，李代彬承担30000元，周铁军、宋学友在死者周亮的遗产范围内承担17836元，上述款项在支付时扣除已支付的费用。（2）驳回邹德超、魏仁明的其他诉讼请求。

邹德超、魏仁明不服一审判决，向宜宾市中级人民法院提起上诉。

（二）二审情况

宜宾市中级人民法院于2012年11月15日作出（2012）宜民终字第1174号民事裁定，以认定事实不清，证据不足，适用法律错误为由，发回长宁县人民法院重审。重审中邹德超、魏仁明变更诉讼请求为：（1）判令李代彬、周铁军、宋学友连带赔偿各项损失380476元（开庭后变更为410404.5元）；（2）请求判令中国人保长宁支公司支付保险赔偿金130000元，其中车上人员责任险100000元，附加交通事故精神损害赔偿责任保险30000元。

(三) 重审 (一审) 情况

重审 (一审) 法院查明：2011年7月10日，李代彬、周亮等约好到宜宾医院看望共同的朋友，后李代彬出面向周刚借车前往宜宾，在回长宁的路上，先由李代彬驾驶，后李代彬叫周亮驾驶，周亮在驾驶川Q79×××号海马牌轿车从宜宾经宜长路往长宁方向行驶，7月11日0时30分，该车行至308省道151KM+830M右转弯时，驶出公路左侧撞上电杆坠于坎下，造成周亮当场死亡，邹平、周军、向元江、李代彬受伤，其中邹平（生于1993年9月8日）经医院抢救无效死亡及车辆、电杆和农作物损坏的道路交通事故。该事故车发生交通事故时，车上人员邹平、周军已被甩出车外。该川Q79×××号海马牌轿车的法定车主系周刚，李代彬向周刚借用该车，事故发生时由周亮驾驶。对该起交通事故，2011年7月18日，长宁县公安局交通管理大队作出宜公交认字（2011）第002381号《道路交通事故认定书》，认定川Q79×××号海马牌轿车的驾驶人周亮承担此次事故的全部责任，当事人邹平、陈毅、周军、李代彬、向元江无责任，认定该起交通事故形成原因为，"当事人周亮夜间、雨天驾驶机动车行经弯道未确保安全驾驶、行驶速度过快，且载人超过核定人数是此次事故形成的原因"，各方当事人对此交通事故的责任认定、原因分析均无异议。

另查明：川Q79×××海马牌轿车，核定载客5人，于2010年7月24日，在中国人保长宁支公司投保交通事故责任强制保险122000元、500000元第三者责任保险及不计免赔、车上人员责任险100000元/座、交通事故精神损害赔偿责任保险30000元/人，此次交通事故在保险期内。邹德超于2011年7月22日，在长宁县公安局交警大队领到保险公司预付赔偿款60000元，7月26日在长宁县救助基金管理中心领到垫付款10000元。在庭审中，双方确认，李代彬已支付邹德超、魏仁明30000元。庭审查明，邹德超、魏仁明在长宁镇培风社区有住房一套，并在其居住生活，死者邹平社区证明2005年随父母居住，且邹平无工作。

重审 (一审) 法院认为：长宁县公安局交通管理大队作出宜公交认字（2011）第002381号道路交通事故认定书，认定川Q79×××号海马牌轿车的驾驶人周亮承担本次事故的全部责任，邹平（已死亡）在本次事故中无责任，邹德超、魏仁明要求获得赔偿依法应予支持，但因两人之子户籍所在地是四川省长宁县老翁镇金光村十组，属于农村居民，两人提供了自己的城镇住房、城镇生活情况的依据,但死者邹平的证明材料仅有一份长宁镇培风社区证明死者与邹、魏居住,且无收入的证明材料,该孤证不足以证明死者邹平应按城镇居民赔偿标准计算,该院对此不予支持。根据最高人民法院《关于审理人身损害赔偿案件适用法律若干问题问题的解释》第27条丧葬费按照受诉法院所在地上一年度职工月平均工资标准,以6个月总额计算。第29条死亡赔偿金按受诉法院所在地上一年度城镇居民可支配收入或者农村居民人均纯收入标准,按20年计算,但60周岁以上的,年龄每增加1岁减少1年;75周岁以上的,按5年计算。邹德超、魏仁明之子邹平的赔偿应为:丧葬费31489元÷12月×6个月=15744元、死亡赔偿金6128.6元×20年=122572元、护理费200元、参加事故处理人员交通费酌情支持4000元、误工费2100元、精神损害抚慰金30000元、共计174616元。李代彬是借车人,该车发生交通事故时超载1人,李代彬在车上没有进行阻止,在主观上存在过错,本案中承担已支付的费用30000元的责任,该院予以支持。根据最高人民法院《关于审理道路交通事故损害赔偿案件适用法律若干问题的解释》第16条同时投保机动车第三者责任强制保险(以下简称"交强险")和第三者责任商业保险(以下简称"商业三者险")的机动车发生交通事故造成损害,当事人同时起诉侵权人和保险公司的,人民法院应当按照下列规则确定赔偿责任:(1)先由承保交强险的保险公司在责任限额范围内予以赔偿;(2)不足部分,由承保商业三者险的保险公司根据保险合同予以赔偿;(3)仍有不足的,依照道路交通安全法和侵权责任法的相关规定由侵权人予以赔偿。本案交通事故无侵权的第三者,且邹德超、魏仁明起诉的车上人员责任险100000元/座、交通事故精神损害赔偿责任保险30000元/人,是保险合同解决的范围,与本案侵权纠纷属于不同的法律关系,不应在本案中解决。因此,邹德超、魏仁明的剩余赔偿金144616(174616-30000)元应由周铁军、宋学友在死者周亮的遗产范围内予以承担。

重审(一审)法院判决:(1)邹德超、魏仁明损失共计174616元,由李代彬承担30000元,周亮法定继承人周铁军、宋学友在周亮遗产范围内赔偿144616元,在判决生效后10日内赔偿邹德超、魏仁明。(2)驳回邹德超、魏仁明的其他诉讼请求。

邹德超、魏仁明不服重审判决,向宜宾市中级人民法院提出上诉。

(四) 重审 (二审) 情况

二审法院查明的事实与重审一致。

二审法院认为:死者邹平虽系农村户籍,但在事故发生时为在校学生,尚未成年。根据其父邹德超提供的《劳动合同书》以及在长宁镇文胜街所购商品房的房屋所有权证书,水、电、气、广电网络缴费单据等能够证明邹德超、魏仁明收入来源、消费支出均应按照城镇居民标准对待。死者邹平尚未成年,并未独立生活,其死亡赔偿金也应按照城镇居民标准计算,原判按农村标准计算其死亡赔偿金不当,应予纠正。按照2011年6月1日至2012年5月31日的赔偿标准,死者邹平的死亡赔偿金应为15461元×20年=309220元。根据本案现有证据材料,事故发生时,是由周亮驾驶该车辆,并且周亮有驾驶证照,也无酒驾等违法行为。事发当天,李代彬、周亮等相约到宜宾医院看望共同的朋友,周亮驾车的行为不是为李代彬的利益,李代彬也没有从此行为中获取利益。故李代彬、周亮之间不存在无偿帮工关系。本案审理的是侵权赔偿之诉,中国人保长宁支公司按照保险合同的约定承担保险合同责任,不应在本案中解决。综上所述,邹德超、魏仁明的上诉理由部分成立,应对死者邹平的死亡赔偿金按城镇居民标准进行计算部分予以支持,其余上诉理由不能成立,不予支持。宜宾市中级人民法院重新确认邹德超、魏仁明之子邹平死亡后应得的赔偿为:丧葬费31489元÷12月×6个月=15744元、死亡赔偿金15461元×20年=309220元、护理费200元、参加事故处理人员交通费酌情支持4000元、误工费2100元、精神损害抚慰金30000元,共计361264元。

二审法院判决:(1)邹德超、魏仁明损失共计361264元,由李代彬承担30000元,周亮的法定继承人周铁军、宋学友在周亮遗产范围内赔偿331264元,在判决生效后10日内赔偿邹德超、魏仁明。(2)驳回邹德超、魏仁明的其他诉讼请求。

邹德超、魏仁明不服,向四川省高级人民法院申请再审。

(五) 再审情况

再审法院查明的事实与二审一致。

再审法院认为:事故发生因事发当天,李代彬、周亮等人相约到宜宾医院看望共同的朋友,发生事故的车辆虽然由李代彬出面向周刚所借,但李代彬、周亮等人并未约定从长宁到宜宾来回均由李代彬负责驾驶该车辆（即确定李代彬负有驾驶车辆的义务），在李代彬并无驾驶该车辆的法定和约定义务情况下，不能发生谁为其"（无偿）帮工"的情形。其次，在从宜宾回长宁的路上，先由李代彬驾驶，李代彬后来虽然叫周亮（周铁军、宋学友之子）驾驶，但周亮有驾驶证照，也无酒驾等违法行为，李代彬叫周亮驾驶车辆，并未从此行为中获取利益；在周亮驾车的行为不是为了完成李代彬的驾驶车辆义务的情况下，李代彬、周亮之间不存在无偿帮工关系。故邹德超、魏仁明认为"李代彬、周亮之间存在帮工关系"的再审申请理由不能成立。邹德超、魏仁明申请再审认为"李代彬与周亮应向邹德超、魏仁明承担连带责任"，经查，李代彬、周亮之间不存在无偿帮工关系，该再审申请理由于法无据，不能成立。但李代彬作为车辆的借用人兼使用人，应当对车辆的安全使用有一定的监督和管理责任，其明知车辆超载而不予以制止，在使用车辆的过程中的确存在一定过错，因此，一审判决其承担30000元的赔偿责任并无不当，且在李代彬一审判决未提出上诉的情况下，二审改变其不承担责任，系适用法律错误，再审应依法予以纠正。根据最高人民法院《关于审理道路交通事故损害赔偿案件适用法律若干问题的解释》第16条"同时投保机动车第三者责任强制保险（以下简称'交强险'）和第三者责任商业保险（以下简称'商业三者险'）的机动车发生交通事故造成损害，当事人同时起诉侵权人和保险公司的，人民法院应当按照下列规则确定赔偿责任：（一）先由承保交强险的保险公司在责任限额范围内予以赔偿；（二）不足部分，由承保商业三者险的保险公司根据保险合同予以赔偿；（三）仍有不足的，依照道路交通安全法和侵权责任法的相关规定由侵权人予以赔偿"的规定，由于当事人同时起诉"侵权人和保险公司"表明当事人可以同时起诉侵权人和保险公司；"人民法院应当按照下列规则确定赔偿责任"，表明人民法院可以一并处理。因此，二审判决适用法律不当，应予纠正。邹德超、魏仁明的该再审申请理由成立，应予支持。

综上，邹德超、魏仁明之子邹平死亡后应得到的赔偿为：丧葬费15744元（31489元÷12月×6个月）、死亡赔偿金309220元（15461元×20年）、护理费200元、参加事故处理人员交通费酌情支持4000元、误工费2100元、精神损害抚慰金30000元、共计361264元。因邹德超、魏仁明未提供抢救邹平所产生的医疗费及财产损失的相关证据，故依法对机动车交通事故责任强制保险中的医疗费用限额10000元及财产损失2000元予以扣除。

再审法院判决：(1) 撤销重审（一审）判决、二审判决；(2) 中国人保长宁支公司于判决发生法律效力后10日内，一次性支付邹德超、魏仁明因邹平交通事故死亡所产生的110000元；(3) 周铁军、宋学友在周亮的遗产范围内赔偿邹德超、魏仁明221264元，李代彬赔偿邹德超、魏仁明30000元，于判决发生法律效力后10日内一次性支付；(4) 驳回邹德超、魏仁明的其他诉讼请求。

中国人保长宁支公司不服再审判决，向检察机关申请监督。

三、最高人民检察院不支持监督申请的理由

最高人民检察院认为：该案不符合监督条件。理由如下：

终审判决认为，根据最高人民法院《关于审理道路交通事故损害赔偿案件适用法律若干问题的解释》第16条"同时投保机动车第三者责任强制保险（以下简称'交强险'）和第三者责任商业保险（以下简称'商业三者险'）的机动车发生交通事故造成损害，当事人同时起诉侵权人和保险公司的，人民法院应当按照下列规则确定赔偿责任：（一）先由承保交强险的保险公司在责任限额范围内予以赔偿；（二）不足部分，由承保商业三者险的保险公司根据保险合同予以赔偿；（三）仍有不足的，依照道路交通安全法和侵权责任法的相关规定由侵权人予以赔偿"的规定，当事人可以同时起诉侵权人和保险公司，人民法院亦可以对相关请求一并予以处理，并无不当。

四、案件评析

本案虽然最终作出不支持监督申请处理，但再审法院判决中国人保长宁支公司在机动车交通事故责任强制保险的赔偿限额内支付邹德超、魏仁明110000元，属于适用法律确有错误。第一，本案中"车上人员"邹平不属于机动车交通事故责任强制保险的赔付对象。《机动车交通事故责任强制保险条例》第3条规定："本条例所称机动车交通事故责任强制保险，是指由保险公司对被保险机动车发生道路交通事故造成本车人员、被保险人以外的受害人的人身伤亡、财产损失，在责任限额内予

以赔偿的强制性责任保险。"第 21 条规定："被保险机动车发生道路交通事故造成本车人员、被保险人以外的受害人人身伤亡、财产损失的，由保险公司依法在机动车交通事故责任强制保险责任限额范围内予以赔偿。"据此，机动车交通事故责任强制保险的赔偿对象应为本车人员、被保险人以外的受害人。本案中，根据《道路交通事故认定书》记载以及事故相关当事人的陈述，本次交通事故系单车事故，无侵权第三者，且交通事故发生时，死者邹平系事故车辆川 Q79××× 小型轿车的"车上人员"，其不属于机动车交通事故责任强制保险的赔付对象。第二，再审判决超出了当事人的诉讼请求。本案在审理过程中，邹德超、魏仁明变更诉讼请求为：（1）判令李代彬、周铁军、宋学友连带赔偿各项损失 380476 元（开庭后变更为 410404.5 元）；（2）请求判令中国人保长宁支公司支付保险赔偿金 130000 元，其中车上人员责任险 100000 元，附加交通事故精神损害赔偿责任保险 30000 元。因邹德超、魏仁明并未在交强险范围内主张赔偿，故再审判决中国人保长宁支公司在交强险的赔偿限额内支付邹德超、魏仁明 110000 元，超出了当事人的诉讼请求。本案中，因"车上人员"邹平不属于机动车第三者责任强制保险和第三者责任商业保险的赔付对象，因此邹德超、魏仁明在变更的诉讼请求中并未依据最高人民法院《关于审理道路交通事故损害赔偿案件适用法律若干问题的解释》第 16 条的相关规定要求保险公司在上述险种内赔偿损失，而是要求保险公司在其他商业险种内（车上人员责任险 100000 元，附加交通事故精神损害赔偿责任保险 30000 元）赔偿损失。因相关法律和司法解释并未强制要求上述其他险种的理赔必须在交通事故责任纠纷中一并解决，故再审判决对邹德超、魏仁明请求判令中国人保长宁支公司支付保险赔偿金 130000 元（其中车上人员责任险 100000 元，附加交通事故精神损害赔偿责任保险 30000 元）的主张未予支持，并无不当。本案中，经向申请方中国人保长宁支公司了解，因涉案车辆未参加年检，根据保险条款的有关规定，邹德超、魏仁明无法获赔车上人员责任险。死者邹平因系"车上人员"，无法获赔机动车交通事故责任强制险。即本案中邹德超、魏仁明无法从保险公司获得任何赔偿。综合考虑弱势群体利益保护等相关因素，本案最终作出不支持监督申请处理，但最高人民检察院要求省检察院向省法院提出检察建议，就再审判决中存在的法律适用问题予以指明。

第三节　民事裁判结果监督手段的采用标准

《民事诉讼监督规则》第五章第二节对听证作出了详细的规定，第三节对调查核实作出了详细规定。从宽泛的角度而言，听证、调查核实均属于监督手段的范畴。这些监督手段如果采用得当，能够有效提升民事裁判结果监督的质量和效果。本书重点讨论民事裁判结果监督中调查核实的相关问题。《民事诉讼监督规则》第65条规定："人民检察院因履行法律监督职责提出检察建议或者抗诉的需要，有下列情形之一的，可以向当事人或者案外人调查核实有关情况：（一）民事判决、裁定、调解书可能存在法律规定需要监督的情形，仅通过阅卷及审查现有材料难以认定的；（二）民事审判程序中审判人员可能存在违法行为的；（三）民事执行活动可能存在违法情形的；（四）其他需要调查核实的情形。"第66条规定："人民检察院可以采取以下调查核实措施：（一）查询、调取、复制相关证据材料；（二）询问当事人或者案外人；（三）咨询专业人员、相关部门或者行业协会等对专门问题的意见；（四）委托鉴定、评估、审计；（五）勘验物证、现场；（六）查明案件事实所需要采取的其他措施。人民检察院调查核实，不得采取限制人身自由和查封、扣押、冻结财产等强制性措施。"在监督实践中，应当做到以下几点：

一、检察机关行使调查核实权应与其公权力监督属性相适应

检察机关行使调查核实权应当与其公权力监督属性相适应，不应当超越监督职能，为一方当事人收集证据，导致民事诉讼结构失衡。换言之，调查核实的事项应当与判断民事裁判过程和结果是否符合法律规定有关。虽然《民事诉讼监督规则》第65条作出了"仅通过阅卷及审查现有材料难以认定"的限定条件，但调查核实作为民事裁判结果监督的常规手段，在民事裁判结果监督的过程中，应当赋予检察官在判断案件是否符合上述限定条件方面必要的自由裁量权，即如果检察官在审查案件时认为需要采取相应调查核实措施，一般应予允许。

案例三十九：郭彦凯申请监督案（高检民监〔2016〕193号）

一、案件来源

郭彦凯因与赵萍民间借贷纠纷一案，不服辽宁省高级人民法院(2014)辽民一终字第00032号民事判决，向辽宁省人民检察院申请监督，该院提请最高人民检察院抗诉。

二、诉讼过程和法院历次审理情况

2013年7月，赵萍起诉郭彦凯、世豪公司至大连市中级人民法院，请求：判令郭彦凯返还借款2200万元及利息3500万元，判令世豪公司承担连带责任。

（一）一审情况

一审法院查明：2007年7月2日，赵萍与郭彦凯、世豪公司签订《借款协议》，约定郭彦凯向赵萍借款2200万元，借款期限3个月，世豪公司将自建的金石滩南湖街118号别墅项目10000平方米，以每平方米2000元的价格抵押给赵萍。合同签订后，赵萍如约支付2200万元借款，郭彦凯一直未偿还该笔借款。2013年1月17日，郭彦凯、世豪公司出具《还款计划》，承诺借款于2013年7月1日前还清，郭彦凯自2007年10月2日起按每日千分之二支付逾期还款利息。世豪公司承担连带担保责任，担保责任期限2年。2013年3月14日，赵萍、世豪公司、案外人于建华签订《借款协议》，约定世豪公司向赵萍借款2200万元，借款期限2015年10月1日之前。

一审法院认为：合法的借贷关系受法律保护。2007年7月2日，赵萍与郭彦凯、世豪公司签订案涉《借款协议》，约定郭彦凯向赵萍借款2200万元，借款期限3个月。世豪公司对上述借款提供物保。合同签订后，赵萍如约支付2200万元借款。2013年1月17日，郭彦凯、世豪公司又出具《还款计划》，承诺借款于2013年7月1日前还清，郭彦凯自2007年10月2日起按日千分之二支付逾期还款利息，世豪公司承担连带保证责任。上述《借款协议》及《还款计划》系双方当事人真实的意思表示，内容不违反法律的相关规定，真实有效。郭彦凯应当及时依约偿还赵萍借款。现郭彦凯一直未向赵萍返还案涉2200万元借款本金及利息，赵萍请求郭彦凯承担返还义务，于法有据，该院予以支持。因世豪公司在案涉《还款计划》中同意对案涉借款承担连带保证责任，故赵萍请求世豪公司对案涉2200万元借款本金及利息承担连带返还责任，亦符合法律的相关规定，该院予以支持。关于郭彦凯、世豪公司答辩所提案涉借款并非2200万元，实际发生借款2000万元，200万元是利息的主张，郭彦凯、世豪公司未能提供充分有效的证据证明自己的该项主张，且在2013年1月17日，郭彦凯、世豪公司出具的《还款计划》中明确写明借款金额为2200万元，故郭彦凯、世豪公司的此项辩解该院不予支持。关于郭彦凯、世豪公司主张赵萍、郭彦凯之间就案涉借款的金额、期限、利率等于2013年3月14日重新达成协议，还款期间已经约定为2015年10月1日，故赵萍起诉的债权并未到期，且依据上述协议的约定，赵萍主张的利息也不成立的辩解意见，因2013年3月14日案涉《借款协议》借款人为世豪公司，2007年7月2日订立的案涉《借款协议》及2013年1月17日《还款计划》借款主体均为郭彦凯，上述二《借款协议》及《还款计划》的借款主体不一致，承担还款义务的主体不一致，承诺于2015年10月1日前还款的义务人系案涉2013年3月14日《借款协议》借款人世豪公司，而非郭彦凯。虽然案涉2013年3月14日《借款协议》中有"本协议生效以前签订的借款协议全部失效"的内容，但郭彦凯无证据证明"本协议生效以前签订的借款协议"中的借款标的即为2007年7月2日赵萍与郭彦凯、世豪公司签订案涉《借款协议》中的借款标的2200万元，两借款协议标的物间不具有关联性，故郭彦凯主张2013年3月14日签订《借款协议》是对2007年7月2日订立的《借款协议》及2013年1月17日《还款计划》约定内容更改的主张不能成立，郭彦凯的此项辩解，该院不予采纳。关于案涉借款的利息如何计算问题。2007年7月2日《借款合同》与案涉《还款计划》均约定了案涉借款利息的计算方式，郭彦凯出具案涉《还款计划》的时间在2007年7月2日签订的案涉《借款协议》之后，该院认为案涉《还款计划》关于利息约定系双方就有关借款利息的权利义务重新予以确认。案涉《还款计划》承诺对案涉2200万元贷款自2007年10月2日起按每日千分之二向赵萍支付逾期还款利息，上述利息数额的约定明显高于中国人民银行同期贷款利率的4倍，该约定无效。按照相关法律规定，该院认定郭彦凯自2007年10月2日起按照中国人民银行同期贷款利率的4

倍向赵萍支付案涉借款利息。

一审法院判决：（1）郭彦凯自本判决发生法律效力之日起 15 日内偿还赵萍借款本金人民币 2200 万元及 2007 年 10 月 2 日起至郭彦凯还清全部借款时止相应的借款利息（利息按照中国人民银行同期贷款利率 4 倍计算）。世豪公司对郭彦凯上述还款义务承担连带给付责任。（2）驳回赵萍其他诉讼请求。

郭彦凯与世豪公司不服一审判决，向辽宁省高级人民法院提起上诉。

（二）二审情况

二审法院查明的事实与一审法院一致。

二审法院认为：结合赵萍与郭彦凯、世豪公司签订的《借款协议》（以下简称协议一）、郭彦凯和世豪公司共同出具的《还款计划》、赵萍与世豪公司、于建华签订的《借款协议》（以下简称协议二），综观诉讼各方的诉辩主张，本案争议的焦点问题是：协议一与协议二是否为同一借款事实，即是否反映同一借款法律关系。

本案作为民间借贷纠纷，是以财产交易为内容的合同之债。依据债法原理，债为特定主体之间的权利义务关系。主体的特定性，是债的重要特征。唯有与债权人有合同上的关系或法律规定的特别关系的特定人，才能成为向债权人履行义务的债务人。一切他人因与债权人不具有上述关系，故应当排除于债的关系之外，不对债权人承担义务。由债的关系的特定性所决定，债权的内容也是特定的。即债权自成立之时起，内容已经确定，包括质和量的特定。由这种特定化所决定，一个债权与其他债权能够予以区别。同样，债务一经成立，非依法定程序或当事人约定，不得随意变更。本案中，协议一与协议二，虽然债权主体和借款金额相同，但债务主体及担保主体均不同。郭彦凯作为世豪公司的法定代表人，虽与世豪公司存在特殊的身份关联关系，但两个主体分别为自然人和法人，二者承担民事责任的财产既不存在混同，也不存在加入。在借款金额方面，在债务主体不同的情况下，相等的金额，不必然导致两债的同一。依照法律规定，合同的变更应当明示。从协议二的内容看，并未提及协议一的借款，更未明确指出协议二是由协议一变更而来。依据协议二载明的"以前签订的《借款协议》"无法推定为特指协议一。另，世豪公司在本院二审中陈述："是赵萍为了保障资金安全，要求世豪公司从担保人转为借款人"。而案涉借款协议所约定的是连带保证，依照法律规定，被保证人与保证人对债务负有同等的清偿责任。不存在通过担保人转为借款人保障资金安全的问题。可见，世豪公司的上述陈述是不成立的。郭彦凯对赵萍负有2200万元债务是不争的事实，郭彦凯未履行协议一也是不争的事实。2013年1月17日，郭彦凯和世豪公司出具《还款计划》后，仍未履行单方允诺的还款义务。自协议一约定的还款时限至提起本案诉讼已长达6年，债务人郭彦凯未偿还分文债务。综上所述，该院对郭彦凯以协议二为依据，拒绝履行到期债务的理由不予采信。赵萍主张郭彦凯应按2007年7月2日《借款协议》还款，符合法律规定。一审法院为保护债权人的合法权益，判决郭彦凯偿还借款并给付利息，并无不当。

二审法院判决：驳回上诉，维持原判。

郭彦凯不服二审判决，向最高人民法院申请再审。

（三）再审情况

最高人民法院于2014年11月20日作出裁定，驳回郭彦凯的再审申请。

郭彦凯不服，向检察机关申请监督。

三、最高人民检察院提出抗诉的理由

最高人民检察院认为：终审判决认定案件基本事实缺乏证据证明。理由如下：

1. 现有证据能够初步证明协议一与协议二系基于同一借款事实产生。第一，通过比较两份协议的具体内容可以发现：首先，两份协议的借款用途一致。协议一约定"乙方所借此款用于世豪公司在南湖街118号等别墅配套工程的投资"，协议二约定"为开发世豪庄园项目"，双方在2013年2月24日审判笔录中均承认二者属于同一项目。其次，借款时间有承接关系。协议一借款日期为2007年7月2日至2007年10月1日，协议二签订于2013年，但约定的借款时间是2007年10月1日。再次，协议一的借款人郭彦凯是协议二借款人世豪公司的法定代表人。最后，协议二第8条规定"本协议生效后以前签订的借款协议全部失效"表达了协议二对之前生效的借款协议的替代意思。上述事实，足以使人产生协议一与协议二系基于同一借款事实发生的合理怀疑，法院对此应作进一步调查核实。第二，本案中世豪公司提供了2013年3月7日世豪

公司股东会决议一份、世豪公司银行往来户明细表（2007年7月2日至2008年12月21日）一份，欲证明协议一与协议二系基于同一借款事实产生且世豪公司并未收到第二笔2200万元。这些证据与上述合理怀疑能够互相印证，初步证明协议一与协议二系基于同一借款事实产生。这也进一步说明了法院查清协议二所涉借款是否履行的必要性。

2. 终审判决对协议二所涉借款是否履行这一关键事实未予查清，其作出相应判决的依据明显不足。最高人民法院《关于依法妥善审理民间借贷纠纷案件，促进经济发展维护社会稳定的通知》（法〔2011〕336号）第7条规定："人民法院在审理民间借贷纠纷案件过程中，要依法全面、客观地审核双方当事人提交的全部证据，从各证据与案件事实的关联程度、各证据之间的联系等方面进行综合审查判断。对形式有瑕疵的'欠条'或者'收条'，要结合其他证据认定是否存在借贷关系；对现金交付的借贷，可根据交付凭证、支付能力、交易习惯、借贷金额的大小、当事人间关系以及当事人陈述的交易细节经过等因素综合判断。"本案审理期间，一审法院明确要求赵萍提交协议二所涉借款已经履行的相关证据，但赵萍在一审法院指定的举证期限内未予提交。一审法院对此亦未进一步查证，而是迳行作出了判决。综观本案审理过程，一、二审法院既未从各证据与案件事实的关联程度、各证据之间的联系等方面来综合审查协议一与协议二是否基于同一借款事实产生，又未对协议二所涉借款是否履行这一关键事实所涉及的证据予以调查取证，其作出相应判决的依据明显不足。

四、案件评析

本案抗诉的主要理由是法院对应当调查核实的关键事实未予调查核实。第一，现有证据足以使人产生协议一与协议二系基于同一借款事实发生的合理怀疑，法院对此应作进一步调查核实。而且世豪公司提供的2013年3月7日世豪公司股东会决议、世豪公司银行往来户明细表（2007年7月2日至2008年12月21日）等证据与上述合理怀疑能够互相印证，进一步说明了法院查清协议二所涉借款是否履行的必要性。第二，终审判决对协议二所涉借款是否履行这一关键事实未予查清，其作出相应判决的依据明显不足。本案审理期间，一审法院明确要求赵萍提交协议二所涉借款已经履行的相关证据，但赵萍在一审法院指定的举证期限内未予提交。一审法院对此亦未进一步查证，而是迳行作出了判决。纵观本案审理过程，一、二审法院既未从各证据与案件事实的关联程度、各证据之间的联系等方面来综合审查协议一与协议二是否基于同一借款事实产生，又未对协议二所涉借款是否履行这一关键事实所涉及的证据予以调查取证，其作出相应判决的依据明显不足。综上，基于上述理由，本案已经符合抗诉条件，不需要检察机关对协议二所涉借款是否履行这一关键事实再予调查核实。在监督实践中，检察机关行使调查核实权应当与其公权力监督属性相适应，不应当超越监督职能，沦为一方当事人的"代理人"，造成民事诉讼结构失衡。

二、检察机关的调查核实措施应当适当

检察机关采取的调查核实措施应当适当，尤其是要严格遵循"不得采取限制人身自由和查封、扣押、冻结财产等强制性措施"的规定。从《民事诉讼监督规则》第66条的规定来看，检察机关进行调查核实的措施主要有查询、调取、复制相关证据材料，询问当事人或者案外人，咨询专业人员、相关部门或者行业协会等对专门问题的意见，委托鉴定、评估、审计，勘验物证、现场等。笔者认为：（1）在监督实践中，应使询问当事人或者案外人成为办案常态，必要时辅之以听证程序。进入监督程序的案件，往往经历一审、二审、再审，有的案件在发回重审后还要再次经历一审、二审、再审，对于这些复杂的案件，如果不进行必要的调查核实，仅仅进行书面审查，有时候难以把案件事实审查清楚。而询问当事人是最为简便的调查措施，对于增强检察官的司法亲历性，增进对案件事实的了解至关重要。（2）在监督实践中，要根据办案的切实需要，调取相关证据或咨询专业人员、相关部门、行业协会的意见。此时应当注意的仍然是与公权力的监督属性相适应，不得超越监督职能。例如在前述案例中，在法院以对书画鉴定"没有可供委托的鉴定机构，无法进行鉴定"作为理由驳回当事人主张的情况下，检察机关基于办案需要，可以通过发函询问司法部司法鉴定管理局，得到全国可以进行书画类作品真伪鉴定的鉴定机构信息，而不宜由检察机关委托进行鉴定。（3）在监督实践中，要严控鉴定、评估、审计、勘验的适用情形，对于在诉讼过程中已经进行过鉴定、评估、审计、勘验的，一般不再委托鉴定、评估、审计、勘验。对于终审判决所采信的鉴定意见、评估意

见、审计意见等证据，如果有证据能够证明存在相关人员不具有资格、作出程序严重违法、结论明显依据不足等情形，可据以提出抗诉或再审检察建议，无须由检察机关委托进行鉴定。

案例四十：光明公司申请监督案（高检民监〔2016〕220号）

一、案件来源

光明公司因与海峡公司合资、合作开发房地产合同纠纷一案，不服四川省高级人民法院（2014）川民终第382号民事判决，向四川省人民检察院申请监督，该院提请最高人民检察院抗诉。

二、诉讼过程和法院历次审理情况

2012年7月，海峡公司起诉光明公司至四川省绵阳市中级人民法院，请求：（1）判令光明公司支付海峡公司决算后应收款48351202.02元，并承担从2010年8月30日至款清之日按月利率1%计算的资金利息；（2）本案诉讼费、保全费由光明公司承担。光明公司提起反诉，请求：（1）驳回海峡公司的全部诉讼请求；（2）判令海峡公司对"艺风大厦"（现光明·华都）合作项目的开发、建设、销售等各项开发成本费用进行结算；（3）判令海峡公司在结算完成后向光明公司支付相关费用和税金共计1000万元（最终数据以审计为准）；（4）本案诉讼费用由海峡公司承担。

（一）一审情况

一审法院查明：2006年8月23日，光明公司作为甲方与乙方海峡公司签订《艺风大厦联合开发协议》，协议主要约定：……三、甲方在共同开发艺风大厦项目中的责、权、利。（1）甲方在该项目中的开发范围：地下室、地面以上四层的所有权归甲方，在此范围内的未完工程所产生造价以及在此范围内的售房办证管理等所发生的一切税费由甲方负责，自负盈亏，并承担该范围内的全部经济责任和法律责任。（2）艺风大厦的城市配套费、人防建设费、消防审查等前期报建费用由甲方负责。（3）甲方负责艺风大厦自乙方进场之前的一切债权债务。（4）一至四层主体结构如有重大质量问题，由甲方负责。（5）甲方在合同签订后7日内向乙方提供该项目原始档案资料全套，以便乙方正常工作。四、乙方

在开发艺风大厦项目中的责、权、利。（1）乙方在该项目中的开发范围：艺风大厦5层至16层共计12层由乙方出资自行开发，其所有权归乙方。土地所有权按国家规定年限所有。乙方按国家相关售房规定，自行销售、自负盈亏，并承担该范围内的全部经济责任和法律责任。（2）5楼至16楼乙方按实测面积每平方米300元合计人民币500万元正向甲方缴纳住宅土地款。（3）联合协议签订后乙方向甲方缴纳土地款人民币200万元整。其余款项作为地下室至地面以上四楼的安装、装饰工程款。（4）属甲方所有的地下室至四楼的安装、内外装饰由乙方全垫资修建，工程造价按四川省2000建筑、安装、装饰计价定额及相关配套文件计取费用、取费标准按二级二档取费、工程类别按定额解释。工程造价经市级审计部门审计后由甲方支付，甲方将四楼住宅房和余下土地款作为工程款多退少补。（5）乙方负责整栋大厦的销售、策划（地下室至地面四层价格由甲方确定、资金由甲方收取）广告业务。（6）乙方负责工程资料归档、组织竣工验收等全部工作。（7）乙方负责在10个月内交工使用。施工中的一切质量、安全等责任概由乙方全部负责。五、甲、乙双方共同商议，统一办证，统一管理。

2007年10月16日，光明公司和海峡公司签订《艺风大厦联合开发补充协议》，约定：（1）因政府原因，开发时间根据实际情况顺延。（2）该楼需用的电梯费用按甲乙双方所有的实际面积均摊。（3）甲方从政府依法回购艺风大厦的资金，由乙方为甲方垫付。垫付时间按甲方与政府的约定，所垫付资金乙方不计利息。在此期间由甲方以一至四楼商铺出售（的价款）支付。（4）乙方负责该楼的后期设计修改及第四层钢筋、砼碳化的处理，修改后所增加的阳台面积、5~16楼面积归乙方所有，5楼以下16楼以上归甲方所有。（5）乙方向甲方在原协议的基础上增加综合费用100万元。（6）二期开发的资金由双方共筹乙方统筹，资金利息计入成本核算，风险与效益的比例甲方占51%，乙方占49%。（7）以上增补内容是双方在2006年8月23日所签订的联合开发协议的补充部分，与协议正文具有同等效力。

2008年12月24日，光明公司与海峡公司再次签订《增补协议》，协议载明：（1）该项目的开发由甲方统一建账。（2）该项目5楼以上住宅房面积23000平方米由乙方自建自销。甲方将乙方的全部产值以债务债权质换方式入账。乙方不再另行建账。（3）乙方所属产值的营业税、房屋产权办证所产生的税费由乙方负责。(4) 基础加固费增加抗震烈度加固费，按房屋总面积均摊。(5) 属甲方所有的商业、一楼至四楼安装、装饰由甲方提供材料，乙方安排专业队伍单包劳务修建，其费用由甲方支付。以上内容与"联合开发协议"具有同等效力，同属协议正文，供双方信守。

上述《艺风大厦联合开发协议》《艺风大厦联合开发补充协议》由光明公司法定代表人田绍树及海峡公司委托代理人鲜明志签名并加盖公章，《增补协议》由光明公司田绍树签名并盖章，海峡公司鲜明志签名。

2011年10月9日，海峡公司将艺风大厦项目"光明·华都"建设工程修建完毕。该工程于2011年10月28日通过竣工验收并交付使用。2012年2月8日，海峡公司领取了该项目的档案资料审查合格意见书。

光明公司于2009年12月12日承诺在2010年8月30日前把欠海峡公司所有款项付清。

海峡公司在一审申请对其代建的光明·华都地下室、一楼至四楼及五楼以上建筑面积7270.97平方米部分的工程价款按合同约定及签证予以审计。双方当事人共同选定四川勤德建设工程造价咨询有限公司后，因对委托鉴定范围双方当事人有所争议，在一审法院协调并经双方当事人确认后，明确了工程造价鉴定范围为：(1) 海峡公司申请对其承建的位于绵阳市翠花街"光明·华都"地下室、一楼至四楼及五楼以上部分的工程造价进行鉴定。(2) 光明公司申请对"光明·华都"基础部分进行鉴定，其工程资料由该公司提供并先行交纳此部分工程造价的鉴定费用。2013年3月18日，海峡公司向一审法院提出书面申请：为了审理的顺利进行和减少损失，将该代建部分工程结算单价由2100元/平方米降至低于成本价格的1600元/平方米，并要求按此价格与光明公司予以结算。同时，要求光明公司对现双方所提供的关于"光明·华都"加固等公摊费用以证据载明的金额予以据实结算。否则，因光明公司单方不确认原因而产生的鉴定审计等费用损失均由光明公司承担。

2013年8月27日，四川勤德建设工程造价咨询有限责任公司出具川勤德基(2013)第148号《工程造价鉴定意见书》，鉴定咨询结论为：(1) 光明·华都地下室、一楼至四楼及五楼以上部分工程造价鉴定金额为72408612.74元。(2) 由海峡公司协助原加固施工单位施工部分造价金额为1148109.53元（此费用应该由光明公司在地下室至四层加固工施工单位的相关费用中扣除,支付海峡公司)。(3)"光明·华都"回购原有建筑基础工程造价鉴定金3111379元。

鉴定咨询特别说明:(1)本工程按照联合开发协议约定地下室至四层属于光明公司,故属于地下室至四层的加固、维修、装修、建筑和签证都不再分摊到主楼的单方造价里;(2)因地下室至四层安装工程合同计价原则与施工过程中签证资料包干原则矛盾,且其安装专业内容划分不明确,施工过程中很多专业安装项目由业主进行了分包,故安装工程除专业分包外均按同期2009年《四川省建设工程工程量清单计价定额》计价;(3)签证四组、五组证据维修改造人工费543385.4元,因为与地下室至四层建筑定额计价部分有重复,故在签证中没有计取,按合同约定计入地下室至四层建筑定额计价中,由财务决算鉴定单位处理;(4)原有基础工程造价是按照光明房产开发公司提供的原有建筑基础施工图计算,无任何施工隐蔽资料;(5)我公司于2013年8月23日以川勤德函字(2013)第064号函告:"按照司法鉴定程序,我方与原、被告双方对本项目造价已经多次核对,并对土建、装饰、措施及加固、签证、安装、原有基础等进行了再次复核,原被告双方口头均予以确认,请海峡公司、光明公司于2013年8月27日11时以前到我单位来最终确认鉴定意见并签字盖章,否则我公司将视为原被告双方对鉴定结果无异议,我单位将按鉴定程序出具鉴定报告。"在最终确认时间之前,海峡公司到我公司来办理了确认事宜,光明公司一直没来确认,也未出具任何书面情况说明。

《工程造价鉴定意见书》送达双方当事人,经质证后,四川勤德建设工程造价咨询有限责任公司出具川勤德基(2013)第148-1号《工程造价鉴定补充报告》,该报告载明鉴定咨询结论为:(1)光明·华都地下室、一楼至四楼及五楼以上部分工程造价鉴定金额为72408612.74元(包含第二项加固造价金额)。(2)由四川海峡建设有限公司协助原加固施工单位施工部分造价金额为1148109.53元。(3)光明·华都回购原有建筑基础工程造价鉴定金额为3111379元。由一审法院组织质证,经过当事人双方同意,将测绘公司提交的测绘报告中分层建筑面积第五层建筑面积进行调整,增加综合用房建筑面积124.44平方米,调整后5-26面积由30108.07平方米更改为30232.51平方米。《工程造价鉴定补充报告》送达双方当事人后,在限定期限内双方均未提出异议。

在履行协议过程中,海峡公司已收到光明公司工程款 20640000 元;售房款 500000 元;认可光明公司代海峡公司支付朱某某、拥某、税某某 3 人借款合计 18386198.59 元;认可光明公司以一、四楼商业门面抵扣付款 29762968.10 元。光明公司在项目开发过程中,已支付各项费用合计 38086539.05 元。海峡公司书面表示缴纳税费暂预留 20000000 元,最终以税务部门计证为准。

一审法院认为:双方争议的焦点为:(1)光明公司与海峡公司签订的 3 份协议的效力问题;(2)海峡公司和光明公司之间的借款关系是否应当在本案中审理;(3)海峡公司出资代建"光明·华都"建设工程中,光明公司应当向其支付工程款的金额;(4)海峡公司作为"光明·华都"开发项目合作方,应当承担的相关费用如何确定。

关于争议焦点一,光明公司与海峡公司签订的 3 份协议的效力问题。海峡公司与光明公司先后签订了《艺风大厦联合开发协议》《艺风大厦联合开发补充协议》《增补协议》,《艺风大厦联合开发协议》和《艺风大厦联合开发补充协议》均加盖有公司印章,光明公司对合同真实性及效力无异议;《增补协议》虽未加盖海峡公司的印章,但有海峡公司授权委托的该公司董事长鲜明志的签名,且该协议载明"与《联合开发协议》具同等效力,同属协议正文"。所以,3 份协议系双方当事人的真实意思表示,且不违反法律禁止性规定,属有效合同,双方均应按约定履行合同义务。光明公司辩称应当按照双方协商时或海峡公司认可的 21000 平方米或双方协议约定的海峡公司应取得的 5~16 层的实测房屋面积计算海峡公司分得的房屋面积,该理由与《增补协议》中"该项目五楼以上住宅面积 23000 平方米由乙方(海峡公司)自建自销"的约定不符,且光明公司也未提供证据证明双方口头约定 5~16 层的面积归海峡公司所有。对光明公司的此项抗辩理由不予采信。

关于争议焦点二,海峡公司和光明公司之间的借款关系是否应当在本案中审理。海峡公司和光明公司之间的借款关系,在双方先后签订的《艺风大厦联合开发协议》《艺风大厦联合开发补充协议》《增补协议》中均未进行约定,且与本案合作开发房地产合同关系不属于同一法律关系,在本案不予审理。

关于争议焦点三,海峡公司出资代建"光明·华都"建设工程中,光明公司应当向其支付工程款的金额。根据四川勤德建设工程造价咨询有限责任公司的《工程造价鉴定意见书》《工程造价鉴定补充报告》以及双方当事人在协议中约定地下室至四层未完工程款、安装及装饰均由光明公司承担。所以，按照《工程造价鉴定补充报告》，除5、6、7、8、11项外，光明公司应当支付给海峡公司5楼以上住宅的单位造价为1809.96元，工程款为13160164.86元（1809.96元/平方米×7270.97平方米）；光明公司应当向海峡公司支付地下室-4层的加固、安装、装饰及签证工程款合计为11968985.04元（《工程造价鉴定补充报告》5、6、7、8、11项）。

  关于争议焦点四，海峡公司作为"光明·华都"开发项目合作方，应当承担的相关费用如何确定。诉讼中，光明公司提供在项目开发过程中，已支付各项费用合计38086539.05元。对光明公司提供的证据及总金额，海峡公司均无异议，只是针对费用的分摊提出了意见。根据光明公司提供的证据反映的内容及海峡公司的抗辩意见，主要需要认定的项目包含绵阳市城乡规划局对超面积的罚款1383223元、2011年2月25日丁吉安收取的设计费70000元，以及海峡公司代光明公司支付给上海久坚加固工程有限公司、四川省海天建设工程有限公司工程款2697047元是否应当由光明公司单独承担，并从光明公司已支付费用中扣减。第一，绵阳市城乡规划局对超面积的罚款1383223元的问题，因为在联合开发过程中，由于容积率增加导致建筑面积增加，才由双方当事人签订了《增补协议》，约定五楼以上住宅面积23000平方米为海峡公司自建自销，所以双方对增加建筑面积重新进行了分配，那么超面积的罚款1383223元也应当由双方予以分摊。第二，2011年2月25日丁吉安收取的设计费70000元，海峡公司质证认为该费用为4楼商铺加宽的设计费，但是从光明公司提供的记账凭证上仅显示系预付天成公司设计费，不能证明是4楼商铺加宽的设计费，因此该费用应当由双方当事人分摊。第三，关于海峡公司代光明公司支付给上海久坚加固工程有限公司、四川省海天建设工程有限公司工程款2697047元的问题，根据四川勤德建设工程造价咨询有限责任公司的《工程造价鉴定意见书》《工程造价鉴定补充报告》，案涉工程整个工程造价及加固费用已经全部包含在内，同时在计算光明公司应当支付给海峡公司代建工程款中也按照双方约定，地下室-4层的加固（包括上海久坚加固工程有限公司、四川省海天建设工程有限公司承建的加固工程）、安装、装饰及签证工程款合计为11968985.04元单独由光明公司承担，作为光明公司的应付款，所以海峡公司代其支付的加固款不再扣减。综上,光明公司在项目开发中已支付的38086539.05元,减去由光明公司地下室-4层应当单独承担的工程款8483635.56元和海峡公司认可的应单独承担5楼以上工程款7160232.36元,剩余部分由双方当事人按分得房屋面积比例分摊,海峡公司分摊13106519.94元〔(38086539.05元-8483635.56元-7160232.36元)×0.584〕。即光明公司已经代海峡公司支付了20266752.30元(7160232.36元+13106519.94元)。光明公司辩称"光明·华都"实际占地5.12亩,实际建筑净用面积3.42亩,其中另有1.7亩道路、绿化等公共设施占用土地面积,该土地成本应当由双方进行分摊。依照《物权法》第73条"建筑区划内的道路,属于业主共有,但属于城镇公共道路的除外。建筑区划内的绿地,属于业主共有,但属于城镇公共绿地或者明示属于个人的除外。建筑区划内的其他公共场所、公共设施和物业服务用房,属于业主共有"的规定,虽然"光明·华都"建设用地规划许可证用地面积为5.12亩(含绿化用地1.22亩),建筑净用面积3.42亩,但属于建筑区划内的绿地及道路应属于业主共有,所以不存在再对建筑净用面积以外的用地进行分摊,且按照双方当事人在《艺风大厦联合开发协议》明确约定海峡公司只需按实测面积每平方米300元,向光明公司缴纳住宅土地款,合计6900000元(300元/平方米×23000平方米),双方并未约定海峡公司还应承担1.7亩道路、绿化面积的土地成本,故光明公司的此项主张不予支持。另外,光明公司认为整个项目增加了建筑面积,导致容积率增加,应当补交配套费用和土地出让金,增加的费用应当作为项目开发成本由双方共同承担,海峡公司承担补交分摊的增容费2964583.72元(尚未缴纳,按照规定应当缴纳)。对于此项费用,由于光明公司并未提供证据予以证明,故该请求不予支持,可待实际发生后另行主张。庭审时,光明公司补充提供证据,证明项目建设开发的费用共计316791.46元,海峡公司质证后对相关证据均不予认可,该院根据费用票据所显示的用途,依照最高人民法院《关于民事诉讼证据的若干规定》对证据的合法性、关联性及证明力的规定,属于项目开发的费用为63109.86元,其中海峡公司应分摊36856.16元(63109.86元×0.584)。

综上,海峡公司与光明公司在"光明·华都"项目中的各项费用结算如下:(1)海峡公司应收款为155079149.9元,其中:①应收住房销售款129950000元(23000平方米×5650元);②应收代建光明公司工程款 25129149.9 元。(2) 海峡公司应向光明公司支付 27900000 元，其中：①海峡公司应缴纳土地款 6900000 元（300 元/平方米×23000 平方米）；②补充协议增加综合费用 1000000 元；③海峡公司应缴纳税费暂预留为 20000000 元。(3) 在履行协议中，视为海峡公司已收款 89592775.15 元，具体项目如下：①已收现金 39526198.59 元，其中：1) 海峡公司收工程款和销售款合计 21140000 元；2) 光明公司代付朱、付、税三人借款 18386198.59 元；②一、四楼商业门面抵款 29762968.10 元，其中：1) 鲜红刚一楼门面款 8628020.00 元；2) 鲜红生四楼门面款 21134948.10 元；③光明公司在项目开发过程中，已支付各项费用 38086539.05 元和诉讼中补充费用 63109.86 元，其中海峡公司应当承担的费用为 20303608.46 元（20266752.30 元＋36856.16 元）。以上双方当事人的应收、应付款项品迭后，光明公司应当向海峡公司支付 37586374.75 元。由于光明公司下欠海峡公司房屋销售款、代建工程款均未按约定全面履行，根据光明公司于 2009 年 12 月 12 日的书面承诺，"在 2010 年 8 月 30 日前把欠海峡公司所有款项付清"，所以光明公司应当向海峡公司付清上述款项，并支付此款自 2010 年 8 月 31 日起至付清之日止的利息（按人民银行规定的同期流动资金贷款利率计算）。

一审法院判决：(1) 光明公司于本判决生效之日起 15 日内向海峡公司支付人民币 37586374.75 元，并支付此款自 2010 年 8 月 31 日起至款付清之日止按中国人民银行规定的同期流动资金贷款利率计算的利息；(2) 驳回海峡公司的其他诉讼请求；(3) 驳回光明公司的其他反诉请求。

光明公司不服一审判决，向四川省高级人民法院提起上诉。

（二）二审情况

二审法院查明：光明公司对原判认定的"光明公司于 2009 年 12 月 12 日承诺在 2010 年 8 月 30 日前把欠海峡公司所有款项付清"认为表述不实，对原判认定的"海峡公司已收到光明公司工程款 20640000 元；售房款 500000 元"以及"光明公司在项目开发过程中，已支付各项费用合计 38086539.05 元"有异议，主张已经向海峡公司付款 119533071.69 元，其中借款 4348 万元，案涉项目实际付款 76053071.69 元，光明公司项目开发过程中支付款项在原判认定的 38086539.05 元基础上还应当加上其庭审时补充证据证实的开发费用 316791.46 元。双方当事人对一审查明的其余事实并无异议。二审对双方当事人无异议的事实予以确认。对光明公司提出异议的事实，经二审查明如下：

1. 2009年12月12日，光明公司向海峡公司出具《关于解决回购艺风大厦欠账转移支付的委托》，主要内容为："一、你公司在市委、市政府依法处理艺风大厦问题过程中用政府工程欠款来为我公司担保2340万元，现经市委、市政府批复，同意用市政工程欠款来转移支付我公司欠富达资产公司回购艺风大厦欠款2340万元，由你公司与市国投等相关部门直接办理相关支付手续，我公司另给你公司办理借款手续。二、我公司承诺：在售房时，预售我公司权限内房产按每笔收款的80%首先用于支付你公司的所有欠款，在2010年8月前全部结清。"

2. 光明公司庭审后向二审出具《结算情况说明》，明确主张其就案涉项目向海峡公司支付的款项除原判认定的已经向海峡公司支付的工程款20640000元和售房款500000元共计21140000元，以1楼、4楼部分商业门面抵款29762968.10元，代海峡公司归还朱某某等3人借款18386198.59元，三项共计69289166.69元外，还有三项费用亦应认定为光明公司的已付款项：（1）因在归还借款时多支付借款451万元，因部分借款事由和实际用途与本案相关，应纳入本案一并结算；（2）海峡公司出具以3套住房抵款的收据金额共计2253905元；（3）海峡公司领走5套住房钥匙并同意以房抵款的金额共计3464205元。前述6项已付或抵做付款费用共计79517276.69元。对光明公司主张的应当认定为已付款项的后三项事实，经二审查明：

第一，光明公司二审庭审中向该院提交了2006年至2010年向海峡公司借款明细说明及其借款凭证，以及2010年至2012年归还借款明细及其还款凭证，主张多向海峡公司归还借款451万元，因借款事由和用途与本案相关，应一并结算。海峡公司经质证认为借款关系与本案不是同一法律关系，该组证据与本案没有关联性，证据均系复印件，真实性无法核实，且光明公司归还的借款未能清偿本息，不存在归还多了需要抵扣的问题。该院认为，双方对该451万元支付名目系归还借款并无争议，本案系双方就合作开发房地产合同的清理和结算纠纷，双方的借款合同纠纷与本案是另一法律关系，因此，双方争议的借款本息是否清偿或者多付不是本案审理范围。因海峡公司不同意光明公司将该451万元抵扣应支付的工程和房屋销售价款，对光明公司的该抵扣主张不予支持。

光明公司可以另案诉讼查明是否多付，如果多付，有权要求返还。

第二，海峡公司分别于2011年、2012年向光明公司出具3份收据，载明收到光明公司工程款共计2253905元，并分别注明系以"光明•华都"15楼1号、18楼13号、9楼13号房产抵付。

第三，2011年12月26日，海峡公司出具函件，主要内容为：领到光明公司开发的"光明•华都"5楼3号、5楼8号、5楼9号、5楼10号、8楼3号住房钥匙各一套，预售价格共计3464205元。"待双方结算时以此为结算依据，再办理相关手续。"

3. 光明公司除在举证期限内提供证据证实其在项目开发、建设、销售过程中支付各种费用38086539.05元外，庭审时补充证据证实其遗漏和新发生各种建设、开发、营销费用316791.46元，一审认定其中63109.86元属实，对其余款项未予认定。经该院二审查明，海峡公司二审中对该316791.46元营销费用中的房屋产权登记费、土地分割测绘费、电费、电话费、消防改造费用、销售提成、广告宣传、发布、安装及拆除、电梯材料运费、样板房装修款等费用共计154918.46元予以认可，其余共计161873元的名目主要为办公用品、房租、茶楼开业、空调电话移机、售楼部参观学习、工程监理、审图费等费用未予认可。该院二审认为该海峡公司未予认可的费用依据或不能证明用于案涉项目，或没有支付凭证，不能认定系光明公司在案涉项目中所支付费用。

另查明：1998年7月，光明公司取得艺风大厦《建设用地规范许可证》，核定的用地面积为5.12亩（含绿化用地1.22亩）。2009年8月，绵阳市城市规划管理局向光明公司出具《关于"翡翠花城"规划设计方案的批复》载明：该项目位于翠花街，为原艺风大厦烂尾楼续建工程，规划总建筑面积约36200平方米，其中已建建筑面积9400平方米，续建建筑面积26800平方米。2010年6月，光明公司取得艺风大厦《建设工程规划许可证》，许可的建设规模为36175平方米（其中地下建筑面积1863平方米）。2010年7月15日，光明公司取得艺风大厦《商品房预售许可证》，核定的预售总建筑面积38190.18平方米（项目1~4层181平方米和5层124平方米物管用房不在预售范围内）。2010年11月29日，光明公司取得案涉项目用地土地使用权证，载明的使用权面积为2276.86平方米（约为3.42亩）。2011年2月，绵阳市城乡规划局向绵阳市国土资源局出具《关于金三角大厦主楼、艺风大厦、上海公馆项目规划条件容积率核实的函》,同意艺风大厦因为第 25 层平台调整为房间后面积增加 862.76 平方米,并请予核收增容费。

2012 年 11 月 28 日,经光明公司委托,绵阳市明信房地产测绘有限公司(以下简称明信测绘公司)出具《房屋面积测绘报告》,测定"光明·华都"整栋房屋建筑面积 39414.22 平方米,其中 5~26 层建筑面积为 30232.51 平方米。在该测绘报告中,明信测绘公司对共有共用面积的计算和分摊进行的列表统计和说明主要为:外墙、出屋面楼梯电梯间、配电室(地下室)、发电机房(地下室)、水泵房(地下室)、消防水池(地下室)、消防控制室(地下室)、电梯机房(屋顶楼梯)等由整栋房屋分摊;商业专用楼梯、电梯由商业及社区用房分摊;车道由地下车位功能区分摊;1 层至 4 层核心筒楼梯电梯由商业及社区用房、住宅、物管用房分摊;5 层至顶层核心筒楼梯电梯由物管用房和住宅分摊;2、3、4 层的卫生间分别由该层商业用房分摊。另据该测绘报告,案涉项目配电室、发电机房、水泵房、消防水池、消防控制室位于地下室,社区用房位于第 4 层,物管用房位于第 5 层。

该院二审对原判认定光明公司因项目开发、建设、销售过程中支付的 38086539.05 元费用中应由光明公司单独承担的地下室-4 层工程款 8483635.56 元和海峡公司应单独承担的 5 楼以上工程款 7160232.36 元的组成、是否计算入《工程造价鉴定补充报告》的造价结论中,以及《工程造价鉴定补充报告》第三项措施项目费计算内容向双方当事人和四川勤德建设工程造价咨询有限责任公司进行了调查核实。四川勤德建设工程造价咨询有限责任公司向该院先后出具《对光明·华都地下室、一至四楼及五楼以上部分工程造价鉴定补充报告第三项措施项目费计算内容情况说明》和《对法院要求核实的海峡公司主张应由光明公司承担的 8483635.56 元(光明公司提供的第 8 组支出费用证据)是否计入鉴定补充报告造价中的情况说明》,以及《关于对绵阳市光明房地产开发有限责任公司二〇一五年一月二十日提出的〈关于光明公司与海峡公司联合开发房地产纠纷一案中海峡公司提出的未进入工程造价应由光明公司承担的 8483635.56 元和鉴定报告第三项措施项目费之情况说明〉的回复》,主要内容为:(1)第三项措施项目费 4554104.76 元的具体内容由土建措施项目内容和装饰措施项目内容两部分构成,费用应由全楼面积分摊;(2)海峡公司主张光明公司支出费用中应由光明公司独自承担的 8483635.56 元中付款事项分别为一至四层的梁板加固、轻质隔墙、防水工程、外墙保温、外墙装饰工程、抹灰、内墙腻子、核心筒栏杆、楼梯栏杆、幕墙夹胶钢玻、地下室防水找平层、地下室及一至四层内墙漆等共计 3965875.67 元费用已经计算在《工程造价鉴定补充报告》中第 5、6、7、8、11 项造价金额中。其余 805600 元、7800 元、1200 元为地下室至四楼专用电梯费用,其中的 805600 元已经计算入《工程造价鉴定补充报告》第 23 项造价 1958430 元中,其余 1152830（1958430 − 805600 = 1152830）元为地下室至 27 层电梯费用;1674401 元为消防工程费用,已经计算入《工程造价鉴定补充报告》中第 15 项造价金额中;其他费用为地下室或地面 1~4 层各种工程费用,未计算入或不能确定是否计算入或计算了多少金额入《工程造价鉴定补充报告》中第 5、6、7、8、11 项造价金额中;(3)《工程造价鉴定补充报告》中第 11 项造价金额多计算了 90980 元。

对一审认定的海峡公司应单独承担的 5 楼以上工程款 7160232.36 元,该院二审查明该费用为 5 楼以上住宅房外墙装饰、塑钢门窗工程款,海峡公司和光明公司均认可应由双方分摊。光明公司和海峡公司二审审理中对《工程造价鉴定补充报告》第 23 项造价金额 1958430 元为 805600 元地下室至四楼专用电梯费用和 1152830 元地下室至 27 层电梯费用两项分别组成予以认可。

二审审理中,光明公司和海峡公司共同确认案涉项目 5~26 层住房销售均价为每平方米 5650 元;尚未销售完毕的案涉项目房屋尚需后续营销费用 711900 元。光明公司确认案涉项目房屋在 2010 年 8 月 4 日已经开始销售。

海峡公司二审庭审中提交了绵阳富达资产经营有限责任公司与光明公司、海峡公司于 2007 年 12 月 13 日签订的《债权债务确认及履行协议》一份,拟证明光明公司在与海峡公司签订案涉《艺风大厦联合开发协议》《艺风大厦联合开发补充协议》时尚未取得案涉项目。光明公司经质证对其真实性没有异议,但认为光明公司在双方签订联合开发协议时已经相关部门同意以回购方式取得案涉项目,该证据不能证明海峡公司的证明目的。二审认为,双方对该证据真实性不持异议,予以采信。该证据证明了光明公司在签订案涉联合开发协议时因尚未付清回购案涉项目对价尚未取得对该项目工地和相关资料的占有、使用、支配权。

光明公司在二审提交了以下 4 组证据:(1) 案涉未销售房屋统计表,

拟证明尚未销售的房屋面积。海峡公司质证认为系光明公司个人陈述，真实性无法确认，不予认可。(2) 光明公司分别与鲜红刚、鲜红生签订的《商品房买卖合同》，拟证明以1楼、4楼商业门面抵款29762968.10元，海峡公司经质证对其真实性和证明目的予以认可。(3) 绵阳市人民政府《关于加强改变土地用途及建设用地容积率调整审批管理的通知》，绵阳市物价局、绵阳市财政局2005年12月31日向绵阳市建设局发送的《关于绵阳城市规划区城市基础设施配套费执行大城市标准的通知》，拟证明项目容积率超过原有规划应该补交土地出让金和绵阳城市基础设施配套费标准。海峡公司经质证对其真实性没有异议，但认为该市政府文件适用的是旧城改造，不适用本案，且按照双方签订的《艺风大厦联合开发协议》第3条第2项，城市配套费等前期报建费用由光明公司承担，光明公司在签订联合开发协议前即已知晓该费用存在并约定由其承担，该两种费用均属于前期报建费用，按约定与海峡公司无关。(4) 四川勤德建设工程造价咨询有限责任公司向一审法院要求通知光明公司缴纳鉴定费的《函》、一审法院2013年8月14日要求光明公司缴纳鉴定费的《通知》、光明公司已经缴纳鉴定费54326.68元的转账凭证和发票，拟证明光明公司在一审中缴纳了鉴定费。海峡公司质证认为该证据在一审即已存在，不属于二审新证据，并且，该鉴定事项本无须鉴定，光明公司应自己承担该费用。二审认为，第1组证据系光明公司自己制作，无其他证据印证，海峡公司不予认可，二审不予采信。其余3组证据的真实性海峡公司未予否认，对其真实性应予采信。第2组证据证实了光明公司以1楼、4楼商业门面抵款29762968.10元。第3组证据能够证实案涉项目可能补交土地出让金和城市基础设施配套费。第4组证据证实光明公司就其申请鉴定的案涉项目基础部分造价缴纳了鉴定费54326.68元。

二审法院认为：本案双方当事人争议的主要问题是：(1) 案涉《增补协议》是否成立；(2) 光明公司应向海峡公司支付的房屋销售款金额；(3) 光明公司应向海峡公司支付的工程款金额；(4) 海峡公司应向光明公司支付或分摊的费用金额；(5) 光明公司已向海峡公司支付的案涉工程和房屋销售价款金额；(6) 如果光明公司尚欠海峡公司案涉工程款和房屋销售价款，应否支付利息，支付利息的起算点；(7) 本案鉴定费用应如何承担。对于光明公司上诉所提出的海峡公司是否违约，应否承担违约责任，以及作为建筑施工企业应否就建筑质量对光明公司提供担保问题,因光明公司在一审中并未提出相应诉讼请求,本案二审中对其该两项主张不予审查。

1. 关于案涉《增补协议》是否成立。案涉《增补协议》约定的合同双方权利义务明确,有光明公司法定代表人签字并加盖公司印章,海峡公司虽未加盖印章,但有其委托代理人鲜明志签字,海峡公司对合同权利义务和鲜明志的代理行为予以认可,该合同应认定为海峡公司与光明公司订立。依照《合同法》第 32 条关于"当事人采用合同书形式签订合同的,自双方当事人签字或盖章时合同成立",以及《合同法》第 44 条第 1 款关于"依法成立的合同,自成立时生效"的规定,该《增补协议》自双方 2008 年 12 月 24 日签字盖章时成立并生效。双方均应按约履行。

2. 关于光明公司应向海峡公司支付的房屋销售款金额。光明公司和海峡公司签订的《艺风大厦联合开发协议》《增补协议》虽约定分配给海峡公司所有的房屋由海峡公司自建自销,但双方在实际履行中变更为光明公司代为销售,且案涉项目商品房预售许可证载明的售房单位为光明公司,海峡公司不具有对外销售资格,因此,案涉项目尚未销售的房屋应由光明公司继续销售。海峡公司按照在整个项目中的分房比例承担后续营销费用。具体承担费用金额在本案争议的主要问题四中一并处理。光明公司应向海峡公司支付按约定海峡公司应分配的房屋面积的销售价款。双方就联合开发案涉项目事宜最后签订的《增补协议》明确约定海峡公司应分房屋面积为 23000 平方米,光明公司虽主张为口头约定的 5~19 层共计 21210 平方米,但未得到海峡公司认可,光明公司亦不能提供相应证据证实,其主张不予采信。海峡公司应分得的房屋面积应认定为 5~26 层的住房中的 23000 平方米。双方在二审审理中均确认 5~26 层住房销售均价为每平方米 5650 元。因此,光明公司应向海峡公司支付的房屋销售款金额应为 23000×5650 元 $= 129950000$ 元。光明公司虽还主张案涉项目公共配套设施完全安排在其所分楼层中,主张海峡公司予以分摊,扣减其所分面积,但该院二审查明,配电室、发电机房、水泵房、消防水池、消防控制室、出屋面楼梯电梯间、1 层至顶层核心筒楼梯电梯等公共配套设施占用面积均由 5 层以上住宅等房屋进行了分摊,并且,双方在签订的《艺风大厦联合开发协议》《艺风大厦联合开发补充协议》《增补协议》中约定海峡公司分得 5 层以上住宅房面积 23000 平方米,并未约定其中除依法承担公摊外，还需因其他原因扣减相应面积，光明公司亦未提供其他证据证实双方就扣减相应面积达成共识，其该主张不予支持。至于光明公司主张尚有部分房屋未销售完毕，应由海峡公司自行处置的问题，因双方对该部分尚未销售的房屋归属不能达成一致，从本案现有查明事实亦不能认定尚未销售的该部分房屋应由光明公司分得还是海峡公司所有，而光明公司为《商品房预售许可证》载明的售房单位，双方在案涉合同实际履行中亦是由光明公司销售包括应当由海峡公司分得的全部房屋，因此，尚未销售的该部分房屋应由光明公司继续销售，销售价款由光明公司所有。海峡公司在本案中按照合同约定应分得的23000平方米收取房屋销售价款，并按照在案涉项目房屋的分房比例承担尚未销售的该部分房屋营销费用。至于营销费用分担金额，在本案争议的主要问题四关于"海峡公司应向光明公司支付或分摊的费用金额"中一并阐述。

3. 光明公司应向海峡公司支付的工程款金额。依照双方先后签订的《艺风大厦联合开发协议》《艺风大厦联合开发补充协议》《增补协议》约定，地下室、地面1层至4层的所有权属于光明公司，光明公司承担该地下室、地面1层至4层的未完工程所产生的包括安装、内外装饰在内的施工价款，以及售房办证管理所产生的一切税费。因此，《工程造价鉴定补充报告》关于"各分部造价及分摊情况列表"中的第5项"地下室-4层加固工程"、第6项"1-4层外装饰工程"、第7项"地下室-4层建筑工程"、第8项"地下室-4层装饰工程"、第11项"签证工程（地下室-4层）"的总造价11968985.04元-90980元=11878005.04元应由光明公司承担。因前述11878005.04元造价中，有3965875.67元为光明公司支付费用，光明公司应向海峡公司支付该工程款的金额为11878005.04元-3965875.67元=7912129.37元。光明公司虽主张第5项"地下室-4层加固工程"系为了满足项目楼层从16层增至26层的安全要求进行加固产生的费用，造价应由双方按取得的5层以上住宅房面积分摊，但据本案查明事实，该项目于1998年7月即由光明公司取得《建设用地规范许可证》，并予以动工修建至地面4层，建筑面积共计9400平方米。2006年8月，双方约定联合开发，并于2009年9月开始续建施工。按照常理，该原有基础、建筑应予维修加固。《工程造价鉴定补充报告》第4项、第5项分别为"基础加固工程"造价、"地下室-4层加固工程"造价,光明公司未提供证据证明该第 5 项"地下室-4 层加固工程"仅为从 16 层增至 26 层的安全要求进行加固产生的费用,并与海峡公司就其费用进行分摊达成一致,依照双方合同关于该地下室、地面 1 层至 4 层的未完工程所产生的造价等费用由光明公司承担的约定,该地下室-4 层加固工程造价应由光明公司承担。光明公司要求分摊的主张不予采纳。

光明公司在案涉项目除取得地下室、地面 1~4 层商业用房外,还取得了部分 5~26 层的住宅房。其取得的 5~26 层住宅房面积应为 5~26 层住宅房总面积 30232.51 平方米-海峡公司分得的面积 23000 平方米 = 7232.51 平方米。该 5~26 层住宅房应由双方分摊的工程总造价应为《工程造价鉴定补充报告》24 项总造价减去应由光明公司独自承担的部分造价。如前所述,《工程造价鉴定补充报告》第 5、6、7、8、11 项造价应由光明公司独自承担,应予扣减。光明公司还主张《工程造价鉴定补充报告》第 24 项"光明·华都回购原有建筑基础工程造价鉴定金额"应当分摊,第 3 项"措施项目"费用应当扣减海峡公司未予施工部分的措施项目费。对光明公司的该主张,该院二审认为,光明公司和海峡公司在签订的《艺风大厦联合开发补充协议》中约定光明公司回购艺风大厦的资金由海峡公司为其垫付,光明公司以案涉项目 1~4 层商铺出售资金还款,垫付期间不计利息。该约定明确光明公司独自承担该回购艺风大厦资金,《工程造价鉴定补充报告》第 24 项"光明·华都回购原有建筑基础工程造价鉴定金额"属于光明公司回购的艺风大厦原有权益,该项造价如由海峡公司分摊,即由海峡公司分担了该回购资金,与双方前述约定不符。因此,该"回购原有建筑基础工程造价鉴定金额"应由光明公司独自承担。光明公司要求分摊的主张不予支持。该第 24 项"光明·华都回购原有建筑基础工程造价鉴定金额"在计算 5~26 层住宅房应由双方分摊的造价时亦应从总造价中扣减。综前所述,5~26 层住宅房应由双方分摊的单位造价为《工程造价鉴定补充报告》24 项单位总造价减去第 5、6、7、8、11、24 项的单位造价。同时,依据二审查明事实,《工程造价鉴定补充报告》第 23 项造价金额由 805600 元地下室至四楼专用电梯费用和 1152830 元地下室至 27 层电梯费用两项分别组成,该 805600 元地下室至四楼专用电梯费用应由光明公司单独承担,1152830 元地下室至 27 层电梯费用应由全楼面积分摊,因此,该第 23 项电梯安装工程应分摊的单位造价应为 1152830÷39414.22=29.25 元。综前，5~26 层住宅房应由双方分摊的部分单位造价为 1789.52 元。光明公司在 5~26 层住宅房中分得 7232.51 平方米，应向海峡公司支付分得的 7232.51 平方米住宅房的工程造价款为 7232.51×1789.52=12942721.30 元。至于光明公司主张在工程造价中扣减海峡公司未予施工的消防、配电等工程措施项目费，因已经二审查明，《工程造价鉴定补充报告》第 3 项的措施项目 4554104.76 元均为海峡公司施工的土建、装饰措施项目，故在造价中无需再扣减海峡公司未予施工的消防、配电等工程措施项目费。综上，光明公司应向海峡公司支付的工程款金额为地下室、地面 1 层至 4 层的续建工程造价 7912129.37 元 +5 层至 26 层分得的住宅房中的工程价款 12942721.30 元 =20854850.67 元。

4. 海峡公司应向光明公司支付或分摊的费用金额。依照双方签订的《艺风大厦联合开发协议》《艺风大厦联合开发补充协议》约定，海峡公司应向光明公司支付所分得房屋面积每平方米 300 元的土地使用权费用，以及约定增加的综合费用 1000000 元。前述两项总计，海峡公司应向光明公司支付土地使用权费用和综合费用为 300×23000=6900000 元 +1000000 元 =7900000 元。光明公司在联合开发案涉项目中支付的工程、营销等费用为一审庭前举证证明的 38086539.05 元加上一审庭审时补充证据证明的 154918.46 元共计 38241457.51 元。另据二审查明事实，该光明公司支付的 38241457.51 元费用中包含光明公司支付的一审认定应由光明公司自行承担的地下室和地面 1~4 层建筑安装工程款 8483635.56 元，依据该院二审查明事实，该 8483635.56 元费用中除 1674401 元为消防工程费用外，其余为地下室、地面 1~4 层包含地下室至 4 楼专用电梯等工程费用，海峡公司虽主张该 1674401 元消防费用为地下室、地面 1~4 层费用，但所提交的证据不能证实该 1674401 元费用应当认定为全楼消防费用部分。因此，应由光明公司单独承担的费用金额为 8483635.56 − 1674401=6809234.56 元。该 38241457.51 元款项减去光明公司应自行承担的地下室、地面 1~4 层费用 6809234.56 元，剩余款项 31432222.95 元应由双方按分得的房屋面积比例分摊。海峡公司分得的房屋面积占案涉项目房屋面积比例为 23000÷39414.22=0.5835，应分摊的款项为 31432222.95×0.5835=18340702.09。海峡公司在案涉项目上还应缴纳、分摊的各种税费由光明公司代为缴纳，光明公司虽尚未缴纳完毕，但海峡公司自愿预先向光明公司支付包括建安税费在内的各种税费20000000元，并承诺在光明公司缴纳后与海峡公司结算时多退少补。该权利处分行为不损害国家和第三人合法权益，应予准许。光明公司虽上诉主张该费用不足，主张支付40000000元，但未提供相应依据，且在实际缴纳确实超出该金额后，其可以再向海峡公司主张支付。因此，光明公司要求海峡公司预先支付40000000元税费的上诉主张不应予以支持。案涉项目尚有小部分房屋没有销售，双方共同确认该尚未销售的房屋尚需营销费用711900元。海峡公司应对后续可能产生的营销费用711900元按其在案涉项目中的分房比例承担，为711900元×0.5835＝415393.65元。光明公司还以案涉项目占地5.12亩，实际建筑面积3.42亩，主张海峡公司分担案涉项目绿化、道路等公共基础设施占用1.7亩土地的成本，但经查明，光明公司取得案涉项目用地土地使用权证载明的使用权面积即为2276.86平方米（约为3.42亩），其并未提供相应支付凭证等证据证实其为主张占用的1.7亩绿化、道路支付了相应成本，要求海峡公司分担缺乏事实依据。即使按其主张该占用成本包含在其回购艺风大厦的资金中，按其双方签订的《艺风大厦联合开发补充协议》关于该回购艺风大厦的资金由海峡公司垫付，光明公司以案涉项目所分得的1~4层商铺出售价款向海峡公司支付的约定，该款项亦应由光明公司承担。光明公司主张海峡公司分担该成本的上诉理由不能成立。至于光明公司主张的因项目实际建筑面积比规划许可的建设规模增加依法应当向国家补缴的土地出让金和城市基础设施配套费，因光明公司尚未提供证据证实该费用已经发生，且双方就其会否发生、金额、应否分担等事宜不能达成一致，本案不予处理。双方可在实际发生后协商或另案诉讼解决。综上，海峡公司应向光明公司支付或分摊的费用金额共计7900000元＋18340702.09元＋20000000元＋415393.65元＝46656095.74元。

5. 光明公司已向海峡公司支付的案涉工程和房屋销售价款金额。经查明，应认定为光明公司已经向海峡公司支付的案涉工程款和房屋销售款项目为：（1）双方在履行协议中，光明公司已经向海峡公司支付工程款和房屋销售款20640000元＋500000元＝21140000元；（2）光明公司代海峡公司支付朱某某、税某某、付某某3人借款18386198.59元，海峡公司认可抵扣光明公司尚欠海峡公司的案涉工程和房屋销售价款；（3）光明公司以其所有的1楼、4楼部分商业门面出售给鲜红刚、鲜红生,海峡公司认可以其销售价款 29762968.10 元抵扣光明公司尚欠海峡公司的案涉工程和房屋销售价款;(4)另据二审查明,海峡公司分别于 2011 年、2012 年向光明公司出具 3 份收据和 1 份函件,同意光明公司以共计 8 套房屋抵付案涉工程和房屋销售价款共计 2253905 元 + 3464205 元 = 5718110 元。海峡公司虽陈述称光明公司未与其签订买卖合同,办理相关过户手续,未就抵扣达成一致。但经查明,光明公司亦在本案中以该 3 份收据和 1 份函件载明房屋和价款主张抵扣应付海峡公司案涉工程和房屋销售价款,应认定为双方对抵扣达成一致,该 8 套房屋归海峡公司所有,光明公司应按约及时办理相关手续,该 8 套房屋共计 5718110 元价款应认定为光明公司对海峡公司的已付价款。综前所述,应认定为光明公司已向海峡公司支付的案涉工程和房屋销售价款金额为 21140000 元 + 18386198.59 元 + 29762968.10 元 + 5718110 元 = 75007276.69 元。综前(2)、(3)、(4)、(5),光明公司尚欠海峡公司案涉工程和房屋销售价款为:129950000 + 20854850.67 元 - 46656095.74 元 - 75007276.69 元 = 29141478.24 元。

6. 光明公司应否对尚欠海峡公司案涉工程款和房屋销售价款支付利息,支付利息的起算点。光明公司尚欠海峡公司案涉工程款和房屋销售价款共计 29141478.24 元,理应支付作为该欠款的法定孳息的利息。对利息支付的起算点,一审以光明公司于 2009 年 12 月 12 日向海峡公司出具《关于解决回购艺凤大厦欠账转移支付的委托》承诺的付款时间 2010 年 8 月前为据,判令利息支付时间起点为 2010 年 8 月 31 日。但经查明,该委托承诺付款的对象并未明确为案涉工程和房屋销售欠款,且双方对案涉项目工程约定为海峡公司垫资修建,未明确光明公司对工程款和房屋销售价款的支付时间,而案涉工程于 2011 年 10 月 28 日即通过竣工验收并交付使用。依照最高人民法院《关于审理建设工程施工合同纠纷案件适用法律问题的解释》第 18 条关于"利息从应付工程价款之日计付。当事人对付款时间没有约定或者约定不明的,下列时间视为应付款时间:(1)建设工程已实际交付的,为交付之日;(2)建设工程没有交付的,为提交竣工结算文件之日;(3)建设工程未交付,工程价款也未结算的,为当事人起诉之日"的规定,案涉工程欠款应于工程实际交付之日即 2011 年 10 月 28 日计付利息。该院二审另查明,光明公司于 2010 年 7 月 15 日取得艺凤大厦《商品房预售许可证》,案涉项目房屋在 2010 年 8

月 4 日已经开始销售。光明公司本应在销售房屋过程中将应由海峡公司分得的房屋销售价款支付给海峡公司，但鉴于案涉房屋销售需要一个持续的期间，酌定光明公司尚欠的房屋销售价款亦于案涉工程实际交付之日即 2011 年 10 月 28 日计付利息。一审判令光明公司对欠款从 2010 年 8 月 31 日起计付利息确有不当，光明公司对此的上诉理由成立，予以支持。

7. 本案鉴定费用应如何承担。对本案纠纷的发生，光明公司和海峡公司均有责任，光明公司应负主要责任，一审判令双方对续建工程造价鉴定费用 700000 元由海峡公司承担 161000 元，光明公司承担 539000 元并无不当。二审另查明，光明公司在一审中因申请对案涉工程原有建筑基础工程造价进行鉴定预缴了鉴定费用 54326.68 元，因按照光明公司和海峡公司合同约定，回购原有艺风大厦项目的资金由光明公司承担，因此，该原有建筑基础工程造价金额与海峡公司无关，海峡公司对该鉴定费用不应分担。该 54326.68 元鉴定费用由光明公司承担。

二审法院判决：（1）变更一审判决第一项为：光明公司于本判决生效之日起 15 日内向海峡公司支付人民币 29141478.24 元，并支付该款自 2011 年 10 月 28 日始计算至本判决确定的本金给付之日止，按照中国人民银行公布的同期同档流动资金贷款利率为标准计算的利息。若未按本判决确定的给付之日给付本金，上述利息计算至本金付清之日止。（2）撤销一审判决第二项、第三项。（3）驳回海峡公司的其他诉讼请求。（4）驳回光明公司的其他反诉请求。

光明公司不服二审判决，向最高级人民法院申请再审。

（三）再审情况

最高人民法院于 2015 年 11 月 17 日作出裁定，驳回光明公司的再审申请。

光明公司不服，向检察机关申请监督。

三、最高人民检察院不支持监督申请的理由

最高人民检察院认为：该案不符合监督条件。理由如下：

二审法院判决光明公司向海峡公司支付未销售的 4000 多平方米房屋的销售款，并无不当。

1. 本案中光明公司与海峡公司分别于 2006 年 8 月 23 日签订《艺风大厦联合开发协议》、2007 年 10 月 16 日签订《艺风大厦联合开发补充协议》、2008 年 12 月 24 日签订《增补协议》，上述 3 份协议均为有效。但 3 份协议关于艺风大厦 5 层以上房屋分配的约定内容有所不同：第一份协议约定 5 层至 16 层共计 12 层所有权归海峡公司；第二份协议约定 5 层至 16 层归海峡公司所有，16 层以上归光明公司所有；第三份协议约定 5 层以上面积 23000 平方米归海峡公司所有。在《增补协议》签订前，即 2008 年 3 月，政府有关部门同意艺风大厦项目由 16 层增加至 26 层。在本案二审审理期间及二审判决后，双方均确认尚有 4000 多平方米房屋未销售，但由于双方仅约定 5 层以上的 23000 平方米住宅房面积归海峡公司所有，并未约定具体楼层位置，导致无法确定尚未销售的 4000 多平方米面积是否包含在海峡公司所有的 23000 平方米之中。二审判决综合考虑本案相关情况，认为剩余房屋应由光明公司继续销售，并由海峡公司按照比例承担营销费用，这有利于涉案纠纷的彻底解决，并无不当。

2. 光明公司向最高人民法院申请再审期间以及向检察机关申请监督期间，提交了双方签字确认的《光明华都法院判决属于海峡 23000 平方米未销售房屋情况（海峡 5—21 楼）》。在这份证据中，显示"海峡公司剩余未售房屋 33 套，总面积为 4133.6 平方米，按照法院判决总价值为 23354840 元，海峡建设可收取房屋价值 22546424.5 元"。经检察机关询问，光明公司称"法院判决后双方达成新的协议，海峡公司同意接收未售房屋，双方同意变更了法院的判决内容。签字的人是双方的主管。对方之所以又同意接收房屋，主要是因为当时房价上涨。协议签了之后房价下跌了，所以现在海峡公司又反悔了"。换言之，双方针对判决结果的履行达成了新的协议，如果海峡公司不履行新的协议，光明公司应就该协议主张权利，而非就本案二审判决申请监督。

四、案件评析

询问当事人是办理裁判结果监督案件过程中最为简便和较为有效的调查措施。检察机关在办理本案过程中就关键证据向光明公司进行询问，从中发现了本案不宜抗诉的理由。本案中，光明公司向最高人民法院申请再审期间以及向检察机关申请监督期间，提交了双方签字确认的《光明华都法院判决属于海峡 23000 平方米未销售房屋情况（海峡 5—21

楼)》。在这份证据中,显示"海峡公司剩余未售房屋33套,总面积为4133.6平方米,按照法院判决总价值为23354840元,海峡建设可收取房屋价值22546424.5元"。经检察机关询问,光明公司称"法院判决后双方达成新的协议,海峡公司同意接收未售房屋,双方同意变更了法院的判决内容。签字的人是双方的主管。对方之所以又同意接收房屋,主要是因为当时房价上涨。协议签了之后房价下跌了,所以现在海峡公司又反悔了"。换言之,双方针对判决结果的履行达成了新的协议,如果海峡公司不履行新的协议,光明公司应就该协议主张权利,而非就本案二审判决申请监督。

案例四十一:佳禾公司申请监督案(高检民监〔2015〕279号)

一、案件来源

佳禾公司因与郑保印种植合同纠纷一案,不服山东省高级人民法院(2014)鲁民提字第333号民事判决,向山东省人民检察院申请监督,该院提请最高人民检察院抗诉。

二、诉讼过程和法院历次审理情况

(一)原审情况

2010年1月,郑保印起诉佳禾公司至安丘市人民法院,请求:判令佳禾公司偿还姜款632194元及利息30231.98元。佳禾公司提起反诉,请求:判令郑保印承担继续履行的违约责任,交付面姜89212.2斤。安丘市人民法院于2011年1月26日作出(2010)安民初字第380号民事判决,判决佳禾公司向郑保印支付大姜款607194.2元。佳禾公司不服,提起上诉。潍坊市中级人民法院审理后作出(2011)潍民终字第824号民事裁定,撤销原判,发回重审。

(二)重审(一审)情况

重审(一审)法院查明:2008年2月28日,佳禾公司(甲方)与郑保印(乙方)签订《输日生姜委托种植合同》,合同内容为:"一、面姜种植要求:无农药残留在生姜入库前,由甲方抽样,化验农残;二、种植品种、面积:面姜、70亩;三、面姜规格要求:150克以上,自然比例;四、生姜质量要求:姜球短、粗、胖,姜块胖大,单个姜球不低于

50 克达到 95% 以上，单块生姜不低于 150 克；生姜收获前由甲方负责抽验；五、产量要求：亩产单产不低于 8000 斤，成品不低于 2.5 吨；六、包装运输、贮藏要求：包装、运输由乙方提供并把货物送到甲方指定工厂进行贮藏，生姜包装、运输、入库费由乙方承担，贮藏费用由甲方承担；在储藏过程中，如因贮藏而出现腐烂等质量现象（在不涝、无冻伤的情况下），由甲方承担；七、单价：RMB4300.00 元/吨成品，规格为 150 克以上；八、付费方式：（1）预付种植费用：由甲方分批次付给乙方，共计壹拾万元整。（2）乙方生姜贮藏在甲方仓库后，即入库完毕后，一月内付生姜总金额的 40%，待生姜园顶不掉皮时开始加工，来年 3 月份前付款一次，5 月底前付清，分三次付清；九、违约责任：如果检测农残不达标或者种植不合格，乙方退回壹拾万元种植费用，并承担甲方种植利息；如果符合农残标准，乙方未经甲方同意，擅自出售给第三方，乙方退回壹拾万元种植费用，并处 2 倍罚金。如果农残达标或种植合格，甲方不能全部收购乙方所种植的生姜，乙方无须退回甲方提供的种植费用壹拾万元，生姜由乙方自行处理；十、本合同一式两份，经双方签字盖章后，自签订之日起生效。双方签字盖章。"合同签订后，佳禾公司依约支付种植费用 10 万元；郑保印依约进行种植并于同年 11 月 2 日至 11 月 4 日向佳禾公司交付生姜 235394 公斤。

另查明，自签订合同之日至今，佳禾公司多次支付郑保印包括种植费用在内的生姜款共计 48.5 万元；2008 年 5 月 20 日佳禾公司支出化验检测费 1940 元。郑保印主张其中的 10.5 万元不是支付本案种植合同约定的生姜款，是佳禾公司支付另外收购郑保印的生姜款；化验费不应由郑保印承担，况且当时郑保印种植的姜还没有生长。重审中，郑保印主张佳禾公司除欠种植合同的生姜款 632194 元外，还收购了郑保印 167726 元（含手续费 7650 元）生姜，佳禾公司支付 8 万元，尚欠 87226 元。为此郑保印重审中变更诉讼请求为：要求佳禾公司支付生姜款 719920 元及利息。佳禾公司对收购生姜欠款的事实无异议，但认为是买卖合同关系，与本案种植合同纠纷是不同性质、不同种类诉讼，不能合并或抵销，应另行主张权利。对于郑保印交付的 235394 公斤生姜是否是合同约定的成品姜，郑保印认为单块姜重量达 150 克就是成品姜，235394 公斤生姜经佳禾公司验收后入库，均为成品姜；佳禾公司认为大姜种植户的原姜经过水洗、挑选、不同程度的加工晾晒之后，商检局检验符合对外销售要求的姜是成品姜。

重审（一审）法院认为：双方之间的种植生姜合同欠款与买卖生姜合同欠款相关联，为查明欠款事实合并审理并无不当。佳禾公司对收购郑保印生姜计款167726元无异议，应予确认。关于郑保印交付的235394公斤生姜是否是合同约定的成品姜问题，双方签订的《输日生姜种植合同》中，对生姜的亩产量、单块重量等做了明确的约定，但未明确说明"成品姜"的概念，导致双方对合同中"成品姜"各执一词，致使双方对成品姜重量及价款结算发生分歧。佳禾公司作为食品加工出口企业，以其完成的出口产品为标准来定义种植合同约定的"成品姜"，让一个种植生姜的农民来完成佳禾公司自身的产品，显然佳禾公司对"成品姜"的认识是错误的，其辩解理由没有事实和法律依据，不予采信。故基于合同的约定和正常的认知及交易习惯，认定"单块不低于150克的生姜"即为"成品姜"，佳禾公司已将郑保印交付的235394公斤生姜入库贮存，应视为全部是验收合格的"成品姜"，佳禾公司应按4300元/吨支付郑保印生姜款。综上，郑保印交付佳禾公司种植合同约定的成品姜235394公斤，每吨4300元，价款为1012194.20元，另佳禾公司收购郑保印的生姜欠款167726元，共计1179920.20元。扣除已支付的生姜款485000元，余款694920.20元佳禾公司应当支付。郑保印起诉追要，理由正当，予以支持。种植合同所欠生姜款佳禾公司应于2009年5月30日前付清，种植合同之外收购生姜所欠款按照交易习惯应即时付清，佳禾公司均逾期付款，对方要求其按照同期银行贷款利率支付逾期利息符合法律规定，予以支持。郑保印交付的"成品姜"重量已超出合同约定应提供的"成品姜"重量，不存在违约行为，对佳禾公司的反诉请求，不予支持。另外合同中对化验费由谁承担并没有约定，因此佳禾公司主张2008年5月20日所支出的化验费应由郑保印承担，不予采信。

重审法院判决：（1）佳禾公司于判决生效后10日内支付郑保印生姜款694920.20元，并自2009年6月1日起按照中国人民银行规定的同期贷款利率支付利息至判决确定的支付之日；（2）驳回佳禾公司要求郑保印交付面姜89212.2斤的反诉请求。

佳禾公司不服重审判决，向潍坊市中级人民法院提出上诉。

（三）二审情况

二审法院查明：除郑保印根据种植合同约定向佳禾公司交付235394

公斤姜外，佳禾公司还从郑保印处收购生姜计款167726元。二审审理过程中，佳禾公司提供了6张银行存款回单，付款日期为2008年10月1日至2008年10月9日，数额共计85011元，郑保印对上述付款予以认可。结合原审认定佳禾公司已付款485000元的事实，佳禾公司共计向郑保印付款570011元。本案中，郑保印主张其于2008年11月2日至11月4日交付佳禾公司的姜（235394公斤）即为种植合同约定的"成品姜"，应按4300元/吨计算价款；除种植合同外，佳禾公司还从郑保印处收购了部分姜，该部分姜系郑保印于2008年9月30日至2008年10月10日从刘中洪、张华成等姜农手中以1.28元/斤~1.55元/斤（即每公斤2.56~3.10元，有过磅单及收姜明细表为证）收购后再出售给佳禾公司，郑保印主张上述姜在出售给佳禾公司时，每公斤再加上0.13元。对于上述姜存在的价格差异，郑保印作了如下解释：(1) 从姜农手中收购的姜实际是2007年种植的姜，这些姜在姜农的姜窖中储存，在2008年才出售；(2) 从姜农手中收购的姜的品种与种植合同上姜的品种不一样，从姜农手中收购的是社会姜，个体比较瘦小，是通货，大小都有。按种植合同交付的姜是面姜，所交付的姜都在150克以上，不符合条件的在地里装车时已经筛选出来；(3) 按种植合同交付的姜经过行政部门检验合格，无农药残留；(4) 农产品价格波动较大，时间差别一个月就没有可比性。

另查明，种植合同第三条对面姜规格要求作了约定，即150克以上，自然比例；第四条对生姜质量要求作了约定，即单块生姜不低于150克；第七条对单价作了约定，即4300元/吨成品，规格为150克以上；合同第七条中提到了"成品"这一概念，合同对该"成品"姜的规格要求与第三条关于"面姜"的规格要求、第四条关于"生姜"的质量要求一致。种植合同第八条第二款对付款方式作了约定，约定入库完毕一月内付"生姜"总金额的40%，2009年3月付第二笔，2009年5月底付第三笔；根据佳禾公司提供的加工明细表，其主张的"成品姜"最早的一批在2009年5月16日至5月20日，最晚的一批在2009年8月6日至8月11日，该加工明细表上没有郑保印的签字。佳禾公司主张涉案"成品姜"为109362公斤（包括保鲜姜、风干姜、淋水姜），并将该数量以邮件方式发至郑保印邮箱，郑保印对佳禾公司的主张不予认可。还查明，目前相关资料仅对生姜的概念作了较为明确的解释，即生姜为姜属植物的块根茎，对面姜、成品姜并没有明确的解释。二审审理查明的其他事实与原审一致。

二审法院认为：双方当事人签订的种植合同系双方真实意思表示，合法有效，双方均应按合同约定履行各自的义务。本案焦点问题有四个：一是应按照4300元/吨计算的姜的数量应如何认定；二是本案能否对郑保印基于种植合同及买卖合同所主张的欠款一并审理；三是佳禾公司的反诉主张有无事实依据，能否得到支持；四是关于佳禾公司的付款数额及欠款数额的认定。

关于第一个焦点问题，在种植合同中，涉及的与姜有关的名词包括"生姜""面姜""成品"等，佳禾公司主张郑保印于2008年11月2日至11月4日交付的235394公斤姜并非"成品姜"，本案按4300元/吨计算的"成品姜"数量应为109362公斤；郑保印则主张其交付的235394公斤姜即种植合同约定的"成品"，应按4300元/吨计算。综合分析双方的主张，对按4300元/吨计算的姜的数量认定即为本案关键之处。目前相关资料仅对生姜的概念作了较为明确的解释，即生姜为姜属植物的块根茎，对面姜、成品姜等并没有明确的解释，双方对种植合同中的上述概念认识上存在较大差别。根据《合同法》第61条"合同生效后，当事人就质量、价款或者报酬、履行地点等内容没有约定或者约定不明确的，可以协议补充；不能达成补充协议的，按照合同有关条款或者交易习惯确定"及第125条"当事人对合同条款的理解有争议的，应当按照合同所使用的词句、合同的有关条款、合同的目的、交易习惯以及诚实信用原则，确定该条款的真实意思"之规定，对上述争议问题应按照订立种植合同的目的、合同各条款之间的关联性、交易习惯、诚实信用及其权利义务一致等原则予以确定。对此分析如下：（1）从合同各条款之间的关联性分析，涉案种植合同第三条对面姜规格作出的约定、第四条对生姜质量作出的约定，与第七条对"成品"规格作出的约定一致，在一定程度上说明合同载明的"面姜""生姜"与"成品"三者具有相似性。佳禾公司主张"成品姜"应为其加工后的保鲜姜，风干姜、淋水姜的，考虑到上述姜的不同加工工艺、储存条件等因素，其在规格上难以事先统一确定为"150克以上"。（2）从合同条款的内涵理解，涉案种植合同第八条第二款对付款方式作了约定，即入库完毕一月内付"生姜"总金额的40%，2009年3月付第二笔，2009年5月底付第三笔，作出上述约定的前提是涉案"生姜"在交付入库前或入库后一个月内即能够确定应付的"总金额",而"总金额"的确定即涉及到所交付姜的数量及单价,只有在上述时间段内能够确定姜的数量及单价,进而确定"总金额",合同第八条第二款的约定才有存在的意义。根据查明的事实,在上述时间段内,双方能够共同确认的姜的数量为郑保印于2008年11月2日至11月4日交付的235394公斤"生姜",已经客观存在的单价即合同约定的"4300元/吨成品"。佳禾公司主张"成品姜"应为其加工后的保鲜姜、风干姜、淋水姜等共计109362公斤,上述数量并未得到郑保印的确认,且根据佳禾公司提供的加工明细表,上述三种姜能够确定数量的时间最早为2009年5月16日至5月20日,最晚为2009年8月6日至8月11日。如果佳禾公司关于"成品姜"概念的主张成立,那么在合同第八条第二款约定的付款条件成就时根本无法计算出所谓的"总金额",故佳禾公司的该主张与合同条款的内涵存在相悖之处。(3)从权利义务相一致原则理解,佳禾公司依据种植合同所享有的权利为在约定的期限内取得符合规格要求的姜,反之即为郑保印应承担的义务;佳禾公司应承担的义务为按合同约定支付姜款,反之即为郑保印所享有的权利。本案中,郑保印于2008年11月2日至11月4日将姜交付佳禾公司,佳禾公司予以接收并入库贮藏,郑保印按合同约定履行了应承担的义务,根据权利义务相一致原则,此时其享有的权利最低限度应处于确定状态,即此时其能够根据合同计算出应得的价款。如果佳禾公司关于"成品姜"概念的主张成立,那么此时郑保印的权利仍处于不能确定的状态,因为郑保印并不参与交付姜以后的贮藏、加工等环节,其不能决定权利何时能确定及确定到何种程度,这显然与权利义务相一致原则违背。(4)从风险负担角度考虑,本案双方当事人于2008年2月28日即签订种植合同,合同标的物的交付日期为2008年11月2日至11月4日,中间相隔8个多月的时间,考虑到农产品价格波动等因素,双方在签订合同时对各自所承担的风险应当预知,即交付姜时的价格可能低于或者高于合同约定的4300元/吨。换言之,在交付合同标的物时,双方按合同事先约定的价格进行结算符合风险负担原则,亦是公平合理的。此时,若再以交付标的物时的市场价格作为结算的参考依据,则既缺乏合同依据,又使得合同关于价款的约定形同虚设。(5)佳禾公司主张"成品姜"应为其加工后的保鲜姜、风干姜、淋水姜等共计109362公斤,依据为其提供的加工明细表,但该明细表上没有郑保印的签字,郑保印对明细表的真实性及证明力均有异议,在郑保印对涉案姜入库后的储藏、加工等过程均未参与并签字认可,且佳禾公司没有其他证据相佐证的情况下,加工明细表并不足以证明佳禾公司的该项主张。基于上述分析,本案认定郑保印关于所交付的235394公斤姜即为合同约定的"成品",应按4300元/吨计算总价款的主张成立。佳禾公司关于本案按4300元/吨计算的"成品姜"数量应为109362公斤的主张不能成立,不予支持。

关于第二个焦点问题。本案中,郑保印要求佳禾公司支付的姜款包括两部分,一部分是种植合同载明的姜款,另一部分是种植合同以外佳禾公司从郑保印处收购姜应支付的姜款。郑保印的诉讼请求涉及种植合同及买卖合同两个合同关系,虽然上述两个合同均可以作为独立之诉加以审理,但考虑到两个合同关系都是基于郑保印向佳禾公司提供姜这一法律事实而产生,诉讼主体与诉讼标的一致,均属民事案件且均由同一法院管辖等特征,结合佳禾公司亦针对郑保印基于买卖合同的主张提出了抗辩理由及反驳证据,并要求将其支付的部分款项在本案中予以扣减的事实,本案郑保印将基于不同合同关系的两项诉讼请求一并主张属于诉的标的合并,实为普通共同诉讼。原审将郑保印的两项诉讼请求合并审理并不违反《民事诉讼法》的禁止性规定,且有利于查明案件事实,减少当事人诉累,提高审判效率,应予支持。佳禾公司关于郑保印的主张系两个不同性质的法律关系,不应合并审理的主张不能成立,不予支持。

关于第三个焦点问题。根据上述查明的事实,郑保印于2008年11月2日至11月4日向佳禾公司交付生姜235394公斤(成品),符合种植合同关于"成品不低于2.5吨/亩"的约定,佳禾公司接收了郑保印交付的姜并入库贮藏,郑保印已经按照种植合同约定履行了义务,并不存在违约行为,佳禾公司要求郑保印继续履行合同的主张缺乏事实依据,不予支持。原审驳回佳禾公司的反诉请求并无不当,应予支持。

关于第四个焦点问题,佳禾公司于2008年10月2日的付款3万元,于2008年10月16日的付款5万元,原审已予以认定,即上述款项包含在原审认定的485000元付款数额之中。佳禾公司关于上述款项原审未予认定的主张不能成立,不予支持。二审审理过程中,佳禾公司提供了6张银行存款回单,证明其在2008年10月1日至9日向郑保印付款85011

元的事实，郑保印对上述付款予以认可，法院对上述付款数额予以确认。故佳禾公司共向郑保印付款 570011 元（485000 元 + 85011 元），尚欠 609909.2 元（235.39 吨 × 4300 元/吨 + 167726 元 − 570011 元）。佳禾公司未按合同约定的期限付款，应承担逾期付款利息，计算标准为 609909.2 元为基数，按中国人民银行同期贷款利率自 2009 年 6 月 1 日起计算至本判决确定的给付之日。综上，原审判决适用法律正确，程序合法，但对付款数额及欠款数额认定并不正确，予以纠正。

二审法院判决：（1）维持重审（一审）判决第二项；（2）变更重审（一审）判决第一项为：佳禾公司支付郑保印姜款 609909.2 元及利息（以 609909.2 元为基数，按中国人民银行同期贷款利率自 2009 年 6 月 1 日起计算至本判决确定的给付之日），于判决生效之日起 10 日内付清。

佳禾公司不服二审判决，向山东省高级人民法院申请再审。

（四）再审情况

再审法院查明：再审庭审中，佳禾公司提交《委托加工函》并申请 3 名证人出庭诉讼，欲证实郑保印入库的是不符合合同约定的原料生姜，而非成品姜。该院再审查明的其他事实与原审查明的事实一致。

再审法院认为：1. 关于郑保印交付的 235394 公斤姜是否是符合合同约定的成品姜问题。双方当事人签订的《输日生姜委托种植合同》系双方真实意思表示，合法有效，双方均应按合同约定履行各自的义务。双方当事人签订的《输日生姜委托种植合同》中，对生姜的种植品种、面积、面姜规格要求、单块重量及成品单价作出了明确约定，但对何为"成品"姜未作明确约定。双方当事人对何为"成品"姜产生分歧，现无相关资料对成品姜作出明确的解释。该院认为，本案是委托方佳禾公司与被委托方郑保印签订的《输日生姜委托种植合同》，根据合同的名称和内容，郑保印是种植户，是基于佳禾公司的委托为佳禾公司种植输日生姜，佳禾公司作为委托方，应对其委托事项作出明确约定，如没有明确约定，则不能以其标准要求被委托方郑保印提供符合其要求的产品。再结合涉案合同的约定看，涉案种植合同第三条对面姜规格、第四条对生姜质量作出的约定，与第七条对"成品"规格作出的约定一致，即为 150 克以上自然比例的姜，可以视为涉案合同约定的成品为 150 克以上的姜。佳禾公司主张成品姜应为加工后的保鲜姜、淋水姜、风干姜，但其作为种植合同的委托方并未对此作出明确要求和约定。佳禾公司再审中提交《委托加工生姜函》证明其主张，但该证据系复印件，且郑保印对此不予认可，对该函的真实性佳禾公司亦无其他证据相佐证，故对此证据不予采信。再审庭审中佳禾公司申请了3名证人出庭作证以支持其主张，该院认为，该3名证人为佳禾公司收购姜，与佳禾公司系委托收购关系，而郑保印与佳禾公司系委托种植关系，故3名证人的证言与本案没有关联性，对其证言不予采纳。佳禾公司主张郑保印并不是交付生姜而是将生姜交于佳禾公司储存、合同约定的结算是按照加工后成品姜结算，但佳禾公司并未提供充分证据证实郑保印交付姜的行为系储存行为，亦无证据证实佳禾公司挑选加工后剩余姜的处理问题，故对此主张亦不予支持。综上，佳禾公司辩解理由没有事实和法律依据，不予采信。原审认定郑保印按照合同约定交付给佳禾公司235394公斤姜已履行了合同约定义务并无不当。

2. 关于种植合同和买卖合同是否一并审理的问题。该院认为，双方当事人之间的种植生姜合同欠款与买卖合同欠款相关联，两个合同关系诉讼主体与诉讼标的相一致，且属于同一法院管辖，原审为查明欠款事实、减少当事人诉累合并审理不违反《民事诉讼法》的禁止性规定，合并审理并无不当。综上所述，佳禾公司的再审申请理由不成立。原审判决认定事实清楚，适用法律正确，依法应予维持。

再审法院判决：维持二审判决。

佳禾公司不服再审判决，向检察机关申请监督。

三、最高人民检察院提出抗诉的理由

最高人民检察院认为：再审判决认定的"150克以上自然比例的姜，可以视为涉案合同约定的成品为150克以上的姜"属于认定案件基本事实缺乏证据证明，且有新的证据足以推翻这一认定。理由如下：

1. 本案争议的焦点问题是郑保印向佳禾公司交付的235394公斤姜是否属于《输日生姜委托种植合同》约定的成品姜。在涉案合同对何为成品姜未作明确约定且双方不能就此达成补充协议的情况下，应当根据《合同法》第61条相关规定，按照合同有关条款或者交易习惯来确定。

第一，从合同有关条款来看，涉案《输日生姜委托种植合同》对于单价约定"单价：RMB4300元/吨成品，规格为150克以上"，即从字面意思来看，上述4300元首先应理解为每吨成品的单价。同时，涉案合同

对于产量约定"亩产单产不低于 8000 斤，成品不低于 2.5 吨（5000斤）"，说明涉案合同对生姜原料与生姜成品明确予以区分。换言之，涉案合同约定的生姜出成率为不低于 62.5%（5000 斤÷8000 斤）。另外，涉案合同约定生姜入库后，"待生姜园顶不掉皮时开始加工"，说明入库的生姜原料需加工后才能成为生姜成品。据此，把郑保印交付的 235394 公斤姜认定为生姜原料，更符合涉案合同本意。同时，参照潍坊市生姜行业协会出具的说明，在山东地区生姜行业内，对农户种植的生姜，或者农户与生姜加工出口企业签订合同种植的生姜，在生姜收获时经过简单挑级、整理、用纸箱或者塑料袋包装，在送入工厂仓库时统称为生姜原料，或者简称生姜、大姜、面姜（当生姜品种为面姜时）。只有经过工厂用水清洗、去根去芽去杂质、挑选、整形、包装检验等加工过程后才能成为成品。综上，再审判决认为"涉案种植合同第三条对面姜规格、第四条对生姜质量作出的约定，与第七条对'成品'规格作出的约定一致，即为 150 克以上自然比例的姜"，便直接得出"可以视为涉案合同约定的成品为 150 克以上的姜"的结论，缺乏事实依据。

第二，从交易习惯来看，潍坊市生姜行业协会对潍坊地区生姜加工出口行业中"包洗成品"的交易习惯作出以下说明：企业委托农户种植的，或者中间商收购的未经清洗的生姜，也就是俗称的泥姜，价格不以泥姜确定，而是事先约定好成品的规格和价格，待泥姜（原料）入库后在一定时间内加工。经过水洗、去根去芽去杂质、挑选、整形、包装检验等程序加工成为符合客户要求的成品后，按照加工后的成品数量和约定的成品价格进行结算；选择此种操作模式的原因是：因为泥姜入库时不易辨别潜在的质量问题，如冈姜、烂姜、上水姜、癞皮姜等，也不容易判断泥土、根芽等杂质的比例；"包洗成品"按照加工后的成品结算，不论是对于交付生姜质量上乘的姜农，还是企业工厂都有好处；此种方式宜适于交易双方互相信任的情况，在加工过程中农户或中间商可以随时查看加工过程。参照上述说明，再审判决将郑保印向佳禾公司交付的235394 公斤姜认定为符合合同约定的成品姜并据以计算价款，亦不符合当地生姜委托种植和加工出口的交易习惯。

2. 根据涉案《输日生姜委托种植合同》"4300.00 元/吨成品"计算，输日成品生姜为 2.15 元/市斤。潍坊出入境检验检疫局于 2016 年 4月 11 日出具的《2007－2010 年度潍坊辖区输日保鲜姜价格情况及潍坊佳禾食品有限公司输日保鲜姜情况》载明，通过检验检疫综合业务管理系统统计查得，2007～2010年度潍坊辖区输日保鲜姜平均价格分别是2007年度为764美元/吨、2008年度为1183美元/吨、2009年度为884美元/吨、2010年度为1342美元/吨。根据当年汇率换算（平均汇率为6.9451），2008年输日成品生姜大约在4元/市斤，如果扣除必要的成本和运费（交易方式为C&F）及考虑企业适当的利润率，涉案合同约定2.15元/市斤成品（而非生姜原料），大致可与潍坊出入境检验检疫局出具的情况说明相印证。同时，根据潍坊出入境检验检疫局出具的情况说明，2007年输日成品生姜大约在2.65元/市斤，据此，再审判决把涉案合同约定的2.15元/市斤理解为生姜原料价格，亦不符合一般的商业做法。

四、案件评析

本案中，再审判决认定"150克以上自然比例的姜，可以视为涉案合同约定的成品为150克以上的姜"，这一认定是否正确对于决定本案是否应当抗诉至关重要。检察机关在办理本案的过程中，根据办案的实际需要，先后就生姜交易习惯咨询了相关行业协会的意见，并就生姜交易价格从潍坊出入境检验检疫局调取了相关证据。

第一，从交易习惯来看，潍坊市生姜行业协会对潍坊地区生姜加工出口行业中"包洗成品"的交易习惯作出以下说明：企业委托农户种植的，或者中间商收购的未经清洗的生姜，也就是俗称的泥姜，价格不以泥姜确定，而是事先约定好成品的规格和价格，待泥姜（原料）入库后在一定时间内加工。经过水洗、去根去芽去杂质、挑选、整形、包装检验等程序加工成为符合客户要求的成品后，按照加工后的成品数量和约定的成品价格进行结算；选择此种操作模式的原因是：因为泥姜入库时不易辨别潜在的质量问题，如冈姜、烂姜、上水姜、癞皮姜等，也不容易判断泥土、根芽等杂质的比例；"包洗成品"按照加工后的成品结算，不论是对于交付生姜质量上乘的姜农，还是企业工厂都有好处；此种方式宜适于交易双方互相信任的情况，在加工过程中农户或中间商可以随时查看加工过程。参照上述说明，再审判决将郑保印向佳禾公司交付的235394公斤姜认定为符合合同约定的成品姜并据以计算价款，并不符合当地生姜委托种植和加工出口的交易习惯。

第二，潍坊出入境检验检疫局于 2016 年 4 月 11 日出具的《2007 - 2010 年度潍坊辖区输日保鲜姜价格情况及潍坊佳禾食品有限公司输日保鲜姜情况》载明，通过检验检疫综合业务管理系统统计查得，2007 ~ 2010 年度潍坊辖区输日保鲜姜平均价格分别是 2007 年度为 764 美元/吨、2008 年度为 1183 美元/吨、2009 年度为 884 美元/吨、2010 年度为 1342 美元/吨。根据当年汇率换算（平均汇率为 6.9451），2008 年输日成品生姜大约在 4 元/市斤，如果扣除必要的成本和运费（交易方式为 C&F）及考虑企业适当的利润率，涉案合同约定 2.15 元/市斤成品（而非生姜原料），大致可与潍坊出入境检验检疫局出具的情况说明相印证。同时，根据潍坊出入境检验检疫局出具的情况说明，2007 年输日成品生姜大约在 2.65 元/市斤，据此，再审判决把涉案合同约定的 2.15 元/市斤理解为生姜原料价格，并不符合一般的商业做法。

三、检察机关进行调查核实必须严格遵守调查核实程序

《民事诉讼监督规则》第 71 条规定："人民检察院调查核实，应当由两人以上共同进行。调查笔录经被调查人校阅后，由调查人、被调查人签名或盖章。被调查人拒绝签名盖章的，应当记明情况。"正确规范行使调查核实权，对于维护被调查人的合法权益，确保民事裁判结果监督的正确性具有重要意义。检察机关在进行调查核实时必须严格遵守《民事诉讼监督规则》第 71 条的相关规定，严格规范调查核实行为。

四、检察机关调查核实结果的运用应当区分不同情形

一是作为新证据使用。例如，在前述案例四十三中，潍坊市生姜行业协会对潍坊地区生姜加工出口行业中"包洗成品"交易习惯作出的《说明》、潍坊出入境检验检疫局出具的《2007 - 2010 年度潍坊辖区输日保鲜姜价格情况及潍坊佳禾食品有限公司输日保鲜姜情况》，证据内容相对完整，证明效力相对较高，能够作为足以推翻原判决的新证据来使用。二是作为抗诉与否的理由在文书中写明。例如，在前述案例四十二中，光明公司在检察机关询问时所述的内容，实际上等同于承认双方针对判决结果的履行达成了新的协议，据此可以作为不支持监督申请的理由予以引用。

五、在虚假诉讼监督中应当高度重视调查核实权的运用

要增强调查核实意识，积极运用调查核实措施，通过缜密的调查取证来查明案件基本事实。在虚假诉讼的多发领域，要明确调查核实的重点内容。例如，对于民间借贷纠纷，应当着重调查借款的支付方式、债权人和债务人的经济状况以及执行款流转情况；对于离婚析产纠纷，应当着重调查是否通过诉讼转移夫妻共同财产、逃避夫妻共同债务或者增加夫妻一方的义务；对于房地产权属纠纷，应当着重调查涉案房地产是否存在法律、行政法规或国家政策禁止、限制转让的情形，是否存在当事人规避法律以房抵债的情形；对于以国有企业、集体企业为被告的财产纠纷，应当着重调查是否存在虚构法律关系侵吞国家、集体资产的情形；等等。

第四章 民事裁判结果监督提质增效的路径分析

民事裁判结果监督是民行检察工作的传统业务，相较于公益诉讼等新的业务增长点，其目前发展正处于上升期。案件质量是民行检察工作的生命线。在监督实践中如何突破瓶颈，提升监督质效、树立监督权威，笔者认为可以遵循以下路径。

第一节 统一监督标准，规范监督程序

一、统一并明确民事裁判结果监督标准

为何省级院提请最高人民检察院抗诉的民事裁判结果监督案件的支持率仍有较大上升空间？如果排除提抗质量的因素，首要原因应是上下级检察机关对监督标准的把握不一致。为解决这一问题，本书第一章至第三章从实证分析的角度重点阐述了如何统一和明确民事裁判结果监督标准的问题，此处不再赘述。

二、规范并严格遵守民事裁判结果监督程序

规范合理的监督程序，是提升案件质效的有力保障。在办理民事裁判结果监督案件的过程中，要树立程序意识，从立案、分案、审查、讨论、报批、提请或提出抗诉、出庭等各个环节不断规范办案程序。此处重点介绍《民事行政检察厅贯彻落实司法责任制改革实施细则（试行）》中关于办案程序的规定，可供下级检察机关借鉴。该文件对办案程序作出以下规定：

第八条 民事行政检察厅办理案件根据案件具体情况分别采用普通程序和简易程序，实行繁简分流。适用简易程序办理的案件，可以不调卷、不通知对方当事人，但应当经过检察官办案组集体讨论。

第九条 以下案件由检察官办案组按照普通程序办理：（一）经审查后拟对人民法院生效民事、行政判决、裁定、调解书提出抗诉案件；（二）经审查后拟对人民法院民事、行政审判程序中审判人员违法行为提出检察建议案件；（三）经审查后拟对人民法院民事、行政执行活动提出检察建议案件；（四）最高人民检察院直接办理的民事、行政公益诉讼案件；（五）其他重大、疑难、复杂案件以及院领导、厅领导指定检察官办案组承办的民事行政检察案件。

本条第一款规定外的其他民事行政检察案件由检察官办案组按照简易程序办理。

第十条 按照普通程序办理民事行政检察案件，由检察官办案组承办，经办案组集体讨论，必要时经检察官联席会议或者主任检察官联席会议研究，由分管副厅长、厅长审核后，报分管副检察长或者检察委员会决定。

按照简易程序办理民事行政检察案件，由检察官办案组承办，经办案组集体讨论，由主任检察官提出处理意见并报分管副厅长审核，分管副厅长同意主任检察官意见的，可直接报请分管副检察长审批；分管副厅长不同意主任检察官意见的，应报请厅长审核，厅长审核后报请分管副检察长决定。

检察官办案组承办案件的集体讨论，采用两个办案组共同讨论的形式。需讨论案件的类型如与其他办案组专业方向吻合的，应当请该专业方向办案组成员参加案件讨论；需讨论案件的类型是各办案组专业方向之外的，参加讨论的办案组轮值产生。

第十一条 对于由检察官办案组承办的案件，主任检察官可以指定组内一名检察官审查案件，并组织办案组集体讨论。集体讨论意见一致时，按照集体意见提出处理意见；集体讨论意见不一致时，列明不同意见，并按照主任检察官的处理意见起草相关法律文书上报厅领导审核。

厅长审核案件时，可以要求检察官办案组对案件进行复核或者补充相关材料，并就自己的意见与检察官沟通，但不得直接改变主任检察官意见或者要求主任检察官改变意见。厅长不同意主任检察官处理意见的，应当将自己的审核意见连同主任检察官的处理意见一并报请分管副检察长决定。厅长召集检察官联席会议或者主任检察官联席会议讨论的，讨论情况和意见应当一并报送分管副检察长审批。

分管副检察长不同意主任检察官处理意见并退回检察官办案组复核的，检察官办案组复核后应报请厅长召开检察官联席会议或者主任检察官联席会议再次讨论后报送分管副检察长审批。再次讨论时，主要针对复核情况发表意见。

检察官联席会议和主任检察官联席会议讨论重大、疑难、复杂案件,为案件办理提供参考。

第十二条 对于下列重大、疑难、复杂案件,可以指定检察官办案组办理,也可以根据需要临时组成专案组办理:(一)在全国范围内具有较大社会影响的案件或者媒体高度关注的敏感案件;(二)跨行政区划的公益诉讼案件;(三)涉及人数众多,存在群体访、缠访、闹访可能,或者具有明显安全隐患的案件;(四)涉及历史遗留问题、政策性等敏感问题或者对社会稳定有较大影响的案件;(五)具有较大社会影响的涉外或者涉港、澳、台案件;(六)涉及民事、行政、刑事法律关系交叉或者需要与相关职能部门衔接配合的疑难复杂案件;(七)涉及统一同类案件监督裁量标准的指导性案件;(八)其他重大、疑难、复杂案件。

第十三条 民事行政检察厅未入额的检察员、助理检察员不得单独承办案件,但可作为检察官助理协助检察官履行以下职责:(一)审查案件材料;(二)询问当事人、证人以及其他诉讼参与人、案外人;(三)接待代理律师及案件相关人员;(四)调查、收集、核实证据;(五)草拟案件审查终结报告,草拟法律文书;(六)出席法庭;(七)进行释法说理;(八)完成检察官交办的其他办案事项。

第二节 强化跟进监督,增强监督刚性

《民事诉讼监督规则》第 117 条规定:"有下列情形之一的,人民检察院应当按照有关规定跟进监督或者提请上级人民检察院监督:(一)人民法院审理民事抗诉案件作出的判决、裁定、调解书仍符合抗诉条件的;(二)人民法院对人民检察院提出的检察建议未在规定的期限内作出处理并书面回复的;(三)人民法院对检察建议的处理结果错误的。"在监督实践中,需要跟进监督的情形主要包括两种:一是检察机关提出抗诉后法院拒不改判或改判不到位;二是检察机关提出再审检察建议后法院拒不采纳。作为重要的后续监督手段,跟进监督本应发挥其应有的监督作用。但在监督实践中,跟进监督案件数量较少,跟进监督制度运行效果并不理想。为此,检察机关必须用足用好后续监督手段,鼓励跟进监督、敢于跟进监督,不断增强民事检察监督的刚性。如在前述案例十七中,刘光军起诉华侨公司承包经营管理合同纠纷一案,历经一审、二审、再审,最高人民检察院向最高人民法

院提出抗诉、最高人民法院发回重审、重审一审、重审二审、最高人民法院裁驳等程序后，省检察院依职权对终审判决进行审查后认为该案仍符合抗诉条件，故再次提请最高人民检察院抗诉，最高人民检察院再次向最高人民法院提出抗诉，收到了良好的监督效果。

案例四十二：联通公司红兴隆分公司案（高检民监〔2015〕281号）

一、案件来源

联通公司红兴隆分公司与科技学院、建业公司、三利仁平安分公司土地使用权转让合同纠纷一案，黑龙江省高级人民法院于2013年12月17日作出（2013）黑监民再字第95号民事判决，黑龙江省人民检察院依职权进行审查后，提请最高人民检察院抗诉。

二、诉讼过程和法院历次审理情况

2009年10月，科技学院起诉联通公司红兴隆分公司、建业公司、三利仁平安分公司至黑龙江省红兴隆农垦法院，请求：判令将建成的商混住宅楼中心线以南房屋归科技学院所有。

（一）一审情况

一审法院查明：联通公司红兴隆分公司于2001年7月13日成立。2006年6月10日，科技学院（甲方）与联通公司红兴隆分公司（乙方）签订《联合建设合同书》（第一份合同），双方约定：甲乙双方经协商一致就共同投资联合建设科技学院商混住宅楼事宜，达成如下协议：第一条工程概况。(1) 项目名称：黑龙江农垦农业技术商混住宅楼。(2) 建设位置：农垦红兴隆分局局直工商北路东侧，科技学院大学生公寓南侧。(3) 工程规模：楼层六层，建筑面积5790平方米，占地面积1304平方米。(4) 工程性质：一、二层为商服房，三至六层为住宅。(5) 预定开竣工日期：2007年6月30日至2008年5月1日。第二条投资额与投资形式。甲方以1304平方米土地使用权作为该建设项目投资，其余不再投入其他资金，不承担建设项目的债务任务。该项目的其余资金（包括商混住宅楼主体工程和配套工程）全部由乙方承担。工程勘察设计费用由乙方承担。第三条乙方负责工程项目建设中的资金筹措与支付。第四条甲乙双方对本合同所列建设项目各自享有二分之一所有权。具体为：以商混住宅楼南北中心线为准，中心线以南一至六层归甲方所有，中心线以北一至六层归乙方所有。第五条甲方享有房屋面积为2895平方米，其中乙方补偿甲方的面积为2130平方米，乙方以每平方米700元的价格出售给甲方的为765平方米，甲方向乙方缴纳售房款的期限为将房屋全部售完以后。第六条甲方同意乙方以甲方的名义办理相关建设审批手续，甲方提供相关文件资料予以协助（不能为其他用途）。手续费用由乙方承担。第七条乙方负责商混住宅楼开工之前的拆迁和补偿工作，费用由乙方全部承担。乙方保证于2007年6月30日以前完成全部拆迁工作。第八条商混住宅楼的施工单位依法按照招投标程序进行选择，并经甲乙双方共同参与考核同意后方可签订建设工程承包合同。第九条乙方全面负责工程实施过程中的监督、检查、指导和协调工作，甲方予以配合。乙方向甲方承担工程质量责任。第十条甲乙双方共同参与商混住宅楼的验收。甲方售完所有房屋时，按每平方米700元的合同约定价款支付乙方的房屋建设成本。第十一条乙方将甲方应当享有的房屋全部移交给甲方并验收合格后，甲方向乙方提供乙方应享有房屋的土地使用权证。第十二条甲乙双方对依照合同约定所享有的房屋，具有占有、使用、收益和处分的权利。甲乙双方出售各自享有的房屋时，各自负责为购买方办理土地使用证和房产证，所发生的费用依照相关规定执行。本合同自双方签订之日起生效。本合同一式四份，甲乙双方各执两份，具有同等效力。

2006年10月17日，科技学院（甲方）与联通公司红兴隆分公司（乙方）签订《建设协议书》（第二份合同），双方约定：（1）工程概况。①项目名称：中国联通红兴隆分公司建设办公住宅楼。②工程规模：占地面积1304平方米，楼层六层，建筑总面积7600平方米。③工程位置：学院大学生公寓以南，工商北路以东。④工程性质：办公住宅楼。（2）双方协议内容。①甲方同意乙方全额投资建设办公住宅楼。②甲方同意乙方办理各项建设手续。③甲方有义务协助乙方办理建设前期手续。④双方商定办公住宅楼竣工后房屋及土地所有权以楼中心线为准，中心线以南为学院所有，作为乙方对甲方转让土地使用权的补偿，其中，乙方无偿转让办公住宅楼2600平方米给甲方，乙方按700元每平方米有偿转让办公住宅楼1260平方米给甲方；中心线以北为联通公司所有。⑤乙方负责办公住宅楼建设前期的拆迁和补偿工作，费用由乙方全部承担。⑥乙方承担办公住宅楼的配套工程及全部费用。⑦办公住宅楼建设施工队伍严格按照标准程序执行。⑧办公住宅楼验收，需在双方人员共同参与下按规定要求执行。⑨乙方无偿和优惠转让给甲方的房屋，质量问题原则上由施工单位负责，乙方也按施工建筑要求承担连带责任。⑩土地证和房产证由乙方依法办理，在甲方付清给乙方的无偿和有偿房款后，乙方将土地证和房产证交给甲方。

上述协议签订后，联通公司红兴隆分公司于2006年10月19日向黑龙江农垦总局红兴隆分局计划委员会呈报《关于中国联通红兴隆分公司建设办公住宅楼的请示》，当日，黑龙江省农垦总局红兴隆分局计划委员会作出红垦局计复（2006）46号《关于中国联通红兴隆分公司建设办公住宅楼项目的批复》，"同意你公司2006年新建办公住宅楼一幢，建筑面积7500平方米，建设地点为红兴隆工商北路农垦职业技术学院学生公寓南侧，请据此批复抓紧办理项目建设有关手续及初步设计"。2007年5月28日，黑龙江农垦总局环境保护局红兴隆分局向联通公司红兴隆分公司出具《建设项目环境影响报告表》。2007年5月29日，黑龙江省农垦总局红兴隆分局城镇建设规划局向联通公司红兴隆分公司颁发编号2007－027《建设用地规划许可证》和《建设项目选址意见书》。

2007年6月1日，科技学院（甲方）与联通公司红兴隆分公司（乙方）签订《协议书》（第三份合同），双方约定：（1）工程概况。①项目名称：中国联通红兴隆分公司建设办公楼。②工程规模：楼层六层，建筑面积：根据拆迁2楼情况而定，如拆迁成功预计6000平方米，如拆迁不成功预计3000平方米。③工程位置：科技学院大学生公寓以南，工商北路以东。（2）双方协议内容。①甲方同意乙方全额出资建设办公住宅楼。②甲方同意乙方办理建设手续，开工前期的各项费用由甲乙双方协商承担。③甲方有义务协助乙方办理建设前期手续。如因甲方不协助乙方办理各项手续影响开工日期甲方应给予相应的补偿。④甲方同意乙方建设使用土地面积范围为学院大学生公寓往南78米，工商北路往东25.87米，在此范围内允许施工建设。双方商定办公住宅楼竣工后，根据拆迁实际情况具体商定补偿多少（补偿协议另签）。⑤乙方负责办公住宅楼建设前期的拆迁和补偿工作，费用由乙方全部承担。⑥乙方承担住宅楼的配套工程及全部费用。⑦办公住宅楼建设施工队伍严格按照标准程序执行。⑧办公住宅楼验收，需在双方人员共同参与下按规定要求执行。⑨乙方无偿和优惠转让给甲方的房屋，质量问题原则上由施工单位负责，乙方也按施工建筑要求承担连带责任。⑩土地证和房产证由乙方依法办理。⑪本协议签订后请乙方立即开工建设。

2007年6月4日，黑龙江省红兴隆农垦公安局消防科向垦区公安局消防处呈报黑垦公消第013号《关于中国联通红兴隆分局办公住宅楼消防选址的意见》，作出"此工程消防设计图纸依据国家有关消防技术标准审核，红兴隆农垦公安局消防科认为该选址设计符合《建筑设计防火规范》及有关国家消防设计标准。请垦区公安局消防处予以审核"。

2007年7月，建业公司以开发的名义进入该工程之中。三利仁平安分公司对该建设项目进行了施工建设。联通公司红兴隆分公司及建业公司对建设范围内的田洪民、彭福民、彭振江房屋进行了拆迁安置补偿，支付补偿款144.4万元，通过拆迁取得土地713.86平方米。

2009年3月6日，联通公司红兴隆分公司向黑龙江省国土资源厅驻农垦总局国土资源局红兴隆分局局直国土资源局缴纳土地出让金43万元，依法取得2017.86平方米土地使用权（通过拆迁取得713.86平方米，与科技学院协商取得1304平方米）。

2009年9月，该建设项目已经完工，但因双方发生纠纷至今未进行竣工验收。

2009年9月25日，科技学院申请诉前财产保全，要求查封联通公司红兴隆分公司建设办公住宅楼由南至北1至8门市及往上的住宅。该院于当日作出（2009）红民保字第2号民事裁定，查封该建筑由南至北1至8门市及往上的住宅。

一审法院认为：科技学院依法享有建设范围内的1304平方米土地使用权系划拨取得，为此，科技学院与联通公司红兴隆分公司协商，科技学院协助联通公司红兴隆分公司在科技学院消除土地使用权之后，联通公司兴隆分公司通过缴纳土地出让金方式取得土地使用权，联通公司红兴隆分公司因此向科技学院支付相应对价，即科技学院从中取得相应利益，应当受到法律保护。科技学院与联通公司红兴隆分公司就利益的分配在2006年6月10日和10月17日的协议中，通过分配建筑物的方式进行，即建筑物的一半归各自所有，科技学院分得的一半，大部分无偿取得，小部分支付成本价取得，但双方在2007年6月1日在新签订的协议中约定"双方商定办公住宅楼竣工后，根据拆迁实际情况具体商定补偿多少（补偿协议另签）"，导致后协议变更了前协议的结果，且科技学院与联通公司红兴隆分公司至今就如何补偿没有签订新的协议。另因双方争议的建筑物现未竣工验收，故无法判令实物分割。为此，该案在诉讼过程中，该院多次组织双方当事人进行协商，希望双方能够达成可行的处理方案，但科技学院明确表示诉讼请求是判令建成的办公住宅楼中心线以南房屋为其所有，不接受其他分配及补偿方式，故科技学院的请求不当，该院无法予以支持。

一审法院判决：驳回科技学院的诉讼请求。

科技学院不服一审判决，向黑龙江省农垦中级法院提出上诉。

(二) 二审情况

二审法院对一审法院查明的事实予以确认。另查明，争议楼房为六层，占地2017.86平方米，其中，属于科技学院的土地面积为1304平方米。联通公司红兴隆分公司拆迁获得713.86平方米，支出拆迁补偿费144.4万元。实际建筑面积为6162.61平方米。争议楼房的设计图纸显示楼房总长77.15米，位于楼房中心线部位，自下至上均为墙。而实际施工时，改变了原设计方案，楼长为71.15米，中心线不在墙体上，在35.575米处，中心线向南2.825米处为联通办公室楼北墙，该墙从一楼起一直延伸至楼顶。

二审法院认为：(1) 关于如何认定3份合同效力及合同性质问题。第一份合同上盖有联通公司兴隆分公司的公章，该公司虽然否定公章的真实性，但未举示确定、充分的证据否定，故应当认定该份合同系双方当事人的真实意思的表示。联通公司红兴隆分公司在一审庭审中认可第二份合同中该公司法定代表人的签名及公章是真实的，且称已将该合同报送建设部门备案，故第二份合同也是双方当事人真实意思的表示。第三份合同与第二份合同相比较，只是部分条款有所变更，比如：工程概况中的第2项，建筑面积由原来的7600平方米，变更为"根据拆迁2楼情况而定，如拆迁成功预计6000平方米，如拆迁不成功预计3000平方米"。双方协议内容的第2项增加了"开工前期的各项费用由甲乙双方协商承担"；第3项增加了"如因甲方不协助乙方办理各项手续影响开工日期甲方应给予相应的补偿"内容；第4项双方应得楼房面积变更为"竣工后，根据拆迁实际情况具体商定补偿多少（补偿协议另签）"；第10项将"在甲方付清给乙方的无偿和有偿房款后，乙方将土地证和房产证交给甲方"删除，其余不变；增加了第 11 项，即"本协议签订后请乙方立即开工建设"。合同的其他内容均同第二份合同。从内容上看，第三份合同是对前面合同内容的补充和变更，并没有约定前面的合同作废，故三份合同均是双方当事人真实意思的表示，互为补充，为有效合同。根据合同约定，双方约定所建办公住宅楼，住宅部分供各自单位自己分配，而不是开发的商品楼。科技学院只以国家划拨的 1304 平方米土地的使用权作为出资，不投入任何资金，也不承担经营风险。建设用资金全部由联通公司承担。故本案应当为联合建房合同。三份合同的根本点是联通公司红兴隆分公司有偿取得科技学院的土地。有偿不是以给付金钱，而是交付实物即给付一半楼房，其中包括无偿和有偿的两部分。

2. 关于应否分割双方联合所建的楼房及如何分割的问题。在第一份合同中约定建筑面积 5790 平方米，科技学院应得 2895 平方米，其中无偿面积为 2130 平方米，有偿面积为 765 平方米，按 700 元每平方米计算；在第二份合同中约定建筑面积 7600 平方米，科技术学院应得 3860 平方米，其中无偿面积为 2600 平方米，有偿面积为 1260 平方米，按每平方米 700 元计算；在第三份合同中只约定补偿办法另行商定，没有约定对楼房如何分配。发生纠纷后，未能商定新的分配方案，故应以原来商定的各一半的意见分配，楼房中心线以南归科技学院，以北归联通公司。由于墙体南移 2.825 米，联通公司多占楼房面积 278.2625 平方米 [2.825 米 ×（2.75 米 + 15.5 米）× 2 层 +（2.825 米 × 15.5 米 × 4 层）]。根据第二份合同约定，有偿面积占应得楼房面积的 32.64%（1260 平方米 ÷ 3860 平方米），故有偿面积为 1005.74 平方米（3081.305 平方米 × 32.64%），故该有偿面积减去联通公司多占楼房面积后，科技学院应付给联通公司价款为 509233.9 元 [727.48 平方米（1005.74 平方米 − 278.2625 平方米）× 700 元/平方米]。

3. 关于建业公司、三利仁平安分公司是否承担责任问题。上述二公司与科技学院没有合同关系，故不承担责任。综上，一审判决认定基本事实正确，但对争议楼房未予处理判决，应当纠正。判决：(1) 撤销黑龙江省红兴隆农垦法院（2009）红民初字第 761 号民事判决；(2) 联通公司红兴隆分公司于该判决生效后 15 日内，向科技学院交付联通公司红兴隆分公司办公住宅楼中心线向南 2.825 米处（联通办公室北墙以南）的 1~6 层房屋；(3) 科技学院于楼房交付 10 日内，给付联通公司红兴隆分公司房屋补偿款 509233.9 元；（4）建业公司和三利仁平安分公司不承担责任。

联通公司红兴隆分公司不服二审判决，向黑龙江省高级人民法院申请再审。

（三）再审情况

黑龙江省高级人民法院于 2012 年 12 月作出裁定，驳回联通公司红兴隆分公司的再审申请。

联通公司红兴隆分公司不服，向黑龙江省人民检察院申请监督。

（四）检察机关抗诉情况

黑龙江省人民检察院于 2013 年 5 月向黑龙江省高级人民法院提出抗诉。该院认为，有新的证据足以推翻黑龙江省中级人民法院判决且该判决适用法律确有错误。（1）有新的证据足以推翻判决认定联通公司与科技学院签订的 3 份合同均为有效合同的事实。经查，根据联通公司红兴隆分公司提交的哈尔滨工业大学司法鉴定中心于 2013 年 5 月 9 日作出的哈工大司鉴中心（2013）文检字第 019 号文书司法鉴定意见书的鉴定意见可知，由于联通公司红兴隆分公司与科技学院所签订的第一、二份合同的签名和盖章存在瑕疵，即：①第一份合同中乙方处内容为"中国联通有限公司红兴隆分公司"印章印纹与所提供样本上盖印的印章印纹不是同一枚印章印纹。②第一份合同中乙方法定代表人"韩忠义"签名与所提供样本上韩忠义签名不是同一人所书写。③第二份合同中甲方处内容为"黑龙江农垦农业职业技术学院"印章印纹与所提供样本上盖章的印章印纹不是同一枚印章所印，因此，上述两份合同均没有成立生效。（2）判决认定联通公司红兴隆分公司与科技学院为联合建房合同系错误认定双方法律关系，属适用法律确有错误。经查，从双方签订的 3 份协议内容看，科技学院只把国家划拨的土地使用权作为出资，不投入任何资金，也不承担经营风险，只是收取固定利益，即分得纠纷协议中约定的房产。依据最高人民法院《关于审理涉及国有土地使用权合同纠纷案件适用法律问题的解释》（法释〔2005〕5 号）第 24 条 "合作开发房地产合同约定提供土地使用权的当事人不承担经营风险，只收取固定利益的，应当认定为土地使用权转让合同"之规定，本案应认定双方签订的合同为土地使用权转让合同。原审判决认定双方为联合建房合同系错误认定双方法律关系，属适用法律确有错误。

再审法院查明的事实与二审法院一致。

再审法院认为：（1）关于检察机关抗诉提出的有新的证据足以推翻原判决，即再审提交的鉴定问题。经庭审查明，联通公司红兴隆分公司在其提交的再审申请书中对3份合同的真实性没有异议。因此，该条抗诉理由不成立。（2）关于检察机关抗诉提出的原判决认定联通公司红兴隆分公司与科技学院为联合建房合同系错误认定双方法律关系，属适用法律确有错误问题。最高人民法院《关于审理涉及国有土地使用权合同纠纷案件适用法律问题的解释》（法释〔2005〕5号）第24条："合作开发房地产合同约定提供土地使用权的当事人不承担经营风险，只收取固定利益的，应当认定为土地使用权转让合同。"本案双方所建项目为办公住宅楼，住宅部分建成后供各自单位自己分配，而不是用于商品房开发，且已取得了建设所需的各项审批手续，故本案涉及合同应为联合建房合同，而非土地使用权转让合同。抗诉机关该条抗诉理由不能成立。综上，二审判决认定事实清楚，适用法律正确，应予维持。

再审法院判决：维持二审判决。

三、最高人民检察院提出抗诉的理由

最高人民检察院认为：再审判决适用法律确有错误。理由如下：

1. 本案中第三份合同明确约定："双方商定办公住宅楼竣工后，根据拆迁实际情况具体商定补偿多少（补偿协议另签）。"可见，在第三份合同中，联通公司红兴隆分公司与科技学院已明确变更补偿方式，约定科技学院补偿份额根据实际拆迁情况确定，以使双方权利的分配公平合理，并非终审判决认定的约定不明。在双方无法协商达成新的补偿协议的情况下，应对科技学院转让的1304平方米土地使用权的市场价格进行评估，并综合考虑联通公司红兴隆分公司的资金投入情况，再具体确定涉案所建楼房的分割方式和分割比例。终审判决按第二份合同约定以全部建设项目的一半所有权补偿科技学院，与合同约定明显不符。

2. 本案中联通公司红兴隆分公司与科技学院先后签订3份合同：第一份合同约定本案建设项目占地面积1304平方米，建筑面积5790平方米；第二份合同约定占地面积1304平方米，建筑面积7600平方米；第三份合同约定建筑面积根据拆迁情况而定，如拆迁成功预计6000平方

米，如拆迁不成功预计 3000 平方米。在前两份合同中，科技学院以 1304 平方米土地使用权作为出资，联通公司红兴隆分公司在科技学院提供的土地上投资建设楼房，双方在前两份合同中约定的利益分配均以上述出资和投入为基础。而在第三份合同中，双方约定需在科技学院出资的土地范围以外进行拆迁，所以约定视拆迁情况另行商定补偿数额。实际履行过程中，在科技学院出资未变更的情况下，联通公司红兴隆分公司通过拆迁获得了 713.86 平方米的土地使用权，并自行投资建设了楼房，科技学院对该 713.86 平方米土地及楼房并未有任何资金投入。因此，在实际占地面积与第一、二份合同约定内容相比发生重大改变的情况下，终审判决按第二份合同约定以全部建设项目的一半所有权补偿科技学院，导致联通公司红兴隆分公司与科技学院的权利义务明显不对等，合同上的负担和风险的分配明显不合理，有违实体公平。

四、案件评析

本案属于跟进监督案件。黑龙江省人民检察院曾就本案二审判决向黑龙江省高级人民法院提出抗诉，在再审未予改判的情况下，黑龙江省人民检察院对再审判决依职权审查后，认为仍符合抗诉条件，故提请最高人民检察院抗诉。经审查，最高人民检察院认为本案仍有抗诉必要：一是再审判决依据第二份合同约定的比例分割涉案所建楼房，违反了合同约定。在第三份合同中，联通公司红兴隆分公司与科技学院已明确变更补偿方式，约定科技学院补偿份额根据实际拆迁情况确定，以使双方权利的分配公平合理，而非终审判决认定的约定不明。在双方无法协商达成新的补偿协议的情况下，应对科技学院转让的 1304 平方米土地使用权的市场价格进行评估，并综合考虑联通公司红兴隆分公司的资金投入情况，再具体确定涉案所建楼房的分割方式和分割比例。二是再审判决依据第二份合同约定的比例分割涉案所建楼房，有违实体公平。在第三份合同中，双方约定需在科技学院出资的土地范围以外进行拆迁，所以约定视拆迁情况另行商定补偿数额。实际履行过程中，在科技学院出资未变更的情况下，联通公司红兴隆分公司通过拆迁获得了 713.86 平方米的土地使用权，并自行投资建设了楼房，科技学院对该 713.86 平方米土地及楼房并未有任何资金投入。因此，在实际占地面积与第一、二份合同约定内容相比发生重大改变的情况下，终审判决按第二份合同约定以全部建设项目的一半所有权补偿科技学院,导致双方的权利义务明显不对等,合同上的负担和风险的分配明显不合理。

第三节 移送犯罪线索,形成监督合力

《民事诉讼监督规则》第 113 条规定:"民事检察部门在履行职责过程中,发现涉嫌犯罪的行为,应当及时将犯罪线索及相关材料移送本院相关职能部门。人民检察院相关职能部门在办案工作中,发现人民法院审判人员、执行人员有贪污受贿、徇私舞弊、枉法裁判等违法行为,可能导致原判决、裁定错误的,应当及时向民事检察部门通报。"要严格落实民行部门与相关职能部门之间的线索双移送、结果双反馈制度。在履行民事行政诉讼监督职能过程中,重点发现并移送涉嫌民事枉法裁判罪,执行判决、裁定失职罪,执行判决、裁定滥用职权罪的犯罪线索,为职务犯罪侦查部门立案侦查提供必要的专业协助。对职位犯罪侦查部门移送的审判、执行人员贪污受贿、徇私舞弊、枉法裁判等行为的线索,要及时依职权对其经办的民事案件进行监督。

在前述案例中,检察机关在审查案件时发现:原德天公司法定代表人刘昌军去世后,其家人委托管玉霞处理刘昌军在德天公司的相关事宜。管玉霞接受委托后,利用其对德天公司的实际控制权,经自己变更为德天公司的法定代表人及股东,并数次变更德天公司的股东,后又以德天公司的名义举报德天公司虚假出资,工商行政管理部门查证后吊销了德天公司的营业执照。管玉霞本应履行职责,对德天公司的资产进行清算,但其没有完成该项工作,而是于 2003 年 7 月筹划成立了正和公司,利用德天公司已建成的管网设施经营德令哈地区城市天然气业务。管玉霞的上述行为,已涉嫌职务侵占犯罪。据此,检察机关向公安机关移送了上述犯罪线索,取得了较好的办案效果。

另如,在最高人民检察院办理的万方公司申请监督案中,检察机关在审查案件时发现:2008 年 7 月 2 日,亚兴公司与万方公司签订的《探矿权转让协议书》约定:万方公司将铧厂沟金矿的探矿权以 800 万元转让给亚兴公司。亚兴公司在未取得采矿许可证的情况下,擅自开采案涉勘查作业区的矿产资源,侵害了国家对矿产资源的所有权。重庆市国能矿产资源评估司法鉴定所于 2012 年 10 月 15 日作出渝国能司法鉴定所(2012)矿鉴字第 04 号

甘肃省成县铧厂沟金矿普查范围内已开采铁矿石资源及其价值鉴定意见书，该鉴定意见书记载："因甘肃省成县铧厂沟金矿普查范围内的铁矿石资源均为非法开采，根据《中华人民共和国矿产资源法》，本次鉴定估算非法采矿造成矿产资源损失的价值为人民币 2120 万元。"亚兴公司的上述行为，已涉嫌刑事犯罪。据此，检察机关向公安机关移送了上述犯罪线索，并关注本案中发现的公益诉讼线索，取得了较好的办案效果。

第四节 保持适度案件规模，加强类案与影响力案件监督

适度的案件规模是我们讨论提质增效这一问题的前提，也是证明民事裁判结果监督制度本身具有存在合理性的重要基础。近年来省级院提请最高人民检察院抗诉的民事裁判结果监督案件年均约为 200 件，相较于同级法院审监庭，案件规模相对较小；各省级院之间提抗案件数量差距较大，北京、上海、天津、江苏、浙江等经济发达省市或诉讼案件较多省市的提抗案件数量相对较少。如果排除监督能力等方面的因素，这一现象凸显了当地检察机关对传统民事检察业务重视不足。民事裁判结果监督作为一项对审判权进行监督的重要制度，必须保持适度的案件规模，为此我们应当不断提升案件线索发现能力，真正做到善于监督。

在监督实践中，必须注重个案监督与类案监督相结合，不断加强对各类案件的分类统计和综合分析，及时总结监督规律和特点。上级院要善于从下级院提请抗诉的民事裁判结果监督案件中，梳理出法院对民事诉讼同类问题的法律适用不一致的，在多起案件中适用法律存在同类错误的，在多起案件中有相同违法行为的等情形，指导下级院不断提升提抗案件质量。

在监督实践中，要重点办理影响力案件。对于在全国范围内具有较大社会影响的案件或者媒体高度关注的敏感案件，涉及人数众多，存在群体访、缠访、闹访可能，或者具有明显安全隐患的案件，涉及历史遗留问题、政策性等敏感问题或者对社会稳定有较大影响的案件，要指定检察官办案组或者组成专案组重点办理。在网络信息时代，要增强"互联网＋民事诉讼监督"的新思维，注意从互联网上搜索、查询案件的相关舆情，对网上公开的裁判文书加强分类研究，把每一个诉讼监督案件都办成精品案，不断增强民事诉讼监督的影响力和公信力。

后 记

诚如"一百个人心中,有一百个哈姆雷特",就民事裁判结果监督而言,不同人的心中也有不同的监督标准。对于文学作品的评价大家可以各持己见,然而对于监督标准的把握如果不统一,必然影响监督质效的提升和监督权威的树立。特别是在监督必要性标准的把握方面,检察官心中正义的天平稍有偏失,便可能阻却申请人寻求司法救济之路,或者为申请人滥用司法救济打开方便之门。抗还是不抗,这是一个值得思考的问题!

笔者在书中以近年来承办的160余件省级院提请抗诉案件为依托,用实证分析的方法,对民事裁判结果监督标准这一问题进行了初步的研究,希望对民行检察工作有所裨益。同时在此申明,本书所引案例中申请人、其他当事人的姓名、名称均为化名,案件评析部分所持观点亦仅代表个人观点。

借此机会,真诚感谢给予我无私帮助的每一位领导、同事和师友,真诚感谢给予我无私支持的家人。不忘初心,方得始终。谨以此书作为自己多年民行检察工作经历的总结和纪念!

滕艳军

2018 年 8 月 10 日